PARIS
MÉCONNU

Thomas Jonglez

ÉDITIONS JONGLEZ
guides de voyage

Nous avons pris un immense plaisir à la conception du guide *Paris méconnu* et espérons que, comme nous, vous continuerez grâce à lui à découvrir des aspects insolites, secrets ou encore méconnus de la capitale.
Fruit de plus de cinq années de travail, cet ouvrage est un guide pratique : tous les endroits mentionnés sont accessibles et clairement localisés sur les cartes des arrondissements qui ouvrent chaque chapitre.
Accompagnant certains lieux, des encadrés thématiques mettent en lumière des points d'histoire ou relatent des anecdotes qui permettront de comprendre la ville dans toute sa complexité.
Paris méconnu met également en valeur de nombreux détails visibles dans des lieux que nous fréquentons parfois tous les jours sans les remarquer. Ils sont une invitation à une observation plus attentive du paysage urbain et, de façon plus générale, un moyen pour regarder notre ville avec la curiosité et l'attention dont nous faisons souvent preuve en voyage...

Les commentaires sur ce guide et son contenu ainsi que les informations sur des lieux que nous n'évoquons pas ici sont les bienvenus. Ils nous permettront d'enrichir les futures éditions de ce guide.

N'hésitez pas à nous écrire :

Email : info@editionsjonglez.com
Éditions Jonglez, 25 rue du Maréchal Foch
78000 Versailles, France

CLICHY
PORTE DE ST-OUEN
PORTE DE CLICHY
BOULEVARD BESSIÈRE
AV. DE SAINT-OUEN
NEUILLY-SUR-SEINE
LEVALLOIS-PERRET
PORTE D'ASNIÈRES
17e
BOULEVARD BERTHIER
BOULEVARD
BINEAU
PORTE DE CHAMPERRET
BOULEVARD PEREIRE
Cimetière Montmar
AVENUE CHARLES DE GAULLE
AVENUE DE WAGRAM
Place de Clichy
AV. DES TERNES
BD DE COUCELLES
Parc Monceau
BOULEVARD MALESHERBES
PORTE MAILLOT
GARE ST-LAZARE
Opéra Garnier
Arc de Triomphe
BOULEVARD HAUSSMANN
PORTE DAUPHINE
AVENUE FOCH
Place Charles-de-Gaulle
AVENUE DES CHAMPS ELYSÉES
8e
AV. FRANKLIN ROOSEVELT
Palais de l'Elysée
La Madeleine
BD DES CAPUCINS
Place de la Madeleine
RUE ROYALE
BOIS DE BOULOGNE
BD LANNES
AV. KLÉBER
AV. GEORGE V
Grand Palais
Petit Palais
Place de la Concorde
Jardin des Tuileries
AV. HENRI MARTIN
Place du Trocadéro
Musée du Quai Branly
QUAI D'ORSAY
PORTE DE LA MUETTE
Palais de Chaillot
Assemblée Nationale
SUCHET
AV. RAPP
Esplanade des Invalides
BD SAINT GERMAIN
Musée d'Orsay
Musée du Vin
Tour Eiffel
St-Louis-des Invalides
AVENUE MOZART
La Seine
Champ de Mars
7e
16e
BOULEVARD
BD DE GRENELLE
Ecole Militaire
AV. DE BRETEUIL
BD RASPAIL
RUE DE RENNES
PORTE D'AUTEUIL
DE VERSAILLES
AVENUE ÉMILE ZOLA
BD GARIBALDI
15e
RUE DE LA CONVENTION
VAUGIRARD
Parc des Princes
Parc André Citroën
LECOURBE
GARE MONTPARNASSE
AVENUE
PORTE DE ST-CLOUD
RUE
Cimetière du Montparnasse
Place Denfert-Rochereau
Palais des Sports
RUE DE VOUILLÉ
RUE D'ALÉSIA
14e
ISSY-LES-MOULINEAUX
BOULEVARD LEFEBVRE
PORTE DE VERSAILLES
BOULEVARD BRUNE
Les Puces de Vanves
PORTE DE VANVES
VANVES
PORTE DE CHÂTILLON
MONTROUGE
PORTE D'ORLÉANS
CLAMART
0
1 km
Reproduction interdite
Jean-Baptiste Nény
Mars 2007

PARIS
Les Puces de St-Ouen
PORTE DE CLIGNANCOURT
Vers le Stade de France
PORTE DE LA CHAPELLE
ST-DENIS
PORTE DE LA VILLETTE
BOULEVARD NEY
BOULEVARD NEY
BD MAC DONALD
18e
BD ORNANO
RUE DE LA CHAPELLE
PANTIN
Canal de l'Ourcq
Zénith
AVENUE DE FLANDRE
Cité des Sciences et de L'Industrie
PORTE DE PANTIN
BD BARBES
Basilique du Sacré-Cœur
Bassin de la Villette
AVENUE JEAN JAURES
19e
BD DE ROCHECHOUART
BD DE LA CHAPELLE
BOULD
GARE DU NORD
Place Pigalle
POISSONNIÈRES
BD DE MAGENTA
RUE LA FAYETTE
Canal St-Martin
DE LA VILLETTE
Parc des Buttes Chaumont
PORTE DES LILAS
9e
BD SÉRURIER
RUE LA FAYETTE
RUE DU FG.
GARE DE L'EST
10e
RUE DE BELLEVILLE
RUE DE BELLEVILLE
GAMBETTA
BOULEVARD MORTIER
BD POISSONNIÈRE
BD DE MAGENTA
AV.
AVENUE
Place de la République
2e
BOULEVARD DE SÉBASTOPOL
Jardins du Palais Royal
Forum des Halles
Palais Royal
3e
AVENUE DE LA RÉPUBLIQUE
BD DE
PORTE DE BAGNOLET
PARMENTIER
Cimetière du Père Lachaise
1er
BOULEVARD
11e
BOULEVARD
Centre Georges Pompidou
Musée Picasso
BD DES FILLES DU CALVAIRE
RUE DE RIVOLI
Île de la Cité
Place des Vosges
Hôtel-de-Ville
6e
Notre-Dame
4e
Place de la Bastille
VOLTAIRE
AV. PHILIPPE AUGUSTE
20e
BOULEVARD DAVOUT
Place St-Michel
Île St Louis
QUAI BD HENRI IV
Opéra Bastille
RUE DE LYON
BD ST-MICHEL
ST-GERMAIN
Musée de Cluny
Port de l'Arsenal
HENRI IV
Place de La Nation
Institut du Monde Arabe
La Seine
DIDEROT
COURS DE VINCENNES
Jardin du Luxembourg
PORTE DE VINCENNES
BOULEVARD
AVENUE
Panthéon
Jardin des Plantes
12e
BD SAINT
GARE DE LYON
BD DE PICPUS
5e
L'HÔPITAL
DAUMESNIL
BOULEVARD SOULT
Musée d'Histoire Naturelle
GARE D'AUSTERLITZ
BD DE PORT ROYAL
BD ST MARCEL
Palais Omnisports de Paris-Bercy
AV. DAUMESNIL
Observatoire
ARAGO
AV. DES GOBELINS
AURIOL
PORTE DORÉE
BOULEVARD
BD DE
VINCENT
Vers Parc Floral
Bibliothèque Nationale de France
BD
Place d'Italie
BD AUGUSTE BLANQUI
BOIS DE VINCENNES
13e
VINCENNES
RUE DE TOLBIAC
AVENUE D'ITALIE
MASSENA
PORTE DE BERCY
Parc Montsouris
BOULEVARD
IVRY-SUR-SEINE
CHARENTON
PORTE D'ITALIE
LE KREMLIN-BICÊTRE
GENTILLY

SOMMAIRE

Ier Arrondissement

IIe Arrondissement

IIIe Arrondissement

IVe Arrondissement

SOMMAIRE

Ve Arrondissement

VIe Arrondissement

SOMMAIRE

VIIe Arrondissement

VIIIe Arrondissement

IXe Arrondissement

SOMMAIRE

Xe Arrondissement

XIe Arrondissement

XIIe Arrondissement

XIIIe Arrondissement

SOMMAIRE

XVIe Arrondissement

SOMMAIRE

XVIIe Arrondissement

XVIIIe Arrondissement

XIXe Arrondissement

XXe Arrondissement

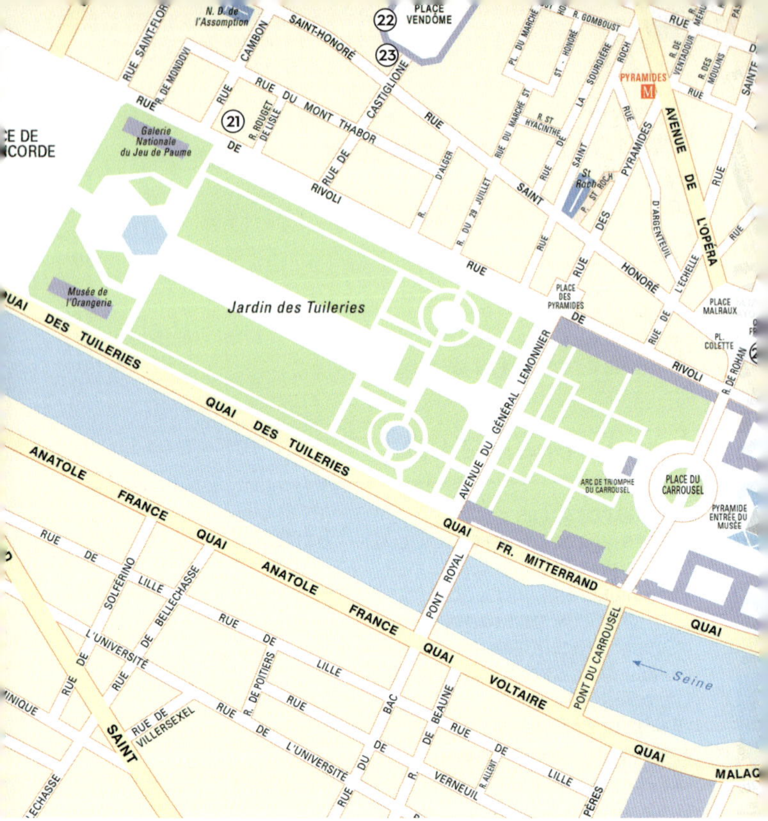

Ier Arrondissement

Bibliothèque Nationale
SENTIER
PLACE DES VICTOIRES
ND des Victoires
RUE D'ABOUKIR
RUE DU MAIL
RUE RÉAUMUR
RUE ÉTIENNE MARCEL
RUE MONTMARTRE
RUE DU LOUVRE
RUE MONTORGUEIL
Poste centrale
RUE TIQUETONNE
ETIENNE MARCEL
St Eusta
LES HALLES
PL. R. CASSIN
Bourse du Commerce
CHÂTELET LES HALLES
Forum des Halles
PALAIS ROYAL MUSÉE DU LOUVRE
RUE SAINT HONORÉ
RUE BERGER
RUE RAMBUTEAU
BOULEVARD DE SÉBASTOPOL
RUE SAINT DENIS
CHÂTELET
LOUVRE RIVOLI
RUE DE RIVOLI
COUR CARRÉE
PL. DU LOUVRE
St Germain l'Auxerrois
PONT NEUF
QUAI DE LA MÉGISSERIE
AVENUE VICTORIA
PLACE DU CHÂTELET
MITTERRAND
PONT DES ARTS
Square du Vert Galant
St Merri
St Leu St Gilles
RUE DES HALLES
RUE DE LA FERRONNERIE
RUE DES LOMBARDS
RUE SAINT MARTIN
1
2
3
5
6
7
8
9
10
11
12
13
14
15
16
17
18
19

UN CURIEUX PORTRAIT DE NAPOLÉON

①

Quand Napoléon est déguisé en Louis XIV !

Musée du Louvre – colonnade de Perrault

Dessinée et commencée sous Louis XIV, la colonnade de Perrault présente un curieux détail. En effet, si, pendant l'Empire, Napoléon s'y fit sculpter à peu près au milieu de la colonnade, on voulut, à la Restauration (1814/1815-1830), masquer cet héritage encombrant en le coiffant tout simplement d'une perruque afin d'essayer de représenter Louis XIV.

Juste en dessous, la lettre L symbolise Louis XVIII (voir ci-contre), qui a remplacé en 1815 le N de Napoléon Ier. Au bas des médaillons où figure cette lettre, on aperçoit en revanche des abeilles, un des symboles majeurs du premier Empire : est-ce par paresse ou par esprit de subversion que le sculpteur a négligé de les effacer ?

LES MONOGRAMMES ROYAUX CACHÉS DE LA COUR CARRÉE DU LOUVRE

②

Les secrets de la cour Carrée

Cour Carrée du Louvre

Le Louvre en général et la cour Carrée en particulier recèlent de passionnants détails qui permettront au lecteur d'impressionner sa fiancée ou son ami de passage à Paris ! Mode d'emploi : asseyez-vous tranquillement sur la fontaine de la cour Carrée, de préférence un soir, lorsque l'obscurité et la superbe mise en lumière font de cette cour l'un des endroits les plus magiques de la capitale. Sur chaque aile de la cour sont en effet inscrites les initiales des souverains qui en ont entrepris la construction.

Côté pyramide, à gauche du pavillon de l'Horloge : Henri II (H et H entrelacés d'un double C pour la reine Catherine de Médicis, que l'on peut aisément confondre avec un double D comme Diane de Poitiers, sa maîtresse...).

Côté Seine, partie de droite : K de Charles IX, H d'Henri III, HDB (Henri de Bourbon) d'Henri IV ou encore HG pour Henri IV et Gabrielle d'Estrées, sa maîtresse.

Sur le pavillon de l'Horloge et à sa droite : L et LA pour Louis XIII et sa femme Anne d'Autriche.

Sur les autres ailes, construites par Louis XIV, on peut lire LMT (Louis et Marie-Thérèse, la reine) et LB (Louis de Bourbon).

En dehors de la cour carrée, ces monogrammes se retrouvent régulièrement sur les façades, avec la même signification.

AUX ALENTOURS

Emplacement de l'ancien donjon de Charles V ③

Dans la cour Carrée, des grilles au sol et un dessin en rond sur le pavé marquent les contours de l'emplacement de l'ancien donjon de Charles V. La visite de l'aile Sully permet de découvrir la base de ce donjon et la salle des Maquettes, ouverte uniquement le week-end, retrace les différentes étapes de la construction du Louvre.

De véritables cœurs humains sur des tableaux du Louvre ?

Une étonnante histoire, relatée en 1950 par Y. Ranc dans un article paru dans *Paris Presse*, circula au début du XXe siècle : jadis, pour certains peintres, le cœur humain possédait une particularité extraordinaire que n'avaient pas les cœurs d'animaux : il était le seul à sécréter une matière organique, appelée munie, qui, mélangée à de l'huile, permettait de donner aux peintures un glacis unique... Jusqu'au XVIIIe siècle, il était difficile de se procurer cette matière première inédite : les cadavres venaient d'Orient et le prix de l'extraction et de la conservation de la munie dans des conditions satisfaisantes était élevé.

En France, depuis le XVIIe siècle, Anne d'Autriche et les membres de la famille royale avaient pris l'habitude de faire déposer leur cœur dans la chapelle du Val-de-Grâce. À la Révolution, les sans-culottes dispersèrent les biens royaux parmi lesquels se trouvaient les cœurs embaumés. Ceux-ci trouvèrent rapidement des acheteurs parmi les artistes...

Le peintre Drolling, notamment, se serait porté acquéreur du cœur d'Anne d'Autriche, de celui de Marie-Thérèse ou encore de celui de la duchesse de Montpensier. Son tableau *Intérieur de cuisine*, qui est conservé au Louvre, garderait ainsi, aujourd'hui encore, des traces des organes royaux broyés sur la toile... Si l'anecdote est intéressante, l'hypothèse n'a pas été corroborée par l'analyse scientifique des œuvres et semble finalement n'être qu'une légende...

Pourquoi l'axe de l'oratoire du Louvre passe-t-il par le centre de la cour Carrée ?

Au début du XVIIe siècle, Louis XIII se rend compte que le Louvre en cours de construction n'a pas de chapelle. Il lui vint alors l'idée de faire tenir ce rôle à l'église que Jacques Lemercier était en train de construire pour l'ordre de l'Oratoire. L'église et le palais ne furent finalement jamais réunis. Sous Napoléon, la chapelle deviendra un temple protestant, mais son nom (temple de l'Oratoire) et son orientation rappellent son lien historique avec le Louvre.

TABLEAU *ET IN ARCADIA EGO* DE POUSSIN ④

Non, il n'y a pas de révélation ésotérique dans le tableau de Poussin

Musée du Louvre ; Métro Palais-Royal – Musée du Louvre

Et in Arcadia ego est le titre de deux peintures de Nicolas Poussin (1594-1665) dont la plus célèbre, nommée *Les Bergers d'Arcadie*, exposée au Louvre, fut probablement peinte vers 1638*. Le tableau montre trois bergers penchés sur une tombe où est inscrit en latin « *Et in Arcadia ego* ». L'un d'entre eux, incliné, montre cette phrase du doigt, tandis qu'un autre, baissé, la lit (noter que l'ombre de son bras a la forme d'une faux, allégorie de la mort). Une bergère debout, la main sur l'épaule du berger incliné, assiste à la scène. Ils sont vêtus à la mode grecque antique classique. Le décor montre un environnement montagneux et quelques arbres dispersés dont le plus grand est situé en arrière de la tombe.

La première apparition d'une tombe portant cette inscription eut lieu dans les *Idylles* de Théocrite au IIIe siècle av. J-.C., puis dans *Les Bucoliques* (VII et X) de Virgile. L'idée fut ensuite reprise pendant la Renaissance florentine, dans le cercle de Laurent de Médicis entre 1460 et 1470, même si c'est en 1504 que Jacopo Sannazaro fixa, dans sa peinture *Arcadia*, la perception moderne d'un monde perdu de bonheur idyllique avant que Le Guerchin ne peigne en 1618 *Les Bergers d'Arcadie* conservé aujourd'hui à la Galerie nationale d'Art ancien du palais Barberini à Rome. Notons que, de façon moins connue, un autre tableau conservé au musée de Brive s'intitulant *Paysage aux bergers d'Arcadie* (anonyme, fin du XVIIIe siècle) possède aussi la célèbre formule et qu'un marbre dans le jardin de la propriété anglaise de Shugborough Hall traite aussi du même sujet. Bien qu'« *Et in Arcadia ego* » soit une construction correcte, une phrase nominale sans verbe (l'omission du verbe est parfaitement normale en latin) certains auteurs ignorants de la grammaire latine conclurent que la phrase était incomplète et qu'il y manquait un verbe. Ils spéculèrent qu'elle cachait un message ésotérique codé

lié aux anagrammes « *Tego Arcana Dei* » (« Je garde les secrets de Dieu ») et « *Arcam Dei Iesu Tango* » (« Je touche la tombe du Dieu Jésus »), suggérant que la tombe renfermait les restes mortels de Jésus ou d'un autre personnage biblique important. Pour couronner le tout, on affirma que la « tombe divine » peinte sur la toile de Poussin se trouverait aux Pontils, près de Rennes-le-Château. En

1978, le chercheur Franck Marie, à l'instar de Pierre Jarnac en 1985, conclut que cette tombe était en réalité tout à fait normale et qu'elle avait été creusée en 1903 par le propriétaire des terres, Jean Galibert, qui y avait enterré sa mère et sa grand-mère. Leurs deux corps furent exhumés et réenterrés ailleurs, certainement dans le cimetière du village, lorsque les terres furent vendues à Louis Lawrence, un Américain du Connecticut qui avait émigré dans la région. Celui-ci enterra à son tour sa mère et sa grand-mère dans la tombe vide et y construisit une sépulture en pierre avec l'inscription « *Et in Arcadia ego* ». Le fils de Louis Lawrence, Adrien Bourrel, témoigna devant Franck Marie et Pierre Jarnac qu'il avait vu la construction de la sépulture en 1933, alors qu'il était adolescent.

Malgré cela, un certain Pierre Plantard (voir p. 199) eut le temps d'inventer de toutes pièces son « prieuré de Sion » pendant qu'il était en prison et affirma que la tombe des Pontils fut un modèle pour la peinture de Poussin. Cette tombe fut finalement démolie en 1988 par le propriétaire du terrain, sur autorisation des autorités locales, afin de décourager ceux qui accouraient en vain du monde entier pour chercher des révélations ésotériques. Ainsi, loin de posséder un sens ésotérique inventé de toutes pièces, le tableau de Poussin et la phrase « *Et in Arcadia Ego* » signifient simplement que la mort nous attend tous un jour ou l'autre.

L'Arcadie : un goût de paradis

L'Arcadie est une région grecque située au centre et centre-est du Péloponnèse. Elle a été considérée pendant l'Antiquité comme un lieu primitif et idyllique peuplé de bergers qui vivaient en harmonie avec la nature. En ce sens, elle symbolisait un âge d'or dont de nombreuses œuvres littéraires et artistiques se sont fait l'écho : Virgile dans *Les Bucoliques* ou Ovide dans *Les Fastes*. Redécouverte à la Renaissance et au XVIIe siècle, notamment à travers le tableau de Poussin *Les Bergers d'Arcadie*, l'Arcadie est géographiquement traversée par le fleuve Alphée qui s'enfoncerait sous terre puis referait surface en Sicile où il se mêlerait aux eaux de la fontaine Aréthuse. Alphée étant un fleuve-Dieu sacré, mythologiquement fils du Titan Océan et de sa sœur Téthys, dont les flots souterrains symbolisent la tradition souterraine du savoir ésotérique, certains ont vu, à tort, un lien entre Arcadie et ésotérisme. Le nom d'Arcadie vient d'Arcas, qui vient lui-même du grec ancien *arktos*, qui signifie « ours ». Roi d'Arcadie, Arcas était, dans la mythologie grecque, le fils de Zeus et de la nymphe Callisto. Selon la légende, Callisto offensa Artémis, déesse de la chasse, qui la changea en ourse lors d'une partie de chasse. Élevée au ciel par Zeus, Callisto devint l'actuelle constellation de la Grande Ourse, pendant que son fils Arcas, à sa mort, fut changé en constellation de la Petite Ourse.

* *La première version du tableau du même nom (1628-1630) de Poussin est actuellement dans les collections du duc de Devonshire à Chatsworth House en Grande-Bretagne.*

SCULPTURE DU COQ ⑤

Le coq hermétique du Louvre

Façade est de la cour Carrée
Palais du Louvre
Cour Carrée accessible tous les jours de 8 h à 22 h
Métro Palais-Royal – Musée du Louvre

On trouve sur la façade orientale de la cour Carrée la très étonnante représentation d'un coq à l'intérieur d'un ouroboros (serpent qui se mord la queue, voir double page suivante) projetant des rayons de soleil. Sur les côtés, deux personnages ailés, un masculin et un féminin, debout sur des nuages, tiennent chacun une guirlande de feuilles. De l'autre côté de la cour Carrée, comme s'il s'agissait du prolongement de l'ouroboros du devant, un autre ourobouros est répété dans un bouclier entouré de deux figures féminines, l'une ailée et l'autre sans ailes mais tenant une couronne de laurier qu'elle place devant le bouclier.

Le *coq* est le symbole connu de la fierté – justifié par la posture de l'animal – et l'emblème de la France, en raison du double sens du mot

latin gallus, qui signifie à la fois « coq » et « gaulois ».

L'oiseau apparaît à côté de Mercure dans certaines représentations gallo-romaines, tout comme sur cette cimaise où le coq regarde l'homme ailé, représentation du dieu Mercure (ou Hermès pour les Grecs), qui ici n'est pas le simple Dieu du commerce et des voyageurs mais, comme le signale la présence du serpent qui se mord la queue (l'ouroboros), est le symbole de la sagesse hermétique.

La femme ailée est la déesse Aphrodite, celle de l'amour, voguant sur les nuages de l'imagination et de l'esprit créatif.

La présence d'Hermès et d'Aphrodite, ensemble, donne l'Hermaphrodite, l'être parfait car ayant réalisé l'union des contraires, hermétiquement signalé par le coq, emblème universel du Soleil. Le coq est un oiseau solaire, car son chant annonce la naissance du Soleil, en même temps qu'il exorcise les ténèbres de la nuit. Il correspond à la personnification de l'énergie solaire, à la manifestation de la Lumière elle-même.

Pour les Grecs encore, le coq est le symbole de la lumière naissante et, par conséquent, un attribut particulier d'Apollon, le dieu de l'Aube. Dans la Grèce antique, le sacrifice rituel d'un coq à Asclépios (Esculape), fils d'Apollon et dieu de la Médecine, était coutumier. Asclépios était un héros guérisseur avant de devenir un dieu, et l'on croyait par analogie que le coq guérissait les maladies, car le thaumaturge grec guérissait les malades en ayant recours aux connaissances « solaires » supérieures d'invocation au coq, annonce de la renaissance spirituelle ou céleste. On retrouve ici l'adoption du mythe égyptien d'Aton, le dieu coq mort et ressuscité.

Ce rôle psychopompe (intermédiaire entre la vie et la mort), revenant à la vie pour retourner à la mort en continu, explique aussi pourquoi le coq était attribué à Hermès, le messager divin qui parcourait les trois mondes universels : le Ciel, la Terre et l'Enfer. C'est ainsi qu'aux côtés de l'aigle et de l'agneau le coq devint un emblème du Christ, l'accent étant mis sur son symbolisme solaire : lumière et résurrection.

Par ailleurs, dans le Livre de Job (39, 36) de la Bible (« qui donna à l'ibis la sagesse de Jéhovah et au coq l'intelligence de Dieu »), le coq est le symbole de l'intelligence reçue de Dieu. Dans l'Islam, le coq jouit d'une vénération sans égal en comparaison aux autres animaux et le prophète Mahomet en personne interdit dans le Coran qu'on maudisse le coq parce qu'il invite à la prière du matin.

Placé judicieusement sur le côté est de la cour Carrée (le soleil se lève à l'est), le coq entouré de l'ourobouros, symbole de l'illumination divine, rappelle ainsi que la France (le coq), illuminée et bénie par les dieux (l'ourobouros), est bien la Fille aînée de l'Église, et que c'est elle qui apporte et diffuse la lumière et la perfection autour d'elle. Napoléon, dont la figure est diamétralement opposée au coq dans la cour Carrée, regarde évidemment ce message avec bienveillance...

L'ouroboros : un symbole de l'illumination divine

On trouve parfois dans l'iconologie et dans la littérature la figure d'un serpent en cercle qui se mord la queue.

Ce symbole est traditionnellement appelé ouroboros, mot adopté du grec mais issu du copte et de l'hébreu, puisque *ouro* signifie « roi » en copte et *ob* veut dire « serpent » en hébreu, pour donner le sens de « serpent royal ». Le reptile qui dresse sa tête au-dessus de son corps sert ainsi de symbole à l'illumination mystique : pour les Orientaux, il représente le feu divin qu'ils nomment Kundalini.

La Kundalini est à l'origine de l'association faite par la médecine occidentale du Moyen Âge et de la Renaissance de cette chaleur corporelle qui remontait du coccyx au crâne avec le venena bibas (« venin absorbé », dont parle saint Benoît de Nursie) du serpent dont la morsure ne se soigne que par un égal poison : à l'instar des techniques d'éveil spirituel orientales du Dzogchen et du Mahamudra qui révèlent comment celui qui médite doit apprendre à « se mordre la queue comme le serpent », le thème de l'ourobouros et du venin absorbé rappelle que la réalisation spirituelle ne peut résulter que d'une vie de spiritualité, en plaçant sa conscience dans un état mental au-dessus des formes habituelles, dans lequel on cherche à regarder en soi-même pour se connaître véritablement en tant qu'être impérissable.

Les Grecs vulgarisèrent le mot ouroboros dans son sens littéral de « serpent qui se mord la queue ». Ils reçurent cette représentation des Phéniciens au contact des Hébreux qui l'avaient eux-mêmes reçue d'Égypte où l'ouroboros est déjà présent sur une stèle datée de 1600 av. J.-C. Il y représente le dieu Rá (de la Lumière) qui ressuscite des ténèbres de la nuit, synonymes de la mort, ce qui renvoie au thème de l'éternel retour, de la vie, de la mort et du recommencement de l'existence, ainsi qu'à la réincarnation des âmes dans des corps humains successifs, jusqu'à ce qu'elles aient atteint leur évolution maximum qui les aura rendues parfaites, corporellement et spirituellement, un thème cher aux peuples du Moyen-Orient et d'Orient.

C'est ainsi que le serpent s'avalant lui-même peut aussi être interprété comme une interruption du cycle du développement humain (représenté par le serpent) pour entrer dans le cycle de l'évolution spirituelle (représentée par le cercle).

Pythagore lui donna le sens mathématique de l'infini, car le serpent ainsi disposé forme un zéro, numéro abstrait employé pour désigner l'éternité qui se concrétise quand l'ouroboros est représenté en train de tourner sur lui-même.

Les chrétiens gnostiques l'identifiaient à l'Esprit Saint révélé par sa sagesse comme le Créateur de toutes les choses visibles et invisibles, et dont l'expression maximum sur la Terre est le Christ. C'est pour cette raison que ce symbole se trouve associé dans la littérature gnostique grecque à la phrase « Hen to pan », c'est-à-dire « Le Tout », « L'Unique » et qu'on l'adopta populairement, dès les IVe et Ve siècles, comme amulette protectrice contre les mauvais esprits et les morsures venimeuses de serpents. On appela cette amulette Abraxas, du nom d'un dieu du panthéon gnostique primitif que les Égyptiens identifiaient comme Sérapis, et elle devint l'un des plus fameux talismans magiques du Moyen Âge.

L'alchimie grecque adopta très tôt la figure de l'ouroboros (aussi écrit uroboro) qui parvint aux philosophes hermétiques d'Alexandrie avec lesquels les penseurs arabes apprirent et diffusèrent cette image dans leurs écoles d'hermétisme et d'alchimie. Ces écoles furent connues et recherchées au Moyen Âge par les chrétiens. On a même des preuves historiques que des membres de l'ordre des Templiers, ainsi que d'autres mystiques chrétiens, se rendirent au Caire, en Syrie et même à Jérusalem pour s'initier aux sciences hermétiques.

STATUES D'ISIS ET MANCO-CÁPAC ⑥

Symbolisme caché de la façade des Législateurs

Cour Carrée du Louvre
Tous les jours de 8 h à 22 h
Métro Pont Neuf

En 1806, Jean-Guillaume Moitte fut chargé de décorer la première façade à droite du pavillon de l'Horloge, dans la cour Carrée du Louvre, sur le thème des Législateurs. Il le fit en suivant la tendance égyptienne, donnée par Napoléon Bonaparte depuis l'invasion de l'Égypte (1798-1801). C'est ainsi que, de façon très curieuse, le sculpteur plaça côte à côte Moïse, Numa Pompilius, Isis et Manco-Cápac, ces deux derniers bien en évidence de chaque côté de la fenêtre.

Comme Napoléon, ces quatre Législateurs avaient le point commun d'avoir eu des pouvoirs impériaux.

Numa Pompilius (754 av. J.-C. - 653 av. J.-C.) fut le deuxième empereur de Rome et fonda le collège des pontifes (*pontifex maximus*) en regroupant *vestales* et *sallis* (ou prêtres) dans un même culte solaire au dieu suprême Janus. Celui-ci, identifié à Jupiter, avait l'aigle pour symbole, l'aigle étant un oiseau fréquemment associé au soleil : il vole à haute altitude et, grâce à sa double paupière, est le seul à pouvoir regarder le soleil en face.

Moïse, pour sa part, instaura chez les Hébreux les lois du Pentateuque et fonda le culte du Dieu unique et véritable.

Isis, à son tour, est la Déesse-Reine d'Égypte qui après la mort de son époux Osiris eut une double prérogative : assurer la permanence du culte du Dieu solaire (Osireth-Per-Amen-Ra), empreint de la plus grande pureté, et affermir le pouvoir impérial des pharaons, tous devant incarner les qualités divines du Fils de la Déesse, à qui elle légua le trône. Ce dernier, Horus, est représenté sous la forme d'un faucon ou d'un aigle aux ailes déployées. En raison de ce dernier attribut, le nom Isis ou Iset signifie littéralement « le trône » ce qui explique pourquoi, à l'origine, selon l'iconographie classique, Isis est représentée comme une femme coiffée d'un siège en forme de trône.

Manco-Cápac fut le premier empereur des Incas à Cuzco, au Pérou. Il était le fils de Huayna Capac que les Incas tenaient pour l'incarnation du dieu du Soleil, Inti. On dit que Manco-Cápac et sa femme Mama Ocllo arrivèrent sur Terre en provenance de la ville souterraine de Pacaritambo ou « Demeure de l'Aurore », en conduisant un peuple à la peau dorée appelé Tapac-Yauri. Il fonda la ville de Cuzco et instaura le culte solaire d'Inti, représenté par le condor, l'aigle des hauts plateaux andins. Il établit, en outre, un code de lois qui incluait l'interdiction des sacrifices humains et le mariage entre frère et sœur. Sous l'empire de Manco-Cápac, la civilisation inca atteignit son apogée, caractérisé par la paix et le progrès.

Napoléon n'est pas visible dans l'ensemble de ces sculptures, mais sa présence est sous-entendue dans la figure angélique de la République qui orne la cimaise. Placée au-dessus des autres, la sculpture exprime la prétention de Napoléon d'être un empereur universel, réunissant à lui seul toutes les prérogatives civilisatrices de ses prédécesseurs, les Législateurs. De fait, Napoléon Bonaparte devait dominer et conquérir l'Afrique (Isis), l'Orient (Moïse), l'Europe (Numa) et l'Amérique (Manco-Cápac) et devenir ainsi une sorte de roi du monde.

Pour plus d'informations sur les liens entre Isis et Paris, voir double page suivante.

Les origines contestées du nom de Paris

Au IIIe siècle av. J.-C., une tribu gauloise, les Parisii, s'installa sur la future île de la Cité et fonda un premier bourg, Lutèce, plus un endroit de défense, de culte, de commerce, qu'une véritable ville. Jules César, empereur des Romains, fut le premier à le désigner par écrit dans son texte sur la « Guerre des Gaules ». Depuis, plusieurs théories s'affrontent pour expliquer l'étymologie de Lutèce puis de Paris. Le toponyme gallo-romain Lutetia agglutine les thèmes Lut (ou luth) et Ata, qui s'interprète comme un « lieu avec des murs » ou une « ceinture de murailles », qui évita par ailleurs à la ville de tomber sous le joug des Huns, lors de l'attaque menée par Attila, en l'an 451 apr. J.-C. Les Latins disposaient d'un terme d'origine iranienne pour dénommer cette ceinture de murailles : « pari », qu'on retrouve en iranien dans le mot *pari-daiza*, signifiant à la lettre « ceinture » (*pari*) et « modèle » (*daiza*). Paridaiza donna son origine à paradhesa qui est l'expression archétypique des mots européens qui désignent le paradis.

Selon cette théorie, les Parisii étaient ainsi les habitants du Paradis : de façon particulièrement intéressante, le paradis terrestre de la première humanité (le jardin d'Éden) était fortement défendu par une muraille de feu dressée par saint Michel, l'ange de Dieu. Cette muraille de feu se transforma en pierre quand l'humanité tomba dans le péché originel de la concupiscence et de la luxure et fut expulsée de l'Éden, comme le racontent les écritures sacrées des juifs, des chrétiens et des musulmans.

Selon Gilles Corrozet (1510-1568), le nom de Lutèce viendrait plutôt d'un certain Lucus (ou Luce), descendant de Noé et roi des Celtes qui fonda une ville fluviale : Lutèce ou Lucotèce. Lucus étant le dieu primordial du panthéon celte (également nommé Lug, dont dérive par exemple Lugdunum, l'ancien nom de Lyon), on retrouve encore une fois le côté particulier et privilégié des origines de la ville, d'autant plus que Noé, en incarnant un « second Adam » (puisque, entre-temps, l'humanité a disparu dans le déluge universel), renforce également cette condition.

Installés sur les bords de Seine, les Gaulois, qui avaient assimilé la culture et la religion égyptiennes à travers les Grecs dont ils utilisaient l'alphabet, comme en témoigna César, finirent aussi par porter un culte à Isis, la Déesse-mère primordiale, incarnation des eaux de la vie. Ainsi, près de l'actuelle église Saint-Germain-des-Prés, la plus ancienne de Paris, un temple aurait été consacré à Isis, et les habitants du lieu auraient ainsi été appelés « Para-Isis », « dévots d'Isis ». Après la christianisation, ceux-ci auraient ensuite transféré ce culte de la Déesse-mère à la forme pieuse de Notre-Dame, en une sorte d'adaptation du culte de l'Isis antique. L'abbé du Breul reprend, en 1612, cette idée : « À l'endroit où le roi Childebert a fait construire l'église Saint-Vincent, maintenant dite Saint-Germain, et à laquelle il a donné son fief d'Issy, l'opinion répandue est que c'était le lieu du temple d'Isis qui avait d'ailleurs donné son nom au hameau d'Issy ».

Pour mettre en valeur l'importance culturelle et spirituelle de Paris, on importa également par la suite deux légendes grecques (la Grèce étant la patrie historique de la culture européenne) très significatives dans lesquelles deux demi-dieux cessent d'être grecs et troyens pour devenir parisiens.

La première, en vogue au début du XVe siècle, raconte que Francis, le fils d'Hector et petit-fils de Priam, abandonna Troie après la guerre du même nom pour venir s'installer dans ce lieu fertile et fonder une ville qu'il nomma Lutèce. Il la rebaptisa bientôt Paris et ses habitants les Parisiens en l'honneur de Paris, fils du roi Priam et l'un des argonautes du navire Argo qui navigua sur les mers d'Occident en quête de la Toison d'or, appartenant à un bélier blanc aux cornes dorées qui donnait l'immortalité à qui le toucherait.

Un autre mythe est lié au passage du demi-dieu Hercule dans la région : afin d'exécuter le 11e des 12 travaux que le roi Eurysthée lui avait ordonné d'accomplir, Hercule se dirigea vers la péninsule Ibérique pour y cueillir les pommes d'or du jardin des Hespérides. En route, il fit étape dans une île pour se reposer de ses exploits surnaturels : l'île de la Cité. La halte dans un lieu si plaisant lui plut tant qu'il décida de la prolonger, et pour se distraire y construisit des maisons. Bientôt, une ville y était née. Il la laissa à ses vassaux appelés Parásios (d'où le mot de Parisiens), ainsi nommés parce qu'ils étaient originaires de la Parásia Asiática, un pays qui tournait le dos à la Grèce.

Isis, sur le blason de la ville de Paris

En 1811, la commission dirigée par Louis Petit-Radel approuva les conclusions du maçon et kabbaliste Antoine Court de Gébelin (vers 1719-1874). Célèbre pour ses études d'herméneutique et de symbolisme, cet ancêtre de l'occultisme moderne affirmait que l'origine de Paris s'était faite sous le signe d'Isis (voir ci-contre). À cette date, la déesse égyptienne occupa même une place d'honneur sur les nouvelles armoiries de la ville, comme on peut le voir dans la lettre patente du 29 janvier 1811 accordée par Napoléon Ier (dessin ci-contre) : outre l'apparition d'une étoile d'argent au-dessus de la nef, on voit la déesse Isis figurant sur la proue de la nef.

LA BOULE AUX RATS DE SAINT-GERMAIN-L'AUXERROIS

⑦

Une boule énigmatique

2, place du Louvre
01 42 60 13 96
saintgermainlauxerrois.fr
Tous les jours de 9 h à 19 h

Juste en face du Louvre, sous la gargouille centrale de la façade de Saint-Germain-l'Auxerrois donnant sur la cour à gauche de l'église, se trouve une très énigmatique boule aux rats. Sur celle-ci, à la différence des autres existant en France (voir ci-dessous), les rats, sous l'œil d'un chat démoniaque, semblent sortir de la boule, plutôt que s'y engouffrer. Aujourd'hui encore, les interprétations divergent... Serait-ce pour signifier que l'Église est le seul remède contre la misère du monde, représentée par les rats et la sphère ?

Les neuf boules aux rats existant en France

Il existerait neuf boules aux rats en France : outre celle de Paris, on en trouve une à la cathédrale Saint-Siffrein à Carpentras (voir le guide *Provence insolite et secrète* chez le même éditeur), une à la cathédrale du Mans, une dans la crypte de l'église Saint-Sernin à Toulouse, une à l'église Saint-Maurille dans la ville des Ponts-de-Cé dans le Maine-et-Loire et quatre autres en Île-de-France : dans l'église Saint-Jacques-de-Meulan dans les Yvelines, sur une stalle d'une miséricorde de l'ancienne collégiale de Champeaux en Brie (Seine et Marne), sur une miséricorde de l'église Saint-Spire à Corbeil-Essonne, et à l'église Gassicourt à Mantes-la-Jolie (Yvelines).

LA MAIRIE DU IER ARRONDISSEMENT

8

Une mairie qui ressemble à une église

4, place du Louvre
01 44 50 75 01
Du lundi au vendredi de 8 h 30 à 17 h (19 h 30 le jeudi), samedi de 9 h à 12 h 30

En sortant de Saint-Germain-l'Auxerrois, le promeneur ne pourra manquer la mairie du Ier arrondissement qui présente une grande symétrie avec l'église.

Afin de poursuivre l'axe du Louvre vers l'est jusqu'à l'Hôtel de Ville, on démolit au début du XIXe siècle de vieux immeubles délabrés qui l'entouraient, un vaste espace avait été dégagé en face de la colonnade du Louvre, et l'église, située sur l'un des côtés, déséquilibrait l'ensemble.

Plutôt que de démolir l'église historique dans laquelle avait été donné le signal du massacre de la Saint-Barthélémy (voir ci-contre), le

baron Haussmann, qui était en outre protestant, fit construire en 1858 ce magnifique Hôtel de Ville de style Renaissance par Jacques Ignace Hittorff (1792-1867), l'architecte de la gare du Nord, dans un style très proche de celui de l'église afin de donner l'unité architecturale requise par la présence de l'imposante façade uniforme de la colonnade Perrault.

L'actuelle avenue Victoria, qui surprend aujourd'hui par sa largeur par rapport aux rues environnantes, est un vestige du projet de poursuivre l'axe du Louvre vers l'est jusqu'à l'Hôtel de Ville.

Le carillon sanglant de Saint-Germain-l'Auxerrois

Cette église reste également associée à une page sanglante de l'histoire de France. C'est sa cloche, offerte par François Ier en 1527, qui aurait sonné le début du massacre de la Saint-Barthélemy (massacre à Paris des protestants par les catholiques le 24 août 1572, jour de la Saint-Barthélemy).

LE RÉBUS DE LA RUE DE L'ARBRE-SEC

⑨

Une carpe en morceaux

En face du 17, rue de l'Arbre-Sec
Métro Pont-Neuf

Au chevet de l'église Saint-Germain-l'Auxerrois, un étonnant détail échappe à la plupart des promeneurs : juste au-dessus des fenêtres en ogive qui donnent sur la rue de l'Arbre-Sec, une étonnante frise court le long des façades sud et est de la chapelle de l'église qui est en saillie sur la rue. On y voit nettement un poisson coupé en plusieurs morceaux, chaque bout étant séparé par des feuillages.

La chapelle a été construite en 1505 grâce aux dons d'un drapier du nom de Tronson, qui a donc eu l'idée de faire graver par le sculpteur Jean Solas des tronçons de carpe sur la façade de la chapelle.

Pourquoi des carpes ? Si Tronson avait peut-être un lien familial ou personnel avec les carpes, une autre raison serait que le mot aurait un homonyme en grec : Karpos qui signifie fruit ou profit, en lien avec la richesse de Tronson qui lui permit de financer la chapelle ?

AUX ALENTOURS

Les fleurs de lys de la rue de l'Arbre-Sec

⑩

À la Révolution, les sans-culottes ont fait disparaître autant que possible les emblèmes de la royauté, dont les différentes fleurs de lys qui constellaient la capitale. À l'angle de la rue de Bailleul et de la rue de l'Arbre-Sec, deux fleurs de lys ont pourtant échappé à ces destructions : très discrètes, elles sont situées juste au-dessus de l'inscription S.G. (pour Saint-Germain-l'Auxerrois).

Qu'est-ce que l'arbre sec ?

La notion d'arbre sec donne lieu à plusieurs interprétations différentes. Selon l'une de celles-ci, l'arbre sec serait un arbre planté près de Hébron, dans l'actuelle Palestine, qui aurait toujours été vert et feuillu et aurait perdu son feuillage le jour où Jésus est mort sur la croix, mais qui pourra reverdir le jour où un « prince de l'Occident » y fera à nouveau célébrer une messe.

Pour d'autres, le chêne se trouve bien à Hirbet es-Sibte, à 2 kilomètres au sud-ouest de Mambré, près d'Hébron, mais ce chêne de Mambré a une autre signification : mentionné dans la Bible (Ge 12. 6), il se situe à l'endroit où Abraham a planté sa tente et s'est entretenu avec trois anges, où il lui a été révélé que sa femme Sara aurait un fils et où il a plaidé pour que Sodome et Gomorrhe soient épargnées.

Selon la tradition, ce chêne doit mourir avant que ne vienne l'Antéchrist. Si un botaniste a annoncé que l'arbre était peut-être mort en 1996, il a en réalité donné plusieurs rejets et est toujours vivant, soutenu par une structure en béton et acier.

Enfin, selon une dernière tradition, l'arbre sec était un arbre solitaire situé au nord de la Perse qui était censé marquer l'exacte position de la grande bataille entre Darius et Alexandre, symbolisant ainsi la limite entre Orient et Occident.

PLAQUE DU MARTYRE DE JACQUES DE MOLAY, GRAND MAÎTRE DES TEMPLIERS

(11)

Un roi de France qui ne pouvait plus rembourser ses dettes...

Sur le mur à l'entrée du square du Vert-Galant
Métro Cité

L'île aux Juifs, appelée ensuite île des Templiers, était située à Paris sur la Seine à l'ouest de l'île de la Cité. C'est là que Jacques de Molay, 22e et dernier Grand Maître de l'ordre des Templiers, et son compagnon Geoffroy de Charnay furent brûlés vifs, le 18 mars 1314. Avec la construction de l'actuelle place du Vert-Galant et l'inclusion de deux îlots voisins, l'île fut ensuite reliée à l'île de la Cité.

Une plaque à la mémoire du martyre de Jacques de Molay a été posée sur les lieux de l'exécution par les francs-maçons de la Grande Loge Nationale Française (avec l'aide de francs-maçons américains), avec l'inscription suivante : « À cet endroit Jacques de Molay dernier Grand Maître de l´ordre du Temple a été brûlé le 18 mars 1314 ».

La cupidité du roi Philippe IV le Bel le conduisit à accuser l'ordre des Templiers des pires hérésies, jamais prouvées. Ces accusations furent toutefois suffisantes pour convaincre le pape Clément V, qu'il avait fait monter sur le trône, de leur véracité (reniement, idolâtrie, sodomie, usure, etc.). C'était au cours de l'année 1307. En vérité, le monarque n'était intéressé que par les richesses du Temple, meubles et immeubles, car il s'était endetté auprès de l'Ordre et n'avait pas les moyens de payer ses dettes : en 1297, les Templiers lui avaient avancé 2500 livres. Un an après, 200 000 florins lui furent encore prêtés et en 1300, il reçut un nouveau prêt de 500 000 francs. Dans l'impossibilité de payer, il sollicita en 1305 son admission à l'Ordre, à titre honoraire, dans l'espoir de le manipuler de l'intérieur. Il essuya un refus catégorique.

C'est alors que Philippe le Bel passa aux intrigues et aux mensonges, se servant du pape comme homme de main pour arriver à ses sinistres fins : à l'aube du vendredi 13 octobre 1307, les Templiers et leur Grand Maître, installés à la *Ville-neuve du Temple*, à Paris, furent arrêtés sans opposer de résistance. Ils croyaient que le pape interviendrait en leur faveur puisqu'ils étaient un ordre militaire ecclésiastique dont le chef suprême était précisément le pape. Lourde erreur.

Mais le roi fut également déçu, le siège du Temple étant vide de toutes les richesses imaginées à tort. S'ensuivit l'emprisonnement en masse et arbitraire des Templiers sur tout le territoire français, les tortures, les morts et les faux aveux arrachés sous la torture. Le scandale se répandit dans l'Europe entière. Tous savaient que Philippe le Bel était cruel et ambitieux, mais personne ne voulait la guerre, et le procès se déroula malgré tout : le pape Clément V abolit d'abord l'ordre du Temple le 22 mars 1312, puis son Grand Maître fut brûlé vif, en martyr, le matin du 14 mars 1314.

Le roi de France et le reste de la cour affligé restèrent à l'entrée de l'île qui était en réalité déjà maudite : son sol était marqué par la mort des proscrits, hérétiques et autres délinquants de la « race maudite de Judas qui tuèrent le Seigneur » (les Juifs, qui donnèrent leur nom à ce bout d'île) depuis des siècles.

Quand un moine s'approcha du maître, un crucifix à la main, afin de l'exhorter à se repentir de ses crimes, Jacques de Molay le réprimanda avec la sérénité du juste : « Moine, garde tes prières pour le pape qui va en avoir bien besoin ». Et s'adressant au roi de France, il annonça prophétiquement que « dans moins d'un an, il aurait à se présenter devant le Juge suprême des vivants et des morts ». C'est ce qui arriva. Le roi décéda le 29 novembre 1314, le pape mourut le 20 avril 1314, le grand argentier du roi, Enguerrand de Marigny, fut pendu le 30 avril 1315, et Esquieu de Floyran, ancien prieur de Montfaucon et Templier renégat, fut assassiné à coups de poignard.

Pour en savoir plus sur les vestiges de l'ordre du Temple à Paris et sur la réalité du Baphomet, voir p. 141

AUX ALENTOURS

Les céramiques du restaurant du 15, rue Montmartre ⑫

Superbe décoration de céramiques de 1914, sur le thème des Halles, qui étaient à quelques pas (voir le guide *Paris bars et restaurants insolites*, chez le même éditeur.)

Musée du Barreau de Paris ⑬

Hôtel de la Porte
25, rue du Jour
01 44 32 47 48
Visites de groupe sur rendez-vous auprès du conservateur au 01 47 83 50 03

Dans le très bel hôtel particulier de la Porte, le petit musée du Barreau de Paris est largement méconnu des Parisiens. Il possède pourtant une collection très riche qui évoque l'histoire des hommes et des procès qui ont marqué la justice depuis le XVIIe siècle.

La plaque du meurtre d'Henri IV par Ravaillac ⑭

11, rue de la Ferronnerie

Une plaque sur le sol avec une fleur de lys indique l'emplacement du meurtre d'Henri IV en 1610 par Ravaillac.

L'éléphant du 3, rue de la Cossonnerie ⑮

La partie supérieure de cette façade présente une belle tête d'éléphant, très probablement d'influence islamique indienne (voir p. 177).

L'origine des demi-lunes du Pont-Neuf

Achevé en 1604, le Pont-Neuf est l'un des plus vieux ponts de Paris. À sa construction, il présentait trois caractéristiques originales : celle d'être pourvu de trottoirs (ceux-ci ne seront généralisés qu'au XIXe siècle), celle d'être orné de 384 mascarons (masques grotesques agrémentant ses corniches) et celle de ne pas posséder de maisons construites sur son pavement, exception faite des boutiques qui étaient installées sur les demi-lunes qui existent toujours aujourd'hui.

COLONNE MÉDICIS

⑯

Les prédictions de l'astrologue...

Rue de Viarmes
Métro Louvre-Rivoli ou les Halles

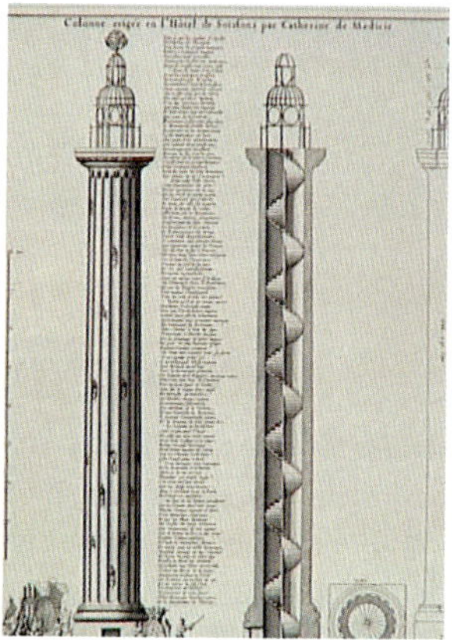

À deux pas des Halles, nombreux sont ceux qui n'ont jamais remarqué la mystérieuse colonne, pourtant haute de 28 mètres, qui est adossée à la Bourse du commerce... Son histoire est intrigante : la reine Catherine de Médicis, passionnée d'astrologie, l'aurait fait édifier vers 1575 par son architecte Jean Bullant, quelques années après la construction de sa somptueuse demeure, l'Hôtel de la Reine.

La tour cannelée, surmontée d'une plate-forme à laquelle on accède par un escalier en colimaçon de 147 marches, autrefois recouverte d'une verrière (mais dont il ne reste plus que la carcasse en fer), communiquait avec les appartements de la reine. Cette colonne, qui n'est pas mentionnée dans les devis de construction de l'hôtel, avait pour certains une vocation commémorative : les monogrammes entrelacés du roi Henri II et de Catherine de Médicis (H et C) seraient un hommage au souverain tué dans des conditions décrites par Nostradamus.

Pour beaucoup il s'agirait en réalité d'un témoignage de l'obsession de la reine pour l'astrologie : à la suite de la prédiction de Nostradamus qui était reparti en Provence, Catherine de Médicis aurait fait construire la colonne pour servir d'observatoire et de lieu d'incantation à Cosimo Ruggieri, son astronome, mage et confident d'enfance. Personnage pour le moins mystérieux, celui-ci fut notamment l'auteur de la fameuse prédiction de la mort de sa bienfaitrice. Les quatre angles du chapiteau de la colonne renverraient aux quatre points cardinaux.

La préservation de cette colonne, après la destruction du palais en 1748 et la construction de l'actuelle Bourse du commerce, tient du miracle.

Où et quand Molière est-il réellement né ?

Les plaques du 31, rue du Pont-Neuf et 98, rue Saint-Honoré se contredisent : la première affirme que Molière serait né en ce lieu en 1620 et la seconde qu'il serait plutôt né le 15 janvier 1622 et à cette autre adresse ! Les experts semblent pencher pour la seconde solution. La fontaine Molière, au 37, rue Richelieu, fut la première statue parisienne à honorer une personne autre qu'un souverain.

VISITE DE LA GALERIE DORÉE DE L'HÔTEL DE TOULOUSE

(17)

Un rare témoin du style Régence

Banque de France
2, rue Radziwill
Les visites ont lieu exclusivement le samedi matin à 10 h 30
Individuels : visites assurées par le Centre des monuments nationaux (6 par an)
Programmation sur banque-france.fr - S'inscrire directement un mois avant la date choisie auprès du Centre des monuments nationaux au 01 44 54 19 30
Groupes : demande par courrier à adresser à : PHAR 10-1069 Banque de France 75049 Paris cedex 01 - Demande à adresser courant mai pour une visite qui sera programmée l'année suivante du 1er janvier au 31 décembre
Métro Bourse

Contrairement à ce que l'on pourrait imaginer, il est possible pour le public, sur réservation uniquement, de visiter la magnifique Galerie dorée de l'hôtel de Toulouse, siège de la Banque de France.

Le bâti, tel qu'on le voit aujourd'hui, est le fruit des nombreux aménagements et extensions réalisés par l'annexion de propriétés limitrophes.

En 1635, le seigneur de la Vrillière (Louis Phélypeaux) acquérait un terrain laissé vacant par Richelieu après la construction du palais Cardinal. Il décida d'y édifier, sous la direction de François Mansart, un hôtel particulier dont l'une des pièces, la grande galerie, toute de stucs blancs et

aux dimensions imposantes (40 mètres de long sur 6,50 mètres de large), devait servir de salle d'exposition pour son exceptionnelle collection de peintures italiennes. En 1713, le comte de Toulouse acquit la demeure qui fut tout naturellement rebaptisée hôtel de Toulouse. Le nouveau propriétaire, qui n'était autre que le fils illégitime de Louis XIV et de madame de Montespan, fit appel à Robert de Cotte, premier architecte du roi, pour aménager le lieu en demeure princière. Dans le pur esprit Régence, l'or envahit la grande galerie et ses éléments de décor sont revus pour illustrer les charges du comte de Toulouse : la chasse et la marine.

En 1793, au décès naturel du duc de Penthièvre, fils du comte de Toulouse, l'hôtel est saisi et ses biens sont dispersés entre divers musées (un Véronèse et un Poussin sont d'ailleurs visibles au Louvre). La Galerie dorée servit alors de magasin à papier pour l'Imprimerie nationale qui avait investi les lieux.

La Banque de France, créée en 1800 et qui était établie place des Victoires, racheta l'hôtel en 1808. En 1870, l'aile contenant la galerie dut être reconstruite et fit l'objet d'un ambitieux chantier de restitution : les boiseries et les décors furent démontés, des copies des tableaux saisis à la Révolution furent réalisées, la fresque du plafond fut copiée et le tout fut réintégré dans le bâtiment reconstruit.

Aujourd'hui l'illusion est parfaite et la galerie, éclairée par la lumière de ses grandes fenêtres, resplendit de toutes ses dorures. Elle reste l'un des seuls témoignages de cette ampleur du style Régence.

LE DOUBLE ESCALIER DU 33, RUE RADZIWILL

(18)

Deux escaliers différents pour ne pas se faire croiser les clients...

33, rue Radziwill et 48, rue de Valois
Visible en semaine aux heures de bureau. Sonner à la médiathèque (5e étage)
Métro Palais-Royal – Musée du Louvre

Occupé aujourd'hui par des bureaux, l'immeuble du 33, rue Radziwill a une particularité assez unique à Paris : outre le fait qu'avec ses huit étages, il était à sa construction en 1781 l'un des plus élevés de Paris après avoir été surélevé d'un étage, il est surtout remarquable pour son magnifique double escalier. Chaque escalier, identique à l'autre, étant séparé de quelques mètres, permettait ainsi aux personnes qui montent de ne jamais rencontrer par hasard celles qui descendent. Un détail éminemment pratique quand les activités des lieux n'étaient pas forcément très recommandables. Le fait que l'immeuble possède (toujours aujourd'hui) une autre entrée au 48, rue de Valois, ajoutait évidemment à la discrétion des lieux qui étaient occupés non seulement par des prostituées, mais également par un immense tripot de dix-neuf salles : sept au rez-de-chaussée côté rue de Valois, huit toujours au rez-de-chaussée mais côté opposé, et quatre à l'entresol.

L'immeuble est traversé par le passage Radziwill, qui a pris le nom du prince polonais de Radziwill (1734-1790) qui avait ouvert le passage. Le passage est aujourd'hui fermé au public.

Pour d'autres vestiges des maisons closes parisiennes, voir p. 72.

AUX ALENTOURS

Musée-bibliothèque de la Comédie-Française

(19)

1, place Colette
01 44 58 13 16 / 13 17 ; comedie-francaise.fr
Lundi et mardi de 9 h à 17 h, mercredi de 9 h à 12 h 30
Fermeture annuelle en août et pendant la première quinzaine de septembre
Métro Palais-Royal – Musée du Louvre, Pyramides

Méconnu de la plupart des Parisiens, le musée de la Comédie-Française est un excellent moyen d'accéder aux parties privées de cette institution théâtrale : la visite guidée comprend les parties publiques accessibles aux spectateurs lors des représentations (vestibule, escalier d'honneur, foyer du public, galeries et salle), mais aussi les parties privées. Le visiteur découvrira ainsi la salle du Comité, le foyer des Artistes et le foyer La Grange qui présentent quelques œuvres d'art insoupçonnables.

CERCLE SUÉDOIS

20

Un cercle explosif

01 42 60 76 67
cercle-suedois.com
Mercredis de 18 h à 23 h
Métro Concorde

À deux pas de la place de la Concorde, le très secret et chic Cercle suédois, fondé en 1891, abrite une salle historique. C'est là qu'Alfred Nobel, inventeur de la dynamite, rédigea le 27 novembre 1895 son testament explosif qui institua la création du fameux prix Nobel. Le bureau est toujours en place et est visible deux fois par mois, le mercredi soir.

Ces soirées sont aussi l'occasion de prendre un verre dans les très beaux salons du cercle, qui donnent sur le jardin des Tuileries (voir le guide *Paris bars et restaurants insolites* chez le même éditeur). L'ambiance générale, totalement hors du temps, est un délice pour les esthètes de passage et pour ceux qui apprécient les ambiances un peu décalées. De nombreux tableaux d'artistes suédois (dont Zorn, Grünewald, Dardel et plus récemment Lennart Jirlow) ornent les murs.

AUX ALENTOURS

Le mètre étalon du 13, place Vendôme (21)

En relation avec celui de la rue de Vaugirard, le mètre étalon de la place Vendôme, à gauche du ministère de la Justice, permettait aux Français de se familiariser avec cette nouvelle unité de mesure mise en place à la Révolution (voir p. 200). À la différence de celui de la rue de Vaugirard, ce mètre étalon n'est pas à son emplacement d'origine : il a été déplacé ici en 1848.

La plaque de l'ambassade du Texas (22)

À l'angle de la rue de Castiglione et de la place Vendôme, une plaque rappelle l'emplacement de l'ambassade que le Texas ouvrit à Paris au XIXe siècle : beaucoup ont en effet oublié que le Texas conquit son indépendance du Mexique en 1836 et fut une république indépendante jusqu'en 1845, date à laquelle il fut annexé aux États-Unis.

Les balcons de la place Vendôme en hommage à Louis XIV

De part et d'autre de la colonne, les balcons de la place Vendôme sont un hymne à la gloire de Louis XIV. Ornés d'une allégorie du Soleil revêtue de feuilles d'or, ils font évidemment référence au souverain que l'on appelait le Roi-Soleil. La place était auparavant nommée place des Conquêtes ou place Louis-le-Grand, en hommage toujours à Louis XIV. Elle possédait également en son centre une statue équestre du roi sculptée par Girardon. Inaugurée en 1699, elle fut abattue à la Révolution.

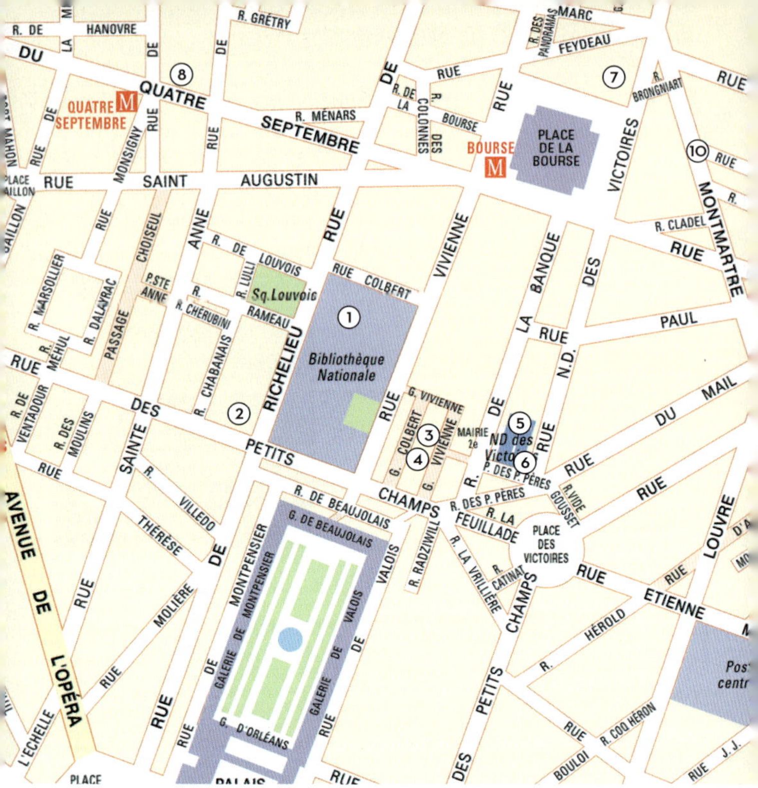

IIe Arrondissement

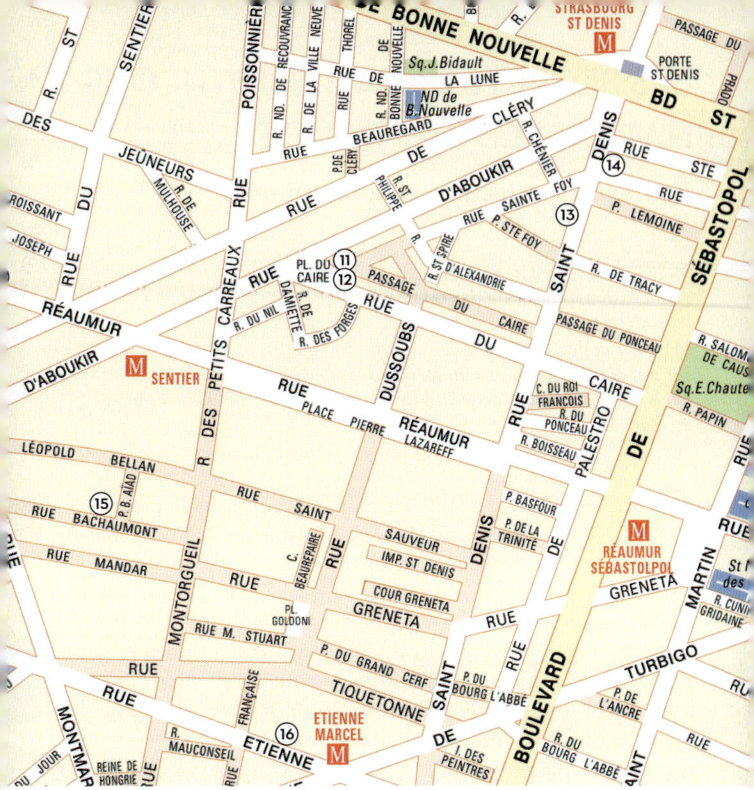
BONNE NOUVELLE
STRASBOURG ST DENIS
PASSAGE DU PRADO
PORTE ST DENIS
BD ST DENIS
Sq.J.Bidault
ND de B.Nouvelle
RUE DE LA LUNE
R. ND. DE RECOUVRANCE
R. DE LA VILLE NEUVE
RUE THOREL
R. ND. DE BONNE NOUVELLE
RUE BEAUREGARD
P. DE CLÉRY
RUE DE CLÉRY
R. CHÉNIER
R. ST PHILIPPE
RUE SAINTE FOY
P. STE FOY
RUE STE FOY
P. LEMOINE
R. DE TRACY
R. ST SPIRE
D'ALEXANDRIE
PL. DU CAIRE
PASSAGE DU CAIRE
RUE DU CAIRE
PASSAGE DU PONCEAU
R. SALOMON DE CAUS
Sq.E.Chautemps
R. PAPIN
R. DU NIL
R. DE DAMIETTE
R. DES FORGES
RUE D'ABOUKIR
RUE RÉAUMUR
RUE DES JEÛNEURS
R. DE MULHOUSE
RUE DU SENTIER
R. ST JOSEPH
CROISSANT
RUE POISSONNIÈRE
R. DES PETITS CARREAUX
SENTIER
RUE DUSSOUBS
PLACE PIERRE LAZAREFF
C. DU ROI FRANCOIS
R. DU PONCEAU
R. BOISSEAU
RUE PALESTRO
BOULEVARD DE SÉBASTOPOL
LÉOPOLD BELLAN
P. B. AÏAD
RUE BACHAUMONT
RUE MANDAR
RUE SAINT SAUVEUR
IMP. ST DENIS
COUR GRENETA
RUE GRENETA
C. BEAUREPAIRE
P. BASFOUR
P. DE LA TRINITÉ
RUE SAINT DENIS
RÉAUMUR SÉBASTOLPOL
RUE SAINT MARTIN
R. CUNIN GRIDAINE
PL. GOLDONI
RUE MONTORGUEIL
RUE M. STUART
P. DU GRAND CERF
RUE TIQUETONNE
P. DU BOURG L'ABBÉ
RUE TURBIGO
P. DE L'ANCRE
R. DU BOURG L'ABBÉ
RUE ETIENNE MARCEL
ETIENNE MARCEL
R. MAUCONSEIL
RUE FRANÇAISE
I. DES PEINTRES
REINE DE HONGRIE
RUE MONTMARTRE
DU JOUR

LES SECRETS DE LA BIBLIOTHÈQUE NATIONALE DE FRANCE ①

Des salles spectaculaires et méconnues

58, rue de Richelieu
01 53 79 59 59 ; bnf.fr
Fermé le dimanche, le lundi, les jours fériés et du 1er au 8 septembre
Parcours-découverte du site Richelieu : visites guidées (1 h 30) avec un conférencier de la BnF : tous les samedis à 17 h 30
Sur réservation exclusivement au 01 53 79 49 49
Accès à la bibliothèque de recherche autorisé uniquement aux personnes accréditées
Métro Pyramides, Bourse ou Palais-Royal – Musée du Louvre

Si les expositions temporaires proposées par la Bibliothèque nationale et le musée des Monnaies, Médailles et Antiques sont bien connus des Parisiens, beaucoup ignorent qu'une passionnante visite guidée permet de découvrir quelques-unes des salles habituellement réservées aux chercheurs ou aux personnes accréditées.

La célèbre salle de travail Labrouste, inaccessible en temps normal, est impressionnante : 16 colonnettes de fonte de 10 mètres de hauteur soutiennent neuf coupoles de faïence émaillée qui laissent passer la lumière du jour. Dans le fond de la salle, une énorme baie vitrée permet d'accéder au magasin central. Vide depuis le transfert des imprimés à la bibliothèque François-Mitterrand, l'odeur des livres est néanmoins prégnante. À l'ouverture de la salle en 1868, un ingénieux système de navettes à pneumatiques (toujours visible) permettait au lecteur de commander et recevoir les ouvrages se trouvant dans le magasin. Attention, la salle Labrouste n'est accessible que lors des visites de 9 h 30 et de 17 h 30, cet espace étant réservé aux chercheurs pendant la journée.

On peut également admirer pendant la suite de la visite les salles du département des Arts du Spectacle, parmi lesquelles la Rotonde, écrin fraîchement rénové des plus belles pièces des collections du département, et la toute nouvelle salle de lecture, dont le décor de bois clair et le mobilier épuré apportent une touche de modernité inattendue.

AUX ALENTOURS

Inscription FP ②

À l'angle de la rue des Petits-Champs et de la rue de Richelieu, la très discrète inscription FP, gravée de chaque côté de la pierre d'angle, rappelle la limite de l'ancien fief Popin, un ensemble de propriétés de plus d'une centaine de maisons détenues par un seigneur laïc (lui-même vassal de l'archevêché) au XVIIIe siècle.

LE MÉDAILLON DE LA POIGNÉE DE MAIN ③

Une galerie franc-maçonne

Galerie Vivienne
6, rue Vivienne
Métro Bourse

Construite en 1823 par Marchoux, le président de la Chambre des Notaires, la galerie Vivienne est un superbe passage couvert qui fut ouvert au public en 1826 sous le nom de galerie Marchoux. Rapidement rebaptisée Vivienne, la galerie fut conçue dès l'origine comme un lieu de commerce, à l'abri de la pluie, comme c'était la mode au XIXe siècle.

Conçue par l'architecte François Jean Delannoy et décorée des mosaïques de Giandomenico Facchina, la galerie, outre ses symboles liés au commerce (corne d'abondance, présence de Mercure, dieu du Commerce) possède aussi une abondance de symboles maçonniques comme, à l'entrée du 6, rue Vivienne, en haut à droite de la porte, le médaillon montrant une poignée de main, symbole typiquement franc-maçon qui rappelle la fraternité qui unit les frères francs-maçons (voir ci-dessous).

Outre ce médaillon, on trouve à l'intérieur d'autres symboles maçonniques : la ruche (amour du labeur et cogitation en loge), le niveau (symbole d'égalité)...

Le salut franc-maçon

Les francs-maçons se saluent en se serrant la main d'une manière particulière : ils exercent de petites pressions avec le pouce pour indiquer leur grade. L'apprenti touche légèrement (de la pointe du pouce de la main droite) la première phalange de l'index de la main droite de l'autre, trois coups : deux rapides et un espacé. Le compagnon fait la même chose, mais il touche de son pouce droit la première phalange du majeur droit de l'autre, cinq fois : deux rapides, un espacé, deux rapides. Le maître fait de même, sept fois : quatre rapides et trois espacés.

AUX ALENTOURS

L'escalier monumental de la galerie Vivienne ④

Au n° 13 de la galerie, un très bel escalier mène à l'ancienne demeure, après sa disgrâce, de Vidocq (1775-1857), l'ancien bagnard qui devint chef de la police de sûreté de 1811 à 1827.

LES EX-VOTO DE LA BASILIQUE DE NOTRE-DAME-DES-VICTOIRES

5

Plus de 37 000 ex-voto habillent les murs et les plafonds de la basilique

Place des Petits-Pères
6, rue Notre-Dame-des-Victoires
01 42 60 90 47
De lundi à samedi de 7 h 30 à 19 h 30, dimanche de 8 h 30 à 20 h
Messes : du lundi au vendredi à 12 h 15 (uniquement en été) et à 19 h, le jeudi à 14 h 30, le samedi à 16 h 45 (sauf en été) et le dimanche à 11 h et à 16 h 45
Métro Bourse

De façon assez inattendue, la basilique Notre-Dame-des-Victoires possède une collection unique de plus de 37 000 ex-voto fixés un peu partout à l'intérieur. L'ambiance de recueillement qui règne et les témoignages de reconnaissance de ces milliers de plaques de marbre ne manqueront pas d'impressionner et d'émouvoir le visiteur, même si celui-ci n'est pas particulièrement croyant. Prenez donc le temps de détailler ces témoignages dont certains sont particulièrement poignants.

Fondée en 1629 par Louis XIII à l'appel des Augustins dits les « Petits Pères », la basilique fut baptisée Notre-Dame-des-Victoires en action de grâce pour la victoire des troupes royales contre les huguenots à La Rochelle. Le roi attribua en effet cette victoire à la prière et à l'intervention de la Vierge. Dès la fondation de l'église, une statue de la vierge fut installée dans la chapelle du couvent et suscita une grande dévotion de la part des fidèles. En 1836, alors que la paroisse avait perdu de son attrait auprès des pèlerins, son curé, l'abbé Desegenettes, entendit à deux reprises l'ordre suivant : « Consacre ta paroisse au Très Saint et Immaculé Cœur de Marie. » Il créa aussitôt une association de prières en l'honneur du Cœur immaculé de la Très Sainte Vierge qui provoqua une multiplication du nombre de fidèles et des conversions... Par cette action, l'abbé fit alors de son église « un immense chant d'amour » dont les ex-voto présents aujourd'hui dans la basilique sont le fervent témoignage.

AUX ALENTOURS

Les trompe-l'œil de la place des Petits-Pères ⑥

Juste à côté sur la place des Petits-Pères, les fenêtres de l'immeuble côté rue de la Banque ne sont que des trompe-l'œil.

AUX ALENTOURS

Le vitrail du 21, rue Notre-Dame-des-Victoires ⑦

21, rue Notre-dame-des-Victoires
Métro Bourse

Un très beau vitrail oublié orne la façade du 21, rue Notre-Dame-des-Victoires. Classé à l'inventaire des Monuments Historiques depuis 1994, celui-ci avait spécialement été commandé à la fin du XIXᵉ siècle au maître verrier Eugène Grasset et au peintre Félix Gaudin pour décorer la salle de délibération de la nouvelle aile du siège de la chambre de commerce de Paris du 2, place de la Bourse. Intitulé *Le Travail, par l'Industrie et le Commerce, enrichit l'Humanité*, il représente le Travail personnifié sous les traits d'un homme tenant un marteau, entouré de deux femmes : le Commerce et l'Industrie. La partie supérieure du vitrail décrit le port fluvial d'Ivry, réalisé à l'initiative de la chambre de commerce. Cette verrière, présentée initialement lors de l'Exposition universelle de mai 1900 dans le pavillon de la chambre de commerce de Paris, fut définitivement installée dans l'édifice de la place de la Bourse en novembre 1900. À admirer de préférence le soir quand il est éclairé de l'intérieur : la journée, en contre-jour, on ne voit quasiment rien.

La verrière Eiffel du siège social de l'ancien Crédit Lyonnais ⑧

18, rue du Quatre-Septembre

Le siège social de l'ancien Crédit lyonnais, ravagé par les flammes en mai 1996, fut entièrement reconstruit, seules la coupole Eiffel et les façades, inscrites à l'inventaire des Monuments Historiques, ayant été préservées. Si le bâtiment ne se visite pas, il est néanmoins possible d'admirer la magnifique verrière de Gustave Eiffel en entrant dans le hall du n° 18 de la rue du Quatre-Septembre, en accès libre.

Une géographie de l'Opéra Comique

L'Opéra Comique fut construit entre 1781 et 1783 pour la Comédie Italienne, une troupe de théâtre composée de comédiens italiens et/ou jouant des pièces italiennes. Pour éviter la confusion avec ce qui s'appellera plus tard le théâtre de Boulevard, jugé trop populaire, on construisit la salle dos aux Boulevards, ce qui explique son orientation un peu curieuse aujourd'hui : à quelques mètres du boulevard des Italiens (auquel il a donné son nom), mais orienté dans le sens inverse du boulevard. Rossini, qui dirigea le théâtre de 1824 à 1826, a donné son nom à une rue toute proche. La place Boieldieu (compositeur français du premier quart du XIXᵉ siècle) et les rues Marivaux (célèbre auteur dramatique), Grétry (compositeur belge) et Favart (famille de dramaturges français) qui entourent l'Opéra Comique ont également un lien avec celui-ci.

FAÇADES D'IMMEUBLES DE LA RUE RÉAUMUR

⑨

Le premier prix du concours de façades de 1897/1898

116, 118, 124, 126 et 134, rue Réaumur
Métro Bourse ou Sentier

Succession de hauts immeubles prestigieux bâtis pour les grands établissements du textile et de la presse au début du XXe siècle, la rue Réaumur fut ouverte entre 1895 et 1896 entre les rues Saint-Denis et Notre-Dame-des-Victoires.

Inaugurée en 1897 par Félix Faure, cette rue témoigne d'une profusion de façades très décoratives qui reflète les nouveaux règlements d'urbanisme de la fin du XIXe siècle (gonflement des toits, autorisation de bow-windows…). Les architectes utilisèrent pour la plupart des structures métalliques cachées par des façades en pierre, dans lesquelles ils insérèrent de vastes baies vitrées laissant pénétrer la lumière naturelle nécessaire aux activités du quartier. Plusieurs façades furent ainsi primées au concours annuel d'architecte institué en 1897/1898.

Remarquez en particulier le n° 116 (construit par Walwein en 1897, il reçut la médaille d'or), le n° 118 (édifié par Montarnal dans un esprit Art nouveau et primé en 1900), ou les n^{os}126 et 134. L'immeuble industriel du 124, quant à lui, mérite une attention particulière : de l'architecte Georges Chedanne, édifié en 1905, il diffère des autres constructions. Il affiche en façade la structure entièrement métallique du bâtiment (on peut notamment admirer les poutres d'acier soutenant les bow-windows métalliques), ce qui n'altère en aucune façon la délicatesse Art nouveau de l'ensemble.

AUX ALENTOURS

Café Croissant : *l'assassinat de Jaurès* (10)

146, rue Montmartre
01 42 33 35 04
Lundi de 7 h à minuit, du mardi au vendredi de 7 h à 2 h et le samedi de 10 h à 2 h

Comme la devanture l'indique, le *Café Croissant*, devenu *La Taverne du Croissant*, est un café historique : c'est là, en pleine salle, que Jean Jaurès fut assassiné le 31 juillet 1914. À l'intérieur, une mosaïque, une petite statue du héros et quelques coupures de presse de l'époque rappellent l'événement. La table où il aimait s'attarder a également été conservée. Les serveurs se feront un plaisir de vous montrer la tache un peu sombre qui persiste après les années sur le bois clair de la table. Il s'agirait du sang que Jaurès perdit lors de l'attentat. Il se serait ensuite levé et écroulé quelques mètres plus loin, à l'endroit de la mosaïque.

Vestiges de l'Égypte à Paris

Contrairement à l'idée reçue, l'engouement des Parisiens pour l'Égypte date d'avant l'expédition de Bonaparte. Dès le milieu du XVIIIe siècle, de jeunes artistes envoyés à Rome furent marqués par l'Égypte : on cherchait en effet à cette époque dans la capitale romaine les origines étrusques et égyptiennes de l'art romain. Le pape Benoît XIV avait ouvert un musée égyptien au Capitole et une chambre égyptienne avait été aménagée à la villa Borghèse. Les jeunes Français revenaient ainsi à Paris chargés de gravures de Piranèse qui s'était fait le défenseur de ce style. À la Révolution, aidée en cela par la franc-maçonnerie, la République s'était reconnue dans la démesure, le culte des morts et les mystères de l'art égyptien. Bonaparte, avec son expédition d'Égypte en 1798, ne faisait que suivre une mode déjà sérieusement établie. L'épopée napoléonienne eut néanmoins une grande influence. Certaines rues furent rebaptisées et plusieurs monuments rappelleront les faits.

Outre la pyramide du Louvre et les collections du musée éponyme, **l'obélisque de la Concorde** est évidemment le souvenir le plus célèbre. Offert par Mehmet Ali, en 1831, son jumeau trône esseulé à Louxor : il avait été également offert à la France mais celle-ci ne renonça officiellement à la seconde partie du cadeau qu'en 1994... Dans le quartier de **la place du Caire, la rue d'Aboukir, la rue du Nil, la rue de Damiette et la rue d'Alexandrie** doivent également leurs noms à l'Égypte. On doit aussi à cette mode deux fontaines. La célèbre **fontaine du Fellah**, rue de Sèvres (près du métro Vaneau) symbolise un cultivateur égyptien (*fellah*). Construite entre 1806 et 1809, la statue a été endommagée et remplacée par une copie en 1844. La **fontaine du Palmier**, place du Châtelet, possède un chapiteau en forme de palmier encadré de quatre sphinx. On trouve aussi la salle de bains retour d'Égypte de l'**hôtel de Bourrienne, la façade ouest de la cour Carrée** qui comporte une représentation fantaisiste de la déesse Isis, l'**hôtel de Beauharnais** (actuelle ambassade d'Allemagne) au 78, rue de Lille, **le temple du Droit humain** (voir p. 383), **le cinéma le Louxor** (angle des boulevards Magenta et de La Chapelle), **des piliers dont les chapiteaux sont en forme de palmiers avenue Ledru-Rollin** sous l'ancienne voie

ferrée et **un tabernacle à l'égyptienne dans l'église Saint-Roch.** On recense au total plus d'une centaine de sphinx dispersés dans la capitale et une quinzaine de sépultures d'inspiration égyptienne se trouvent au cimetière du Père-Lachaise, l'Égypte étant souvent associée à l'éternité. Enfin, il resterait **deux momies égyptiennes** dans un caveau situé sous la Bastille.

SYMBOLES ÉGYPTIENS DU PASSAGE DU CAIRE

11

Un quartier « retour d'Égypte » à Paris

2, place du Caire
Métro Sentier

Doyen des passages parisiens (1798), le passage du Caire, le plus long de Paris et certainement l'un des plus animés, a été inspiré du Grand Bazar de la capitale égyptienne. Créé sur l'emplacement du couvent des Filles-Dieu, on raconte que son dallage proviendrait en partie des pierres tombales des religieuses. À part son nom, il ne rappelle en rien le faste et les richesses de l'Égypte, ayant été volontairement conçu pour attirer des commerces peu luxueux. Il débouche en revanche sur la place du Caire dont la façade du n° 2 est couverte de hiéroglyphes et ornée de colonnes à chapiteaux-lotus et de trois têtes de la déesse Hathor. L'influence des chapiteaux du temple égyptien de Dendrah y est très nette. Probablement construit par l'architecte Berthier, le bâtiment date de 1828 et les sculptures sont de Gabriel-Joseph Garraud.

PEINTURE DU NEZ DE BOUGENIER

⑫

« Doué d'autant de nez que d'esprit »

2, place du Caire
Métro Sentier

L'immeuble du 2, place du Caire, outre son caractère égyptien (voir double page précédente), possède une autre caractéristique insolite : en regardant bien les hiéroglyphes de la frise en creux, on aperçoit le portrait caricatural d'un certain Henri Marcellin Auguste Bougenier (et non Bouginier, comme il est souvent dit), comme le précise le Dictionnaire général des artistes de l'école française de 1882.

Né à Valenciennes le 2 janvier 1799 et mort à Paris le 4 février 1866, Bougenier était un élève du baron Gros qui exposa des peintures religieuses aux salons de 1844, 1845 et 1851 avant de devenir photographe.

En pleine période romantique, celui-ci était considéré comme un néo-classique attardé. « Doué d'autant de nez que d'esprit », Bougenier se vit ainsi affublé d'un nez d'une taille imposante qui est resté jusqu'à nous sur cet immeuble.

Ce nez est le dernier témoin d'une plaisanterie qui alla jusqu'à le représenter sur de très nombreux murs de la capitale. Victor Hugo lui-même a évoqué le nez de Bougenier dans un chapitre des *Misérables*.

La cour des miracles

La place du Caire était l'une des 12 « cours des miracles » du Paris du XIXe siècle. Lieu de rassemblement des truands et hors-la-loi de toutes sortes, celle-ci était également le théâtre de jeu de nombreux vrais-faux mendiants qui venaient ici pratiquer leur art. À la fin de la journée, le travail étant fini, ceux-ci se débarrassaient de leurs attributs (béquilles, fausses jambes en bois, faux moignons) et rentraient chez eux. Pour celui qui osait s'aventurer le soir venu dans ces lieux mal famés, le spectacle était stupéfiant : les aveugles recouvraient subitement la vue et les sourds se retournaient au son de leur nom, appelés par un de leurs collègues... Le nom de « cour des miracles » s'imposa assez rapidement...

L'origine du quartier de Bonne Nouvelle

La cour des miracles de la place du Caire existait depuis le XIIIe siècle. Au XVIIe siècle, le lieutenant de police de Louis XIV, Nicolas de la Reynie, la nettoya une première fois. Les habitants apprirent la « bonne nouvelle » et donnèrent ensuite son nom au quartier tout proche.

DÉNIVELÉS ET ACCIDENTS DE TERRAIN AUTOUR DU SENTIER

⑬

Des vestiges de l'enceinte de Charles V

Passage Sainte-Foy
Rues de Cléry et d'Aboukir
Grands Boulevards
Métro Sentier

Certains détails topographiques du quartier du Sentier sont un très intéressant témoignage de l'existence des quatrième et cinquième enceintes de Paris entre le XIVᵉ et le XVIIᵉ siècle : celle de Charles V et celle dite des Fossés jaunes. Toutes deux ont utilisé levées de terre et fossés qui ont provoqué certains accidents de terrain et dénivellations étonnantes.

À partir de la rue Sainte-Foy, le passage Sainte-Foy conduit au **263 de la rue Saint-Denis** après avoir emprunté un escalier raide qui compense la dénivellation entre la rue Sainte-Foy et la rue Saint-Denis. Plus qu'un banal accident de terrain, cette dénivellation est en réalité un témoignage de la levée sur laquelle était construite la muraille de Charles V.

Les tracés des **rues de Cléry** et **d'Aboukir** sont également des indices assez clairs : la rue de Cléry, plus en hauteur, est construite sur la contrescarpe de l'enceinte tandis que la rue d'Aboukir emprunte le fossé construit devant cette même enceinte.

L'ensemble des Grands Boulevards et notamment les **boulevards Saint-Martin**, **Saint-Denis**, **Bonne-Nouvelle** et **Poissonnière** ont aussi été construits sur l'enceinte et voient leur chaussée monter et descendre fréquemment sans raison apparente, alors que les rues voisines restent en contrebas au même niveau. On traverse tout simplement ici les anciens bastions des enceintes de Charles V et des Fossés jaunes : le boulevard Bonne-Nouvelle traverse le bastion n° 6. Juste après la porte Saint- Denis, la chaussée s'élève, avec le trottoir de gauche en surplomb. Le boulevard Saint-Martin, quant à lui, passe en tranchée dans le bastion n° 7, avec les trottoirs surplombant la chaussée de près de 3 mètres. L'escalier du **passage du Pont-aux-Biches** permettait d'accéder au rempart situé sept mètres plus haut. **La rue René Boulanger**, elle, suit exactement le chemin de la contrescarpe (du mur) du bastion. Le décrochement des façades des 42-48, **boulevard du Temple**, lui, épouse exactement la forme du bastion n° 8. Un peu plus loin, le **boulevard Beaumarchais**, bâti sur l'enceinte même, force les rues des Tournelles et Saint-Gilles à monter fortement dans leurs derniers mètres pour le rejoindre. De l'autre côté, on a même dû construire des escaliers pour descendre vers la rue Amelot.

Pour plus d'informations et un plan du tracé de l'enceinte de Charles V, voir double page suivante.

Escarpe : mur intérieur d'une fortification avec fossé.
Contrescarpe : mur extérieur d'une fortification avec fossé.

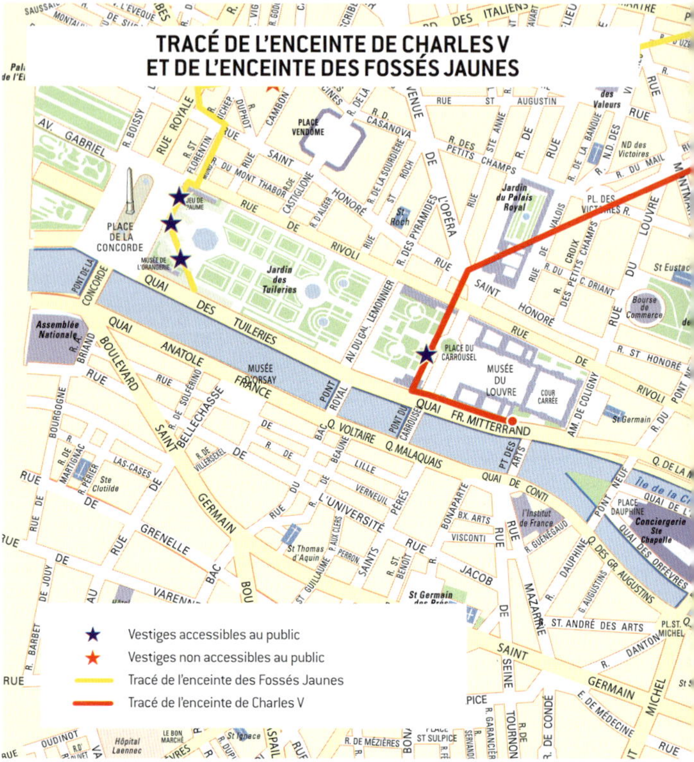

Les enceintes de Charles V (1356-1420) et des Fossés Jaunes (1543-1640)

Après la défaite de 1356 à Poitiers contre les Anglais et la crainte d'une attaque contre Paris, Étienne Marcel, prévôt des marchands, décide d'améliorer la défense de Paris. L'entrée en jeu de l'artillerie à feu au XIVe siècle change la donne : il est trop coûteux de construire des murs de 30 mètres de haut (la hauteur atteinte par les boulets de canon). La parade sera donc de construire en largeur. L'enceinte de Charles V, avec ses fossés, s'étend désormais sur 87 mètres de large et comprend une levée de terre de 30 mètres de largeur à la base et de 3 mètres de hauteur sur laquelle est construit un mur de 6 mètres de hauteur et 2 mètres d'épaisseur. Un siècle plus tard, dès 1529, François Ier décide de construire une enceinte « bastionnée ». À l'est et au sud, les bastions sont accolés au mur de Charles V en utilisant, chaque fois que possible, les « voiries », c'est-à-dire les amas de détritus de toute nature déposés par les habitants à l'extérieur du mur de

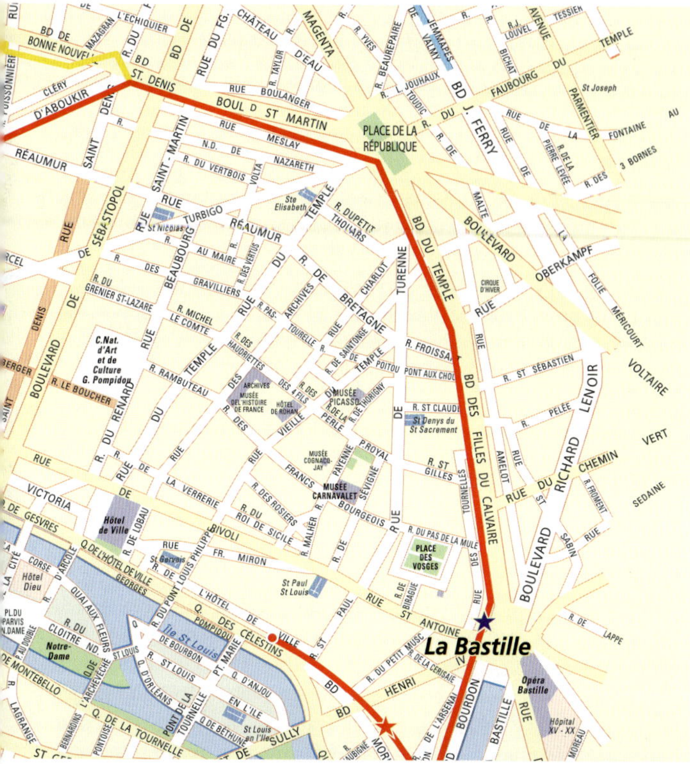

Charles V pendant 150 à 200 ans. Leur hauteur dépassait celle de l'enceinte, mettant ainsi en péril la défense de Paris. À l'ouest, une nouvelle enceinte bastionnée, dite des Fossés Jaunes, à cause de la couleur de la terre, est construite de la place de la Concorde actuelle (côté est) jusqu'à la porte Saint-Denis. La nouvelle enceinte comprenait 300 000 habitants sur 1000 hectares. Outre les traces que l'on voit dans et autour du quartier du Sentier (voir ci-avant), ces deux enceintes ont laissé quelques vestiges qui sont toujours visibles :

- Un morceau du mur (escarpe et contrescarpe) de l'enceinte de Charles V sous la place du Carrousel au Louvre.
- Le bastion n° 1 des Tuileries : une partie est actuellement visible au sous-sol du musée de l'Orangerie (enceinte des Fossés Jaunes).
- Un morceau de contrescarpe visible à la station de métro Bastille, en direction de Bobigny, ligne n° 5 (quai et couloir d'accès).

NB : deux autres vestiges existent, mais ils ne sont pas visibles par le public : au sous-sol du 39, rue Cambon et dans les caves de la bibliothèque de l'Arsenal.

Que reste-t-il des maisons closes à Paris ?

Le 13 avril 1946, les maisons de tolérance (les fameux « bordels ») sont interdites sur l'ensemble du territoire français. Des milliers de prostituées se retrouvent littéralement à la rue. Si les 195 bordels parisiens ont fermé, il reste aujourd'hui encore quelques traces de cette époque que certains regrettent, notamment pour le rôle important qu'ils jouaient dans l'ordre social.

Le vestige le plus répandu concerne les numéros de rues : afin d'être facilement repérées, les maisons closes arboraient le plus souvent une plaque de numéro de rue plus grande, la forme des fenêtres et certains détails de décoration pouvant aussi donner un indice aux personnes intéressées. Il est donc possible aujourd'hui de partir à la recherche de ces plaques de rues qui trahiront leur ancienne affectation...

Il en est ainsi du **36, rue Saint-Sulpice**, dont le grand numéro est sans équivoque. Les hommes en soutane, nombreux dans le quartier, faisaient partie des clients d'une certaine Miss Betty, tout comme au **15, rue Saint-Sulpice**, qui a gardé le nom de sa tenancière, Alys, sur le sol de l'entrée. Au deuxième étage (privé), la cuisine de l'actuel propriétaire est située dans l'ancien hammam de la maison close et comporte de belles céramiques qui représentent notamment des jeunes femmes aguicheuses. Dans le IXe arrondissement, le **9, rue Navarin** – *Chez Christiane* – était une maison appréciée des adeptes du sadomasochisme. La belle façade néogothique en est un vestige. Au **122, rue de Provence**, le célèbre *One Two Two* n'a conservé que sa façade d'époque et le **50, rue Saint-Georges** – *Chez Marguerite* – a gardé dans deux escaliers une peinture sur bois évoquant l'enlèvement d'une Sabine, nue, et une sculpture de femmes drapées dans de longues tuniques antiques.

Le *Chabanais*, au **12, rue Chabanais** dans le IIe, a lui gardé ses deux ascenseurs destinés à éviter d'embarrassantes rencontres : l'un pouvait monter pendant que l'autre descendait...

Le lupanar du **32, rue Blondel** (voir ci-contre) est probablement celui qui a gardé les plus beaux vestiges.

Enfin, au **6, rue des Moulins** (Ier), des angelots de forme féminine ont subsisté et au **33, rue Radziwill**, dans le Ier, (voir ci-contre), le double escalier et la double entrée (également au 48, rue de Valois) permettaient aux clients de ne pas se croiser...

MOSAÏQUE D'UNE ANCIENNE MAISON CLOSE

14

Le plus beau vestige de maison close à Paris

32, rue Blondel
Du lundi au vendredi de 9 h à 18 h
Métro Strasbourg-Saint-Denis ou Réaumur Sébastopol

En le demandant aimablement au magasin qui occupe désormais les lieux, il est parfois possible de voir la superbe mosaïque qui orne encore le mur au fond à droite du magasin du 32, rue Blondel. Elle est le dernier vestige de l'ancienne maison close appelée *Aux Belles Poules* (ou parfois aussi « le 32 »).

LE VITRAIL DE LA SOCIÉTÉ IMMOBILIÈRE DE LA CHARCUTERIE FRANÇAISE

15

Des charcutiers esthètes

10, rue Bachaumont
Métro Sentier

Actuellement occupé par des sociétés privées et une étude de notaire, l'immeuble du 10, rue Bachaumont fut édifié par Jules Michel pour la corporation des charcutiers français. Son accès est malheureusement restreint par un digicode mais, par la porte vitrée de l'immeuble, vous pourrez apercevoir son superbe hall dont les murs sont recouverts de vieilles enseignes de boucheries en guise de plaques commémoratives à la gloire des donateurs de la société, ainsi que des peintures et un très beau vitrail dédiés aux attributs de la profession.

Les plus chanceux profiteront de l'ouverture inopinée de la porte d'entrée pour visiter rapidement les lieux et contempler le buste d'un ancien président de la corporation, réalisé par Alfred Boucher. Restez discret car le lieu est privé.

Records parisiens

La rue la plus courte : rue des Degrés, IIe (5,75 mètres) : en réalité un escalier de 14 marches (qui ne possède aucune porte d'immeuble ou de maison)
La rue la plus longue : rue de Vaugirard, VIe–VIIe (4360 mètres)
L'avenue la plus large : avenue Foch, XVIe (120 mètres)
La rue la plus étroite : rue de Venise, IVe (2 mètres) suivie de la rue du Chat-qui-Pêche, Ve (2,50 mètres)
Le point culminant : Montmartre (129,75 mètres – rue Saint-Rustique, XIIIe) et non dans le XXe arrondissement comme beaucoup l'affirment (128 mètres)
La maison la plus étroite : 39, rue du Château-d'Eau, Xe (1,2 mètre)

Petit itinéraire couvert pour les jours de pluie

L'absence de trottoir jusqu'au XIXe siècle est la raison principale de la vogue des passages couverts, du Directoire au second Empire : en cas de pluie, les rues devenaient rapidement très boueuses. La construction des passages remédiait à ce problème : on pouvait ainsi se promener au sec. Aujourd'hui encore, le Parisien astucieux peut en profiter : le jour où il a oublié son parapluie, il peut, à partir du Louvre, rejoindre pratiquement à l'abri de la pluie la rue de Provence et la rue Cadet en empruntant le Palais-Royal, la rue des Colonnes (couverte) et les passages des Panoramas, Jouffroy et Verdeau. Le passage des Panoramas, au n° 47, abrite la maison Stern (imprimeur-graveur), une très belle boutique qui n'a pas changé depuis 1830.

LA DÉCORATION VÉGÉTALE DE L'ESCALIER DE LA TOUR DE JEAN SANS PEUR

⑯

Un des chefs-d'œuvre de la sculpture médiévale française

20, rue Étienne Marcel
tourjeansanspeursite.wordpress.com
De mercredi à dimanche de 13 h 30 à 18 h
Métro Étienne Marcel

Unique exemple à Paris d'architecture militaire médiévale (les hôtels de Sens et de Cluny ne sont pas militaires et la Conciergerie et la tour du Vertbois ont été largement remaniés), la tour de Jean sans Peur est appuyée contre un vestige de la muraille de Philippe Auguste (voir p. 121 et p. 123). Elle fut construite entre 1409 et 1411 pour permettre à Jean sans Peur, duc de Bourgogne qui venait d'assassiner Louis d'Orléans, le frère du roi Charles VI, de s'y réfugier, à l'abri d'éventuelles représailles. La chambre du duc était au sommet de cette tour fortifiée de 23 mètres de haut, protégée par des mâchicoulis et des créneaux. Sous la chambre se trouvait une autre chambre, puis un espace vide d'une dizaine de mètres de haut qui permettait d'éviter un assaut ou les risques liés à un éventuel incendie du plancher.

L'élément le plus remarquable de cette tour est l'exceptionnelle décoration végétale qui orne la voûte de l'escalier à vis. Autrefois polychrome, la décoration est un chef-d'œuvre de la sculpture médiévale française. Elle s'organise autour de trois plantes qui symbolisent chacune un membre de la famille de Bourgogne : sortant des quatre coins du mur et du pot central, le chêne représente Philippe le Hardi, le père de Jean sans Peur, et la puissance des ducs de Bourgogne. Du milieu de chaque mur partent des rameaux d'aubépine (très présente en Flandre, symbole de force et de dureté mais aussi de pureté) qui symbolisent sa femme Marguerite de Flandre. Au centre, le houblon, symbole de leur fils Jean sans Peur, (voir ci-dessous), s'enroule autour des branches du chêne paternel.

Jean sans Peur à l'origine de la création de la bière

Si c'est Hildegarde de Bingen (1099-1179) qui découvrit les vertus aseptisantes et conservatrices du houblon (ainsi que son amertume) qui permettait à la bière de se conserver mieux et plus longtemps, c'est Jean sans Peur, au XVᵉ siècle, qui imposa le houblon comme arôme principal de la bière, stabilisant ainsi son goût. Jean sans Peur créa aussi l'ordre du Houblon en 1406 ; en 1435 un édit imposa cette recette et le mot bière apparut pour la première fois.

Jean sans Peur sera finalement assassiné en 1419 par les Armagnacs, partisans de la famille d'Orléans. C'est en 1477, à la mort de Charles le Téméraire, fils de Philippe le Bon et petit-fils de Jean sans Peur, que Louis XI réunit la Bourgogne au royaume de France.

IIIe Arrondissement

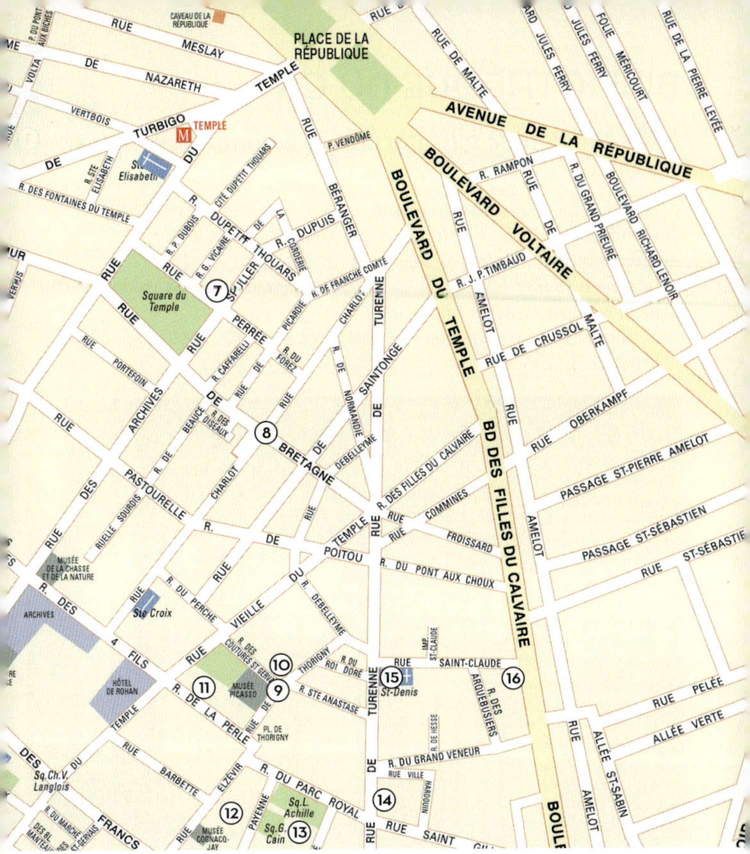
PLACE DE LA RÉPUBLIQUE
CAVEAU DE LA RÉPUBLIQUE
RUE MESLAY
RUE DE NAZARETH
RUE VOLTA
RUE DU PONT AUX BICHES
RUE DU VERTBOIS
RUE DE TURBIGO
TEMPLE
RUE DU TEMPLE
Ste Elisabeth
R. STE ELISABETH
R. DES FONTAINES DU TEMPLE
RUE BÉRANGER
P. VENDÔME
RUE DE MALTE
BOULEVARD JULES FERRY
RUE DE LA FOLIE MÉRICOURT
RUE DE LA PIERRE LEVÉE
AVENUE DE LA RÉPUBLIQUE
BOULEVARD VOLTAIRE
R. RAMPON
RUE DE MALTE
R. DU GRAND PRIEURÉ
BOULEVARD RICHARD LENOIR
BOULEVARD DU TEMPLE
CITÉ DUPETIT THOUARS
R. DUPETIT THOUARS
R. P. DUBOIS
R. G. VICAIRE
RUE DE LA CORDERIE
R. DUPUIS
Square du Temple
RUE DU TEMPLE
R. DE FRANCHE COMTÉ
R. J. P. TIMBAUD
RUE AMELOT
RUE DE CRUSSOL
RUE DE TURENNE
RUE CHARLOT
RUE PICARDIE
R. DU FOREZ
R. CAFFARELLI
RUE DE PERRÉE
RUE DE SAINTONGE
R. DE NORMANDIE
RUE PORTEFOIN
RUE DES ARCHIVES
RUE DE BRETAGNE
R. DES OISEAUX
R. DE BEAUCE
RUE OBERKAMPF
PASSAGE ST-PIERRE AMELOT
BD DES FILLES DU CALVAIRE
R. DES FILLES DU CALVAIRE
DEBELLEYME
RUE DE PASTOURELLE
RUELLE SOURDIS
R. DE POITOU
RUE COMMINES
RUE FROISSARD
PASSAGE ST-SÉBASTIEN
RUE ST-SÉBASTIEN
R. DU PONT AUX CHOUX
MUSÉE DE LA CHASSE ET DE LA NATURE
ARCHIVES
R. DES 4 FILS
Ste Croix
R. DU PERCHE
RUE VIEILLE DU TEMPLE
R. DEBELLEYME
R. DES COUTURES ST GERVAIS
THORIGNY
R. DU ROI DORÉ
RUE SAINT-CLAUDE
IMP. ST-CLAUDE
St-Denis
R. DES ARQUEBUSIERS
RUE PELÉE
ALLÉE VERTE
HÔTEL DE ROHAN
MUSÉE PICASSO
R. STE ANASTASE
R. DE LA PERLE
PL. DE THORIGNY
R. DE HESSE
R. DU GRAND VENEUR
RUE VILLE HARDOUIN
ALLÉE ST-SABIN
RUE BARBETTE
Sq.Ch.V. Langlois
R. DU MARCHÉ DES BL. MANTEAUX
ELZÉVIR
R. DU PARC ROYAL
PAYENNE
Sq.L. Achille
Sq.G. Cain
MUSÉE COGNACQ-JAY
RUE SAINT GILLES
FRANCS BOURGEOIS
7
8
9
10
11
12
13
14
15
16

BIBLIOTHÈQUE DU CNAM

①

« Ce qu'il y a de plus parfait en gothique »

270-292, rue Saint-Martin
01 40 27 27 03 ; bib.services@cnam.fr
Du lundi au vendredi de 12 h à 20 h et le samedi de 9 h à 19 h
Accessible aux étudiants et auditeurs du CNAM
Fermeture à 19 h pendant les périodes d'interruption des cours, en juillet et en septembre, fermeture annuelle en août
Possibilité de jeter un coup d'œil à la bibliothèque en le demandant aimablement
Métro Arts et Métiers

La sublime et méconnue salle de lecture de la bibliothèque centrale du Conservatoire national des arts et métiers (CNAM) est installée depuis 1851 dans l'ancien réfectoire gothique du prieuré bénédictin de Saint-Martin-des-Champs.

Le lieu eut une vocation religieuse dès le VIIIe siècle, époque à laquelle une chapelle dédiée à Saint-Martin fut construite dans les champs (d'où le nom qui est resté) plus au nord du lieu (dans la Cité) où saint Martin, vers 384, avait guéri un lépreux en l'embrassant. Fondé en 1060, le prieuré devint une abbaye bénédictine en 1079 et connut son heure de gloire au XIIIe siècle avant de péricliter progressivement jusqu'à sa fermeture à la Révolution. Construit vers 1230 par Pierre de Montreuil, le célèbre architecte de la Sainte-Chapelle, le réfectoire mesure 42,80 mètres de longueur et 11,70 mètres de largeur et s'appuie, au centre, sur sept fines colonnes dont l'extrême minceur donne une légèreté inouïe à l'ensemble. Reconnu comme une véritable prouesse technique et esthétique, le réfectoire fut considéré comme « ce qu'il y a de plus parfait en gothique ».

C'est en 1794 que, à l'instigation de l'abbé Grégoire (1750-1831), le Conservatoire des arts et métiers fut fondé. Les murs du réfectoire, transformé en entrepôt de munitions, furent alors protégés et boisés jusqu'à hauteur des fenêtres avant leur ouverture en tant que bibliothèque à dominante scientifique en 1851.

L'étonnante acoustique du CNAM

Au sein du musée des Arts et Métiers (qui occupe les corps de bâtiments où étaient logés les moines de l'ancien prieuré de Saint-Martin-des-Champs, ainsi que l'ancienne église prieurale), la salle où se trouvent les objets utilisés par Lavoisier pour ses expériences possède une acoustique étonnante. Quand deux personnes se tournent le dos et font chacune face au mur opposé, elles peuvent aisément se parler sans qu'une autre personne située entre elles, au centre de la pièce, ne puisse entendre quoi que ce soit. On raconte que cette pièce était utilisée de cette façon par les moines de l'ancienne abbaye pour confesser les personnes contagieuses.

Le prieuré se dota dès 1140 de sa propre enceinte (reconstruite en 1270) dont il reste aujourd'hui trois témoins : une partie de l'ancien mur et l'une des 18 échauguettes de l'enceinte, rue du Vertbois, une des quatre tours à l'angle de la rue du Vertbois et de la rue Saint-Martin et une autre des tours à l'intérieur du 7, rue Bailly (privé).

L'ANGE DU 57, RUE DE TURBIGO ②

La plus grande cariatide de Paris

57, rue de Turbigo
Métro Étienne Marcel

Méconnue même de nombreux habitants du quartier, l'immense cariatide de l'ange (elle se dresse sur trois étages entiers de l'immeuble) qui occupe la façade de l'immeuble du 57, rue de Turbigo aurait été sculptée par Auguste Émile Delange à l'occasion d'un projet datant de 1851 en l'honneur d'Augustin Fresnel (1788-1827). Celui-ci avait inventé la lentille à échelon (dite désormais lentille Fresnel) utilisée dans les phares pour accroître la portée de la lumière et le projet qui lui rendait hommage devait figurer justement un phare. Delange, peut-être en raison de son nom, imagina ainsi une tour carrée sur laquelle figurait l'ange de la rue de Turbigo. Le projet ne fut pas retenu mais l'architecte reprit l'idée de l'ange pour la construction de cet immeuble en 1859.

Selon une autre explication donnée par Raymond Queneau en 1955, l'ange doit son existence au rêve prémonitoire de son propriétaire qui avait vu en rêve cet ange avec une petite bourse à la main. Le lendemain, le propriétaire gagna au loto et fit représenter l'ange en question sur la façade.

Déployant ses deux ailes comme pour accueillir les visiteurs et protéger les locataires, l'ange est apparu dans un court-métrage d'Agnès Varda dans les années 1980 (*Les Anges cariatides*) ainsi que dans le film *Peut-être* de Cédric Klapisch.

AUX ALENTOURS

La maison du 3, rue Volta

③

Longtemps considérée comme la plus vieille maison de Paris (il existe encore des cartes postales la présentant comme telle), la maison du 3, rue Volta date en réalité de 1644, comme on le découvrit en 1979 après des recherches approfondies. Construite en 1407, c'est la maison « du Grand-Pignon », au 51, rue de Montmorency, qui serait la plus ancienne de Paris (voir p. 87).

LA STATION DE MÉTRO ARTS ET MÉTIERS

④

Une station de métro digne de Jules Verne

La station de métro Arts et Métiers est probablement la plus étonnante de tout le réseau parisien. Située sur une demi-ligne de métro, la ligne n° 11, elle est peu fréquentée par les Parisiens.

Réaménagée en octobre 1994 à l'occasion du bicentenaire du conservatoire national des Arts et Métiers, situé juste au-dessus, la station a été imaginée et conçue par François Schuiten, le célèbre dessinateur belge, auteur notamment de *La Fièvre d'Urbicande*. Entièrement recouverte de cuivre, la station possède également une série de hublots qui donne l'impression d'être dans un sous-marin.

AUX ALENTOURS

Ancienne plaque de la « Rue Transnonain » ⑤

Au 79, rue Beaubourg, quasiment à l'angle de la rue Beaubourg et de la rue Chapon, entre les deux plaques de la rue Beaubourg, est encore visible une plaque ancienne qui rappelle l'ancien nom de cette partie de la rue Beaubourg : la rue Transnonain.

Ouverte à partir du XIIIe siècle, la rue prit successivement les noms de Châlons, puis de Trousse-Nonnain, de Trace-Putain, de Tasse-Nonnain puis de Trans-nonnain, en mémoire des prostituées qui habitaient le quartier.

La plaque a probablement survécu pour rappeler un massacre qui eut lieu le 15 avril 1834, quand le général Bugeaux réprima dans la violence les émeutiers qui protestaient contre le régime de Louis-Philippe Ier et tua tous les occupants de l'ancien 12, rue Transnonain (deux numéros à côté de l'actuelle plaque). Le massacre a été immortalisé par une gravure d'Honoré Daumier.

SYMBOLES ALCHIMIQUES DE LA MAISON « DU GRAND-PIGNON » ⑥

Nicolas Flamel, l'alchimiste

51, rue de Montmorency
Métro Rambuteau

Ayant appartenu au célèbre alchimiste Nicolas Flamel (1330-1418), la maison « du Grand-Pignon » (dont le pignon a aujourd'hui disparu), au 51, rue de Montmorency, possède assez logiquement quelques symboles alchimiques qui échappent pourtant à la plupart des visiteurs.

Sous la phrase en vieux français qui court sur la façade de la maison, au-dessus de la porte d'entrée (qui rappelle que, grâce aux loyers des boutiques du rez-de-chaussée, les plus démunis étaient accueillis gratuitement dans les logements des étages supérieurs à la condition unique de réciter chaque jour un *Notre Père* et un *Je vous salue Marie* pour le repos des morts), on peut aussi voir les initiales N et F en lettres gothiques du fondateur du lieu, mais aussi et surtout une série de médaillons du XVᵉ siècle représentant des anges musiciens, un sage qui lit un livre (qui rappelle la devise des alchimistes « *Ora e labora* » - « Médite et travaille ») et un saint dans une barque dont la barre est un serpent. Dans ces médaillons, les anges musiciens représentent l'alchimie elle-même : les alchimistes ajustant leurs opérations chimiques en accord avec l'harmonie des vibrations de l'âme, l'alchimie est aussi parfois appelée la « musique des dieux ».

Les médaillons représentant un saint dans une barque et le serpent dompté font probablement référence à saint Jacques le Majeur qui se rendit en bateau en Galice (l'actuelle Saint-Jacques-de-Compostelle, nommée d'après lui). Le bateau est ici le symbole de l'arche qui contient les secrets de l'alchimie que Flamel a découverts après avoir fait lui-même le pèlerinage à Saint-Jacques-de-Compostelle : chaque étape du chemin était l'équivalent, pour le philosophe, d'une opération d'alchimie, ce sur quoi il méditait et opérait, tant dans son laboratoire physique, que dans le laboratoire intérieur de son âme, les deux allant de pair (voir p. 96).

L'allégorie du serpent dompté exprime la maîtrise du Feu intérieur de l'homme, que les Orientaux nomment Kundalini, raison pour laquelle les alchimistes sont parfois appelés les philosophes du Feu.

Une pierre tombale au musée de Cluny

Nicolas Flamel est mort à Paris le 22 mars 1418 et fut enterré dans l'église Saint-Jacques-de-la-Boucherie. Sa pierre tombale fut placée devant un pilier à l'effigie de la Vierge Marie. Depuis son achat par le Conseil municipal de Paris à un antiquaire en 1839, cette pierre tombale est maintenant au musée de Cluny. L'antiquaire l'avait lui-même récupérée auprès d'un vendeur de fruits et légumes de la rue Saint-Jacques-de-la-Boucherie où elle servait de comptoir au marché.

TRACÉS DES LIMITES DE L'ENCLOS DU TEMPLE

7

Que reste-t-il des Templiers ?

Rue Eugène Spuller
Métro Temple

Juste devant la mairie du IIIe arrondissement, rue Eugène-Spuller, les surprenantes lignes bleues qui sont tracées sur le pavé et le trottoir marquent l'emplacement de deux tourelles de la grande tour (50 mètres de hauteur) du célèbre enclos du Temple. C'est dans la petite tour, accolée à la grande tour avec laquelle elle ne communiquait pas, que furent emprisonnés Louis XVI et sa famille le 13 août 1792, avant qu'il soit transféré à la grande tour le 26 septembre (suivi le 26 octobre par Marie-Antoinette et ses enfants).

Louis XVI quitta la tour du Temple le 21 janvier 1793 pour l'échafaud installé place de la Révolution (actuelle place de la Concorde).

Marie-Antoinette fut transférée à la Conciergerie le 1er août 1793.

Le petit Louis XVII, selon la version officielle, mourut à la tour du Temple le 8 juin 1795.

Devenu un but de pèlerinage pour les monarchistes, la tour du Temple fut démolie de 1808 à 1810 sur ordre de Napoléon.

Si la grande tour occupait donc l'espace entre les grilles du square du Temple et le côté nord-ouest de l'actuelle mairie du IIIe arrondissement, le square du Temple occupe lui l'emplacement du palais du grand prieur.

Une plaque, posée à l'angle de la rue Dupetit-Thouars et de la rue Gabriel-Vicaire, reproduit les plans des rues et bâtiments actuels juxtaposés sur les plans de l'ancien enclos du Temple.

> La collégiale de l'enclos du Temple était bâtie sur le modèle de l'église du Saint-Sépulcre de Jérusalem.

Autres vestiges de l'enclos du Temple

La maison de l'ordre du Temple à Paris était le siège de la province templière de France et la plus grande commanderie du pays. Elle avait été construite *extra muros*, sur d'anciens marais, l'actuel quartier du Marais, que les Templiers avaient fait assécher. On l'appela Ville Neuve du Temple, en opposition avec le Vieux Temple qui avait été la première maison de l'Ordre à Paris. Contrairement à l'idée reçue, il reste quelques vestiges du Temple où fut emprisonné Louis XVI :

Les vantaux de la porte cochère du 1, rue Saint-Claude ont été récupérés sur la porte du palais du grand prieur du Temple.

Au **73, rue Charlot** subsiste un vestige d'une tour (lieu privé et inaccessible) édifiée vers 1240 qui se trouvait à l'angle est du mur d'enceinte de l'enclos des Templiers (une partie est visible de l'autre côté du pâté de maison, au **32, rue de Picardie**).

Les portes de la grosse tour sont conservées au **château de Vincennes**.

La rue du Temple, la rue Vieille-du-Temple, le boulevard du Temple, la station de métro Temple, le marché couvert appelé Carreau du Temple et le square du Temple rappellent également l'existence de l'enclos des Templiers.

La rue des Blancs-Manteaux ne doit pas son nom à l'habit traditionnel des Templiers mais à celui des moines-mendiants appelés serfs de la Vierge Marie qui occupaient l'ancien monastère de la rue.

Pour plus d'informations sur les Templiers, sur l'exécution de Jacques de Molay, dernier grand prieur, et sur la réalité du Baphomet, voir p. 90, 40 et 141.

Les Templiers : mythes et réalité

L'Ordre des Pauvres Chevaliers du Christ et du Temple de Salomon (en latin, *Pauperes Commilitones Christi Templique Salomonici*), plus connu comme Ordre des Templiers ou Ordre du Temple, fut l'ordre religieux et militaire le plus célèbre du Moyen Âge. Fondé au retour de la première croisade de 1096 dans le but apparent de protéger les chrétiens qui voulaient faire le pèlerinage à Jérusalem, son existence dura près de deux siècles.

Officiellement approuvé par le Pape Honoré II en janvier 1128, l'ordre du Temple devint rapidement l'ordre de charité préféré de toute la Chrétienté. Sa croissance fut rapide, tant en nombre de membres qu'en pouvoir. Les chevaliers templiers, vêtus de leur manteau blanc caractéristique (parce qu'ils suivaient la Règle de Cluny, cistercienne) avec la croix pattée rouge, composaient les unités de combat les plus qualifiées dans les croisades. Les membres non combattants de l'Ordre géraient une vaste structure économique dans toute la Chrétienté (ils inventèrent avec la lettre de crédit l'embryon du système bancaire moderne) et dressèrent de nombreuses places fortes et temples dans toute l'Europe et la Terre sainte.

La magnifique organisation des Templiers avait un double but : la constitution de ce qui pourrait s'appeler aujourd'hui les États Unis d'Europe et l'instruction publique, obligatoire et gratuite, mais templière et non laïque. C'est ainsi que l'Ordre s'établit sur deux plans : l'un extérieur et visible, et l'autre intérieur ou ésotérique. La section profane était composée d'hommes d'action, dynamiques et militaires, tandis que la section initiatique était formée de la véritable élite, des sages et des prêtres en arrière-garde des chevaliers et des guerriers. Les deux factions ne rendaient de comptes qu'au Grand-Maître, et non aux rois ou au pape, ce qui les fit soupçonner d'hérésie, même s'ils ne faisaient que pratiquer l'exercice de l'obéissance. On imaginait également que les Templiers pratiquaient des cultes hérétiques à cause du secret de leurs cérémonies, ce qui ne fut jamais vérifié, car « dans les maisons militaires, les civils n'entrent pas ». L'Ordre était rigoureusement catholique et apostolique, mis à part l'intérêt intellectuel de certains de ses membres pour d'autres cultures et théologies, en particulier le gnosticisme, dont les symboles marquèrent parfois les temples et châteaux que l'Institution construisit.

Saint Bernard de Clairvaux, tuteur spirituel de l'ordre du Temple, sélectionna initialement neuf membres parmi l'élite de ces distingués Initiés et les envoya à Jérusalem, où le roi Baudoin II leur permit de s'installer dans les écuries souterraines des ruines du Temple de Salomon. D'après certaines traditions secrètes, ce serait là qu'ils auraient trouvé la Coupe de Salomon, perdue ou cachée depuis l'époque de Jésus Christ (le célèbre Saint Graal). Ils l'auraient ensuite rapportée en Occident, qui, à partir de cette date, étendit sa domination sur le monde, en parallèle de l'ascension fulgurante de l'Ordre.

Suite à la perte de la Terre sainte, le soutien des couronnes européennes à l'ordre des Templiers se réduisit. Le roi de France Philippe IV, qui avait contracté une dette importante auprès de l'Ordre et n'avait aucun moyen de la rembourser, commença à faire pression sur le pape Clément V pour qu'il prenne des mesures contre les Templiers. On commença à forger des preuves et à faire courir des bruits, tant sur leur sexualité que sur la sobriété de leur foi, en insistant sur le fait qu'ils adoraient un personnage bizarre et démoniaque appelé « Baphomet », dont on ne sut jamais qui il était exactement, tout en sachant très bien qu'il n'était que pure invention (voir p.141). C'est ainsi qu'en 1307 une grande partie des Templiers de France fut arrêtée et torturée au point de faire de fausses confessions. Ils furent brûlés vifs ou condamnés aux galères. Le 22 mars 1312, le pape Clément, sous la pression constante du roi Philippe, abolit l'Ordre.

Au Portugal, les Templiers furent considérés innocents par le roi Dom Dinis et un bon nombre de ceux qui s'étaient enfuis de France y reçurent une protection immédiate. Une fois l'Ordre dissous, le roi portugais en fonda immédiatement un autre dans lequel les anciens Templiers purent s'intégrer : l'Ordre militaire de Notre Seigneur Jésus Christ, ou Ordre du Christ.

POTAGER DES OISEAUX

⑧

Des oiseaux de bon augure

Entrée par le 39, rue de Bretagne ou par la rue de Beauce
potagerdesoiseaux.blogspot.com
Samedi et dimanche de 11 h à 13 h ou en semaine lorsqu'un jardinier est là
Association en charge du potager : potagerdesoiseaux@gmail.com
Métro Filles du Calvaire

À la place d'une ancienne étable, juste à côté du marché des Enfants-Rouges, un joli jardin potager a été inauguré en septembre 2004 en réponse à l'engouement des citadins pour le jardinage. Lieu ouvert et convivial qui fonctionne selon le principe des « jardins partagés », le potager des Oiseaux est un jardin associatif de 120 mètres carrés composé de 10 rectangles divisés en trois parcelles, géré par l'association des « jardiniers du IIIe ». Celle-ci compte une soixantaine de membres qui viennent jardiner, discuter, boire un café, se passer de bons tuyaux, bref, sympathiser... Vous pouvez y jeter un œil et glaner quelques conseils en allant faire vos courses au marché d'à côté ou mieux encore obtenir une clé, du matériel et mettre la main à la pâte, en devenant adhérent (envoyer un e-mail à l'adresse ci-contre).

Le mot « potager » vient des plantes à « pot » qui y poussent, comme l'oignon, le chou ou le navet.

La légende du marché des Enfants-Rouges

39, rue de Bretagne
De mardi à samedi de 8 h 30 à 19 h 30, dimanche de 8 h 30 à 14 h

Devenu la propriété de la Ville de Paris en 1912, le marché (fruits, légumes, restaurants...) des Enfants-Rouges est inscrit à l'inventaire des Monuments Historiques depuis 1982. Ardemment défendu par les habitants du quartier, il a échappé, il y a peu, à un projet de démolition et de construction de parkings et a rouvert ses portes en 2000 après six ans de rénovation. Il doit peut-être son existence à une étonnante légende selon laquelle un devin du siècle dernier aurait prédit que les maisons du quartier s'écrouleraient si quiconque détruisait le marché des Enfants-Rouges... Créé en 1615, le marché doit son nom aux orphelins vêtus de rouge (symbole de la charité chrétienne) qui étaient recueillis dans l'hôpital-orphelinat fondé par Marguerite de Valois en 1536 pour « les orphelins de père et de mère » trouvés à l'Hôtel-Dieu de Paris.

Une place de France avortée

Les rues de Normandie, de Bretagne, de Poitou et de Saintonge se réfèrent toutes à des provinces françaises. Elles sont les traces d'un projet de place de France en forme de demi-cercle voulue par Henri IV, à partir de laquelle les rues, qui devaient porter les noms des différentes régions, partaient en étoile.

MARQUES DU FIEF DES COUTURES SAINT-GERVAIS

⑨

Un vestige d'avant la Révolution

Angle des rues de Thorigny et des Coutures-Saint-Gervais
Angle des rues de Thorigny et Debelleyme
Métro Filles du Calvaire

Vestiges d'une époque datant d'avant la Révolution française, on trouve à l'angle des rues de Thorigny et Debelleyme, ainsi qu'à l'angle des rues de Thorigny et des Coutures-Saint-Gervais, les lettres suivantes, gravées dans la pierre autour d'une croix, à environ deux mètres de hauteur : F, C, S et G. Celles-ci rappellent l'existence de l'ancien fief (domaine qu'un vassal tenait d'un seigneur) des Coutures Saint-Gervais, qui appartenait aux religieuses hospitalières de Saint-Gervais, d'où son nom.

Le fief était délimité approximativement par les rues Vieille-du-Temple, de la Perle, de Thorigny, Sainte-Anastase et Turenne.

Rue des Coutures-Saint-Gervais : de culture à couture

La rue des Coutures-Saint-Gervais ne fait en aucun cas référence à une tradition vestimentaire mais à l'un des grands défis de la géographie parisienne qui fut de transformer les espaces marécageux du bien nommé quartier du « Marais » en terres cultivables : les « cultures », ou « coutures ». La rue fut percée sur les cultures (coutures) du fief des religieuses hospitalières de Saint-Gervais (voir ci-dessus).

AUX ALENTOURS

Un saint effacé

⑩

Rue des Coutures-Saint-Gervais, ainsi que rue de Thorigny, sont également gravés dans la pierre le nom de rue des Coutures-Saint-Gervais et de l'ancienne rue Saint-Gervais. On remarquera que le « ST » de « Saint-Gervais » n'a pas résisté à la décision pendant la Révolution de la commission des travaux publics de la Commune de Paris le 21 décembre 1794 de supprimer le mot « saint » de toutes les rues de la capitale. Pendant près d'un an et demi, on effacera ainsi les « saint » des rues Saint-Dominique, Saint-Martin, des Saints-Pères, Saint-André-des-Arts etc. comme on peut toujours le voir sur certains de ces anciens noms de rues qui ont subsisté.

LES MÉDAILLONS HERMÉTIQUES DE LA RUE DE LA PERLE ⑪

La maçonnerie hermétique de Cagliostro

20, rue de la Perle
Métro Saint-Paul ou Filles du Calvaire

L'immeuble du 20, rue de la Perle est une construction du XIXe siècle qui ne se distinguerait pas des autres, si ce n'était trois mystérieux médaillons contenant des allégories ésotériques à caractère alchimique et maçonnique.

On voit sur le premier médaillon une équerre et un compas entrelacés d'où pend un fil à plomb, et, plus bas à gauche, une figure ressemblant à un bateau phénicien avec un serpent dressé en figure de proue. À droite trône un alambic utilisé pour les opérations alchimiques et chimiques. Sur le deuxième médaillon, une tête humaine apparaît entre deux branches de houx entrelacées et attachées au centre par un ruban. Au-dessus de la tête apparaît une étoile à six branches. Sur le troisième médaillon, un feu est allumé au sommet d'une tour de justice. À sa base, un portail renferme une figure géométrique suggérant un vase et sur les côtés, on voit un étrange engin avec des roues (à gauche) et un pont (à droite). Cet ensemble allégorique renvoie à la présence ici de la maçonnerie hermétique dérivée des antiques mystères égyptiens, et que Cagliostro a organisée et rapportée d'Égypte, de la Confrérie des Coptes du désert du Sinaï. En France, Cagliostro fonda à Lyon la Loge Sagesse triomphante le 27 juillet 1786, sous le nom de maçonnerie égyptienne, androgyne et copte. Il était le « Grand-Copte » de ce rite auquel participaient hommes et femmes ensemble, d'où son nom d'androgyne. Cet ordre fondé par Cagliostro se destinait « à connaître, enseigner et propager la maçonnerie dans sa pureté et sa forme primitives ». Cagliostro, lors de son second séjour parisien, habitait à quelques pas, au 1, rue Saint-Claude (voir p. 105).

Sur le premier médaillon, le bateau phénicien signale la traversée de la *mare incognitus*, nom que les anciens alchimistes donnaient au mercure philosophique qu'ils obtenaient au cours de la « grande navigation » (c'est-à-dire au cours des opérations alchimiques). L'eau distillée (purifiée) est indiquée par la présence de l'alambic, de l'autre côté. En haut, l'équerre et le compas entrelacés représentent le sommet de la présence de la maçonnerie hermétique, et la Rose en haut du compas est la Rose des Philosophes, qui se convertit en signe d'Immortalité. Sur le deuxième médaillon, le buste humain est celui du dieu Hermès, fondateur de la science hermétique, surmonté de l'étoile lumineuse de l'Initié qui renaît illuminé par l'Esprit de la Sagesse triomphante. Enfin, sur le troisième médaillon, le phare allumé sert à représenter le four des philosophes, à la base duquel se trouve le creuset où « cuisent » les éléments grossiers, pour en extraire la quintessence vitale, nécessaire à l'évolution du Grand Œuvre alchimique. Ce progrès est représenté par l'engin à roues qui transforme les éléments pour les rendre subtils. Pour atteindre cet état de perfection, il faut placer le pont qui rapproche l'alchimiste de ce Feu sacré et l'éloigne de la condition ordinaire du commun des mortels.

LE TEMPLE DE L'HUMANITÉ ⑫

Un des quatre temples positivistes au monde

5, rue Payenne
01 43 26 08 56
Ouverture aléatoire
Métro Saint-Paul

Classée Monument Historique, la chapelle de l'Humanité est le seul temple positiviste qui subsiste en Europe. Aujourd'hui, son premier étage abrite donc une « chapelle de l'Humanité », reproduction conforme (à échelle réduite) du plan de temple de l'Humanité qu'avait conçu Auguste Comte. Elle comporte 14 arcs brisés qui correspondent aux 13 mois du calendrier redéfini par Comte, le 14e arc étant dédié à Héloïse, que le philosophe estimait beaucoup. Le principe du calendrier positiviste était de passer par un « culte concret de l'Humanité pour préparer l'Occident au culte abstrait, seul définitif. » Ainsi, le culte concret possède trois niveaux : mensuels, hebdomadaires et quotidiens, qui devraient correspondre à trois degrés de vénération : les dieux, les héros, et les saints. L'allégorie sur l'autel représente l'Humanité tenant l'Avenir dans ses bras, par Eduardo de Sá. On trouve également un buste d'Auguste Comte sculpté par Etex. La façade sur rue a été transformée par l'architecte Gustave Goy : on y voit une statue de Clotilde de Vaux représentée en « vierge mère » et un buste d'Auguste Comte ainsi que l'inscription « L'amour pour principe et l'ordre pour base, le progrès pour but ».

> Il n'existe que trois autres temples positivistes dans le monde, tous trois au Brésil : Rio de Janeiro, Porto Alegre, Curitiba.

> La maison d'Auguste Comte dans le VIe arrondissement se visite également (voir p. 207).

Un quiproquo ?

La chapelle aurait été inaugurée sur un quiproquo : l'église positiviste du Brésil, qui acheta le lieu en 1903, pensait acheter la maison de Clotilde de Vaux. En réalité, Clotilde de Vaux mourut très probablement au numéro 7 et le numéro 5 était un hôtel particulier que fit construire pour lui-même François Mansart dans lequel il décéda en 1666.

Le positivisme : à l'origine de la devise du Brésil

Si Saint-Simon employait déjà le terme de positivisme, Auguste Comte (1798-1857), qui fut son secrétaire pendant six ans, fut très certainement celui qui le fit réellement connaître. La doctrine positiviste de Comte est liée à la confiance dans le progrès de l'humanité par les sciences et à la croyance dans les bienfaits de la rationalité scientifique au détriment de la métaphysique. Le mot doit son existence aux sciences dites « positives », ou sciences « exactes », telles que les mathématiques, la physique, etc.

En 1845, Auguste Comte tomba éperdument amoureux de Clotilde de Vaux et fit évoluer son positivisme scientifique vers un positivisme religieux qui devait concilier les principes de la rationalité scientifique avec l'amour humain. Peu considéré aujourd'hui, le positivisme eut pourtant une grande influence au XIXe siècle et particulièrement en Amérique du Sud : il a notamment laissé la devise « Ordre et progrès » au Brésil qui figure sur le drapeau national (*Ordem e progresso*).

SYSTÈME DE COMMÉMORATION. 19

CULTE CONCRET DE L'HUMANITÉ,

POUR

PRÉPARER L'OCCIDENT AU CULTE ABSTRAIT, SEUL DÉFINITIF.

		TYPES MENSUELS.	TYPES HEBDOMADAIRES.
L'ANTIQUITÉ.	Janvier.	MOÏSE (*la théocratie initiale.*)	Numa, Bouddha, Confucius, Mahomet.
	Février.	HOMÈRE (*la poésie ancienne.*)	Eschyle, Phidias, Plaute, Virgile.
	Mars.	ARISTOTE (*la philosophie ancienne.*)	Thalès, Pythagore, Socrate, Platon.
	Avril.	ARCHIMÈDE (*la science ancienne.*)	Hippocrate, Apollonius, Hipparque, Pline l'Ancien.
	Mai.	CÉSAR (*la civilisation militaire.*)	Thémistocle, Alexandre, Scipion, Trajan.
LE MOYEN AGE.	Juin.	SAINT-PAUL (*le catholicisme.*)	Saint-Augustin, Hildebrand, Saint-Bernard, Bossuet.
	Juillet.	CHARLEMAGNE (*la civilisation féodale.*)	Alfred, Godefroi, Innocent III, Saint-Louis.
LA PRÉPARATION MODERNE.	Août.	DANTE (*l'épopée moderne.*)	Arioste, Raphaël, Tasse, Milton.
	Septembre.	GUTTEMBERG (*l'industrie moderne.*)	Colomb, Vaucanson, Watt, Montgolfier.
	Octobre.	SHAKESPEARE (*le drame moderne.*)	Calderon, Corneille, Molière, Mozart.
	Novembre.	DESCARTES (*la philosophie moderne.*)	Saint-Thomas-d'Aquin, le chancelier Bacon, Leibnitz, Hume.
	Décembre.	FRÉDÉRIC (*la politique moderne.*)	Louis XI, Guillaume-le-Taciturne, Richelieu, Cromwell.
	Final.	BICHAT (*la science moderne.*)	Galilée, Newton, Lavoisier, Gall.
	Jour complémentaire.		Fête générale des MORTS.

LE FRONTON DU PAVILLON CENTRAL DES TUILERIES

⑬

Le vestige le plus important du palais des Tuileries

Square Georges Cain
8-14, rue Payenne

C'est dans le charmant square Georges-Cain que se trouve le vestige le plus important de l'ancien palais des Tuileries. Après l'entrée du square, sur la droite, on trouve ainsi le fronton du pavillon central du palais, avec son horloge, qui fut acheté en 1901 à l'entrepreneur Achille Picart. Celui-ci avait obtenu la démolition des Tuileries par adjudication le 4 décembre 1882 (début des travaux en janvier 1883, fin le 30 septembre 1883) et avait installé initialement ce même fronton à l'entrée de son entreprise de démolition.

L'idée de ce square était d'y créer une sorte de musée en plein air des vestiges de monuments détruits de la capitale et des alentours. Outre le fronton des Tuileries, qui repose sur un vestige de la porte du château de Saint-Germain-en-Laye encadré de colonnes du palais des Tuileries, on trouve ainsi dans le square une rosace d'un plafond de l'Hôtel de Ville (détruit pendant la Commune) et des vestiges de l'hôtel de Thou, qui fut détruit à l'occasion de la percée de la rue Danton en 1898 (anciens 6 et 8, rue des Poitevins), ainsi que des sarcophages mérovingiens.

Construit à partir de 1564 pour Catherine de Médicis devant le Louvre (il relia avant d'être détruit l'extrémité des deux ailes du Louvre vers le jardin des Tuileries, devant la rue qui sépare actuellement les jardins du Carrousel des jardins des Tuileries), agrandi sous les règnes successifs, le palais des Tuileries disposait d'une façade de 266 mètres de long. Il devint la résidence de nombreux souverains dont Henri IV, Louis XIV, Louis XVI, Louis XVIII, Napoléon Ier et Napoléon III jusqu'à sa destruction par un incendie en mai 1871.

Un rossignol électronique

En vous reposant sur l'un des bancs du square, vous entendrez peut-être le chant d'un rossignol. Il s'agit en réalité d'une œuvre d'Érik Samakh : le chant de l'oiseau se déclenche surtout au crépuscule, en fonction de l'analyse par capteur solaire des paramètres climatiques qui influent sur le comportement d'un oiseau.

Pour plus d'informations sur les autres vestiges du palais des Tuileries, voir double page suivante.

Autres vestiges du palais des Tuileries

9, rue Murillo : fragments du grand escalier de Percier et Fontaine ainsi que des vestiges des constructions de l'architecte Delorme, installés par l'architecte Gustave Clausse dans la cour de l'immeuble, qu'il construisit en 1870 et dont il occupait le rez-de-chaussée et le premier étage, construits en pierre. Il loua les étages du dessus, qu'il avait construits en brique.Gustave Clausse installa aussi dans la cour un buste florentin, peut-être d'Alphonse d'Este, ainsi que deux chapiteaux vénitiens.

Parc Monceau : deux fragments de colonnes l'une à côté de l'autre.

Jardins du Trocadéro : une fenêtre sur cour.

Cour de l'école des Beaux-Arts : Eugène Müntz, qui fut conservateur des collections de l'école, y fit venir un nombre important de vestiges.

Jardin du ministère de l'Éducation nationale (110, rue de Grenelle – non ouvert au public) : fûts de colonne et chapiteaux.

École spéciale d'architecture (254, boulevard Raspail) : à l'instar de l'école des Beaux-Arts, en réaction à laquelle Émile Trélat avait participé à la fondation de cette école privée, plusieurs vestiges furent placés dans l'école.

Jardin des Tuileries : deux vestiges (une arcade de Delorme et une travée d'angle de la façade de Bullant) ont été installés en 1884 au pied du musée du Jeu de Paume mais ont été démontés.

Cour de l'hôtel de Fleury (ancien siège de l'école des Ponts et Chaussées au 28, rue des Saints-Pères) : la superbe arcade de Philibert Delorme a été remontée en 2011 dans la **cour Marly, au Louvre.**

De belles statues qui ornaient le fronton de l'actuel square Georges Cain (voir ci-dessous), dont deux statues de Philippe de Buyster, sont désormais dans le hall qui se trouve **sous l'Arc de triomphe du Carrousel du Louvre.**

Cité des Fusains (22, rue de Tourlaque, voir p. 487) : fragments de colonnes.

Château de la Punta, ancienne propriété du duc Jérôme Pozzo di Borgo, au-dessus de la baie d'Ajaccio, qui a repris des façades entières du palais détruit (voir photo ci-dessous).
Manoir des Gandines (Essarts-le-Roi – Yvelines) : plusieurs colonnes et bas-reliefs.
Château Esterhazy (du nom de la famille qui en est propriétaire) au nord-ouest de la Hongrie : grille de la cour du Carrousel (à noter que les jardins du château sont une copie de ceux de Versailles).
Parc de la Villa Magali, à Saint-Raphaël (Var) : 43 fragments du palais des Tuileries (et de l'hôtel de ville de Paris) furent acquis par Léon Carvalho, son propriétaire, qui fut un ancien directeur de l'Opéra-Comique. Un autre vestige est conservé dans le **jardin Saint-Sébastien de Saint-Raphaël.**
Villages de Bolbec et Barentin (Seine-Maritime) : des vestiges des Tuileries qui avaient été remontés à Suresnes, dans la villa de Charles Worth, ont été dispersés dans ces deux villages, suite à l'extension d'un hôpital à son emplacement. Ceux qui étaient dans le théâtre de verdure de Barentin ont été enlevés en raison de leur mauvais état.
Marly-le-Roi : le dramaturge Victorien Sardou recueillit des Tuileries pour le parc de son domaine de Verduron une plaque sculptée avec un emblème solaire central ainsi que des tambours de colonnes, avec fleur de lys et emblèmes royaux.
Domont : dans son château d'Ombreval, le marbrier Stéphane Dervillé installa plusieurs vestiges.
Berlin (Steglitz-Zehlendorf - île de Schwanenwerder) : colonnes et parties de mur.
Le journal *Le Figaro* acquit des marbres qui furent détaillés en presse-papiers et offerts à quelques abonnés.
Quito (Équateur) : sur le palais présidentiel, quelques balustrades du palais des Tuileries ont été achetées à la France.

BIBLIOTHÈQUE DES AMIS DE L'INSTRUCTION

⑭

Le XIXe siècle à Paris

54, rue de Turenne
01 42 71 03 43
bai.asso.fr ; bai3@orange.fr
Samedi de 15 h à 18 h hors vacances scolaires et sur rendez-vous
Métro Chemin Vert ou Saint-Paul

Quartier du Marais, 1861. Des ouvriers et artisans rassemblent les livres de leur choix et fondent la bibliothèque des Amis de l'instruction. La nouveauté : les livres peuvent être empruntés à domicile, offrant ainsi pour la première fois à un public populaire l'opportunité d'étudier des ouvrages pendant son temps libre. Le nom délicieusement désuet de la bibliothèque illustre parfaitement l'utopie de « l'instruction populaire » qui animait ses fondateurs. Détail d'époque : les femmes, qui pouvaient également consulter les ouvrages, bénéficiaient d'un demi-tarif...

La bibliothèque restant assez confidentielle, seuls les sociétaires et quelques habitants du quartier sont au courant de son existence. La majorité des 20 000 ouvrages d'origine a été conservée, mais le prêt à domicile est désormais interdit dans un souci de préservation des exemplaires. Les romans, essais et revues d'époque peuvent en revanche être consultés sur place dans un décor et une ambiance d'un autre siècle qui réchauffent les sens.

AUX ALENTOURS

La Pietà *de Delacroix* ⑮

Église Saint-Denys-du-saint-Sacrement
68 ter, rue de Turenne
Tous les jours de 8 h 30 à 19 h (fermé de 12 h à 16 h 30 pendant les vacances scolaires)

Peu de Parisiens savent qu'un tableau majeur de Delacroix est abrité dans l'église de Saint-Denys-du-Sacrement. Peinte entre 1840 et 1844, la *Pietà* est considérée par de nombreux experts comme l'un des chefs-d'œuvre du peintre. Outre les musées parisiens, l'église Saint-Paul-Saint-Louis (IVe arrondissement) et l'église Saint-Sulpice (VIe arrondissement) possèdent également des tableaux de Delacroix.

Les vantaux de la porte cochère du 1, rue Saint-Claude ⑯

Les vantaux de la porte cochère du 1, rue Saint-Claude auraient été récupérés sur la porte du palais du grand prieur du Temple. Cette maison aurait accueilli Cagliostro en 1783 et 1785.

IVe Arrondissement

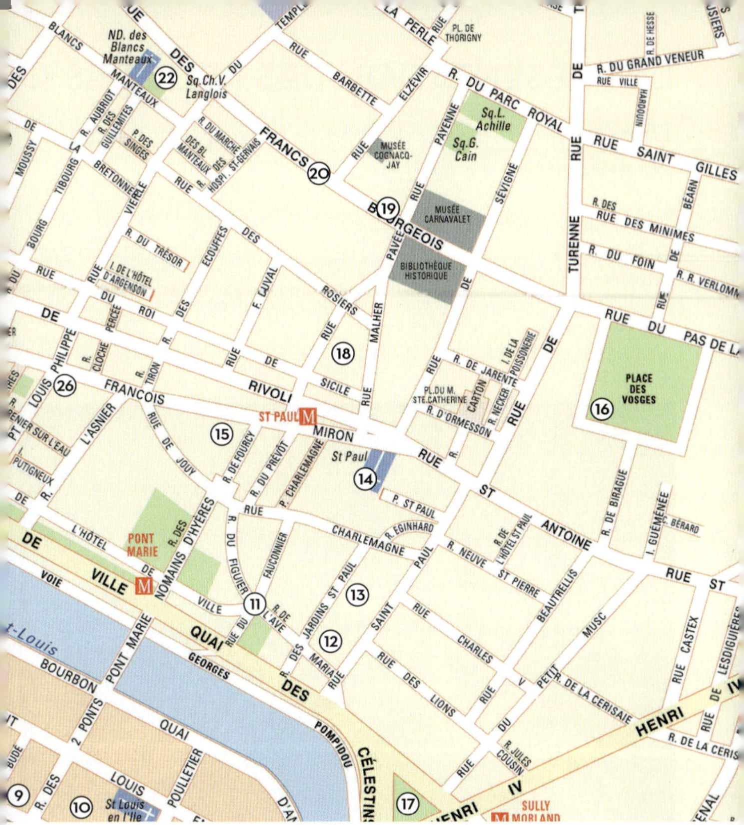
ND. des Blancs Manteaux
Sq.Ch.V. Langlois
RUE DES FRANCS BOURGEOIS
RUE BARBETTE
R. DU PARC ROYAL
PL. DE THORIGNY
R. DU GRAND VENEUR
RUE VILLE HARDOUIN
R. DE HESSE
Sq.L. Achille
Sq.G. Cain
MUSÉE COGNACQ-JAY
MUSÉE CARNAVALET
BIBLIOTHÈQUE HISTORIQUE
RUE ELZÉVIR
RUE PAYENNE
SÉVIGNÉ
RUE DE TURENNE
RUE SAINT GILLES
R. DES MINIMES
R. DU FOIN
BÉARN
R. R. VERLOMME
RUE DU PAS DE LA
PLACE DES VOSGES
R. AUBRIOT
R. DES GUILLEMITES
P. DES SINGES
R. DU MARCHÉ DES BL MANTEAUX
HOSPI. ST-GERVAIS
RUE DES ROSIERS
R. DU TRÉSOR
I. DE L'HÔTEL D'ARGENSON
RUE DU ROI DE SICILE
RUE VIEILLE DU TEMPLE
RUE DES ÉCOUFFES
F. DUVAL
RUE PAVÉE
MALHER
RUE DE RIVOLI
R. CLOCHE PERCÉE
R. TIRON
RUE FRANCOIS MIRON
ST PAUL
LOUIS PHILIPPE
R. DE JARENTE
I. DE LA POISSONNERIE
PL. DU M. STE.CATHERINE
CARTON
R. NECKER
R. D'ORMESSON
RUE ST ANTOINE
L'ASNIER
RENIER SUR L'EAU
PUTIGNEUX
RUE DE JOUY
R. DE FOURCY
R. DU PRÉVÔT
P. CHARLEMAGNE
St Paul
P. ST PAUL
R. DE BIRAGUE
I. GUÉMÉNÉE
C. BÉRARD
RUE CHARLEMAGNE
R. EGINHARD
R. NEUVE ST PIERRE
R. DE L'HÔTEL ST PAUL
BEAUTREILLIS
RUE DE L'HÔTEL DE VILLE
PONT MARIE
R. DES NONAINS D'HYÈRES
R. DU FIGUIER
FAUCONNIER
RUE DES JARDINS ST PAUL
RUE SAINT PAUL
RUE CHARLES V
MUSC
RUE CASTEX
RUE DE LESDIGUIÈRES
VOIE GEORGES POMPIDOU
QUAI DES CÉLESTINS
R. DE L'AVE MARIA
RUE DES LIONS
RUE DU PETIT MUSC
R. DE LA CERISAIE
R. JULES COUSIN
HENRI IV
SULLY MORLAND
QUAI DE BOURBON
PONT MARIE
2 PONTS
QUAI D'ANJOU
POULLETIER
R. DES
LOUIS
St Louis en l'Île
ARSENAL

LA PRÉSENTATION DES RELIQUES ①

Une fois par mois, la couronne d'épines du Christ est présentée aux fidèles

Notre-Dame de Paris - Place Jean-Paul II
01 42 34 56 10
notredamedeparis.fr
Chaque premier vendredi du mois et chaque vendredi de carême de 15 h à 16 h et le Vendredi saint de 10 h à 17 h
Métro Cité

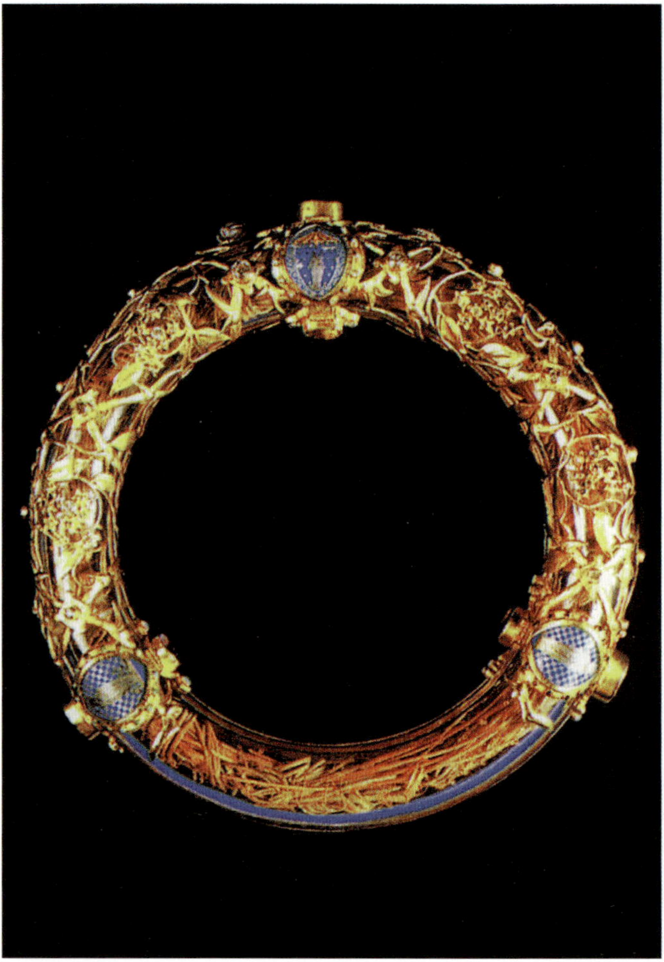

Très curieusement, l'immense majorité des Parisiens ignore totalement que la couronne d'épines du Christ, considérée comme la deuxième relique la plus importante de la chrétienté après le Saint Suaire de Turin, est présentée dans la cathédrale à la vénération des fidèles, une fois par mois. Contrairement également à une croyance populaire, la Sainte-Chapelle ne possède plus aucune relique : les autres reliques de la Passion du Christ (un clou ainsi qu'un fragment de la croix) sont également à Notre-Dame.

Chaque premier vendredi du mois, dans une atmosphère de recueillement exceptionnelle, les chevaliers du Saint-Sépulcre ont donc la charge de montrer la Sainte Couronne à la foule des fidèles. Si la majorité de l'assemblée est composée de touristes qui ne mesurent pas leur chance, la ferveur des rares Parisiens présents est impressionnante : au moment où vient leur tour d'embrasser la relique, il n'est pas rare de voir des larmes d'émotion couler sur les joues.

La première allusion faite de la sainte relique date de l'an 409, quand saint Paulin de Nole la mentionna parmi les reliques de la basilique du Mont Sion à Jérusalem. Transférées à Byzance pour les mettre à l'abri des pillages de l'Empire perse, les reliques furent ensuite vendues en 1238 aux Vénitiens par l'empereur latin Baudouin de Courtenay qui connaissait de graves difficultés financières. Le roi Saint Louis (1126-1270) les leur racheta en 1239 et fit construire un reliquaire à leur mesure : la Sainte-Chapelle (certains vitraux de la Chapelle relatent d'ailleurs cet événement). Après la Révolution, les reliques furent confiées aux chanoines du chapitre de Notre-Dame.

Au XIXe siècle, enfin, deux reliquaires furent réalisés pour abriter la Sainte Couronne, l'un commandité par Napoléon Ier et l'autre par Napoléon III. Ils sont vides mais restent visibles dans le trésor de la cathédrale (ouvert au public tous les jours de 9 h à 18 h sauf le dimanche matin). L'authenticité des reliques est évidemment difficile à garantir même si le reliquaire qui conserve celle-ci aujourd'hui ne fut ouvert qu'une seule fois, en 1940, et qu'à cette occasion, on put constater que si les feuilles étaient desséchées, le cercle de joncs tressés était toujours vert !

L'ALCHIMISTE DE LA CATHÉDRALE ②
NOTRE-DAME DE PARIS

Notre-Dame, une cathédrale alchimique ?

Cathédrale Notre-Dame de Paris
Métro Cité

Comme l'explique le mystérieux Fulcanelli dans son livre *Le Mystère des cathédrales*, la cathédrale Notre-Dame possède une série de sculptures inspirées de l'alchimie et même celle d'un alchimiste, qui se trouve parmi les gargouilles situées sur le balcon qui unit les deux tours et qui semble observer la nef qui s'offre à sa vue. Fulcanelli a ainsi écrit sur ce personnage : « La cathédrale entière n'est qu'une glorification muette, mais illustrée, de l'antique science d'Hermès (l'hermétisme) ; d'ailleurs, elle en conserve l'un de ses plus anciens artisans. Notre-Dame de Paris a, en effet, gardé son alchimiste : près de l'axe au milieu du majestueux édifice, dans l'angle rentrant de la tour septentrionale, au milieu d'un cortège de chimères, se détache le buste d'un grand vieillard en pierre. C'est lui, l'alchimiste de Notre-Dame ».

Un autre ensemble de sculptures sur le portail ouest de Notre-Dame est identifié par Fulcanelli comme celui de l'*Alchimie* ou *Philosophie hermétique*. Il le commente (dans la même œuvre citée ci-dessus) : « L'Alchimie est représentée par une femme dont la tête touche les nuages. Assise sur un trône, elle a un sceptre – symbole de sa souveraineté – dans la main gauche, tandis que de la droite elle tient deux livres, l'un fermé (ésotérisme) et l'autre ouvert (exotérisme). Elle tient, entre ses jambes et en appui sur sa poitrine, une échelle à neuf échelons, *scala philosophorum*, symbole de la patience dont ses fidèles doivent faire preuve, au cours des neuf opérations successives du travail hermétique. Sur sa gauche, une femme élève un ballon à distiller. Il contient la quintessence des plantes toxiques qui l'entourent. Il s'agit d'un mal dont on peut, par l'Art, extraire un bien. Sur sa droite, une autre femme tient un astrolabe, instrument d'astronomie (en référence à l'influence occulte des planètes sur les métaux, ou plutôt sur l'essence qui les anime). Ces trois personnages ont en commun le fait de permettre à l'invisible de se manifester, ainsi que la nature et la compréhension de ses lois subtiles (ou primordiales qui régissent l'univers visible et invisible) ».

Pour plus d'informations sur l'alchimie, voir p. 87.

FERRONNERIES DE BISCORNET DU PORTAIL SAINTE-ANNE ③

Le Diable serrurier ?

Cathédrale Notre-Dame de Paris
Métro Cité

Constitué d'amples arabesques d'une remarquable finesse et d'une grande légèreté, allant de dessins de fleurs et de feuillages à des formes d'animaux, le portail Sainte-Anne de la cathédrale Notre-Dame possède un travail de ferronnerie si parfait qu'on dit qu'il aurait été inspiré par le Diable en personne.

Selon la légende, à la construction de la cathédrale, les ecclésiastiques du futur diocèse commandèrent le travail de ferronnerie des portails de la cathédrale à un artisan du nom de Biscornet. La commande était colossale et largement supérieure aux capacités du forgeron, à qui il ne resta plus qu'à invoquer le Diable pour qu'il vienne à son secours. Biscornet fit ainsi un pacte avec le prince des ténèbres et signa le contrat diabolique avec le sang de son index. Satan assuma alors la personne du forgeron et réalisa avec une maîtrise et une perfection toutes diaboliques, et dans un laps de temps très court, le travail demandé par les ecclésiastiques de Saint-Denis. Dès qu'il eut terminé, le pauvre forgeron mourut, victime d'un arrêt cardiaque, et son âme immortelle s'en fut en enfer, puisqu'il l'avait vendue au Diable.

En réalité, selon un article anonyme publié dans un journal parisien en 1833, le forgeron Biscornet fut identifié comme étant Gobineau de Montluisant, un homme apparemment distingué, ferronnier à Chartres.

Mais le travail de ferronnerie, qui fait appel à la maîtrise du feu, indispensable dans la forge et lui-même associé aux Enfers souterrains, était donc au Moyen Âge souvent associé au Diable. C'est ainsi que naquit la légende : la ferronnerie était par définition un travail diabolique, et le Diable étant représenté par une tête à deux cornes (voir ci-contre), on en vint vite à voir un certain Biscornet qui avait soi-disant vendu son âme au Diable...

Sur le portail, l'anneau lui-même est appelé un « anneau d'asile » : au Moyen Âge, saisir ce type d'anneau à la porte d'une église procurait le droit d'asile.

Quand « Biscornet » signifie « Deux cornes »

Étymologiquement, Biscornet signifie « à deux cornes » et est donc tout simplement un nom allégorique pour désigner le Diable cornu, tel que le peuple le représentait à l'époque (voir ci-dessous).

Pourquoi le Diable a-t-il souvent une forme de bouc à deux cornes ?

Associés au Diable, il n'est pas rare que les forgerons aient été mêlés à des rites initiatiques, comme par exemple ceux des mystères cabiriques dans la Grèce antique : les Cabires, dont l'étymologie vient probablement du verbe *kaiein* (briller), étaient des divinités grecques qui étaient considérées comme les fils (ou les petits-fils) d'Héphaïstos, le dieu du Feu souterrain, et dont le culte se célébrait dans des lieux volcaniques, comme à Lemnos dans l'actuelle Grèce. Cabire donna chèvre en langage courant et c'est de là que l'imagination populaire superstitieuse conçut la forme fantastique du Diable comme un bouc ou une chèvre, animal possédant deux cornes.

Pourquoi le Diable « sent-il le soufre » ?

Le soufre est un élément qui se trouve à l'état naturel fréquemment dans des régions volcaniques, comme on le voit bien au volcan Kawah Ijen, à Java, Indonésie, connu pour ses travailleurs qui remontent des blocs de soufre à dos d'homme du fond du cratère du volcan. Les volcans étant associés au feu souterrain, le soufre fut rapidement associé au Diable en personne.

Le Diable, sous forme de bouc à deux cornes, figure à la porte du Jugement, où l'on voit sculptée l'illustration du Jugement dernier, où les justes habiteront la Nouvelle Jérusalem descendue du ciel sur la terre, et où les injustes et les pécheurs seront entre les mains du démon que l'on voit ici sculpté.

AUX ALENTOURS

Noms des anciennes rues du parvis Notre-Dame (4)

Disséminés sur le parvis, plusieurs pavés sont gravés des noms de rues : rue de Venise, le Chaudron, etc. Ces noms correspondent aux rues qui passaient à cet endroit avant que le baron Haussmann, en 1865, ne transforme le parvis pour lui faire occuper un espace six fois plus grand qu'à l'époque de la construction de la cathédrale.

On voit aussi sur le pavé un tracé différent des pavés classiques : il indique les contours de l'ancienne basilique Saint-Étienne qui se dressait ici même avant la construction de la cathédrale.

LES PAVÉS DU 6, RUE DE LA COLOMBE

5

Traces de la première enceinte gallo-romaine de Paris

6, rue de la Colombe

Une inscription sur le trottoir au niveau du 6, rue de la Colombe rappelle la découverte des vestiges de la base du mur gallo-romain, matérialisée sur le sol par un tracé de pavés de 2,70 mètres de large en travers de la rue.

L'enceinte gallo-romaine de Lutèce a été construite pendant la première moitié du IVe siècle apr. J.-C., afin de résister aux invasions barbares. D'une longueur de 1500 mètres, elle comprenait la majeure partie de l'île de Lutèce. Celle-ci a été élargie (en englobant les îlots voisins), remblayée (de 3 à 7 mètres selon les zones) et entourée de quais et est devenue l'île de la Cité.

Le mur de l'enceinte avait une épaisseur de 2,50 mètres et une hauteur de 7 à 8 mètres, avec un chemin de ronde à l'intérieur et un mur crénelé à l'extérieur.

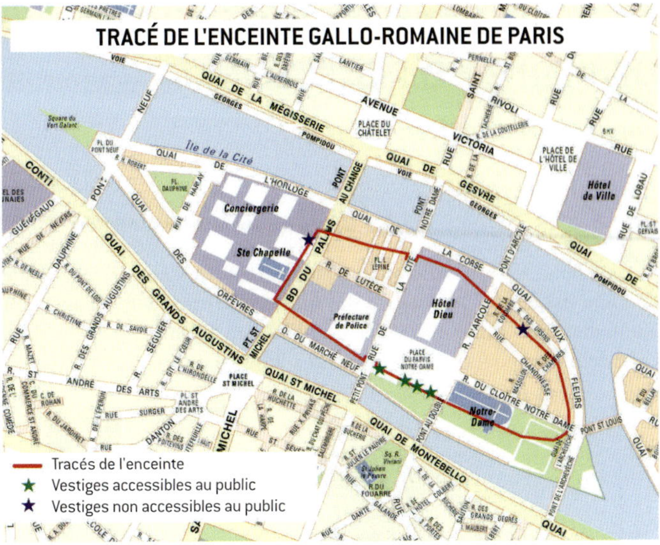

Autres vestiges de l'enceinte gallo-romaine de Paris

Place du Parvis-Notre-Dame, d'autres vestiges (65 mètres au total) ont été mis à jour de 1967 à 1970 lors des travaux de construction du parking souterrain. Ils sont visibles dans la crypte archéologique.
Dans le **Palais de justice**, quelques vestiges, inaccessibles pour le grand public, ont également été mis à jour.
Au **18-20, rue Chanoinesse**, en le demandant aimablement, les gardiens de la paix vous feront peut-être voir l'un de ces vestiges, dont la bien nommée « pierre au boucher » (voir ci-dessous l'histoire du barbier qui égorgeait ses clients).

Un barbier qui égorge ses clients...

Au 18-20, rue Chanoinesse, où se trouvent encore aujourd'hui des vestiges de la première enceinte gallo-romaine de Paris (voir ci-dessus), se trouvaient jadis deux maisons dont les occupants avaient mis au point un redoutable numéro. Dans l'une, un barbier égorgeait en effet certains de ses clients venus se faire raser, dont des étudiants qui logeaient chez les chanoines de Notre-Dame (d'où le nom de la rue). Il passait ensuite les corps à son acolyte, un pâtissier, qui utilisait la chair pour faire des pâtés qu'il revendait aux chanoines ! Découverts, le barbier et le pâtissier furent brûlés vifs en 1387. Selon la légende, c'est justement sur la pierre qui est un vestige de la muraille que le pâtissier préparait ses sinistres pâtés, raison pour laquelle la pierre est parfois appelée la « pierre au boucher ».

LA FAUSSE MAISON MÉDIÉVALE DE FERNAND POUILLON ⑥

Un faux en architecture

1, rue des Ursins

Peu de Parisiens auront remarqué que cette maison d'aspect médiéval n'est en fait qu'une construction des années 1960. Elle doit son existence au talent de son architecte Fernand Pouillon qui a admirablement réussi à intégrer de nombreux éléments anciens dans cette demeure moderne. L'architecte y a lui-même vécu près d'un an.

Fernand Pouillon : un architecte en prison décoré de la Légion d'honneur

Né en 1912 à Cancon (Lot-et-Garonne), Fernand Pouillon fait ses études d'architecture à Marseille. S'il construit ses premiers immeubles à Marseille et à Aix avant la dernière guerre, il est surtout connu pour avoir reconstruit le Vieux-Port de Marseille ravagé par l'occupant nazi. Le scandale de la faillite de la société immobilière « Le Comptoir du Logement » l'envoie en prison dont il s'évade... Après avoir vécu dans la clandestinité en Italie, il se présentera spontanément à son procès et sera condamné à trois ans de prison. C'est pendant sa réclusion qu'il écrit deux ouvrages dont le plus connu est *Les Pierres sauvages*. Il travailla ensuite à de très importants projets urbanistiques en Algérie (dont les 200 colonnes du « Climat de France ») et reçut la Légion d'honneur des mains de François Mitterrand. Il décède en 1986 dans son château de Belcastel dans l'Aveyron.

AUX ALENTOURS

9 et 11, quai aux Fleurs : le souvenir d'Héloïse et Abélard ⑦

Au 9, quai aux Fleurs, une plaque évoque le souvenir d'Héloïse et Abélard, les célèbres amoureux contrariés, un peu à l'instar de Roméo et Juliette à Vérone. Les immeubles aux nos 9 et 11 abritent également des médaillons de pierre en façade représentant les deux amoureux.

Les pierres tombales du 26, rue Chanoinesse ⑧

Dans la cour du 26, rue Chanoinesse (accès protégé par digicode, demander aimablement l'accès à un habitant), quelques dalles tapissant le sol comportent des inscriptions d'aspect gothique. Ces dalles sont en fait des pierres tombales issues d'un ancien établissement religieux de l'île de la Cité.

MUSÉES ADAM MICKIEWICZ, CHOPIN ET BIEGAS

⑨

Immersion dans la vie artistique polonaise

6, quai d'Orléans
01 55 42 83 83
Du mardi au vendredi de 14 h 15 à 18 h
Visites guidées le jeudi à 14 h 15, 15 h, 15 h 45, 16 h 30 et 17 h 15
Métro Pont-Marie ou Maubert-Mutualité

La Bibliothèque polonaise se trouve depuis 1853 au cœur de l'île Saint-Louis dans un bel immeuble classé du XVIIe siècle qui appartient à la Société historique et littéraire polonaise. Créée en 1832 par des migrants polonais venus en France suite à la répression brutale d'une insurrection par l'occupant russe, celle-ci se fixa alors pour but de « réunir en une entité et de diffuser les écrits et les documents portant sur l'histoire de la Pologne, son présent, son avenir, cela en vue d'entretenir et de consolider l'attachement mondial à la cause polonaise ».

La bibliothèque possède aujourd'hui plus de 200 000 ouvrages et imprimés dont certaines pièces très rares comme des lettres personnelles de Frédéric Chopin, les procès-verbaux de la Diète polonaise du XVIIIe siècle, une édition très précieuse de la Carte des terres slaves de Ptolémée (XVIe siècle) ou les trois éditions originales (Bâle, Nuremberg et Amsterdam) du *De revolutionibus orbium coelestium* de Copernic (1534).

Dans une ambiance délicieusement romantique et intimiste, trois autres petits musées ont été installés. Au premier étage, dans un petit salon, des souvenirs personnels, portraits et gravures de Frédéric Chopin ont été regroupés. Au deuxième étage, le musée Adam Mickiewicz, grand poète romantique polonais né en 1798 en Lituanie, occupe trois salles remplies de souvenirs personnels, de manuscrits de ses poèmes, de documents en relation avec son activité de publiciste et d'homme politique, ainsi que des portraits et des sculptures le représentant réalisés par des artistes de l'époque. La visite s'achève au dernier étage par le musée Boleslas Biegas (artiste peintre et sculpteur polonais de la fin du XIXe et du début du XXe siècle) qui présente sa vie et son œuvre ainsi que quelques tableaux et sculptures d'autres artistes polonais contemporains.

LE CLOCHER AJOURÉ DE L'ÉGLISE SAINT-LOUIS-EN-L'ÎLE

⑩

Pour limiter la prise au vent...

Église Saint-Louis-en-l'Île
19 bis, rue Saint-Louis-en-l'Île
Métro Pont-Marie

Consacrée à saint Louis, roi de France sous le nom de Louis IX de 1226 à 1270 (il venait prier sur l'actuelle île Saint-Louis, alors occupée par quelques vaches, et y prit la Croix en 1269 pour partir en croisade à Jérusalem), l'église Saint-Louis-en-l'Île fut construite à partir de 1656 en lieu et place d'une première chapelle bâtie dès 1623, qui était devenue trop petite.

Le 2 février 1701, une tempête détruisit la toiture de l'ancien édifice, tuant un certain nombre de fidèles. Il fallait donc achever la nouvelle église : une loterie royale (comme pour Tréguier en Bretagne) permit de récolter des fonds. Consacrée finalement en 1726 après plusieurs péripéties, l'église possédait un campanile qui s'élevait à la croisée du transept, mais qui fut détruit par la foudre en 1740.

C'est ainsi qu'en 1765 on construisit le clocher actuel, ajouré (avec plusieurs orifices), afin de ne pas offrir trop de prise au vent : l'église avait en effet été édifiée dans un endroit, au milieu de la Seine, souvent soumis à de violents courants d'air, comme le montra notamment la tempête de 1701.

LE BOULET ENCASTRÉ DE L'HÔTEL DE SENS

11

« Roi des Français » et non plus « roi de France »

Hôtel de Sens – bibliothèque Forney
1, rue du Figuier

Il faut un œil particulièrement perçant pour remarquer le boulet de canon encastré à plusieurs mètres de haut sur un mur de l'hôtel de Sens. Celui-ci, comme l'indique la date marquée sur la façade, a été tiré pendant les journées d'émeutes des 27, 28, 29 juillet 1830 (les Trois Glorieuses ou révolution de Juillet).

Les députés libéraux, majoritairement monarchistes, prirent en main la révolution populaire, ce qui permit de conserver la monarchie au prix d'un changement de dynastie. Le roi Charles X dut abdiquer au profit de la maison d'Orléans, branche cadette de la maison de Bourbon. Les Français se donnèrent alors un nouveau roi en la personne de Louis-Philippe Ier, nommé « roi des Français » et non plus « roi de France ». La monarchie de Juillet (1830-1848) fut proclamée le 9 août 1830.

AUX ALENTOURS

Square de l'an 2000 (12)

Conçu par Christophe Grunenwald, ce jardin entièrement redessiné pour le passage de l'an 2000 regorge de symboles. En passant d'un plot à l'autre, le promeneur est ainsi censé dessiner le chiffre 2000 avec le mouvement de son corps...

Vestige de l'enceinte de Philippe Auguste (13)

Rue des Jardins-Saint-Paul

Le terrain de sports de l'école Charlemagne bénéficie d'une vue imprenable sur le chevet de l'église Saint-Paul et sur une section particulièrement bien conservée du mur de Philippe Auguste (80 mètres de long), dégagé après la dernière guerre, entre deux tours de l'enceinte. La tour Montigny, au nord, a été éventrée lors de l'élargissement de la rue Charlemagne qui traversait l'enceinte à l'emplacement de l'ancienne poterne Saint-Paul.

Pour plus d'informations sur l'enceinte de Philippe Auguste, voir double page suivante.

Il existe une dizaine d'autres vestiges de l'enceinte de Philippe Auguste. Ils sont situés dans des propriétés privées et ne sont pas accessibles au public.

L'enceinte de Philippe Auguste (1190-1215)

D'une conception ambitieuse, la troisième enceinte de Paris dans l'ordre chronologique devait englober non seulement la totalité des habitations existantes mais aussi des champs, des prés et des vergers afin de produire les denrées nécessaires pour résister à un éventuel siège de la ville. Ses dimensions étaient considérables pour l'époque avec une superficie de 250 hectares cernée par un mur de 5400 mètres de longueur (2800 mètres sur la rive droite et 2600 mètres sur la rive gauche). Cette enceinte avait une hauteur de 8 à 10 mètres, une épaisseur de 3 mètres à la base et 2,30 mètres au sommet avec un chemin de ronde protégé par un mur crénelé. Il comportait 65 tours défensives et quatre tours plus importantes près de la Seine. Aucun fossé n'était prévu. Progressivement, la ville déborda de l'enceinte, certaines constructions s'appuyant sur l'intérieur ou l'extérieur du mur. De ce fait, les vestiges, quoique relativement importants, sont rarement visibles de la voie publique. Les lieux dont l'accès est public et où l'enceinte est encore nettement visible sont :

Rive droite

11, rue du Louvre : face à la Bourse du commerce
16, rue Étienne Marcel : contre la tour de Jean sans Peur
57-59, rue des Francs-Bourgeois : tour du Crédit municipal
Rue des Jardins Saint-Paul : mur et deux tours bien préservées

Rive gauche

30 bis, rue du Cardinal Lemoine (voir p. 165)
Rue Clovis
4, cour du Commerce-Saint-André : une tour dans une boutique
27, rue Mazarine : vestiges dans le parking souterrain (voir p. 213)
13, passage Dauphine : une tour dans l'école de langues

Des plaques (mais pas de vestiges) évoquent aussi l'enceinte aux 113, rue Saint-Denis, 172, rue Saint-Jacques, 9, rue Mouffetard et 44, rue Dauphine.

LE GRAFFITI DE L'ÉGLISE SAINT-PAUL-SAINT-LOUIS

(14)

Une inscription de la Commune de Paris

Église Saint-Paul-Saint-Louis
99, rue Saint-Antoine
Du lundi au vendredi de 8 h à 20 h, le samedi de 8 h à 19 h 30 et le dimanche de 9 h à 20 h
Métro Saint-Paul

Sur le second pilier du côté droit de la nef, on lit une curieuse inscription : « RÉPUBLIQUE FRANÇAISE OU LA MORT »

L'inscription date probablement de la Commune de Paris (du 18 mars au 28 mai 1871), époque à laquelle, suite à la défaite militaire de Napoléon III contre les Allemands à Sedan et à la chute du second Empire, l'aspiration à une véritable république était de plus en plus forte.

Le marbre blanc du maître-autel de l'église de Saint-Paul-Saint-Louis, déplacé et refait à l'époque de Louis-Philippe, provient des fragments du tombeau de l'Empereur aux Invalides (voir p.234).

Les coquilles des deux bénitiers ont été offertes par Victor Hugo à l'occasion du mariage de sa fille Léopoldine en 1843.

AUX ALENTOURS

Le jardin japonais de la maison européenne de la photographie ⑮

5-7, rue de Fourcy

Juste avant l'entrée de la maison à gauche, le jardin japonais Niwa, de tradition zen, a été créé par Keijchi Tahara, un artiste japonais installé à Paris depuis les années 1970. Un autre jardin japonais, plus important, existe au sein de l'UNESCO (voir p. 237).

Un graffiti de 1764 ⑯

11, place des Vosges

Sur le mur du 11, place des Vosges, le promeneur curieux remarquera peut-être un étonnant graffiti : 1764 NICOLAS. Celui-ci fut gravé par un certain Nicolas Restif de la Bretonne (1734-1806), un écrivain qui avait travaillé dans l'imprimerie et qui fut aussi indicateur pour la police. Il était justement devenu célèbre pour avoir gravé noms, prénoms, dates, etc. un peu partout à Paris, et notamment sur les parapets de l'île Saint-Louis, toute proche. Les graffitis de l'île Saint-Louis n'ont pas résisté à l'usure du temps mais celui de la place des Vosges, protégé par les arcades, est parvenu jusqu'à nous.

BASE D'UNE TOUR DE LA PRISON DE LA BASTILLE

⑰

Un des derniers vestiges de la Bastille

Square Henri Galli
Métro Bastille

C'est coincé entre la circulation du boulevard Henri-IV et du quai Henri-IV (officiellement dans le square Henri-Galli) que subsiste l'un des rares vestiges de la Bastille (voir double page suivante).

C'est en 1898-1899, à l'occasion du percement de la ligne n° 1 du métro, que l'on découvrit les fondations de la « tour de la Liberté » (celle où fut enfermé entre autres le marquis de Sade), l'une des huit tours de la Bastille, au niveau des 211 et 236, rue Saint-Antoine. Afin de les préserver, on déplaça ces vestiges à leur emplacement actuel.

On peut lire sur la plaque posée à la base de ces fondations : « Vestiges des fondations de la Bastille / Tour de la Liberté / découverts en 1899 / et transportés sur cet emplacement. »

Le curieux détour de la ligne de métro n° 1

Au lieu d'aller naturellement tout droit, la ligne 1 fait un curieux coude entre Saint-Paul et Bastille : la ligne évite ainsi les fondations de la tour de la Liberté.

Non, le 14 juillet ne célèbre pas la prise de la Bastille !

Si le 14 juillet est le jour de la fête nationale en France depuis 1880, il ne commémore pas la prise de la Bastille, mais la fête de la Fédération qui eut lieu un an plus tard, le 14 juillet 1790, sur l'esplanade du Champ-de-Mars et à laquelle assista Louis XVI. La fête était censée célébrer la réconciliation et l'unité de tous les Français.

Des momies égyptiennes sous la Bastille ?

En même temps que l'obélisque de la Concorde et une girafe nommée Zarafa, le vice-roi d'Égypte offrit à Charles X au début du XIXe siècle une dizaine de momies soigneusement emballées. Après avoir été un moment exposées au Louvre, les momies ne s'adaptèrent pas au climat parisien et une odeur nauséabonde commença à s'en dégager. En 1827, il fut donc décidé de les enterrer dans les jardins du Louvre. Trois ans plus tard, on enterra au même endroit 32 victimes de la révolution de juillet 1830, qui étaient tombées ici même. À la fin de ces journées révolutionnaires, Louis-Philippe décida d'offrir une sépulture plus digne aux insurgés : on transféra les corps sous la Bastille, sans s'émouvoir outre mesure du fait que certains corps fussent mieux conservés que d'autres... Ce n'est qu'en 1940, au moment de la réfection du caveau, que l'on se rendit compte de l'erreur : le décompte des corps présents était plus élevé de deux unités que celui des insurgés enterrés officiellement... On ne sait ce qu'il advint des autres momies.

Le caveau en question est visible en empruntant la promenade fluviale qui passe sur le canal Saint-Martin, sous le boulevard Richard Lenoir.

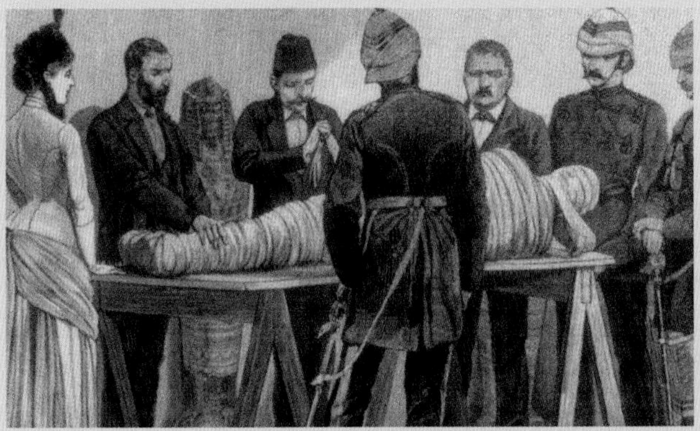

Autres vestiges de la Bastille dans le quartier

Sur le **quai de la station Bastille** (ligne n° 5 – direction Bobigny) subsistent quelques pierres du mur de la contrescarpe (mur extérieur) le long du fossé de l'enceinte de la prison. Au sol, sur le quai, on note aussi des **lignes jaunes** qui suivent le tracé de l'ancienne forteresse.

La bouche de métro à l'angle du boulevard Bourdon permet de voir un autre rempart de la forteresse.

Au début (côté nord) du **bassin de l'Arsenal**, sur le côté droit en regardant la Seine, on retrouve un pan entier du mur du fossé de la prison, qui sert actuellement de mur de soutènement au boulevard Bourdon.

Vestiges d'un cachot de la Bastille

La cave du restaurant au 47, boulevard Henri IV occupe l'emplacement d'un cachot de la prison de la Bastille. Le lieu est privé et ne se visite pas.

Les pavés du contour de la Bastille

Au début de la rue Saint-Antoine, du côté de la place de la Bastille, on peut remarquer que quelques pavés semblent positionnés de façon curieuse par rapport au reste des pavés de la place. Ils signalent en réalité l'ancien emplacement d'une partie de la prison de la Bastille, tel que le montre le plan que l'on peut voir sur la plaque du mur du 3, place de la Bastille.

Autres vestiges de la prison de la Bastille hors de la Bastille

C'est l'entrepreneur privé Palloy qui fut chargé de la destruction de la Bastille. Celui-ci n'hésita pas à revendre des pierres, dont certaines étaient sculptées en forme de Bastille. Palloy fit également réaliser des maquettes de la prison qui furent envoyées dans tous les chefs-lieux des départements français. On retrouve ainsi des vestiges de la Bastille un peu partout :

La plus grande partie servit à construire le **pont de la Concorde**, afin que « le peuple puisse continuellement fouler aux pieds l'ancienne forteresse ».

À **Sceaux**, en banlieue sud de Paris, une maison a été construite partiellement avec des pierres de la Bastille, au **37, rue des Imbergères**.

Une **clef** de la prison a été donnée par Lafayette à George Washington. Elle est actuellement au musée de **Mount Vernon**, dans l'État de Virginie, non loin de la ville de Washington D.C.

Le **carillon** se trouve au **Musée européen d'art campanaire**, à L'Isle-Jourdain (Gers).

Une **pierre** est conservée à la **mairie de Pontoise**.

Une **pierre** est également conservée sur le mur de la maison abritant la Caisse d'Épargne, à **Aix-en-Provence** (voir chez le même éditeur le guide *Aix insolite et secrète*).

SYNAGOGUE DE LA RUE PAVÉE

(18)

Une rare synagogue Art nouveau

10, rue Pavée
01 48 87 21 54
Tous les jours entre 10 h 30 et 17 h sur réservation, sauf le samedi
Métro Saint-Paul

Seul édifice Art nouveau du Marais et dernier monument religieux construit dans le quartier, la synagogue de la rue Pavée est une curiosité. Sa haute façade ondulante en pierres creuses blanches dessinée par Hector Guimard (voir p. 436) tranche avec les immeubles voisins. Elle demeure aussi l'une des rares traces à la fois institutionnelle et architecturale de l'implantation immigrante. Ainsi, lorsque le samedi matin, jour du shabbat, les juifs en costume traditionnel avec papillotes et kippa s'y engouffrent discrètement pour assister à la lecture rituelle

de la Torah, on se croirait revenu en plein cœur du Pletzl* au début du siècle dernier.

C'est en effet en 1913 que, pour répondre à l'arrivée à Paris des juifs ashkénazes, réfugiés d'Europe centrale depuis la fin du XIXe siècle, l'association russo-polonaise Agoudas Hakehilos décida de la construction d'une nouvelle synagogue sur une parcelle étroite de la rue Pavée.

Le choix d'Hector Guimard comme architecte peut surprendre. On imaginait mal, a priori, l'alliance du maître parisien de l'Art nouveau et des juifs russes orthodoxes, mais il fut en fait emblématique de l'affirmation d'une culture yiddish spécifiquement française.

C'est aussi Hector Guimard qui dessina le mobilier (luminaires, chandeliers, appliques et bancs), ainsi que le décor végétal stylisé et les garde-corps en fonte. La construction est en pierres agglomérées creuses sur armature en béton armé. L'harmonie entre la rigueur d'une construction en béton armé, le dépouillement de l'ornementation et l'élégance des courbes et des contre-courbes de la façade est totale.

La synagogue, qui ne coûta pas un centime à la communauté parisienne, fut inaugurée le 7 juin 1914. Aucun représentant des autorités officielles du judaïsme français ne se déplaça, préférant ignorer une initiative immigrante qu'elles n'ont pu ni empêcher, ni investir.

La synagogue de la rue Pavée a été classée le 4 juillet 1989 avec tous ses éléments liturgiques.

AUX ALENTOURS

Vestiges de la couture Sainte-Catherine Marques S.C. ⑲

Angle de la rue des Francs-Bourgeois et de la rue Pavée

À la base de la tourelle quadrangulaire de l'hôtel Lamoignon, à l'angle de la rue des Francs-Bourgeois et de la rue Pavée, deux inscriptions très discrètes sont composées des lettres S.C.

À l'instar des initiales F.C.S.G. (voir p. 95) qui rappelaient les limites du fief des coutures Saint-Gervais, les lettres S.C. rappellent une des limites de la « Censive** de Sainte-Catherine du Val des Écoliers », c'est-à-dire les limites des possessions de la couture Sainte-Catherine, autrement dit, les limites des terres de l'abbaye de Sainte-Catherine (le terme « couture » vient du mot « culture » qui rappelle que cette partie du Marais était justement constituée de marais qu'il fallait assécher pour pouvoir le cultiver). La censive s'étendait sur près de 7 hectares.

* *Mot yiddish pour « petite place » par opposition à la grande place, celle des Vosges. Il s'agissait sans doute de la place des Hospitalières Saint-Gervais ou de celle de l'actuel métro Saint-Paul. Mais le Pletzl en est vite venu à désigner un quartier réduit symboliquement à la rue des Rosiers.*

** *La censive est le nom donné à un fief seigneurial quand le propriétaire est roturier, contrairement au fief, où le propriétaire est noble.*

VESTIGES DE LA SOCIÉTÉ DES CENDRES

(20)

Le passé industriel du Marais

39, rue des Francs-Bourgeois
Du lundi au vendredi de 11 h à 20 h, samedi et dimanche de 10 h à 20 h
Métro Rambuteau ou Saint-Paul

Au-dessus de l'entrée de l'immeuble du 39, rue des Francs-Bourgeois, aujourd'hui occupé par un magasin, la discrète inscription « Société des Cendres » rappelle le passé industriel des lieux : jusqu'en 2002, c'est ici que fonctionna l'une des toutes dernières usines du Marais.

En plein milieu du magasin, la cheminée en brique rouge, haute de 35 mètres, également visible du jardin Francs-Bourgeois-Rosier, juste à côté, est le principal vestige de cette activité méconnue.

Loin d'être une entreprise mortuaire, comme son nom pourrait le laisser penser, la Société des Cendres (qui existe toujours aujourd'hui, mais à Vitry-sur-Seine) s'occupait ici de retraiter les « cendres », c'est-à-dire les déchets des bijoutiers et joaillers, afin de récupérer l'or, l'argent ou encore le platine qui s'y trouvaient mêlés à toutes sortes de poussières.

Créée en 1859 par les bijoutiers et joaillers pour s'occuper eux-mêmes des déchets de leurs activités, la Société des Cendres du Marais fonctionnait comme une sorte de coopérative dont les clients (plus de 500 professionnels des métaux précieux) étaient aussi les actionnaires. Construit en 1867, le siège de la rue des Francs-Bourgeois a été conçu à l'époque à laquelle le Marais, délaissé par ses habitants les plus aisés partis pour le faubourg Saint-Germain, avait été consacré à l'industrie. Outre la cheminée intérieure et la plaque de la « Société des Cendres » de la façade sur rue, d'autres vestiges subsistent de cette époque révolue : toujours sur la façade, au-dessus de la plaque, une autre inscription précise l'activité de la société : « Fonderie d'or et d'argent, traitement des cendres, essais et analyses ». À l'intérieur, un escalier, qui s'appuie sur une partie de l'enceinte de Philippe Auguste, permet d'accéder au sous-sol, où des outils d'époque ont été préservés. Des petits films didactiques y expliquent le fonctionnement de l'activité. Les clients bijoutiers venaient ainsi sur place avec des sacs de 50 à 500 kilos qui contenaient la poussière qu'ils avaient récupérée lors des mois précédents. Ces déchets étaient brûlés, puis broyés avant d'être tamisés puis lavés et de subir un traitement chimique à base de mercure qui permettait de séparer les matières précieuses, dont l'or, du reste. Évidemment, la suspicion était parfois de mise et les clients restaient souvent sur place à surveiller ce que devenaient leurs poussières potentiellement pleines d'or ou d'argent. À partir d'un sac de 50 kilos, il fallait au moins 250 grammes d'or pour que l'ensemble de ces opérations soit rentable.

CLOÎTRE DES BILLETTES

21

Une hostie qui saigne

22-26, rue des Archives
Tous les jours de 11 h à 19 h lorsqu'il y a une exposition, fermé le reste du temps
Métro Hôtel de Ville

Doté de quatre galeries flanquées de voûtes flamboyantes, le petit cloître des Billettes est le seul cloître médiéval subsistant à Paris. Datant de 1427, il provient de l'ancien couvent des « frères hospitaliers de la charité de Notre-Dame », dits « Billettes » en référence à la figure héraldique en forme de rectangle qui ornait leur habit. L'église d'à côté, reconstruite plusieurs fois, date de 1756 et est affectée depuis 1812 au culte évangélique, les bâtiments conventuels ont été transformés en école à la fin du XIXe siècle et le cloître, propriété de la Ville de Paris, a été sauvé et restauré deux fois à la fin du XIXe et du XXe siècle.

Si l'atmosphère générale qui émane de ce lieu hors du temps est plutôt apaisante, son histoire est d'un tout autre acabit. En 1290, un jour de Pâques, un usurier juif nommé Jonathas aurait exigé d'une pauvre femme qu'elle lui rapporte une hostie consacrée en lieu et place du remboursement d'un prêt qu'elle ne pouvait honorer. S'en emparant, l'homme aurait lardé de coups de couteau l'hostie qui se serait mise à saigner abondamment. Il l'aurait ensuite jetée au feu d'où elle serait sortie sans aucun dommage, volant à travers la pièce. Pour finir, l'usurier aurait plongé l'hostie consacrée dans une marmite d'eau bouillante qui se serait alors changée en sang, tandis que l'hostie se serait élevée dans les airs tout en laissant apparaître le visage du Christ ! Jonathas aurait finalement été brûlé vif pour son forfait... Une fois l'histoire connue, la maison de Jonathas devint très vite un lieu de pèlerinage et, en 1294, un bourgeois reçut l'autorisation d'y construire une chapelle expiatoire à l'endroit même « où Dieu fut bouilli ». En 1299, Philippe le Bel y installa les frères de la charité de Notre-Dame pour en assurer le service.

Le « miracle des Billettes » est commémoré par un vitrail de l'église Saint-Étienne-du-Mont dans la chapelle des catéchismes.

L'accusation de profanation d'hosties contre les Juifs était un thème récurrent de la propagande antisémite au Moyen Âge. Le fait de profaner une hostie consacrée signifiait en effet de profaner le corps du Christ lui-même, qui était présent dans l'eucharistie selon le dogme de la transsubstantiation. Il s'agissait d'un péché mortel.

AUX ALENTOURS

Vestige de la façade de l'hôtel de Noyon ㉒

À droite du 57, rue des Francs-Bourgeois, une porte ouvre sur une cour intérieure privée. De l'extérieur, on aperçoit sur le côté droit du mur, derrière la porte, un curieux morceau de façade ouvragé qui tranche avec le côté lisse de la façade sur lequel il s'appuie. Ce morceau de façade appartenait à l'ancien hôtel de Noyon, construit en 1638, qui occupait le fond de la cour. Détruit en 1885, l'hôtel particulier n'a conservé que ce bout de façade plaqué contre le mur actuel en 1886.

Dans la cour du 55, rue des Francs-Bourgeois, soyez attentif aux vestiges de l'enceinte de Philippe Auguste : la tour de 8 mètres de haut et les traces visibles sur le sol datent de la fin du XIIe siècle.

Une façade qui déménage

La façade de l'église des Blancs-Manteaux est en réalité l'ancienne façade de l'église Saint-Éloi du couvent des Barnabites, construite en 1701 sur l'île de la Cité et qui fut détruite en 1863 pour tracer le boulevard du Palais. Ainsi, Baltard, qui travaillait à l'agrandissement de l'église des Blancs-Manteaux, fit accoler toujours en 1863 la façade des Barnabites à celle des Blancs-Manteaux qui n'en avaient pas encore de nouvelle.

La rue des Blancs-Manteaux ne doit pas son nom à l'habit traditionnel des Templiers (voir p. 90) mais à celui des moines-mendiants appelés serfs de la Vierge Marie qui occupaient l'ancien monastère de la rue.

L'ORME DU PARVIS DE SAINT-GERVAIS-SAINT-PROTAIS

23

La nuit, des femmes du quartier prélevaient secrètement des morceaux d'écorce...

Place Saint-Gervais
Métro Hôtel de Ville

Si l'orme qui fait face à l'église Saint-Gervais-Saint-Protais n'attire pas particulièrement le regard, il possède pourtant une histoire étonnante.

Abattu sous la Révolution, l'orme d'origine représentait à lui seul plusieurs symboles : sacralisé au début du christianisme pour la couleur rouge de sa sève, comme le sang des martyrs, il était aussi le lieu où l'on rendait justice après la messe, sous ses ramures. On s'y rassemblait également pour boire et danser les jours de fête et l'on « topait » pour affaire, assis sur sa margelle. On raconte aussi que des femmes du quartier en prélevaient secrètement la nuit des morceaux d'écorce, utiles contre la fièvre... Plus encore que l'arbre actuel, qui ne date que du début du XXe siècle, ce sont plutôt les multiples références à cet orme célèbre, éparpillées dans le quartier, qui maintiennent vivante la tradition.

Saint Gervais et saint Protais : une église pour deux saints qui n'existent pas...

Saint Gervais et saint Protais n'ont probablement jamais existé. Ils furent en effet « inventés » par saint Ambroise, évêque de Milan, en 386 : guidé par une vision, celui-ci trouva les deux jambes de deux saints jusqu'alors inconnus : saint Gervais et saint Protais. Après cette découverte, comme cela arrive souvent dans ce genre de cas, on inventa également un texte pour raconter leur vie et diffuser leur culte, dans le but principal d'accroître le nombre de saints (et donc de reliques) sur lesquels le peuple pouvait prendre exemple et appui et qu'il pouvait ainsi prier. Selon l'hagiographie officielle, ils étaient les fils de saint Vital et sainte Valeria qui devinrent martyrs sous Néron.

Les marches d'entrée de l'église Saint-Gervais-Saint-Protais, dernières traces de la deuxième enceinte de Paris

Mesurant 1700 mètres, l'enceinte construite au XIe siècle englobait trois monceaux naturels, à l'abri des crues, sur lesquelles étaient construites les églises de Saint-Germain-l'Auxerrois, Saint-Merry et Saint-Gervais. La présence de marches à l'entrée de l'église Saint-Gervais-Saint-Protais et le profil de la rue des Barres sont les seuls témoignages physiques de l'existence de cette enceinte et plus particulièrement du dénivelé du monceau Saint-Gervais.

AUX ALENTOURS

L'orme des ferronneries des balcons (24)

Des ferronneries du début du XVIIIe siècle reproduisent ainsi l'arbre sur les balcons des maisons du 2 au 14, rue François Miron et quatre stalles de l'église Saint-Gervais-Saint-Protais portent son image.

Les stalles de l'église Saint-Gervais-Saint-Protais (25)

Place Saint-Gervais
jerusalem.cef.fr/paris-saint-gervais
Messes à 18 h 30 du mardi au samedi et à 11 h le dimanche (tous les offices sont animés et chantés par les Fraternités monastiques de Jérusalem)

Commencées sous François Ier et terminées sous Henri II, les miséricordes des stalles du chœur sont les seules de ce genre à Paris. Elles sont ornées de symboles et de merveilleuses petites scènes de la vie de tous les jours : trois croissants de lune entrelacés (emblème d'Henri II), un écrivain à son pupitre, un architecte mesurant des pierres, un tonnelier, des vendangeurs, des personnages en train de se quereller, d'autres en prières, un cordonnier entouré de chaussures, un porc qui s'empiffre, etc. On y retrouve aussi le symbole de l'orme qui trône sur le parvis.

Maison d'Ourscamp (26)

44-46, rue Francois Miron
Du lundi au dimanche de 13 h à 17 h et le samedi de 11 h à 17 h

L'Association du Paris historique héberge dans ses caves l'un des plus beaux sous-sols gothiques de la capitale. Datant du XIIe siècle, ce cellier doit sa survie aux habitants du quartier qui s'en servaient comme entrepôt et le remplissaient jusqu'aux chapiteaux qui furent ainsi préservés. Aux 11 et 13, rue François Miron, deux maisons du XVe siècle ont gardé leur pignon et leurs colombages même si ces derniers ne datent en réalité que de leur rénovation dans les années 1960...

LOGE DE SARAH BERNHARDT

27

Un souvenir de la « Voix d'or »

Théâtre de la Ville
16, quai de Gesvres
Visible à l'entracte, les soirs de représentation

Visible aux entractes pour les personnes en possession d'un billet du spectacle, la loge de Sarah Bernhardt au théâtre de la Ville n'est malheureusement qu'une reconstitution : la vraie loge de l'artiste (1844-1923) a été détruite en 1968 lors de la rénovation du théâtre. Quelques objets ont néanmoins pu être sauvés : on retrouve aujourd'hui un canapé à tête de sphinx, la célèbre baignoire et quelques objets personnels.

Considérée comme l'une des plus grandes comédiennes du XIXe siècle, Sarah Bernhardt est surtout connue pour avoir été la première à faire des tournées dans le monde entier.

AUX ALENTOURS

Portail du 22, rue Quincampoix (28)

Le joli portail de l'immeuble du 22, rue Quincampoix a la particularité de ne pas toujours avoir été à cet endroit. Juste au-dessus de la porte, on aperçoit encore l'inscription suivante sur un médaillon en marbre noir : « Bureau des M. lingères, 1716 ». L'inscription rappelle que ce portail était autrefois celui de l'hôtel des Marchandes lingères, situé sur la place Sainte-Opportune, non loin. Au début du XXe siècle, suite à un projet de rénovation du quartier, le joli portail fut transporté au square des Innocents, avant d'être à nouveau déplacé en 1977 place Edmond Michelet avant, enfin, d'être positionné à son emplacement actuel.

À quoi correspondent les couleurs des tubes géants du centre Pompidou ?

La couleur des tubes géants du centre Pompidou n'est pas le fruit du hasard : le bleu est réservé à l'air conditionné, le jaune aux câbles électriques, le vert aux canalisations d'eau et le rouge aux ascenseurs et escalators.

L'origine de la grève

Faire la grève est une expression qui tire son nom de l'ancienne place de Grève à Paris, actuelle place de l'Hôtel de Ville. Cette place, située en bord de Seine, était l'un des principaux points d'accostage des bateaux au Moyen Âge (la grève est un terrain plat composé de gravier ou de sable en bord de mer ou de cours d'eau). Les hommes sans emploi y trouvaient donc une embauche facile pour les chargements et déchargements. Au fil du temps, les ouvriers mécontents de leur salaire et de leurs conditions de travail prirent l'habitude de retourner place de Grève pour affirmer leur insatisfaction.

LE « DIABLE » DE L'ÉGLISE SAINT-MERRY

(29)

Une invention des occultistes du XIXe siècle

Église Saint-Merry
76, rue de la Verrerie
saintmerri.org
Métro Châtelet

Au sommet du portique en ogive de l'église Saint-Merry, une très étonnante sculpture, d'environ 30 centimètres de haut, représenterait, selon la tradition, le Diable assis en tailleur, doté d'un sexe masculin en érection et d'une poitrine féminine.

Une légende tenace décrit cette sculpture comme étant celle du Diable et remontant aux origines de l'église, en 1526, même si celle-ci fut construite sur une autre église plus ancienne datant du XIe siècle (1005), époque de la fondation de la paroisse Saint-Merry.

En réalité, cette sculpture, qui a été réalisée entre 1840 et 1847 lors des importants travaux de restauration du XIXe siècle par un Compagnon du Devoir de Liberté, une association d'inspiration franc-maçonne, représente le dieu Astaroth que l'occultiste Eliphas Levi célébrait justement au XIXe siècle sous le nom de *Bouc de Memphis*, déformé ensuite comme *Mendes*, le *Caprin* ou *Kumara d'Égypte*, berceau de la tradition initiatique occidentale.

Adorée des anciens Juifs, Sidoniens et Philistins, Astaroth est une divinité androgyne (mi homme-mi femme), comme sur la sculpture de Saint-Merry, qui fut postérieurement diabolisée. Elle représentait l'intelligence divine qui n'admettait pas l'hypocrisie, la fourberie et la distorsion des idées, et avait donc parfaitement sa place sur la façade d'une église.

Selon certains, Astaroth était adoré par les Templiers sous le nom de Baphomet, alors que ce terme n'existait pas au Moyen Âge et qu'il n'est apparu que tardivement dans la prose et la poésie de certains troubadours occitans, donnant ainsi un nom à une création de l'imagination poétique. Pour plus d'informations sur ce qu'est réellement le Baphomet, voir ci-contre.

Qu'est-ce qu'est réellement le Baphomet ?

On entend parfois dire que les Templiers vénéraient un mystérieux crâne qui émettait des oracles et aurait dicté la soi-disant Règle Secrète contenant les blasphèmes les plus inimaginables. Cette légende est évidemment le fruit de l'imagination des écrivains romantiques du XIXe siècle, car il n'y a aucune preuve et aucune mention avant eux de l'existence d'un crâne satanique.

Le mot Baphomet lui-même ne faisait pas partie du vocabulaire médiéval : il était inconnu de l'Église et du Temple et fut inventé par des troubadours occitans qui l'utilisèrent très rarement dans des affabulations poétiques. Si les Templiers ont pu avoir une relique de crâne (et ils furent de grands collectionneurs de reliques sacrées), il faut lui donner une autre signification. Le crâne, même s'il renvoie principalement à la mort pour le catholicisme, a un double sens : le crâne contient le cerveau et donc ce qu'il y a de plus élevé dans l'homme. C'est donc la partie sacrée du corps par excellence et le symbole de la découverte du Savoir Suprême. Le mot Baphomet vient de l'arabe ouba-al-fometh, qui signifie la « bouche du Père », et en ce sens est relié au savoir suprême, qui vient du Père lui-même. Le Père contenant le Fils et le Saint-Esprit, il est aussi la Lumière de la Sagesse à laquelle certains ont donné le sens, du grec tardif, de Baphêmétous. C'est là le sens de la phrase du poème Ira et Dolor, écrit en 1265 par un troubadour occitan : « E Baphomet obra de son poder » – « Et Baphomet fit briller son pouvoir ». Dans la langue mauresque de la péninsule ibérique, héritée des musulmans, on écrivait également Abufihamat (que l'on prononçait Buphimat), le mot qui signifiait « Père, Source, Compréhension ». Une expression qui en est dérivée, Ras-el-fah-mat, signifie « Tête de la Connaissance » et se réfère à la capacité mentale de l'homme qui a atteint un degré de perfectionnement de sa conscience. C'est à ce processus que fait allusion l'expression « Je construis une tête », utilisée par certaines écoles soufies de la péninsule Ibérique, que les chrétiens médiévaux appelaient péjorativement Bafometarias et Carvoarias (Charbonneries), dans le sens populaire de « noires et diaboliques ». On y enseignait et y pratiquait en effet des connaissances secrètes qui, pour le chrétien ignorant, ne pouvaient que s'apparenter à des « choses du Diable ».

Le crâne « baphométique » représente ainsi une Illumination mentale, tout comme la Brigite celte quand elle préside l'Imbolc, fête de la purification célébrant la fin de l'hiver, symbole de l'illumination du monde après les ténèbres stériles. C'est aussi pourquoi sainte Brigitte est parfois représentée un cierge à la main et une vache à ses pieds, pour exprimer la lactation, qui est dans ce cas une référence au renouveau de la vie au printemps.

Laennec
Jardin du Luxembourg
Palais du Luxembourg
Orangerie
Institut Catholique de Paris
Collège Stanislas
Faculté de Droit
Tour Montparnasse
Gare Montparnasse
Cimetière du Montparnasse
St Sulpice
PLACE ST SULPICE
St-Ignace
SÈVRES-BABYLONE
ST SULPICE
VANEAU
MONTPARNASSE-BIENVENUE
NOTRE DAME DES CHAMPS
VAVIN
PORT-ROYAL
LUXEMBOURG
ODÉON
BOULEVARD RASPAIL
BOULEVARD DU MONTPARNASSE
BOULEVARD EDGAR QUINET
BOULEVARD SAINT MICHEL
RUE DE BABYLONE
RUE DE SÈVRES
RUE DE VAUGIRARD
RUE D'ASSAS
RUE DE RENNES
RUE DU CHERCHE MIDI
RUE DE FLEURUS
RUE NOTRE DAME DES CHAMPS
RUE BONAPARTE
RUE MADAME
RUE GUYNEMER
RUE AUGUSTE COMTE
RUE MICHELET
AVENUE DE L'OBSERVATOIRE
RUE DU DÉPART
R. DE L'ARRIVÉE
RUE DE LA GAÎTÉ
RUE DELAMBRE
RUE HUYGHENS
RUE CAMPAGNE PREMIÈRE
RUE BOISSONADE
RUE VAVIN
RUE STANISLAS
RUE LITTRÉ
RUE DU REGARD
RUE SAINT-PLACIDE
RUE CASSETTE
RUE DE TOURNON
RUE SAINT SULPICE
RUE DE MÉZIÈRES
R. COËTLOGON
RUE DU VIEUX COLOMBIER
RUE DU MONTPARNASSE
PLACE CAMILLE JULIAN
AV. N. D. DES CHAMPS

V

BOULEVARD SAINT GERMAIN
QUAI DE LA TOURNELLE
QUAI SAINT BERNARD
QUAI DE BETHUNE
QUAI D'ORLEANS
QUAI DES CÉLESTINS
BD HENRI IV
BOULEVARD DE L'HÔPITAL
BOULEVARD SAINT-MARCEL
CLUNY LA SORBONNE
MAUBERT MUTUALITÉ
CARDINAL LEMOINE
JUSSIEU
PLACE MONGE
CENSIER DAUBENTON
ST-MARCEL
Sorbonne
PANTHÉON
PLACE DU PANTHEON
Institut du Monde Arabe
Universités ParisVI & Paris VII
Ménagerie
Jardin des Plantes
Muséum National d'Histoire Naturelle
École Normale Supérieure
Val de Grâce
St Médard
St Séverin
St Julien le Pauvre
St Nicolas du Chardonnet
St Ephrem
St Etienne du Mont
PLACE MAUBERT
PLACE DE LA CONTRESCARPE
RUE MONGE
RUE MOUFFETARD
RUE CLAUDE BERNARD
RUE DES ECOLES
RUE CUVIER
RUE BUFFON
RUE GEOFFROY ST HILAIRE
RUE LACÉPÈDE
RUE CENSIER
RUE DAUBENTON
RUE POLIVEAU
RUE CLOVIS
RUE DESCARTES
RUE TOURNEFORT
RUE LHOMOND
RUE D'ULM
RUE DE L'ESTRAPADE
RUE SAINT JACQUES
RUE BROCA
RUE DU FER A MOULIN
RUE DE MIRBEL
RUE DES BOULANGERS
RUE JUSSIEU
RUE LINNÉ
RUE ROLLIN
RUE THOUIN
RUE CUJAS
RUE DES WALLONS
RUE DE L'ARBALÈTE
RUE BERTHOLLET
RUE VAUQUELIN
RUE RATAUD
RUE ERASME
RUE PASCAL
RUE SCIPION
RUE VÉSALE
AV. DES GOBELINS
PONT DE SULLY
PONT DE LA TOURNELLE
PONT DE L'ARCHEVÊCHÉ
1
2
3
4
5
6
7
9
12
13
14
15
18
19
20
21
22
23
24
25
26
27
28
29
30
31
32
33

CLOÎTRE DU VAL-DE-GRÂCE

1

Le cloître oublié

Musée du Service de santé des armées
1, place Alphonse Laveran
01 40 51 51 92
De 12 h à 18 h, fermé le lundi et le vendredi, les 1er janvier, 1er mai, 25 décembre et au mois d'août
Pièce d'identité valide requise
RER Port-Royal

La visite du musée du Service de santé des armées est un très bon prétexte pour admirer le magnifique cloître méconnu de l'ancienne abbaye royale du Val-de-Grâce, édifiée entre 1624 et 1669.

L'église elle-même résulte du vœu de la reine Anne d'Autriche qui avait promis de remercier le Seigneur de lui avoir donné un fils après 23 ans de mariage, en 1638. Le 1er avril 1645, le futur Louis XIV posa ainsi la première pierre d'un édifice dont la construction s'étira jusqu'à à la fin des années 1660. Mansart puis Le Mercier et enfin Le Muet, assisté de Le Duc, conçurent l'église qui est ornée de nombreuses sculptures et de quatre tableaux de Philippe de Champaigne. L'abbaye a été transformée en hôpital militaire en 1793 et est toujours aujourd'hui le domaine réservé de l'armée.

Le musée à proprement parler a pour mission d'aider le visiteur à bien comprendre les fondements et les relations multiples de la médecine et de l'armée, mais son intérêt principal reste son emplacement : il est installé sous les voûtes d'une des galeries supérieures du magnifique cloître dont vous aurez un aperçu depuis les fenêtres... Remarquez la superposition des deux galeries qui le composent.

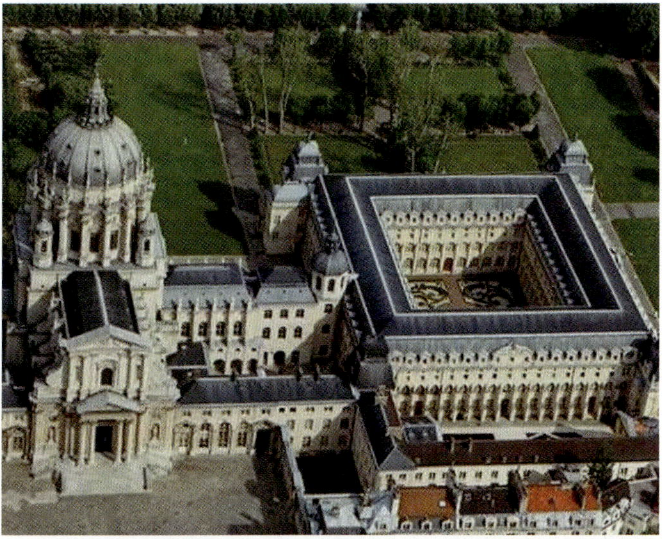

AUX ALENTOURS

Jardin de l'École Normale Supérieure ②

45, rue d'Ulm

Accessible tous les jours aux heures d'ouverture de l'école

Très agréable jardin agrémenté d'une petite pièce d'eau.

AUX ALENTOURS

Musée des éclairages anciens – Lumière de l'œil ③

4, rue Flatters
01 47 07 63 47
lumiara@aol.com – lumieredeloeil.com
Du mardi au vendredi de 14 h à 19 h, le samedi de 11 h à 17 h
Métro Gobelins

Depuis près de 25 ans, M. Ara restaure et vend des éclairages anciens. Entassés dans une minuscule pièce, luminaires à gaz, à pétrole ou électrifiés, verreries, mèches, manchons, franges à perles et autres accessoires attendent ainsi de trouver acquéreur.

À l'arrière de la boutique se trouve un petit musée où sont exposées des lampes à pétrole, à huile, à essence, à alcool et à gaz venant du monde entier et dont les plus anciennes datent du XVIIIe siècle. Une collection unique en France, vous dira fièrement ce passionné : tous ces luminaires sont en état de marche.

Vestige du moulinet d'un réverbère à gaz (4)

34, rue Lhomond
Métro Place Monge

À l'angle de la rue Lhomond et de la rue Rathaud, juste au-dessus à gauche de la plaque de la rue Lhomond, un curieux disque semble enfoncé dans le mur. Il est en réalité le vestige du moulinet d'un réverbère à gaz qui éclairait le carrefour.

Pour plus d'informations sur le fonctionnement de ces réverbères, voir p. 211.

Abri du 68, rue Lhomond (5)

C'est derrière la petite porte du 68 de la rue Lhomond que se trouve l'un des derniers abris parisiens de défense passive datant de la Seconde Guerre mondiale. L'accès n'est malheureusement pas permis.

JARDIN DU 33, RUE LHOMOND

⑥

Un joli vestige d'un ancien monastère

Accessible parfois en le demandant aimablement à un copropriétaire
Métro Place Monge

En le demandant aimablement à l'un des habitants, on a parfois accès au magnifique jardin du 33, rue Lhomond. C'est ici-même que, le 2 novembre 1808, soeur Françoise de Bèze et quatre autres religieuses mandatées par leur congrégation achètent le monastère qui fut celui des Dames Religieuses de Sainte-Aure jusqu'à ce que la Révolution les en chasse. Petit à petit, les Bénédictines se rendront propriétaires du quadrilatère formé par les rues Lhomond, Amyot, Tournefort et du Pot de Fer. Elles y poursuivront leur sacerdoce jusqu'à la fin des années 1970.

Le renouvellement des vocations ne s'étant pas opéré, les sœurs âgées restantes se retirèrent au monastère de la congrégation à Rouen, les bâtiments furent vendus et la chapelle des Bénédictines et la basilique du Christ-Roi furent démolies. Elles furent remplacées par un ensemble immobilier moderne.

Il reste de l'ensemble d'origine le charmant jardin duquel on peut

encore voir l'ancien monastère, désormais restructuré, ainsi que la pierre tombale de Françoise de Bèze et un panneau en marbre avec les armoiries des Bénédictines du Saint-Sacrement. La basilique du Christ-Roi avait été bâtie à l'initiative de sœur Olive, jeune religieuse bretonne qui avait eu une révélation au cours de laquelle Jésus lui commanda d'élever « *un trône sous le symbole d'un temple consacré avec son vocable : Christ-Roi, Prince de la Paix, Maître des Nations* ». Le sanctuaire, désigné basilique, sera consacré le 16 juin 1956 par le Cardinal Feltin, qui indiqua dans son homélie que « *Paris aurait désormais deux sommets de piété au Divin Maître, Montmartre avec son adoration perpétuelle au Coeur du Christ, et la Montagne Sainte-Geneviève avec son adoration perpétuelle au Christ-Roi* ».

Les Misérables au 33 rue Lhomond

En 1862, dans *Les Misérables*, Victor Hugo raconte la fuite de Jean Valjean et Cosette poursuivis par le commissaire Javert. Dans la version initiale du texte, c'est ici, dans le jardin des Bénédictines, qu'il situa d'abord le couvent des Bernardines de l'Obédience de Martin Vega avant de le transporter, dans la version finale, vers Saint-Antoine, dans l'actuel XIIe arrondissement.

MUSÉE CURIE

⑦

Les années folles du radium

1, rue Pierre et Marie Curie
01 56 24 55 33
musee@curie.fr – musee.curie.fr
Du mercredi au samedi de 13 h à 17 h
Fermé les jours fériés, en août et pendant les vacances de Noël
Métro Place Monge ou Cardinal Lemoine - RER Luxembourg

Situé au rez-de-chaussée du pavillon Curie, le passionnant musée Curie se trouve dans le laboratoire et le bureau de Marie Curie. Édifié entre 1911 et 1914, cet « institut du Radium » fut construit par l'Université de Paris et l'institut Pasteur après la découverte du polonium* et du radium par Pierre et Marie Curie. La visite guidée est fortement

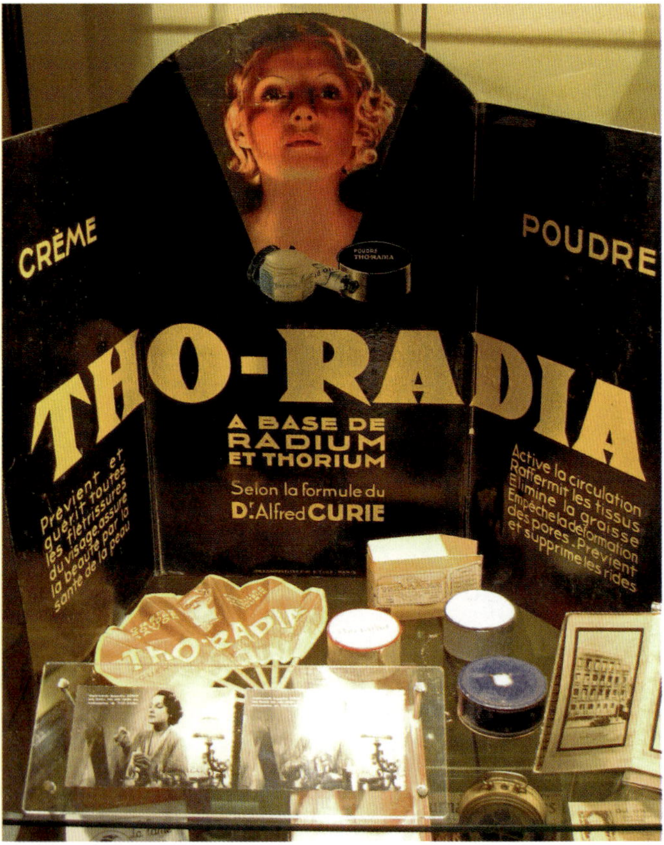

conseillée pour ses nombreuses anecdotes fascinantes. Dans le hall d'entrée, des vitrines présentent les premiers instruments de mesure de la radioactivité ainsi qu'un historique du radium. On passe ainsi du travail du chercheur à la fantaisie du commun des mortels qui a pu, par exemple, croire aux vertus cosmétiques du radium, telles qu'elles furent vantées par une Miss France de l'époque !

La deuxième pièce n'est autre que le bureau de Marie Curie, laissé en l'état à sa mort en 1958 par son gendre Frédéric Joliot : on y retrouve quelques souvenirs personnels de Marie et de sa fille Irène Joliot-Curie. Quant au laboratoire, qui contenait une dose relativement importante de radioactivité, il dut être décontaminé avant son ouverture au public en 1992.

Par la porte arrière, on pénètre dans le jardin mitoyen à l'Institut Pasteur, spécialisé dans la recherche biologique et médicale. Imaginé par Marie Curie, ce jardin avait pour principale vocation la rencontre informelle des chercheurs des deux instituts afin qu'ils collaborent.

La famille aux cinq prix Nobel

D'origine polonaise, Marie Sklodowska-Curie fut la première femme à présenter une thèse de science physique en 1903 (elle obtiendra la meilleure note). La même année, elle fut également la première femme à recevoir le prix Nobel de physique conjointement à son mari Pierre Curie et à Henri Becquerel pour leur découverte des éléments radioactifs. En 1911, après la mort de Pierre, elle se vit décerner, seule, le prix Nobel de chimie pour ses travaux sur le radium. Encore aujourd'hui, elle est la seule femme à avoir reçu deux prix Nobel. Enfin, en 1935, sa fille Irène et son gendre Frédéric Joliot obtinrent le prix Nobel de chimie pour leurs travaux sur la radioactivité artificielle (voir le guide *Grand Paris insolite et secret* chez le même éditeur.)

** Nom donné par Marie Sklodowska-Curie à cet élément en référence à son pays d'origine, la Pologne.*

Inscription FDT ⑧

163 bis, rue Saint-Jacques
RER Luxembourg

À environ 1,50 mètre du sol, juste à gauche de la porte d'entrée du restaurant *Au Port Salut*, une inscription discrète est gravée dans le mur : FDT. Celle-ci rappelle l'existence du « fief des Tombes », l'un des neuf fiefs (domaine qu'un vassal tenait d'un seigneur) possédés par l'archevêché de Paris, avec ceux de la Trémoille, du Roule, de la Grande Batelière, des Rosiers, le fief Outre-Pont, le fief Tirechappe, le fief Pépin (près de Saint-Germain-l'Auxerrois) et le fief de Poissy. La maison du 163 bis, rue Saint-Jacques marquait ainsi l'une des limites de cette possession, et non l'emplacement des catacombes, comme on peut parfois le lire. Ce fief, qui remontait au XIIe siècle, s'étendait globalement des rues des Fossés-Saint-Jacques et de l'Estrapade jusqu'à la rue de la Tombe-Issoire.

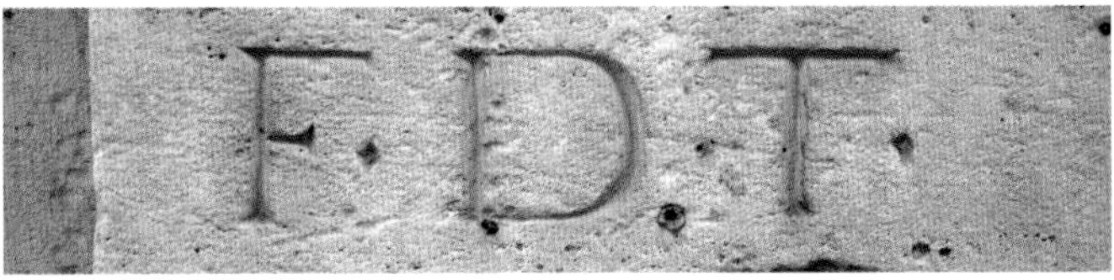

Les « St » des anciens noms de rue gravés de cet immeuble ont été effacés à la Révolution, comme l'ont été de nombreux autres noms de rues (voir p. 95).

Le numéro du 167, rue Saint-Jacques ⑨

Le numéro de l'immeuble du 167, rue Saint-Jacques a la particularité d'être noir sur fond jaune, comme le recommandait dès 1805 (et jusqu'en 1847) le préfet Frochot. Pour plus d'informations sur l'historique de la numérotation des rues à Paris, voir p. 203.

Pourquoi l'immeuble du 163 bis, rue Saint-Jacques possède-t-il des grilles ?

Les deux grilles que l'on voit sur l'immeuble à l'angle de la rue Saint-Jacques et de la rue des Fossés-Saint-Jacques doivent leur existence au fait que le rez-de-chaussée de cet immeuble était autrefois occupé par un marchand de vin. La loi imposait à l'époque cette protection aux marchands de vin afin de limiter les risques liés à la consommation d'alcool. On trouve encore à Paris un certain nombre de ces grilles de marchand de vin, comme au restaurant *À La Petite Chaise* (36, rue de Grenelle – VIIe arrondissement), ou au 19, rue Jean Poulmarch (X[e] arrondissement).

AUX ALENTOURS

Four gallo-romain de l'Institut National des Jeunes Sourds ⑩

Institut national des jeunes sourds de Paris - 254, rue Saint-Jacques
Visite sur rendez-vous uniquement
Contacter Christiane Guerret : cguerret@injs-paris.fr
RER Luxembourg

Sur réservation, il est possible de voir un four d'époque gallo-romaine, redécouvert en 1989 à l'occasion de la construction d'un bâtiment professionnel dans l'enceinte de l'Institut National des Jeunes Sourds de Paris. Ce four aurait été en fonction entre 75 et 175 apr. J.-C.
Installé à l'époque dans ce qui était considéré comme la périphérie de Lutèce, on suppose que cet atelier approvisionnait les boutiques du forum (dans l'actuelle rue Soufflot) (voir ci-dessous, un vestige du forum romain) mais aussi les clients de la campagne environnante.

Un deuxième atelier de potier aurait servi rive gauche pendant tout le IIe siècle à l'emplacement actuel du 36, rue de Vaugirard.

Pan de mur du forum romain

61, boulevard Saint-Michel ⑪

Dans l'escalier du parking public qui se trouve en face du 61, boulevard Saint-Michel, subsiste, derrière un vitrage, un pan du mur du forum de Lutèce à l'époque romaine. C'est au forum que les habitants venaient faire leurs courses.

« La voie sublime des couvents »

La rue du Faubourg Saint-Jacques, située au XVIIe siècle en dehors de Paris (dans les « faubourgs ») était empruntée à l'époque par ceux qui entreprenaient le pèlerinage de Saint-Jacques-de-Compostelle à partir de Paris, ce qui explique pourquoi il y avait autant de couvents autour de la rue du Faubourg Saint-Jacques, devenue une « voie sublime des couvents », à l'instar de la rue du Faubourg Saint-Honoré. On y trouvait ainsi les Visitandines, les Ursulines, les Feuillantines, les Bénédictins anglais, les Bénédictines du Val-de-Grâce, les Capucins, les Oratoriens, les Carmélites et l'abbaye de Port-Royal.

LE JUBÉ DE SAINT-ÉTIENNE-DU-MONT

(12)

Le dernier jubé

30, rue Descartes - Place Sainte-Geneviève
saintetiennedumont.fr
Église fermée le lundi
Métro Cardinal Lemoine

L'église Saint-Étienne-du-Mont, dont la construction entreprise en 1517 sous François Ier ne fut achevée qu'en 1626 (d'où un mélange de styles gothique et franco-italien au résultat fantaisiste qui en fait un monument unique) possède le dernier jubé visible à Paris.

Merveille architecturale sculptée entre 1521 et 1524 par l'artiste Biart le père, le jubé est formé d'un seul arc d'une portée de 9 mètres qui traverse le chœur auquel on accède par deux escaliers en spirale en pierre ajourée. Cette œuvre d'art, incomparable de légèreté malgré la richesse de son ornementation sculptée (lierre, anges, palmes, rinceaux, entrelacs, mascarons, adorateurs...) a par miracle échappé à la destruction, les paroissiens ayant eux-mêmes demandé sa démolition en 1735 !

L'église possède aussi de très beaux vitraux au fond de la sacristie qui illustrent des scènes de la Bible ainsi que des reliques de sainte Geneviève, la sainte patronne de Paris. Pascal et Racine sont également inhumés derrière le chœur.

Qu'est ce qu'un jubé ?

Le jubé est une galerie transversale qui sépare le chœur de la nef, et du haut de laquelle on lisait les textes saints. La plupart disparurent avec l'apparition des chaires. Le mot doit son nom à l'expression latine *Jube, Domine, Benedicere* (ordonne, Seigneur, de bénir).

La cour intérieure de l'ancien séminaire des 33 ⑬

34, rue de la Montagne-Sainte-Geneviève

Cette charmante petite cour pavée est à l'emplacement d'un ancien séminaire, fondé par Claude Bernard. Celui-ci, après la perte d'un ami au cours d'un duel, rentra dans les ordres et devint l'émule de saint Vincent de Paul. Il prophétisa la naissance de Louis XIV et Anne d'Autriche fit un don qui permit la création du collège des Trente-trois (en référence à l'âge de la mort du Christ) qui sera érigé en séminaire ecclésiastique réservé aux prisonniers. Ce n'est qu'au début du XIXe siècle que le collège fut transformé en habitation. La porte est théoriquement fermée mais un club d'arts martiaux a investi les lieux et il n'est pas interdit d'aller y demander des renseignements...

Plaque de la crue de 1711 ⑭

Angle de la place Maubert et de la rue Maître-Albert
Métro Maubert-Mutualité

Comme le rappelle la plaque posée sur la façade à l'angle de la place Maubert et de la rue Maître-Albert, la Seine a connu de nombreuses crues importantes, celle de 1910 restant la plus célèbre en raison de son ampleur mais aussi et surtout de ses témoignages photographiques spectaculaires. Avec celles de 1658, 1740 et 1802, la crue de 1711 fut ainsi l'une des plus importantes. La plaque a été posée par un certain Étienne Loisel, devant son domicile.

> L'immeuble où est posée la plaque possède aussi un renfoncement à mi-hauteur : celui-ci permettait le passage des attelages et calèches.

Le pied droit de la statue de Montaigne ⑮

La statue de Montaigne, en face de la Sorbonne, côté rue des Écoles, dans le square Paul Painlevé, a une particularité curieuse : son pied droit, à l'instar du sein de Juliette à Vérone, ou du sexe de Victor Noir au Père-Lachaise, semble avoir été particulièrement lustré par de nombreuses mains. Remplaçant une statue en marbre blanc du même Montaigne, cette statue en bronze date de 1933. L'histoire raconte que tout vœu prononcé en caressant le pied de l'écrivain et en disant « Salut Montaigne » soit exaucé. Il semblerait que l'origine de cette pratique soit tout simplement une superstition étudiante.

LES GRAFFITIS DE LA CAVE DU 52, RUE GALANDE

16

Un souvenir de la prison du Petit-Châtelet

En le demandant aimablement, il est le plus souvent possible d'accéder aux caves du 52, rue Galande, qui occupent l'emplacement des prisons de l'ancienne forteresse du Petit-Châtelet*, qui protégeait, avec le Grand-Châtelet (l'actuel nom de « Châtelet », de l'autre côté de la Seine, vient de cette ancienne forteresse), l'accès à l'île de la Cité. Sur les murs des caves, on aperçoit ainsi deux graffitis d'anciens détenus : « 1421 – je seroi pendu » et « mort à Marat », accompagnés d'une fleur de lys, symbole royal.

AUX ALENTOURS

La dernière dalle des voies romaines de Lutèce

1, rue Saint-Julien-le-Pauvre 17

Devant l'église Saint-Julien-le-Pauvre, juste derrière un puits du XIIᵉ siècle, se trouvent deux dalles romaines en grès, qui ont été trouvées rue Saint-Jacques où elles constituaient une partie du pavage au IVᵉ siècle. Ce seraient ainsi les dernières des dalles des voies romaines de Lutèce, toutes les autres ayant apparemment disparu. Le puits était auparavant à l'intérieur de l'église mais le raccourcissement de celle-ci en 1651 mit le puits à l'extérieur.

La plus vieille enseigne de Paris

42, rue Galande 18

Le haut-relief qui se trouve au 42, rue Galande est la plus vieille enseigne de Paris (1380). On y voit un homme et une femme ramant dans une barque, un autre homme se trouvant entre eux deux. L'enseigne évoque la superbe légende de saint Julien l'Hospitalier : celui-ci, après avoir tué accidentellement ses parents, décida de tout quitter et de devenir passeur de rivière. Un lépreux se présenta un jour devant la barque et fut accepté par le saint malgré sa maladie. Ce lépreux n'était autre que le Christ en personne qui donna la vie éternelle à celui qui devint saint Julien l'Hospitalier.

* *Le terme de châtelet est un diminutif de « castel » (forteresse).*

SYMBOLISME DE *LA DAME À LA LICORNE* ⑲

Les symboles cachés d'un chemin spirituel médiéval

Musée de Cluny
RER Cluny

Comme l'expliqua en 1883 Edmond du Sommerard dans un supplément de son catalogue du musée de Cluny, les tapisseries de *La Dame à la Licorne* ont été commandées en 1457 par le patriarche de la famille Le Viste, une famille originaire de Lyon mais résidant à Paris.

Jean Le Viste, qui mourut en 1500 et fut enterré dans l'église des Célestins de Paris, était proche des traditions hermétiques de son époque auxquelles il participait, et la tapisserie fut ainsi probablement un moyen artistique de communiquer ses croyances ésotériques.

On retrouve ainsi dans la tapisserie la symbologie du concept provençal de l'amour courtois, cher à l'idéal de chevalerie que les troubadours et ménestrels immortalisèrent : les *Fidelli d'Amore*, très en vogue à l'époque, inspirèrent ainsi le fondateur de la lignée Le Viste, Jean Ier (mort en 1383), alors que la *Divine Comédie* de Dante, publiée 63 ans auparavant, qui répand ces idéaux (voir chez le même éditeur le guide *Florence insolite et secrète*) avait déjà acquis sa renommée dans toute l'Europe.

Certains relient la famille Le Viste au prince Zizim, fils de Mehmet II et frère de Bajazet, marié à une chrétienne lors de son séjour à Bourganeuf, ce qui expliquerait l'origine des croissants sur les armoiries de la famille, ainsi que dans les tapisseries.

Si la dame qui accompagne la licorne représente une personne de la famille Le Viste, dans l'intention occulte, elle représente aussi et surtout

la Vierge Marie, mère de Jésus. À son tour, la licorne, dans l'iconographie courtoise médiévale, par sa corne unique au milieu du front, représentait le Saint-Esprit, le divin pénétrant l'humain, par la grâce duquel Jésus est né de la Vierge. L'iconographie occidentale fit naître la corne au milieu du front de l'animal mythique pour spiritualiser son symbole sexuel d'origine. La licorne devint le symbole de la pureté, et c'est pour cette raison que les enluminures et les tapisseries médiévales montrent qu'elle ne peut être capturée qu'à l'aide d'une vierge pure, sur les genoux de laquelle elle se réfugie constamment, avant d'être faite prisonnière par les chasseurs et ensuite tuée. Ce processus fut interprété au Moyen Âge comme le symbole de la pureté de la conception de Jésus Christ par la Vierge Marie, et comme la mort du Sauveur sur la croix. Dans ces scènes, Marie est assise dans un jardin clos (en latin, *hortus conclusus*), ou dans une roseraie enclose (comme on le voit sur les tapisseries du musée de Cluny), à l'instar du *rosarium hermeticum* où ne peut pénétrer qu'un être lucide et pur tel que Jésus, ou même Perceval dans sa quête du saint Vase, celui-ci contenant le lait de la licorne, c'est-à-dire l'élixir de l'Immortalité spirituelle.

Concrètement, le divin se manifeste dans l'humain par le perfectionnement des sens corporels afin qu'il puisse se rendre totalement réceptif à l'influence spirituelle et que sa conscience soit illuminée par elle. C'est pourquoi les six tapisseries de *La Dame à la Licorne* sont consacrées aux sens humains : *La vue – L'ouïe – Le goût – L'odorat – Le toucher – À mon Seul Désir*, ce dernier évoquant l'union de l'âme (la Dame) avec l'esprit (la licorne) d'une façon telle que l'intelligence spirituelle (sens de l'intuition) se manifeste seulement avec le principe spirituel (sens spirituel, sens de l'extase).

D'après la Tradition primordiale, ces tapisseries correspondent également aux influences des planètes sur les sens humains, sous la forme suivante :

- *Le toucher* – conscience physique – Soleil (La Dame se montre réceptive à la fécondation en touchant la corne de la licorne)

NB : le toucher étant traditionnellement le sens le plus grossier, il devrait figurer en première place, selon l'échelle « du plus dense au plus subtil ».

- *Le goût* – conscience vitale – Lune (La Dame fixe la licorne et tend la main vers le vase de la création)
- *La vue* – conscience émotionnelle – Mars (La Dame, attendrie, regarde la licorne qui se reflète dans son miroir)
- *L'odorat* – conscience psychomentale – Saturne (La Dame accroche une couronne d'œillets parfumant la licorne debout)
- *L'ouïe* – conscience mentale – Vénus (La Dame joue de la musique et enchante la licorne attentive devant elle)
- *À mon Seul Désir* (Intuition) – conscience intuitionnelle – Mercure (Extase) – conscience spirituelle – Jupiter (La Dame reçoit l'hommage de la licorne près de la tente ou tabernacle, lieu où réside l'Éternel révélé à la Vierge).

LE CADRAN SOLAIRE DE DALI

⑳

Le clin d'œil du maître

27, rue Saint-Jacques
Métro Cluny-La Sorbonne

Créé et gravé par Salvador Dali en 1966 pour ses amis tenant le magasin à l'angle de cet immeuble, un étonnant cadran solaire orne le mur du 27, rue Saint-Jacques. La gravure représente une tête de femme dont le haut ressemble à une coquille Saint-Jacques en allusion à la rue, qui doit son nom au pèlerinage vers Saint-Jacques-de-Compostelle dont l'une des voies partait de Paris, de l'actuelle tour Saint-Jacques.

Traces du pèlerinage de Saint-Jacques-de-Compostelle à Paris

L'un des quatre chemins français du pèlerinage de Saint-Jacques-de-Compostelle avait son point de départ à Paris, à l'ancienne église Saint-Jacques-de-la-Boucherie dont le dernier vestige est la **tour Saint-Jacques.** Les pèlerins empruntaient ensuite les bien nommées **rue Saint-Jacques** et **rue du Faubourg Saint-Jacques** et la rue de la Tombe-Issoire. L'actuel **musée de Cluny** était sur cette route et il n'est donc pas étonnant d'y retrouver de nombreux **coquillages gravés** sur la façade. L'église **Saint-Jacques-du-Haut-Pas**, rue Saint-Jacques, et les nombreux monastères qui jalonnaient la rue du Faubourg Saint-Jacques doivent aussi leur existence au pèlerinage.

AUX ALENTOURS

Charnier Saint-Séverin (21)

Rue des Prêtres-Saint-Séverin

Sur le bas-côté droit de l'église Saint-Séverin, un joli jardin est curieusement entouré d'une galerie gothique abritant des niches, qui le fait ressembler à un cloître. Cet endroit, à première vue charmant, porte le nom de « charnier Saint-Séverin » : il est le vestige d'un charnier médiéval édifié à partir du XVe siècle. Ses galeries et ses niches étaient destinées à recevoir les restes des notables parisiens tandis qu'en son centre, dans les combles, on déversait les ossements des fosses communes lorsque celles-ci devaient être réutilisées.

Le plus vieil arbre de Paris (22)

Face à Notre-Dame, de l'autre côté de la Seine, dans le square René Viviani (25, quai de Montebello), le robinier faux acacia qui fut planté en 1636 et survit en partie grâce à une « béquille » en béton qui lui évite probablement de s'écrouler complètement est officiellement le plus vieil arbre de Paris. L'arbre tient son nom de Jean Robin, ancien directeur du jardin des Apothicaires de la rue des Arbalètes, qui fut le premier à introduire en France cet arbre venant d'Amérique, en 1601.

Le drapeau de la Tour d'Argent

Certains Parisiens auront remarqué qu'un drapeau flotte parfois au-dessus du restaurant La Tour d'Argent. Celui-ci indique la présence du patron dans le restaurant.

LE PANNEAU FRANC-MAÇON DU SQUARE PAUL LANGEVIN

23

Les symboles cachés d'un physicien franc-maçon

Square Paul Langevin
Métro Cardinal Lemoine

Le petit jardin du square Paul Langevin est dominé par un immense panneau en bas-relief représentant des figures d'inspiration clairement maçonnique, en liaison avec celui qui donna son nom au square : Paul Langevin (Paris, 23 janvier 1872 – Paris, 19 décembre 1946), brillant physicien, dont l'appartenance à la franc-maçonnerie n'est en réalité pas prouvée. Le panneau, qui avait décoré le palais de l'Industrie lors de l'Exposition universelle de 1889, fut transféré ici pour illustrer le parcours humain et spirituel de Paul Langevin.

Le premier médaillon de gauche présente l'emblème de la franc-maçonnerie universelle : l'équerre et le compas superposés, entourés de feuilles de branche d'acacia, le tout surmonté d'un ruban formant un huit (symbole de l'infini) qu'on appelle traditionnellement le « ruban d'amour », qui indique l'union des opposés, tels que, par exemple, le soleil et la lune, l'esprit et la matière, le masculin et le féminin, l'équerre et le compas, etc., qui, entrelacés, symbolisent l'état primordial de l'androgyne parfait qui a réussi l'union des contraires, nécessaire à l'épanouissement spirituel.

Dans la symbolique maçonnique, le compas (associé à l'Esprit actif) désigne « la mesure dans la recherche » et l'équerre (reliée à la matière passive) indique « la rectitude dans l'action ». Quand les deux ustensiles sont entrelacés, ils expriment l'idée de neutralité (ni Bien, ni Mal), condition nécessaire pour atteindre l'illumination spirituelle. Cette illumination est représentée dans la hiérarchie maçonnique par le 3e grade de Maître Maçon, où le compas est placé sur l'équerre, indiquant par là que la spiritualité a vaincu le profane, comme on le voit ici dans le jardin.

Pour Paul Langevin, le compas évoque également sa personnalité en tant que physicien remarquable, tandis que l'équerre rappelle le résistant courageux qui fut même président du comité de vigilance antifasciste.

L'acacia : un symbole franc-maçon d'immortalité

La présence de la branche d'acacia est aussi très significative : c'est la plante choisie par la franc-maçonnerie universelle pour désigner le maître maçon, l'initiation maçonnique et l'immortalité, conquise grâce à l'état d'innocence et de pureté que les anciens Doriens et Ioniens nommaient *Akákia*. Le mot acacia est dérivé du grec *aké* qui a le sens de pointe, d'extrémité aiguë, sens qui a ensuite été donné à *lanké*, la lance. La forme ancienne pour désigner cet épineux était *akantha*, qui signifie la plante qui a des épines : l'acanthe, l'acacia, d'où *akákia*, terme dérivé d'*aké*. Ces épines représentent les épreuves douloureuses que l'initié affronte et doit vaincre sur le chemin qui le mènera au grade de Maître Parfait.

LE FAU DE VERZY DES ARÈNES DE LUTÈCE

24

Un mystère encore inexpliqué à ce jour

En face du 7, rue des Arènes
Métro Place Monge

Moins connu que le robinier faux acacia du square René Viviani, qui passe pour être le plus vieil arbre de Paris (voir p. 161), le fau de Verzy qui est situé dans l'enceinte des arènes de Lutèce, en face du 7, rue des Arènes, a été planté en 1905 et mesure environ 1 mètre de haut pour une circonférence d'environ 2,5 mètres. Il est l'un des arbres les plus étonnants de la capitale et du monde végétal dans son ensemble.

Le fau de Verzy est un hêtre dit « tortillard » qui doit son nom au fait que son tronc et ses branches sont complètement tordus, enroulés et torsadés, les branches terminales retombant au sol. Si en été la présence des feuilles peut donner au fau une curieuse forme d'igloo végétal, le fau dévoile son architecture étonnante plutôt en hiver quand son « tortillement » apparaît au grand jour.

Le fau de Verzy doit son nom à la forêt de Verzy, près de Reims, qui, avec ses 1000 faux, est la principale réserve de faux au monde. Fau est le nom du hêtre en ancien français (dérivé de *fagus* en latin).

Deux autres lieux en Europe possèdent quelques centaines de spécimens, dans la région de Süntel, près de Hanovre (Allemagne) et à Dalby Söderskogs, près de Malmö (Suède), même si l'on trouve des specimens également en Moselle, en Bretagne, en Auvergne, dans les Vosges, au Danemark...

Encore de nos jours, aucune explication scientifique reconnue n'a été donnée pour expliquer l'existence de ces arbres exceptionnels qui vivent environ 350 ans, et ont aussi la particularité, outre leur forme, de voir parfois leurs branches et troncs « fusionner » entre eux (phénomène de l'anastomose).

AUX ALENTOURS

Un vestige du franchissement de l'enceinte de Philippe Auguste pour la Bièvre ㉕

30 bis, rue du Cardinal Lemoine
Visite chaque premier mercredi du mois à 14 h 30

La poste située à l'angle de la rue du Cardinal Lemoine et du boulevard Saint-Germain organise une fois par mois la visite de ses sous-sols : on y voit ainsi un intéressant vestige de la muraille de Philippe Auguste. À cet endroit précis, une dérivation de la Bièvre (pour alimenter en eau les jardins de l'abbaye de Saint-Victor) franchissait la muraille et l'on y voit le vestige de « l'arche de la Bièvre ».

Collection de minéralogie de l'Université Pierre et Marie Curie ㉖

4, Place Jussieu ; 01 44 27 52 88
Le lundi et du mercredi au samedi de 13 h à 18 h (fermé le mardi, le dimanche et les jours fériés)

Installé depuis 1970 dans un sous-sol de la faculté de Jussieu, la collection de minéralogie de Jussieu présente dans 24 vitrines panoramiques, sous un éclairage spécialement conçu et une température constante qui préservent les minéraux de toute dégradation, une sélection de 2000 minéraux sur les 24 000 spécimens qu'il possède. Ce choix permet de ne présenter au public, dans un petit espace, que les plus belles pièces. Fondée sur la rareté, la qualité et la beauté, cette sélection exprime les richesses surprenantes que recèle le monde minéral dans le but d'éveiller l'intérêt d'un public souvent novice en la matière mais qui pourra découvrir ce qui se cache derrière des noms aussi mystérieux que « cristaux de cummengéite », « cristaux cuprosklodowskite », ou encore « quartz fantôme ». Les plus passionnés pourront poursuivre leurs découvertes en allant visiter le musée de Minéralogie des Mines, dans le VIe arrondissement (voir p. 207), qui totalise plus de 100 000 échantillons ! Concerné par le plan de désamiantage de Jussieu, le musée occupe depuis juin 2006 un nouveau local, accessible aux handicapés.

Haut-relief du buisson ardent ㉗

25, rue Jussieu
Métro Jussieu

Le très discret haut-relief du buisson ardent, qui date de 1896, rappelle l'enseigne du cabaret « Le buisson ardent », du XVIIe siècle, qui était célèbre pour ses buissons d'écrevisses. Dans la Bible (Exode, 3), l'épisode du Buisson ardent est celui de la révélation du Dieu monothéiste à Moïse, dans le pays de Madian. Dans cette scène, Yahvé appelle Moïse de l'intérieur de ce buisson qui brûle sans se consumer. L'épisode aurait eu lieu au mont Sinaï où le monastère Sainte-Catherine, de nos jours, présente un « mûrier sauvage » comme étant le « Buisson ardent » de la Bible.

LE CABINET DE CURIOSITÉS DE BONNIER DE LA MOSSON

(28)

Un petit bijou méconnu

Bibliothèque centrale du Muséum national d'histoire naturelle
38, rue Geoffroy Saint-Hilaire
bcm@mnhn.fr
mnhn.fr
01 40 79 36 33
Du lundi au samedi de 9 h à 18 h
Entrée libre
Métro Place Monge ou Jussieu

Caché derrière le mur blanc de la médiathèque du Muséum national d'histoire naturelle, le cabinet de curiosités de Joseph Bonnier de Mosson (1702-1744) est un petit bijou méconnu, œuvre d'un riche amateur d'art. Collectionneur savant, Bonnier se ruina pour son cabinet à tel point qu'à sa mort ses créanciers se remboursèrent en partie lors de la vente aux enchères des collections en 1745. Buffon réussit néanmoins à se porter acquéreur de l'un des cabinets, le dénommé « Cabinet des insectes et autres animaux desséchés des plus remarquables » qu'il fit placer dans le cabinet du jardin du roi. Démontées en 1935, les vitrines furent restaurées et finalement installées à leur emplacement actuel en 1979. Elles ont été classées Monument Historique en 1980.

Aujourd'hui, le cabinet est composé de cinq magnifiques vitrines sculptées en bois de Hollande, décorées de serpents entrelacés et surmontées de têtes d'animaux ornées de cornes véritables. Elles présentent une collection d'insectes et de papillons multicolores, d'oiseaux aux couleurs vives, des coraux et minéraux rares, des animaux desséchés, des cornes de narval (la célèbre et légendaire « licorne ») ou de rhinocéros, des tarentules, des mille-pattes géants...

Il est fortement conseillé de consulter la liste détaillée avec l'emplacement des curiosités. Elle se trouve dans le catalogue 069.95 BON, mis à disposition des visiteurs sur le pupitre juste à côté du cabinet.

Le cabinet de curiosités, l'ancêtre du musée

Au XVIᵉ siècle, avec le développement des explorations et la découverte de terres inconnues, plusieurs savants, amateurs d'art ou personnes fortunées se mirent à collectionner les curiosités en provenance de ces nouveaux mondes. Apparurent alors les cabinets de curiosités, sortes de miroir du monde, dans lesquels étaient rassemblés une multitude d'objets rares ou étranges représentant, en plus des réalisations humaines, les trois règnes : animal, végétal et minéral. Dès le milieu du XVIIᵉ siècle, l'engouement pour ces cabinets de curiosités commença à décliner au profit de ce que l'on appellera au siècle suivant les cabinets d'histoire naturelle puis les premiers musées.

LE MANÈGE DODO DU JARDIN DES PLANTES

29

Un manège préhistorique

57, rue Cuvier
Accueil : 01 40 79 56 01/54 79 (10 h-18 h)
Dimanche, mercredi et samedi de 13 h à la fermeture du jardin, en semaine de 15 h à la fermeture du jardin
Créateur et propriétaire : M. Samy Finkel

Implanté depuis 1992 au cœur du Jardin des Plantes, ce carrousel de style 1930 a été spécialement conçu pour le lieu autour du thème des animaux disparus ou en voie de disparition. Il rassemble ainsi des espèces rares ou disparues, telles que le célèbre dodo de l'île Maurice, le loup de Tasmanie, le sivathérium (mélange d'élan et de girafe) ou le tricératops (l'un des derniers dinosaures).

Même si les enfants ne se rendent pas toujours compte des animaux sur lesquels ils grimpent, ils semblent ravis de s'asseoir dans une nacelle portée par un panda, dans la carapace d'une tortue à cornes ou sur le dos d'un aepyornis de Madagascar (le plus grand oiseau répertorié).

Le microclimat du jardin alpin du Jardin des Plantes

Le jardin alpin du Jardin des Plantes est un étonnant espace conçu dans les années 1930. Construit 3 mètres en dessous du niveau du reste du Jardin, et préservé ainsi du froid et de la chaleur, il reconstitue, à l'aide d'un jeu de rocailles et d'irrigation, les microclimats de plusieurs régions montagneuses. On trouve ainsi dans un espace très réduit des différences de température allant jusqu'à 20° C. Le lieu peut de cette façon s'enorgueillir de posséder plus de 2000 espèces différentes sur moins de 4000 mètres carrés, dont le célèbre, mais rare, edelweiss.

La gloriette de Buffon, au sommet du labyrinthe du Jardin des Plantes, est la plus ancienne construction métallique de France. Originaire de Montbard, Buffon y dirigeait en effet les célèbres forges qui ont produit l'acier nécessaire à la construction de ces structures métalliques.

AUX ALENTOURS

Sculpture d'un lion dévorant un pied humain (30)

La fontaine aux Lions, située dans le Jardin des Plantes, près du portail d'accès rue Geoffroy Saint-Hilaire, a été construite par Henri Jacquemont en 1863. On y voit de façon étonnante un lion dévorant ce qui semble être un pied humain... Le sculpteur, particulièrement féru de naturalisme, a également conçu les sphinx de la fontaine du Châtelet, les lions de la place Félix Éboué (XIIe arrondissement) et les dragons de la place Saint-Michel.

SCULPTURE DE TÊTE DE CHEVAL ㉛

Un vestige de l'ancien marché aux chevaux

5, rue Geoffroy Saint-Hilaire
Métro Gobelins

Daté de 1760, le ravissant pavillon du 5, rue Geoffroy Saint-Hilaire possède une façade où l'on peut encore voir une belle tête de cheval ainsi que l'inscription « Marchand de chevaux, poneys, doubles poneys et chevaux de trait ». Le bâtiment fut construit à la demande du lieutenant de police Sartine pour abriter les agents de surveillance du marché aux chevaux qui occupait les lieux. Le marché n'a fermé ses portes qu'en 1907.

Il reste au 67-69, rue Pigalle une superbe sculpture de tête de cheval qui rappelle l'existence en ces lieux d'une poste aux chevaux (voir p. 301).

Il reste au 27, rue de Grenelle (voir p. 258) une mangeoire pour chevaux devant une porte cochère.

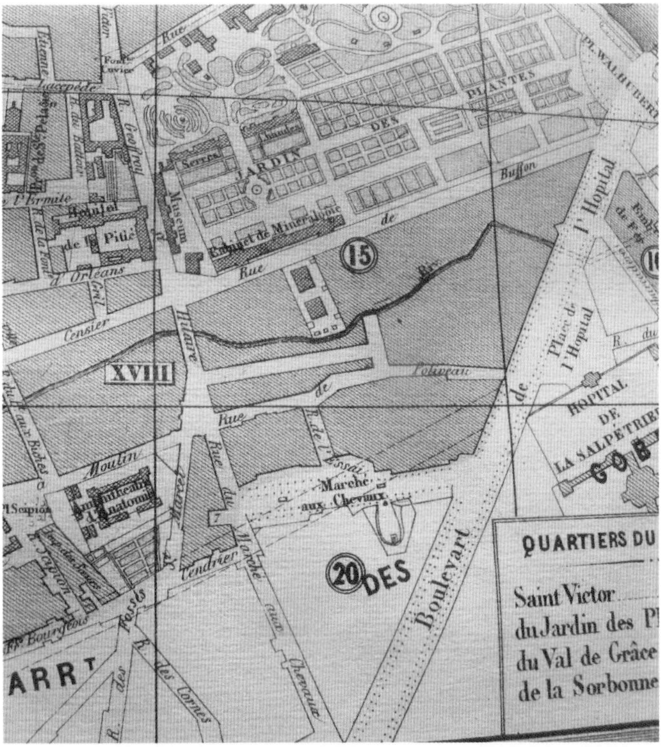

BAS-RELIEF DES BOULANGERS

32

Le quartier des boulangers

Square Scipion
Métro Gobelins

Au fond du square Scipion, à l'angle entre la rue Scipion et la rue du Fer-à-Moulin, se trouve un étonnant bas-relief dit « des Boulangers ». Présenté par les établissements Émile Muller à l'Exposition universelle de 1900, celui-ci fut réalisé en 1897 en briques de grès émaillé, sur un dessin d'Alexandre Charpentier. Acheté par la mairie de Paris, le bas-relief a d'abord figuré dans le VIe arrondissement avant d'être judicieusement placé ici, probablement en 1902 : c'est non loin, le long du square, au 13, rue Scipion, que l'ancienne boulangerie des hôpitaux de Paris était située (voir ci-contre).

AUX ALENTOURS

Hôtel Scipion Sardini – ancien siège de la boulangerie des hôpitaux de Paris (33)

Le portail du 13, rue Scipion, qui ouvre sur une large cour intérieure, rappelle l'ancienne affectation des lieux : celui de l'ancienne boulangerie des hôpitaux de Paris. La taille imposante du portail permettait en effet de laisser passer les nombreuses marchandises qui étaient livrées quotidiennement dans tout Paris : de 1675 à 1974, les lieux, qui étaient devenus la propriété des hôpitaux de Paris en 1656, étaient affectés à la boulangerie et à la boucherie (dans un premier temps) des hôpitaux et hospices civils de Paris (voir plan de 1860). Le lieu avait auparavant appartenu à Scipion Sardini, un Italien venu à Paris sans le sou, qui lui laissa son nom. Devenu immensément riche, il épousa Isabelle de Limeuil, une protégée de Catherine de Médicis.

En entrant à droite dans la cour, remarquez la jolie façade de style Renaissance, qui date de 1565, classée Monument Historique. Elle fut la première de ce style à Paris. On distingue encore des médaillons en terre cuite, au-dessus des arcades : ce sont des copies de médaillons de Della Robbia. Les origines se trouvent au musée de l'Assistance publique.

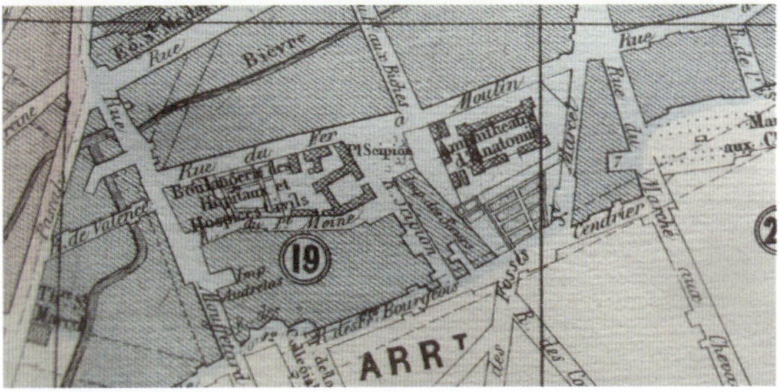

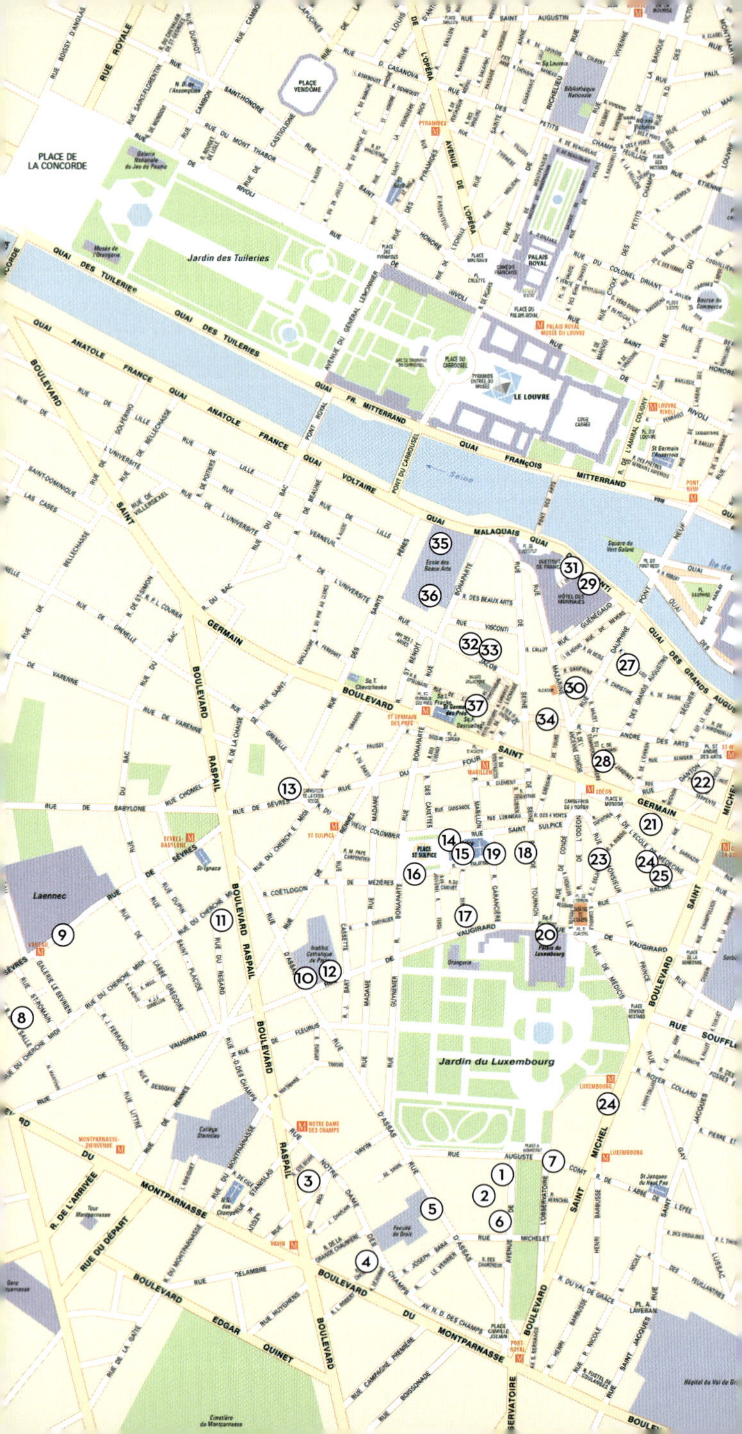

PLACE DE LA CONCORDE
PLACE VENDÔME
Jardin des Tuileries
Galerie Nationale du Jeu de Paume
Musée de l'Orangerie
QUAI DES TUILERIES
QUAI ANATOLE FRANCE
QUAI VOLTAIRE
QUAI MALAQUAIS
QUAI FR. MITTERRAND
QUAI FRANÇOIS MITTERRAND
QUAI DES GRANDS AUGUSTINS
Seine
PONT ROYAL
PONT DU CARROUSEL
PONT NEUF
PLACE DU CARROUSEL
PYRAMIDE ENTRÉE DU MUSÉE
LE LOUVRE
COUR CARRÉE
PALAIS ROYAL
COMÉDIE FRANÇAISE
PALAIS ROYAL MUSÉE DU LOUVRE
LOUVRE RIVOLI
PYRAMIDES
Bibliothèque Nationale
Sq. Louvois
Bourse du Commerce
St Germain l'Auxerrois
Square du Vert Galant
INSTITUT DE FRANCE
HÔTEL DES MONNAIES
École des Beaux Arts
RUE ROYALE
RUE SAINT-HONORÉ
RUE DE RIVOLI
AVENUE DE L'OPÉRA
RUE RICHELIEU
RUE DU BAC
RUE DE LILLE
RUE DE L'UNIVERSITÉ
RUE DE VERNEUIL
RUE DE VARENNE
RUE DE GRENELLE
RUE DE BABYLONE
RUE DE SÈVRES
RUE DE RENNES
RUE BONAPARTE
RUE DES SAINTS PÈRES
RUE DE VAUGIRARD
RUE DE FLEURUS
RUE D'ASSAS
RUE GUYNEMER
RUE MADAME
RUE JACOB
RUE DE SEINE
RUE DAUPHINE
RUE MAZARINE
RUE DE TOURNON
RUE DE CONDÉ
RUE DE L'ODÉON
RUE SOUFFLOT
RUE AUGUSTE COMTE
RUE MICHELET
RUE VAVIN
RUE NOTRE DAME DES CHAMPS
RUE DU MONTPARNASSE
RUE DU DÉPART
R. DE L'ARRIVÉE
RUE DELAMBRE
RUE SAINT JACQUES
BOULEVARD SAINT GERMAIN
BOULEVARD RASPAIL
BOULEVARD SAINT MICHEL
BOULEVARD DU MONTPARNASSE
BOULEVARD EDGAR QUINET
BOULEVARD DE PORT-ROYAL
ST GERMAIN DES PRÉS
MABILLON
ODÉON
ST SULPICE
SÈVRES BABYLONE
VANEAU
PLACE ST SULPICE
Laennec
Institut Catholique de Paris
Palais du Luxembourg
Jardin du Luxembourg
Orangerie
LUXEMBOURG
NOTRE DAME DES CHAMPS
MONTPARNASSE-BIENVENÜE
VAVIN
PORT-ROYAL
Collège Stanislas
Tour Montparnasse
Faculté de Droit
Cimetière du Montparnasse
Hôpital du Val de Grâce
PL. A. LAVERAN
1
2
3
4
5
6
7
8
9
10
11
12
13
14
15
16
17
18
19
20
21
22
23
24
25
27
28
29
30
31
32
33
34
35
36
37

VIe Arrondissement

ANCIENNE ÉCOLE COLONIALE

①

Le plus beau bâtiment islamique parisien après la Grande Mosquée

Siège de l'École Nationale d'Administration
2, avenue de l'Observatoire
RER Luxembourg

Construit entre 1894 et 1896 par l'architecte Maurice Yvon, le bâtiment à l'angle de l'avenue de l'Observatoire et de la rue Auguste Comte est l'un des plus beaux exemples d'architecture islamique à Paris. Curieusement peu connu, il possède une superbe porte d'entrée de style mauresque sur l'avenue de l'Observatoire, un joli patio intérieur et une belle bibliothèque qui ont conservé leur style d'origine. L'édifice a été construit pour l'École coloniale dont la mission principale était de former des cadres administratifs français pour les colonies. Il abrite aujourd'hui le siège parisien de l'ENA.

L'architecture islamique à Paris

Les premiers contacts officiels entre Paris et l'Orient datent des échanges d'ambassadeurs avec l'Empire ottoman sous Louis XIV (1669-1670). Au début du XVIIIe siècle, la traduction des *Mille et Une Nuits* par Antoine Galland acheva d'affirmer la mode orientaliste qui s'empara de la capitale. Après la redécouverte de la Grèce au milieu du XVIIIe siècle puis de l'Égypte à la même époque (voir p. 64), les voyages dans le monde musulman s'intensifièrent. L'Alhambra et les mosquées du Caire influencèrent également les architectes pour la célèbre église de Notre-Dame-de-la-Garde à Marseille ou même pour le four crématoire du cimetière du Père-Lachaise.

Outre la très belle **mosquée de Paris** dans le Ve arrondissement, le témoin architectural le plus saisissant de l'influence islamique à Paris est probablement l'ancienne École coloniale, au **2, avenue de l'Observatoire** (voir ci-dessus). Les immeubles du **4 bis, avenue Hoche** (un grand salon mauresque construit en 1892), **68, rue Ampère** (1895, un salon mauresque), **44, rue Servan** (XIe – 1870-1890 – façade enrichie probablement de pavillons récupérés à l'Exposition universelle), **9, rue Fénelon** (privé, vestibule arabisant, échantillon du fabricant de céramique Gillet) et **16, rue Bardinet** (XIVe – 1908) sont également de beaux exemples. L'ancien hammam du **18, rue des Mathurins** (1875) a aussi laissé des encadrements de fenêtres caractéristiques et la **Maison du Maroc à la Cité universitaire** possède un magnifique plafond en menuiserie venant du Maroc. Enfin, deux immeubles dont l'influence est moins marquée se trouvent au **35, rue de Charenton** (style gothico-mauresque de 1840) et au **3, rue de la Cossonerie** (tête d'éléphant, influence musulmane indienne).

MUSÉE DE LA MATIÈRE MÉDICALE

②

Un moment rare

4, avenue de l'Observatoire
01 53 73 98 04
Sur rendez-vous pour les groupes de professionnels ainsi que pendant les Journées du patrimoine (septembre) et la fête de la science (octobre)
RER Luxembourg

La visite du musée de la Matière médicale est un moment rare. Dans une très belle salle faite de boiseries, de vitrines anciennes, de flacons antédiluviens et même d'un pavillon récupéré à l'Exposition universelle de 1889, le musée renferme, dans une ambiance hors du temps, plus de 25 000 drogues, c'est-à-dire en terme médicinal, de substances naturelles qui, une fois séchées, servent à la préparation des médicaments.

Le professeur Tillequin, qui guide le plus souvent la visite, est un puits de connaissance et il saura égayer la visite d'innombrables anecdotes sur les substances présentes. On apprendra ainsi que la théine n'est autre que de la caféine, les subtilités entre les différentes sortes de café (arabica, robusta...), la vérité sur le guarana brésilien et le curare amazonien...

La vitrine concernant le vin Mariani est particulièrement intéressante : ce Corse créa un jour une boisson à base de feuilles de coca (la substance active de la cocaïne) et de vin. Grâce à un talent indéniable dans le marketing (Mariani offrait des bouteilles aux grands de ce monde et publiait les remerciements des plus célèbres pour ses besoins publicitaires), la boisson connut un succès fulgurant... Aux États-Unis, un pharmacien s'en inspira et remplaça la coca par un extrait de noix de cola et le vin par du soda. Les droits furent rachetés en 1892 par Asa Candler. Le Coca-Cola était né...

Juste derrière, une autre vitrine expose des écorces de quinquina, substance active qui aujourd'hui encore guérit du paludisme. Rapportée en Europe par les Jésuites, elle permit notamment de soigner Louis XIV de la malaria (l'autre nom du paludisme) qu'il avait contractée dans les marécages de Versailles.

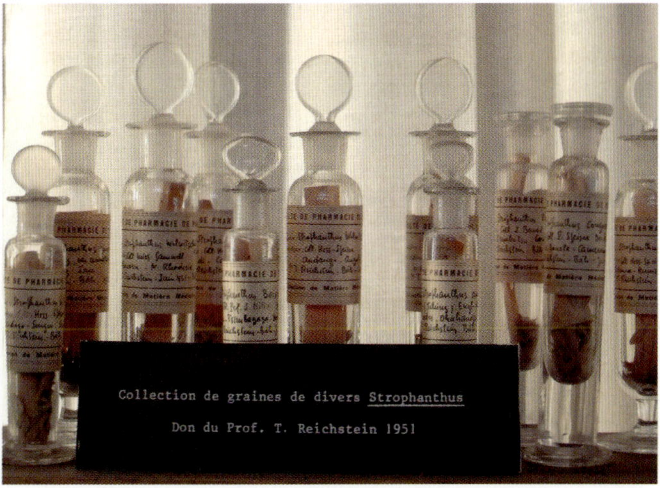

IMMEUBLE DU 26, RUE VAVIN

③

Un immeuble à gradins

Métro Vavin

Première expérimentation d'une maison à gradins par l'architecte Henri Sauvage en 1912, la maison du 26, rue Vavin applique déjà les principes qui prévaudront à la construction plus ambitieuse d'un immeuble du même type, rue des Amiraux dans le XVIIIe arrondissement : façade en retrait qui permet de donner une terrasse à chaque habitation et de faire pénétrer la lumière même aux étages inférieurs et habillage de carreaux blancs (type métro) qui intensifient le jeu de la lumière.

AUX ALENTOURS

Reid Hall ④

4, rue de Chevreuse

En le demandant aimablement au gardien, il est parfois possible de pénétrer dans le siège parisien de l'université américaine de Columbia. Celle-ci possède un ravissant jardin ainsi qu'une salle de conférences étonnante : construit sur le modèle anglo-saxon, le Reid Hall peut accueillir jusqu'à 200 personnes et est accessible lors de lectures nocturnes. Programme sur le site Internet globalcenters.columbia.edu/paris ou à la librairie Tschann sur le boulevard Montparnasse.

Musée Zadkine ⑤

100 bis, rue d'Assas
01 55 42 77 20
musee.zadkine@paris.fr
Tous les jours de 10 h à 17 h 40 sauf lundi et jours fériés

Quasi invisible de la rue, ce charmant musée présente l'œuvre du sculpteur d'origine russe Ossip Zadkine. Émigré à Paris en 1908, il vécut et travailla dans cette maison-atelier de 1928 à sa mort, en 1967. Le petit jardin à l'entrée est particulièrement agréable et certaines œuvres ont été spécialement adaptées pour les non-voyants.

Statue de Balzac en robe de chambre

Depuis 1939, la statue d'Honoré de Balzac par Auguste Rodin se dresse au croisement du boulevard Raspail et du boulevard du Montparnasse. Son histoire est étonnante : commandée dès 1891 par la Société des gens de lettres, ce n'est qu'en 1898 que Rodin expose son premier plâtre de Balzac. Petit scandale : Rodin a représenté Balzac en robe de chambre... L'œuvre fut ainsi refusée par le commanditaire qui confia finalement la réalisation de la statue à Falguière, dont la statue trône désormais 29, avenue Friedland. En 1939, se rendant compte que malgré tout la statue avait un intérêt, la Société des gens de lettres fit finalement couler la statue de Balzac en robe de chambre et l'installa la même année à son emplacement actuel.

JARDIN BOTANIQUE DE LA FACULTÉ DE PHARMACIE

⑥

Un jardin pharmaceutique

4-6, avenue de l'Observatoire
Du lundi au vendredi de 9 h à 19 h (parfois fermé en raison du plan vigipirate)
RER Luxembourg ou Port-Royal

Destiné à l'origine aux étudiants en pharmacie (la reconnaissance des plantes fait partie du programme de première année), cet étonnant jardin, un peu à l'abandon, est ouvert au public. Il s'y dégage une atmosphère nostalgique et romantique parfaite pour y emmener une future conquête. Pour le découvrir, il faut emprunter l'entrée du n° 4 de l'avenue de l'Observatoire, suivre l'allée et tourner à gauche.

L'école de Pharmacie de Paris se trouvait auparavant rue des Arbalètes, à l'emplacement également du premier jardin apothicaire baptisé « jardin des Simples » fondé par Nicolas Houel, un apothicaire du XVIᵉ siècle. Si à sa plantation en 1880, après le transfert de l'école avenue de l'Observatoire, le jardin occupait près de 8 000 mètres carrés, il n'en fait plus aujourd'hui qu'un peu moins de la moitié. On parcourt néanmoins avec délices les plates-bandes et les serres à l'ancienne qui présentent environ 500 espèces de plantes médicinales, de plantes toxiques et de plantes employées en cosmétologie ou en parfumerie. Celles-ci ont gardé leurs petites pancartes avec leurs noms, mais les herbes folles rendent difficile leur déchiffrage.

AUX ALENTOURS

Les éléphants du 1, avenue de l'Observatoire ⑦

Juste en face de l'ancienne École coloniale, l'immeuble du 1, avenue de l'Observatoire possède une très jolie façade qui, malgré son exubérance, n'attire pas l'œil des passants. Remarquez notamment les éléphants sculptés au premier étage.

Des palmiers blessés de guerre

Pendant la saison estivale, les palmiers qui sont installés près du grand bassin du jardin du Luxembourg sont tout simplement des victimes de guerre. Les trous de certains de leurs troncs ont en effet été causés par des éclats d'obus lors de la Première Guerre mondiale.

CHAPELLE DES SŒURS AUXILIATRICES DU PURGATOIRE

⑧

Une coupole néobyzantine

Accueil Barouillère
14, rue Saint-Jean-Baptiste-de-La-Salle
01 53 69 61 00
Visites sur rendez-vous
Métro Duroc, Vaneau ou Falguière

En 1856, Eugénie Smet, Marie de la Providence, fonde la congrégation des Sœurs auxiliatrices à Paris et adopte la spiritualité de saint Ignace de Loyola. La Maison « Barouillère » est le lieu de fondation de cette congrégation. Vous pourrez aller vous recueillir dans la chapelle du XIXe siècle surmontée d'une coupole néobyzantine et admirer la rénovation récente de l'édifice sur le thème de l'espérance. L'autel très contemporain, mélange de bois et de Plexiglas, mérite une attention particulière. On peut aussi visiter la chambre et le bureau – restés en l'état – où vécut la fondatrice jusqu'à sa mort le 7 février 1871. Le calme du lieu, surprenant, est particulièrement agréable.

AUX ALENTOURS

Les reliques de saint Vincent de Paul ⑨

Chapelle Saint-Vincent-de-Paul
95, rue de Sèvres

La chapelle des pères lazaristes de la rue de Sèvres conserve depuis 1830 les reliques de saint Vincent de Paul. Placées dans une châsse d'argent éblouissante financée par le peuple de Paris et forgée par l'orfèvre Odiot, elles dominent le chœur de la chapelle. Les escaliers des bas-côtés de l'autel mènent à la dépouille qui impressionnera les plus sensibles : le squelette du saint a le visage et les mains recouverts de cire, son corps est vêtu des habits sacerdotaux et la croix placée entre ses mains serait celle avec laquelle saint Vincent assista le roi Louis XIII, dans ses derniers instants.

Musée Édouard Branly ⑩

Institut catholique de Paris (au rez-de-chaussée de l'Isep)
21, rue d'Assas
icp.fr/vie-du-campus/un-campus-au-coeur-de-paris/musee-edouard-branly
Contact : France Charles au 01 49 54 52 40

Les trois pièces du laboratoire d'Édouard Branly, inventeur des radioconducteurs et ancien professeur de physique à la Catho, sont aujourd'hui reconverties en musée. On y voit quelques-uns des instruments qu'il a inventés dont la première télécommande, la magnifique « salle du Nautilus », véritable cage de Faraday, qui fut entièrement recouverte de cuivre pour l'isoler des ondes électriques, et le bureau du professeur, donnant sur le couvent des Carmes, qui est resté en l'état.

SCULPTURE D'UNE OPÉRATRICE TÉLÉPHONIQUE

11

Un vestige des « demoiselles du téléphone »

37, rue du Cherche-Midi
Métro Rennes ou Sèvres-Babylone

Au 37, rue du Cherche-Midi, il suffit de lever la tête pour voir une étonnante et sympathique sculpture représentant la tête d'une femme. En regardant précisément, on notera que sur l'oreille droite, la femme en question porte un écouteur, légèrement masqué par ses cheveux. Au-dessus du visage, l'inscription « j'écoute » rappelle en effet que le lieu était l'un des centraux téléphoniques de la capitale.

Ces centraux datent d'une époque à laquelle les téléphones n'étaient pas commutés, c'est-à-dire que le poste d'abonné était encore relié à un central téléphonique par une paire de fils, avant que tout cela ne soit automatisé, à la fin des années 1970 : le téléphone n'était pas direct, et pour joindre un abonné, il fallait donc appeler le central, qui établissait la relation. Dans ce central, les « demoiselles du téléphone » étaient assises en face d'un immense tableau, chacune d'elles ayant en charge une centaine d'abonnés.

À noter aussi, en haut à gauche de la façade, un haut-relief représentant un poteau télégraphique.

À Paris, les « demoiselles du téléphone » étaient logées non loin dans un internat de 111 chambres au 41, rue de Lille, construit en 1905 (jolie façade Art nouveau, petit jardin intérieur).

LA CRYPTE DE L'ÉGLISE SAINT-JOSEPH-DES-CARMES

⑫

Sur les pavés, le sang

70, rue de Vaugirard
sjdc.fr
Visite de la crypte le samedi à 15h (pour toute demande de visite exceptionnelle, contacter Mme Nicole de Monts : nicole.demonts@wanadoo.fr)
Métro Rennes

Tous les samedis à 15h, pour des petits groupes d'au moins cinq ou six personnes, il est possible de visiter la macabre et méconnue crypte de l'église Saint-Joseph-des-Carmes.

Avant la Révolution, le couvent des Carmes était un monastère paisible dans le jardin duquel les religieux produisaient une eau de mélisse, devenue célèbre sous l'appellation d'eau des Carmes. Celle-ci est toujours en vente aujourd'hui sous le nom d'« eau des Carmes Boyer ». L'église du monastère était également connue pour sa coupole qui fut la première de Paris.

Transformés en prison après la loi du 17 août 1792 qui ordonnait la fermeture de tous les couvents, les Carmes accueillirent 160 prêtres, dont trois évêques, qui y furent internés. Ceux-ci, qui avaient refusé de prêter serment à la Constitution civile du clergé votée en 1790 par l'Assemblée, furent finalement massacrés. On peut encore voir les marches qui mènent vers le jardin où les réfractaires furent appelés le dimanche 2 septembre 1792. Ils tombèrent les uns après les autres sous les piques et les baïonnettes d'une foule conduite par le commissaire Maillard. On peut également lire le témoignage des quelques survivants sur le site bxmartyrsde1792.com.

En 1867, le percement de la rue de Rennes amputa le jardin du monastère et entraîna la disparition de la chapelle des martyrs et du puits où avaient été jetés les corps. Des fouilles permirent finalement d'exhumer des restes : ces reliques sont aujourd'hui déposées dans la crypte de l'église. On y voit plusieurs rangées de crânes dont certains portent encore la marque des coups de sabres des assassins.

La maquette de la chapelle du jardin, démolie, permet également de s'imaginer la scène, les dalles ensanglantées ayant été conservées.

La visite se termine par un message que Joséphine de Beauharnais, également emprisonnée en ces lieux pendant la Révolution, écrivit de sa main sur un mur : « Liberté, quand cesseras-tu d'être un vain mot ? Voilà dix-sept jours que nous sommes enfermées. On nous dit que nous sortirons demain, mais n'est-ce pas là un vain espoir ? »

Après la visite guidée, il est possible de flâner dans le jardin ou dans l'église (ouverte librement au public toute la journée) et d'admirer la très belle *Vierge à l'Enfant* du Bernin.

LA STATUE DE LA LIBERTÉ DU CENTAURE DE CÉSAR

⑬

La reproduction méconnue d'une statue célèbre

Carrefour de la Croix-Rouge
Métro Saint-Sulpice

Si un certain nombre d'habitants du quartier a bien remarqué les testicules de la sculpture du Centaure de César, rares seront ceux qui ont vu la petite statue (de la taille d'une main) qui est cachée dans la cuirasse de l'animal. Elle est l'une des six statues de la Liberté de la capitale, avec les plus célèbres, celles de l'île aux Cygnes (XVIe arrondissement) et du jardin du Luxembourg (dont une copie est désormais conservée au Musée d'Orsay) ; le musée des Arts et Métiers possède aussi un modèle réduit, vraissemblablement éxécuté par Bartholdi lui-même, et la dernière copie se situe sur la dalle de Beaugrenelle (XVe arrondissement).

Les statues de la Liberté en France

Outre les six statues de la Liberté à Paris (voir ci-contre), on trouve au moins six autres représentations de la célèbre statue new-yorkaise en France : une à Roybon (Isère), une à Barentin près de Rouen (on l'aperçoit dans le film *Le Cerveau* de Gérard Oury avec Bourvil et Jean-Paul Belmondo), une place de la Liberté à Poitiers, une à Colmar, une à Nice et une à Saint-Cyr-sur-Mer (voir les guides *Provence insolite et secrète* et *Côte d'Azur insolite et secrète* chez le même éditeur). La statue originale à New York a été offerte par une souscription privée de Français en 1886. Elle a été exécutée par Frédéric-Auguste Bartholdi et sa charpente métallique fut conçue par Gustave Eiffel. La statue est en effet creuse et recouverte de plaques de cuivre rivetées. Elle symbolise « la Liberté éclairant le Monde ».

Le retournement de la statue de la Liberté parisienne

Inaugurée le 4 juillet 1889, jour de la fête de l'Indépendance américaine, à l'occasion de l'Exposition universelle, la statue de la Liberté parisienne de l'île aux Cygnes est plus qu'une copie : elle est en réalité la maquette originale de sa grande sœur de New York. Elle prenait la suite de la première maquette en plâtre, offerte par le comité des Américains de Paris, qui avait été installée place des États-Unis, dans le XVIᵉ arrondissement, le 4 juillet 1885.

Pour des raisons de protocole, à l'inauguration de la statue, celle-ci était tournée vers le pont de Grenelle et l'est : il était en effet beaucoup plus aisé de l'inaugurer sur la terre ferme à partir de l'île aux Cygnes où elle reposait à l'extrémité ouest. Bartholdi avait pourtant insisté pour qu'elle regarde en direction des États-Unis mais l'idée d'une inauguration qui aurait dû se faire en bateau n'eut pas suffisamment de partisans.

C'est à l'occasion de l'Exposition universelle de 1937 que l'on fit finalement tourner d'un demi-tour la statue.

LE GNOMON DE L'ÉGLISE SAINT-SULPICE

14

Quand le Da Vinci Code s'empare d'un outil astronomique...

Place Saint-Sulpice
paroisse-saint-sulpice-paris.org
Tous les jours de 7 h 30 à 19 h 30
Métro Saint-Sulpice

©marionbarat

Au-delà des pérégrinations des touristes venus vérifier les dires du *Da Vinci Code*, l'église Saint-Sulpice possède un véridique gnomon qui date du XVIIIe siècle. Situé dans l'aile gauche du transept, cet instrument de mesure astronomique est formé d'une tige verticale qui projette l'ombre du soleil ou de la lune sur une surface horizontale afin de mesurer leur hauteur au-dessus de l'horizon. Celui-ci est constitué d'un obélisque de marbre blanc d'une dizaine de mètres de hauteur, surmonté d'une sphère d'où descend une ligne de cuivre jusqu'au sol qui court ensuite sur plus de 40 mètres en traversant le chœur et le transept nord. Commandée en 1727 par le curé de la paroisse afin de déterminer de manière précise l'équinoxe de mars et le dimanche de Pâques, cette méridienne fut d'abord conçue par l'horloger Henri de Sully qui souhaitait en réaliser une qui puisse donner l'heure de midi à tout Paris, mais celui-ci mourut avant d'avoir honoré sa commande. Elle fut reprise et modifiée par l'astronome Charles Le Monnier en 1743, assisté de l'ingénieur Claude Langlois, à l'origine de la fameuse ligne de cuivre rose encastrée dans le sol entre des bandes de marbre blanc. Aujourd'hui, cette méridienne ne fonctionne plus que partiellement, l'un des deux œilletons dans le vitrail qui laisse passer les rayons du soleil étant mal placé. Son fonctionnement est néanmoins expliqué en détail dans un texte placé sur un pupitre non loin du gnomon.

Depuis peu, compte tenu des nombreuses affirmations qui figurent dans le roman de Dan Brown et qui concernent en particulier cette fameuse méridienne, un autre texte à l'attention des curieux est venu s'ajouter au premier, il commence ainsi : « Contrairement aux allégations fantaisistes contenues dans un récent roman à succès, la ligne méridienne de Saint-Sulpice n'est pas un vestige d'un temple païen qui aurait existé à cet endroit [...]. »

Pour plus d'informations sur l'objet et le fonctionnement des méridiennes, voir double page suivante.

Les colonnes en marbre de la chapelle de la Vierge de Saint-Sulpice ont été installées en 1747 mais elles datent de l'époque romaine : elles viennent du site antique de Leptis Magna en Lybie.

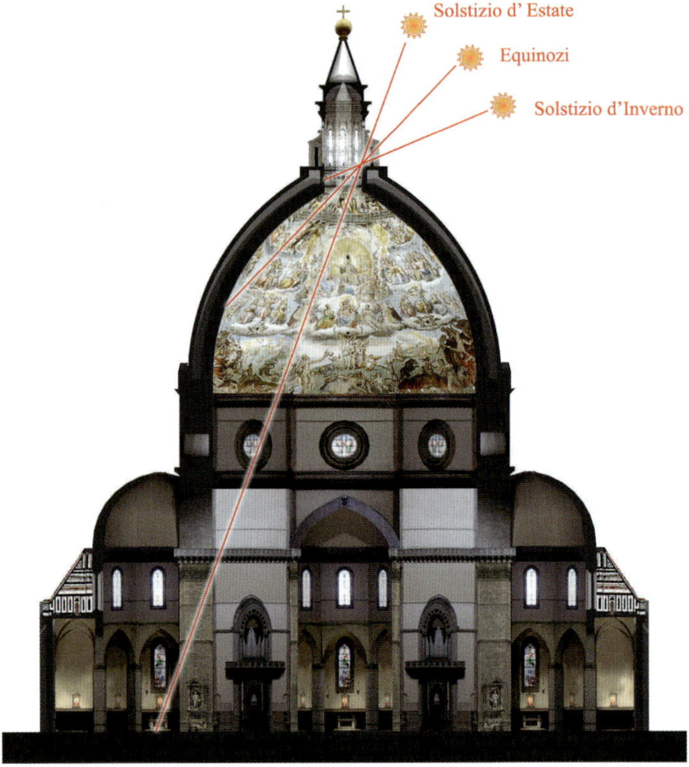

Le mot « bissextile » doit son nom au fait que le jour que l'on ajoutait était inséré entre le 24 et le 25 février. Selon la dénomination latine, le 24 février était le sixième (sextus) jour avant les calendes de mars, d'où le nom de « bis sextus » pour le jour supplémentaire. Les calendes étaient le premier jour de chaque mois dans le calendrier romain.

Comment fonctionne une méridienne ?

Les méridiennes sont composées d'un petit trou en hauteur, par lequel passe le soleil, et d'une ligne exactement orientée selon l'axe nord-sud. Le trou est appelé trou gnomique (*gnomon* = indicateur en grec) et la lumière du soleil sur la ligne en question remplit exactement le rôle de l'ombre sur les cadrans solaires traditionnels. Pour être efficace, le trou devait être situé le plus haut possible (d'où l'intérêt des cathédrales, voir encadré suivant « Pourquoi les méridiennes ont-elles été installées dans les cathédrales ? ») et devait mesurer un millième de la hauteur à laquelle il était installé. Ce trou devait évidemment être installé côté sud, afin de faire rentrer le rayon du soleil, situé au sud dans l'hémisphère Nord.

Puis, la ligne méridienne part du point exactement à la verticale du trou, ce qui n'était pas toujours aisé à calculer il y a quelques siècles. La longueur de la méridienne dépendait de la hauteur du trou et dans certains cas, on rajoutait un obélisque en bout de course de la méridienne, quand le bâtiment qui l'hébergeait n'était pas assez long pour pouvoir tracer totalement la ligne méridienne au sol (voir par exemple l'obélisque de Saint-Sulpice à Paris).

Évidemment, en été, quand le soleil est plus haut dans le ciel, le rayon du soleil marque la ligne méridienne plus près de la paroi du sud, donc au début de la ligne méridienne, alors qu'en hiver, à l'inverse, les rayons du soleil, plus bas sur l'horizon, viennent toucher l'extrémité de la ligne.

Le grand principe de la méridienne est qu'à midi, heure solaire, le soleil est au sommet de sa course : ses rayons tombent verticalement à la perpendiculaire d'un axe nord-sud.

Une fois considéré cela, la ligne méridienne étant elle-même sur cet axe, on comprend mieux pourquoi, quand le rayon du soleil la touche, on sait qu'il est exactement midi heure solaire.

Par extension, en fonction de l'emplacement du rayon sur la ligne, il est également possible de déterminer le jour de l'année : le point au tout début de la ligne sera atteint uniquement le jour du solstice d'été et le point en bout de ligne le sera le jour du solstice d'hiver. Par l'expérience, on détermina et inscrivit ensuite sur certaines méridiennes les jours de l'année correspondant à l'observation.

Le tour était joué et, par l'observation du soleil sur la ligne méridienne, on pouvait ainsi déterminer les différents jours de l'année dont le jour de Pâques, grand enjeu historique, scientifique et religieux de ces méridiennes. A fortiori, on pouvait également déterminer les différentes périodes correspondant aux signes du zodiaque, ce qui explique pourquoi l'on trouve fréquemment des dessins de ces signes du zodiaque le long des méridiennes.

Pourquoi est-on passé directement du 4 au 15 octobre 1582 ? La mesure du temps à l'origine des méridiennes

Tout le problème de la mesure du temps et des calendriers tient au fait que le temps que met la Terre à tourner autour du soleil n'est pas constitué d'un nombre exact de jours : le temps de révolution n'est ni de 365 jours, ni de 366 jours, mais de 365 jours, 5 heures 48 minutes et 45 secondes.

Sosigène d'Alexandrie, à l'époque de Jules César, estima cette durée à 365 jours et 6 heures. Afin de récupérer ce décalage de 6 heures, Sosigène imagina d'intercaler un jour tous les quatre ans. L'année bissextile était née et le calendrier julien avec lui.

En 325, le concile de Nicée institua le rôle temporel de l'Église catholique (Constantin, qui convoqua le concile, fut le premier empereur romain à embrasser la religion catholique). Celle-ci possédait une liturgie composée de fêtes fixes, comme Noël, mais également de fêtes mobiles comme Pâques. Afin de fixer la date de cette fête essentielle, puisqu'elle correspondait à la mort et à la Résurrection du Christ, l'Église décida de fixer Pâques au dimanche qui suivrait la pleine lune après l'équinoxe du printemps. Cette année-là, en 325, l'équinoxe tombait un 21 mars et cette date fut donc fixée comme étant la date de l'équinoxe.

Avec les années, pourtant, on se rendit compte, en observant la voûte céleste, que l'équinoxe (qui correspond à une certaine position connue des étoiles) ne tombait plus un 21 mars... Les 11 minutes et 15 secondes de différence entre la durée réelle de la révolution de la Terre autour du soleil et la durée définie arbitrairement provoquaient en effet un décalage de plus en plus important entre l'équinoxe réelle et le 21 mars.

Au XVIe siècle, alors que l'écart atteignait les 10 jours, le pape Grégoire XIII décida d'intervenir. On supprima tout simplement 10 jours au calendrier et on passa directement du 4 au 15 octobre 1582. Il fut également décidé, après de savants calculs (notamment de l'astronome calabrais Luigi Giglio), que tous les 100 ans, les années qui auraient dû être bissextiles ne le seraient pas, sauf tous les 400 ans, ce qui permettait de compter 97 jours bissextiles tous les 400 ans, au lieu de 100 et de récupérer le retard réel. C'est ainsi que 1700, 1800, 1900 ne furent pas bissextiles mais que 2000 le fut et que 2100 ne le sera pas... Le calendrier grégorien était né.

Afin d'établir fermement ce calendrier et d'achever de convaincre les protestants qui continuaient à utiliser le calendrier julien, l'Église mit en route dès lors la construction de grandes méridiennes dans les églises. Une épopée merveilleuse commençait.

Quelles sont les méridiennes les plus hautes ?

Si près de 70 méridiennes furent ainsi construites en Italie et en France, entre le XVe et le XVIIIe siècle, dix seulement possèdent un gnomon dont la hauteur dépasse les 10 mètres, la hauteur du trou du gnomon étant un élément crucial pour la précision des mesures. La méridienne de Santa Maria del Fiore à Florence est de très loin la plus haute.

Voici les dix plus hautes méridiennes, dans l'ordre :

S. Maria del Fiore (Florence)	90,11 mètres
S. Petronio (Bologne)	27,07 mètres
St-Sulpice (Paris)	26 mètres
Monastère San Nicolo l'Arena (Catane, Sicile)	23,92 mètres
Duomo (Milan)	23,82 mètres
S. Maria degli Angeli (Rome)	20,34 mètres
S. Giorgio (Modica, Sicile)	14,18 mètres
Musée national (Naples)	14 mètres
Duomo (Palerme)	11,78 mètres

Pourquoi les méridiennes ont-elles été installées dans les cathédrales ?

Afin d'optimiser la précision de leurs relevés, les astronomes avaient besoin de grands espaces dans lesquels le point d'entrée de la lumière se trouvait le plus loin possible du sol : plus le rayon du soleil était long, plus les calculs étaient justes. En raison de leur hauteur, les cathédrales se révélèrent donc très vite comme étant l'emplacement idéal de ces outils scientifiques, l'Église étant en outre la première intéressée par ces méridiennes qui lui permettaient de déterminer la date exacte de Pâques.

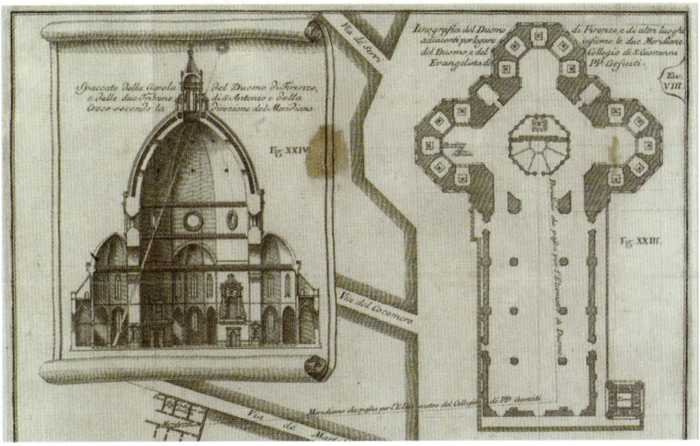

LES INITIALES « SP » DE SAINT-SULPICE

15

Le prieuré de Sion : une invention pure et simple d'un imposteur...

Vitrail de la rosace du transept ouest
Église Saint-Sulpice - Place Saint-Sulpice
Tous les jours de 7 h 30 à 19 h 30
Métro Saint-Sulpice

Sur le vitrail de la rosace du transept ouest de l'église Saint-Sulpice apparaissent deux initiales entrecroisées, « SP » ou « PS » que les occultistes amateurs ou les romanciers fantaisistes attribuent au « prieuré de Sion », un nom qui serait celui d'une mystérieuse société secrète. Cette secte n'a en réalité jamais existé et n'a jamais été que l'invention d'un certain Pierre Plantard (18 mars 1920 - 3 février 2000), un personnage controversé, qui l'a créée en décembre 1953, après avoir purgé une peine de prison de six mois pour abus de confiance alors qu'il était fonctionnaire public. Le 7 mai 1956, il remit les statuts de sa secte imaginaire à la sous-préfecture de Saint-Julien-en-Genevois puis, entre 1964 et 1967, il envoya anonymement à la Bibliothèque nationale de Paris des études généalogiques bien élaborées sur les rois francs mérovingiens : il faisait remonter leur origine à Jésus et à Marie-Madeleine, qui auraient été mariés. La conservatrice de la Bibliothèque nationale démentit l'authenticité de ces documents et, en 1993, Plantard, qui était un franc-maçon rejeté et un raciste assumé, avoua lui-même son imposture à la police de Paris. Il mourut abandonné de tous en 2000.

Les initiales « SP » sont, en réalité, les initiales de saint Pierre et de l'évêque saint Sulpice, les deux patrons de l'église.

Dans l'église, une peinture d'Émile Signol (8 mai 1804 - 4 octobre 1892) provoque également des élucubrations fantaisistes sur un prétendu N inversé. On y voit l'écriteau de la Croix (*Titulus Crucis*) de Jésus, sur lequel est écrit « Jésus de Nazareth, Roi des Juifs », comme souvent, dans les trois langues : hébreu, grec et latin, qui étaient courantes au Moyen-Orient, il y a 2000 ans. Ces inscriptions sont cependant complètement inversées : Jésus était hébreu et l'hébreu se lisant de droite à gauche, l'artiste, très imaginatif, a peint les phrases en grec et en latin sur le modèle de lecture et d'écriture de l'hébreu. Il inscrivait ainsi, en sous-entendu, la soumission de Rome et d'Athènes à Jérusalem où le Christ est mort et ressuscité.

AUX ALENTOURS

Le cloître de l'ancien séminaire de Saint-Sulpice ⑯

9, place Saint-Sulpice
Métro Saint-Sulpice

L'hôtel des impôts du VIᵉ arrondissement n'attire pas particulièrement l'attention. Il faut pourtant jeter un coup d'œil au cloître de cet ancien séminaire de style florentin. Construit à partir de 1645, le premier séminaire fut fermé à la Révolution puis détruit sous l'Empire. Reconstruit à partir de 1820, le nouveau séminaire abrita également un hôpital pour les malades atteints du choléra. Les derniers séminaristes quittèrent les lieux en 1905.

Comment a-t-on défini le mètre ?

On oublie trop souvent que le mètre est une invention française : celui-ci a été défini en 1791 par l'Académie des sciences de Paris comme étant la 10 millionième partie d'un quart de méridien terrestre. Selon cette définition, la Terre avait donc par définition une circonférence (égale à la longueur d'un méridien) de 40 000 kilomètres. Après les premiers mètres étalons (voir ci-contre), 17 États signèrent la convention du mètre en 1875. En 1899, le Bureau des poids et mesures fit construire une barre d'un alliage de platine-iridium (dont les variations étaient supposées infimes) qui définissait de façon concrète la taille d'un mètre. Cette barre existe toujours et est conservée à Sèvres au pavillon de Breteuil (Hauts-de-Seine).

En 1960, avec l'avènement des lasers, la Conférence générale des poids et mesures (CGPM) définit le mètre de façon obscure pour le quidam comme étant 1 650 763,73 longueurs d'onde d'une radiation orangée émise par l'isotope 86 du krypton.

De façon encore plus hermétique, la conférence de 1983 redéfinit finalement le mètre comme étant la distance parcourue par la lumière dans le vide en 1/299 792 458 seconde. La vitesse de la lumière dans le vide étant la même en tout point selon la théorie de la relativité, cette définition est considérée comme plus précise.

LE DERNIER MÈTRE ÉTALON

17

La référence absolue

36, rue de Vaugirard
Métro Saint-Sulpice ou Mabillon

Enfant de l'esprit des Lumières et de la Révolution française, le mètre fut défini pour la première fois en 1791 par l'Académie des sciences en remplacement des unités de mesure faisant référence à l'être humain (le pouce, le pied...). Les êtres humains étant relativement différents par essence, on prenait souvent en référence le souverain, ce qui constituait évidemment un symbole monarchique assez fort. Le mètre fut définitivement adopté par la France en 1795 comme mesure de longueur officielle. De 1796 à 1797, la Convention fit ainsi placer dans Paris 16 mètres étalons gravés dans le marbre afin de familiariser la population avec ce nouveau système de mesure.

Celui que l'on peut admirer sous les arcades de la rue de Vaugirard, à droite du porche du n° 36, est le seul qui soit encore à son emplacement d'origine : l'autre mètre étalon encore présent dans Paris a été replacé en 1848 au 13 de la place Vendôme à gauche de l'entrée du ministère de la Justice. Il a été scellé dans un pan de mur qui appartient à l'Agence des poids et mesures.

AUX ALENTOURS

Inscription MACL

18

4, rue de Tournon

Sur la façade du 4, rue de Tournon, la petite inscription MACL rappelle simplement que la « Maison est Assurée Contre L'incendie ».

À la Révolution, certains, peut-être inspirés par les bordels qui se tenaient tout proches, rue Saint-Sulpice (voir p. 72), détournèrent ces initiales en lui donnant le sens de « Marie-Antoinette Cocufie Louis », avant que, sous la Restauration, elle ne prenne encore un autre sens : « Mes Amis, Chassons Louis » (pour Louis XVIII).

En ce sens, ces inscriptions rappellent celles que l'on trouve à Venise sur un pont, où à la Fenice au début du film *Senso* quand les spectateurs crient devant les Autrichiens, qui n'y voient que du feu : *Viva Verdi,* qui signifie en réalité *Viva Vittorio Emmanuele, Re d'Italia* (voir chez le même éditeur le guide *Venise insolite et secrète*).

On trouve d'autres inscriptions MACL par exemple au 6, rue Pernelle (IVe), 9, rue Henri Monnier (IXe), rue du Capitaine Lagache (XVIIe), etc.

NUMÉRO 1096 DE LA RUE GARANCIÈRE

19

Un vestige de la numérotation de Louis XVI

2, rue Garancière
Métro Saint-Sulpice

Au 2, rue Garancière, un peu à gauche de la plaque du numéro de rue, subsiste le numéro 1096 en fond blanc sur la pierre légèrement noircie. Cette numérotation est le vestige des premiers essais de numérotation des rues de Paris sous Louis XVI, suivis, sous la Révolution, par une numérotation qui est faite par district (en 1789, Paris était divisé en 60 districts), et non par rue, ce qui explique l'existence de numéros très élevés comme ici le n° 1 096. Le système actuel (voir ci-dessous) sera adopté en 1805 à l'initiative de Napoléon.

Comment sont organisés les numéros des rues à Paris ?

Depuis 1805, les édifices parisiens sont numérotés de la façon suivante : les numéros pairs sont toujours à droite et les numéros impairs à gauche, en se postant au début de la rue.

Pour les rues plus ou moins parallèles à la Seine, le début de la rue est dans le sens selon lequel coule la Seine (d'est vers l'ouest, dans le cas de Paris).

Pour les rues plus ou moins perpendiculaires à la Seine, le début de la rue est toujours du côté de la Seine.

Si au début on peignait les numéros des rues parallèles à la Seine en rouge sur fond jaune et ceux des rues perpendiculaires en noir sur fond jaune (voir un exemple au 167, rue Saint-Jacques, voir p. 152), depuis 1847, le numéro est obligatoirement inscrit sur des plaques en porcelaine émaillée à numéros blancs sur fond bleu : ce sont celles que l'on voit toujours aujourd'hui.

Curieusement, les rues de Charenton, de Reuilly et de Picpus, dans le XIIe arrondissement, ne suivent pas le sens de la numérotation.

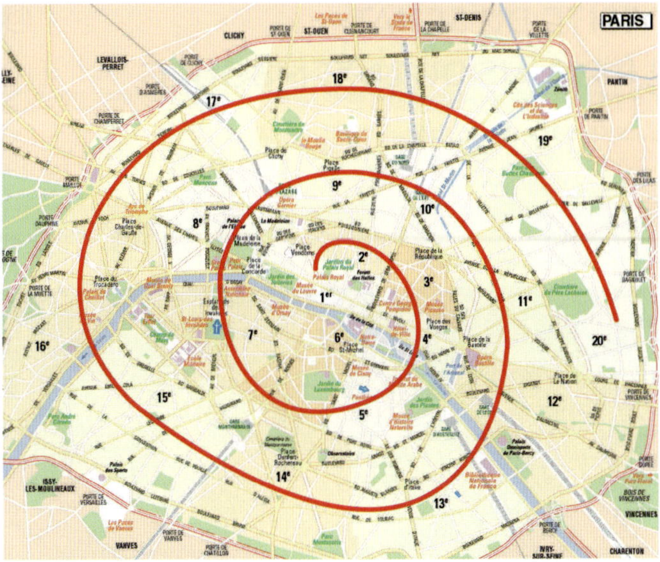

Organisation et ordre des arrondissements parisiens

En partant du centre-ville (quartier du Louvre) qui forme le Ier arrondissement, les 20 arrondissements se succèdent en tournant en spirale dans le sens des aiguilles d'une montre. Cette organisation date de 1860 et de l'annexion à cette époque des faubourgs de Paris situés au-delà de l'ancien mur des fermiers généraux.

Certains villages furent annexés en totalité (Belleville, Grenelle, Vaugirard et La Villette), quelques-uns furent partagés entre Paris et d'autres communes (Auteuil, XVIe et Boulogne), Les Batignolles-Monceau (XVIIe et Clichy), Bercy (XIIe et Charenton), La Chapelle-Saint-Denis (XVIIIe, Aubervilliers, Saint-Denis et Saint-Ouen), Charonne (XXe, Bagnolet et Montreuil), Montmartre (XVIIIe et Saint-Ouen), Passy (XVIe et Boulogne) et d'autres enfin ne furent que partiellement annexés : Aubervilliers, Bagnolet, Gentilly (quartiers de Glacière dans le XIVe, et de Maison-Blanche dans le XIIIe), Issy (quartier de Javel dans le XVe), Ivry, Montrouge (quartier du Petit-Montrouge dans le XIVe), Neuilly (quartier des Ternes dans le XVIIe), Pantin, Le Pré-Saint-Gervais, Saint-Mandé (quartiers du Bel-Air et de Picpus dans le XIIe), Saint-Ouen et Vanves.

Avant 1860, Paris comptait 12 arrondissements : le XIIIe mit du temps à accepter son numéro ; outre la superstition sur le chiffre 13, l'expression « marié à la mairie du treizième » signifiait à l'époque que l'on était en concubinage.

VISITE DU SÉNAT
LE PALAIS DU LUXEMBOURG

⑳

Les trésors du Sénat

15, rue de Vaugirard
Réservation au 01 42 34 20 01
Visite gratuite
Métro Saint-Sulpice ou Mabillon

Construit à partir de 1615 par l'architecte Salomon de Brosse pour la reine Marie de Médicis qui voulait un palais qui lui rappelle le palais Pitti à Florence, le palais du Luxembourg, qui abrite aujourd'hui le Sénat, est certainement l'un des plus beaux quoique l'un des plus méconnus palais de la République. On oublie trop souvent qu'il est possible de le visiter assez facilement, et notamment en dehors des journées du Patrimoine où les foules sont denses.

L'article 33 de la Constitution stipule en effet que les séances du Parlement sont publiques. En clair, n'importe quel citoyen peut se présenter aux portes du Sénat ou de l'Assemblée nationale pour assister à une séance. Mais autant les places sont chères, car limitées, à l'Assemblée, autant le Sénat ouvre facilement (et gratuitement) ses portes à qui veut endosser son rôle de citoyen éclairé (voir encadré sur les conditions d'accès).

Si le palais du Luxembourg héberge le Sénat depuis 1799, il abritait auparavant un musée (entre 1750 et 1780) et même une prison (pendant la Révolution). La visite permettra non seulement de voir les Sénateurs s'invectiver ou s'endormir, ce qui est toujours instructif, mais aussi d'admirer le riche patrimoine du lieu : la salle des Conférences, ancienne galerie du Trône, longue de 57 mètres, réalisée en 1852 par Alphonse de Gisors ; la célèbre Bibliothèque peinte par Delacroix en 1845 et les salons de Boffrand (XVIIIᵉ siècle).

© Sénat/L. Poyet

Comment visiter le Sénat ?

- Se présenter au 15, rue de Vaugirard un jour de séance (généralement les mardis, mercredis ou jeudis, voire les autres jours et même la nuit lors de la discussion du budget en fin d'année) muni d'une carte d'identité. Horaires des séances et ordre du jour au 01 42 34 20 01. Les « tickets de tribune » sont distribués dans la limite des places disponibles.
- Journée portes ouvertes généralement le samedi : journée du Livre d'économie (janvier), journée du Livre d'histoire (juin), etc. Journées annoncées sur le site Internet du Sénat : senat.fr
- Visites individuelles un samedi par mois, à 10 h 30 ou 14 h 30, par le Centre des Monuments nationaux (01 44 54 19 49).
- Visites de groupe : plus d'infos sur senat.fr
- Journées du patrimoine (généralement le 3ᵉ week-end de septembre).

MUSÉE D'HISTOIRE DE LA MÉDECINE

21

N'oubliez pas l'écorché

Université de Paris-V – René-Descartes
12, rue de l'École de Médecine
01 76 53 16 93
biusante.parisdescartes.fr
Visites de 14 h à 17 h 30 sauf les jeudis, dimanches et jours fériés
Visites guidées pour groupes (20-25 personnes maximum) sur rendez-vous
Réservation auprès de Sonia Poncet : sonja.poncet@parisdescartes.fr
Métro Odéon
RER Saint-Michel – Notre-Dame

Dans une longue et très belle salle ornée de verrières et de galeries en fer forgé, au deuxième étage de l'école de Médecine, se trouve le très insolite musée d'Histoire de la médecine. Accueilli directement par un mannequin représentant un écorché grandeur nature, on y découvre la collection la plus ancienne d'Europe, qui retrace, de la haute Antiquité au XIXe siècle, l'étonnante histoire de la médecine et de la chirurgie. Scalpels, trépans, scies et bistouris voisinent avec de véritables œuvres d'art telles que ce nécessaire à circoncision en argent et agate du XVIIe siècle. D'autres pièces présentent également un intérêt historique comme le scalpel de Félix, chirurgien de Louis XIV, ou la trousse du docteur Antommarchi, qui réalisa l'autopsie de Napoléon.

AUX ALENTOURS

Un surprenant immeuble en béton : le 1, rue Danton (22)

Construit par François Hennebique pour lui-même, l'immeuble du 1, rue Danton est, de façon très inattendue, totalement construit en béton, même s'il semble être en pierre. On s'accorde à reconnaître que c'est Joseph Lambot qui a eu le premier l'idée d'incorporer un treillis métallique dans du mortier de ciment pour réaliser une barque en 1848 (voir chez le même éditeur le guide *Provence insolite et secrète*).

Maison d'Auguste Comte (23)

10, rue Monsieur Le Prince
01 43 26 08 56 ; augustecomte.org
Le mardi de 18 h à 21 h et le mercredi de 14 h à 17 h

Restauré dans les années 1960 grâce à Paulo Carneiro, ambassadeur brésilien auprès de l'UNESCO, l'appartement d'Auguste Comte est, aujourd'hui encore, tel qu'il était lors de la disparition du fondateur du positivisme (voir p. 99). La visite, qui peut s'effectuer en cinq à dix minutes, est surtout l'occasion de s'intéresser au positivisme, et éventuellement de poser quelques questions à la personne présente ce jour-là. Rien d'étonnant d'ailleurs à ce que l'appartement ait été restauré par un Brésilien : la majorité des adeptes du positivisme se trouve aujourd'hui au Brésil, un pays féru de spiritualité et d'ésotérisme.

Musée de minéralogie de l'École des Mines (24)

60, boulevard Saint-Michel
01 40 51 91 39
Du lundi au vendredi de 9 h à 18 h, le samedi de 10 h à 12 h 30 et de 14 h à 17 h
RER Luxembourg

Fondé en 1794, ce musée un peu vieillot, avec ses vitrines du siècle dernier alignées dans une très belle galerie en bois de 100 mètres de long de l'hôtel de Vendôme, présente aux yeux éblouis des visiteurs une collection parmi les plus importantes du monde, et unique en France, de plus de 80 000 minéraux et cristaux. De quoi passer des heures à découvrir les pièces les plus spectaculaires ou les échantillons les plus rares, depuis la plus grosse boléite, en passant par le cube radioactif de thorianite le plus incroyable ou encore par la plus merveilleuse hauérite du monde, constamment protégée de la lumière dévastatrice par une vitrine en bois dont il faut soulever le couvercle.

STATUE DE LA MORT

㉕

Une saisissante représentation de la mort

15, rue de l'École de Médecine
Métro Odéon

Au sein de la faculté de médecine René-Descartes, après avoir traversé le cloître, sur la gauche, dans un recoin, trône une sculpture, saisissante de réalisme. Conçue par Allouard en 1910, elle possède les attributs classiques de la mort, dont la faux, et foule aux pieds les symboles de l'orgueil et de la vanité des hommes : une couronne, un coffre aux trésors, une épée, des bijoux et des bibelots, un sceptre...

AUX ALENTOURS

Le réfectoire du Couvent des Cordeliers (26)

15, rue de l'École de Médecine
01 77 75 11 00 ; refectoiredescordeliers.rivp.fr
Ne se visite plus mais peut être réservé pour un événement

Du fameux couvent des Cordeliers, il ne reste aujourd'hui plus que le réfectoire, bel exemple d'architecture gothique flamboyant, édifié à la fin du XVᵉ siècle. Haut lieu religieux, le couvent abrita aussi entre 1790 et 1794 le siège du fameux club des Cordeliers qui réunissait Danton et Marat. Assassiné par Charlotte Corday, ce dernier fut inhumé dans le jardin du couvent. Ce bel édifice de plus de 900 mètres carrés, éclairé par de vastes baies ogivales et surmonté d'une charpente en bois impressionnante, est aujourd'hui la propriété de la Ville de Paris. Classé Monument Historique, il est utilisé pour des manifestations et des expositions temporaires.

> L'appellation « Les Cordeliers » désigne un ordre mendiant de moines franciscains qui avaient pris ce nom en référence à la ceinture de corde qu'ils portaient.

VESTIGES DES SYSTÈMES D'ALLUMAGE DES RÉVERBÈRES À HUILE

27

De l'huile à la lumière

8, rue des Grands-Augustins
Métro Saint-Michel

Très discrètes, les deux marques verticales et la sorte de petite niche sur la façade du 8, rue des Grands-Augustins sont les vestiges des systèmes d'allumage des réverbères à huile, qui fonctionnèrent jusqu'au début du XIXe siècle.

Dès le XIIIe siècle, en effet, la ville de Paris se soucia de l'éclairage de ses rues, notamment pour des raisons de sécurité : en 1258, Étienne Boileau, prévôt des marchands de Paris, ordonna d'éclairer les façades des immeubles bourgeois avec des chandelles, mesure qui ne fut quasiment pas appliquée.

En 1667, La Reynie (1625-1709), premier lieutenant général de Paris, fit distribuer des lanternes (toujours à chandelle) à placer au milieu ainsi qu'aux extrémités des rues.

En 1763, M. de Sartine remplaça les chandelles par des réverbères à huile. Les lanternes à réverbère étaient suspendues au milieu des rues, 5 mètres au-dessus du sol.

C'est pourquoi les traces que l'on voit sur la façade comportent deux grandes trouées verticales, qui rappellent le fonctionnement du système d'une poulie : la lanterne à huile pendait au bout d'un fil, relié à une poulie, elle-même reliée à un fil qui était enroulé dans une petite armoire, dont la niche est le vestige.

L'éclairage au gaz s'implanta au début du XIXe siècle et à partir de 1880, l'éclairage au gaz laissa la place à l'électricité.

AUX ALENTOURS

Cour de Rohan (28)

Accès par la cour du Commerce-Saint-André ou par la rue du Jardinet avant 20 h

Formée par trois petites courettes successives, la charmante cour de Rohan doit son nom à l'hôtel des Évêques de Rouen dont le nom a été altéré en « Rohan ». Elle communique avec la cour du Commerce-Saint-André depuis 1791 et présente encore des vestiges de la muraille de Philippe Auguste, visibles aux numéros 3 et 7 (une tour de la muraille, habitée par un particulier, est même visible à l'intérieur de la maison de la Catalogne dans la cour du Commerce-Saint-André). La deuxième cour cache un ancien « pas de mule » en fer forgé dont la vocation était d'aider les femmes ou vieillards à monter sur leur monture et la troisième, qui débouche sur la rue du Jardinet, a conservé un puits avec poulie et margelle en gargouille.

LA MÉRIDIENNE DE L'HÔTEL DES MONNAIES

29

L'oubliée du Da Vinci Code

11, quai de Conti
Visible aux heures d'ouverture du musée de la Monnaie

Dans la deuxième cour à gauche en entrant dans l'hôtel des Monnaies (construit au milieu du XVIIIᵉ siècle sur ordre du roi Louis XV), se trouve une remarquable méridienne verticale très peu connue des Parisiens.

Celle-ci a été conçue en 1777 par deux membres de l'Académie des Sciences : le père Pingré (1711-1796), un religieux reconverti à l'astronomie, et Edmée Sébastien Jeaurat (1724-1803), un professeur de mathématiques et géomètre.

Haute de 7,80 mètres, la méridienne ne comporte qu'une ligne horaire, celle de midi : avec l'obélisque-gnomon de Saint-Sulpice (voir p. 193) et le canon du Palais-Royal (quand il fonctionnait), elle est l'une des trois méridiennes de Paris indiquant l'heure de midi grâce à la course du soleil.

AUX ALENTOURS

Un vestige de la muraille de Philippe Auguste dans un parking (30)

27, rue Mazarine

Le parking de la rue Mazarine abrite au premier sous-sol un vestige important de la muraille de Philippe Auguste (voir p. 123). L'accès uniquement piéton est possible et une plaque signale l'emplacement du mur.

BIBLIOTHÈQUE MAZARINE

31

Un bijou oublié

23, quai de Conti
01 44 41 44 06
webmaster@bibliotheque-mazarine.fr
bibliotheque-mazarine.fr
Du lundi au vendredi de 10 h à 18 h, fermeture annuelle du 1er au 15 août

Indissolublement liée à son créateur, le cardinal Mazarin, dont les armoiries sont présentes sur le fronton du bâtiment, sur les boiseries de la salle de lecture et sur le maroquin rouge des reliures, la bibliothèque Mazarine est un endroit sublime. Contre toute attente, elle est ouverte au public en présentant tout simplement une carte d'identité et deux photos.

La bibliothèque était au départ la collection personnelle du cardinal qu'il avait rassemblée dans son hôtel particulier. Elle fut ouverte dès 1643 aux savants et aux lettrés et devint ainsi la plus ancienne bibliothèque publique de France. Afin d'éviter que son fonds ne soit dispersé après sa mort, Mazarin l'adjoignit au collège des Quatre-Nations dont l'aile gauche fut réservée à la bibliothèque, qui fut intégralement transférée, mobilier inclus.

Rattachée depuis 1945 à l'Institut de France qui occupe les bâtiments de l'ancien collège des Quatre-Nations, la bibliothèque Mazarine possède, outre ses collections de livres anciens, un magnifique escalier néoclassique qui mène à l'impressionnante salle de lecture longue de 65 mètres et haute de 8 mètres. Rythmée par 32 travées de rayonnages et 18 fenêtres, elle est décorée d'objets d'art qui proviennent en grande partie de saisies révolutionnaires.

LE BOIS VISCONTI

32

L'espace vert le plus méconnu de Paris

Accès parfois possible par le 26, rue Jacob
Métro Saint-Germain-des-Prés

Si vous avez le bonheur de connaître quelqu'un habitant au 26, rue Jacob (sinon, il est toujours possible de le demander aimablement), vous aurez peut-être l'immense privilège d'accéder à l'un des espaces verts les plus secrets et surprenants de Paris : sur une surface d'environ 2000 mètres carrés, strictement invisible de la rue, le bois Visconti est un ensemble de jardins arborés contigus qui regroupe les jardins du 34, rue de Seine et des 20, 22 et 26, rue Jacob.

Le bois Visconti est ce qu'il reste des jardins créés lors du lotissement du petit Pré-aux-Clercs de 1550 à 1600.

Au sein du bois Visconti se cache également un étonnant petit temple à colonnes doriques. Pour plus d'informations, voir double page suivante.

Le plus vieil arbre de Paris ?

Une légende tenace désigne le vieil arbre au milieu du bois Visconti comme étant le plus vieil arbre de Paris.

En réalité, l'arbre est un catalpa, une espèce qui est réputée ne pas vivre longtemps. La circonférence de l'arbre (1,70 mètre), en revanche, est réellement exceptionnelle et laisse penser que si l'arbre n'est pas le plus vieux de Paris, il est sans doute très ancien.

À Paris, le plus vieil arbre actuel est un robinier faux-acacia planté dans le square de Saint-Julien-le-Pauvre en 1601.

TEMPLE DE L'AMITIÉ

33

Un des lieux les plus méconnus et romantiques de Paris

20, rue Jacob
Privé, ne se visite pas
Métro Saint-Germain-des-Prés

Invisible de la rue, caché au cœur du bois Visconti (voir double page précédente), au fond du 20, rue Jacob, se trouve un étonnant petit temple à colonnes doriques, classé à l'Inventaire supplémentaire des Monuments Historiques. Probablement bâti au début du XIXᵉ siècle, le temple a connu son heure de gloire au début du XXᵉ siècle grâce à sa locataire de l'époque (de 1908 aux années 1960), Natalie Clifford Barney qui, en grande partie grâce à sa personnalité de femme libre et progressiste, en fit un salon littéraire réputé, fréquenté par Colette, Hemingway, Proust, Joyce ou encore Paul Valéry.

En 1966, un ancien Premier ministre voulut le transformer en studio et dénatura ainsi totalement l'édifice qui fut postérieurement refait à l'identique en 1974, grâce à une photo prise en 1909.

Visible néanmoins partiellement depuis la cour du 22, rue Jacob, le temple possède un fronton où figure une couronne de fleurs et de fruits entourant les initiales « DLV ». En dessous, on peut lire l'inscription « À l'Amitié ».

L'inscription DLV reste mystérieuse : rappelle-t-elle le nombre 555 en chiffres romains ou plutôt « Dieu-Le-Veut », une devise que l'on retrouve fréquemment dans la franc-maçonnerie, le temple de l'Amitié ayant aussi servi de lieu de réunion pour certains francs-maçons ?

AUX ALENTOURS

Étoile du 12, rue de Buci (34)

Si le 4, rue de Buci juste à côté a bien été l'emplacement de la première loge maçonnique parisienne, l'étoile du 12, rue de Buci ne représente pas une Étoile flamboyante franc-maçonne : elle rappelle la présence en 1628 d'un ancien jeu de paume qui prit un moment le nom de jeu de paume de l'Étoile.

LES SECRETS DE L'ÉCOLE DES BEAUX-ARTS

35

Toute la magie de la capitale

14, rue Bonaparte
01 47 03 50 74
beauxartsparis.fr
Métro Saint-Germain-des-Prés

Vaste ensemble de 2 hectares au cœur de Saint-Germain-des-Prés, l'École des beaux-arts est l'un de ces lieux qui fait toute la magie de Paris. Au milieu des bâtiments dont les plus anciens remontent au XVIIe siècle, les œuvres des étudiants trônent en effet çà et là, donnant une atmosphère romantique inimitable. La partie la plus ancienne est la chapelle et ses bâtiments annexes, édifiés au début du XVIIe siècle pour le couvent des Petits-Augustins et financés par la reine Margot, avec, dit-on, de l'argent mal acquis, d'où le nom du quai Malaquais tout proche...

En 1795, la chapelle perdit sa vocation initiale et Alexandre Lenoir (1761-1839) y installa le musée des Monuments français. Les lieux ne furent affectés à l'École des beaux-arts qu'en 1816, à la fermeture du musée. Aujourd'hui, la chapelle abrite de multiples copies de la Renaissance italienne et française : *La Porte du paradis* dont l'originale, réalisée par Ghiberti, orne le baptistère de Florence ou encore *Le Jugement dernier* de Michel-Ange par Xavier Sigalon.

La visite se poursuit par la cour vitrée (1832) dont l'architecture servit de modèle à Labrouste pour la salle de lecture de sa Bibliothèque impériale (aujourd'hui bibliothèque Richelieu). L'amphithéâtre d'honneur, ou hémicycle de la récompense, est célèbre pour son tableau de Paul Delaroche, *La Renommée* distribuant des lauriers.

L'édification du bâtiment des Loges, du palais des études, du bâtiment des expositions et l'aménagement des cours d'entrée de la chapelle et de la magnifique cour des Mûriers, un véritable cloître de style florentin, furent supervisés par l'architecte François Debret puis par son élève et beau-frère Félix Duban. En 1883, l'École connut une dernière extension avec l'achat de l'Hôtel de Chimay et de ses annexes situés aux 15 et 17, quai Malaquais.

Pour ceux qui souhaitent faire la visite par eux-mêmes, le gardien de l'entrée de la rue Bonaparte confond parfois les étudiants avec les visiteurs et il est donc possible de profiter tranquillement du superbe cloître, juste à droite en entrant...

LA SALLE DE SÉANCE DE L'ACADÉMIE DE MÉDECINE

(36)

Un lieu méconnu des Parisiens

16, rue Bonaparte
01 42 34 57 73
academie-medecine.fr
Séance publique le mardi après-midi
Consulter le site pour connaître l'heure et le thème de la séance

Les séances du mardi après-midi, le plus souvent consacrées à des sujets de santé publique, sont l'occasion de découvrir in vivo ce haut lieu de la médecine, situé juste à côté des Beaux-Arts. La salle des séances, véritable théâtre à l'italienne, a retrouvé ses couleurs subtiles et son faste d'époque mais, sur les pupitres à l'ancienne, de simples étiquettes indiquent que c'est là que se retrouvent, en toute convivialité, à leur place attitrée, les plus grands noms de la médecine. La salle des bustes (ferronneries et mosaïque de marbre) aligne dans un ordre impeccable les grands personnages de l'histoire de la médecine et de l'Académie. La salle de lecture, plus confidentielle, est réservée aux chercheurs ; la bibliothèque est l'une des plus grandes bibliothèques médicales au monde et on y conserve certains des trésors les plus précieux de l'histoire de la médecine.

Fondée en 1820 par Louis XVIII, l'Académie, officiellement destinée à répondre aux questions du gouvernement, joue de plus en plus un rôle d'alerte et de mise au point scientifique en santé. Elle contribue aussi largement à l'aide à la recherche médicale par les prix qu'elle décerne chaque année au nom de ses donateurs.

AUX ALENTOURS

Renfoncement de la rue de l'Échaudé (37)

Angle de la rue de l'Échaudé et de la rue de l'Abbaye

La maison à l'angle de la rue de l'Échaudé et de la rue de l'Abbaye possède un curieux renfoncement : celui-ci permettait aux calèches à cheval, qui étaient assez hautes, de passer plus aisément.

Le Québec à Saint-Germain-des-Prés

La place du Québec, au croisement du boulevard Saint-Germain, de la rue de Rennes et de la rue Bonaparte, doit son nom au fait que le premier évêque de Québec, Mgr François de Montmorency-Laval, avait été sacré, en 1674, dans l'église Saint-Germain-des-Prés, juste en face. Elle héberge une bien curieuse fontaine que les habitants du quartier ont probablement du mal à interpréter : l'enchevêtrement de dalles est censé représenter la débâcle des glaces des fleuves canadiens. La présence du café *Le Québec* complète la présence de la province canadienne dans le quartier.

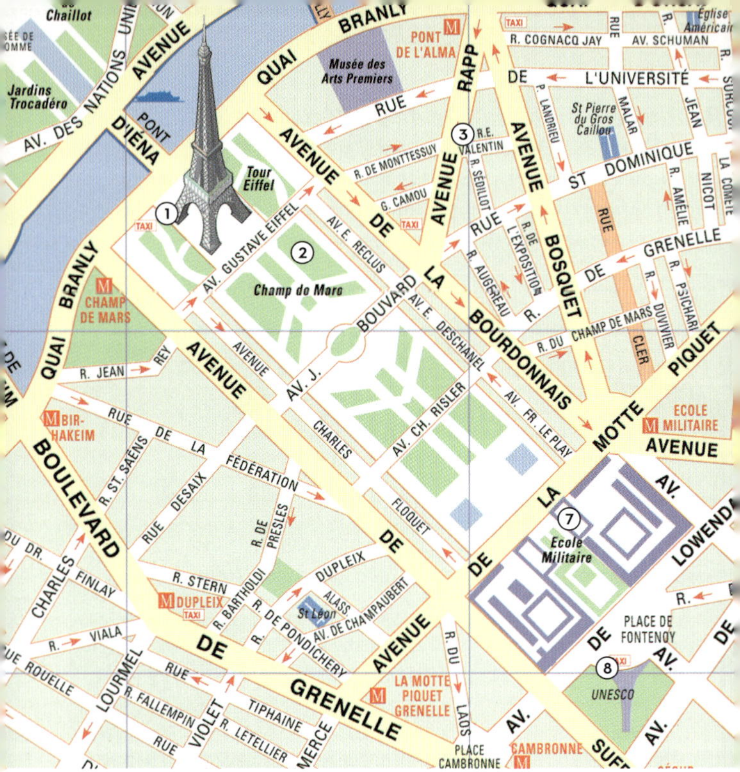

VIIe Arrondissement

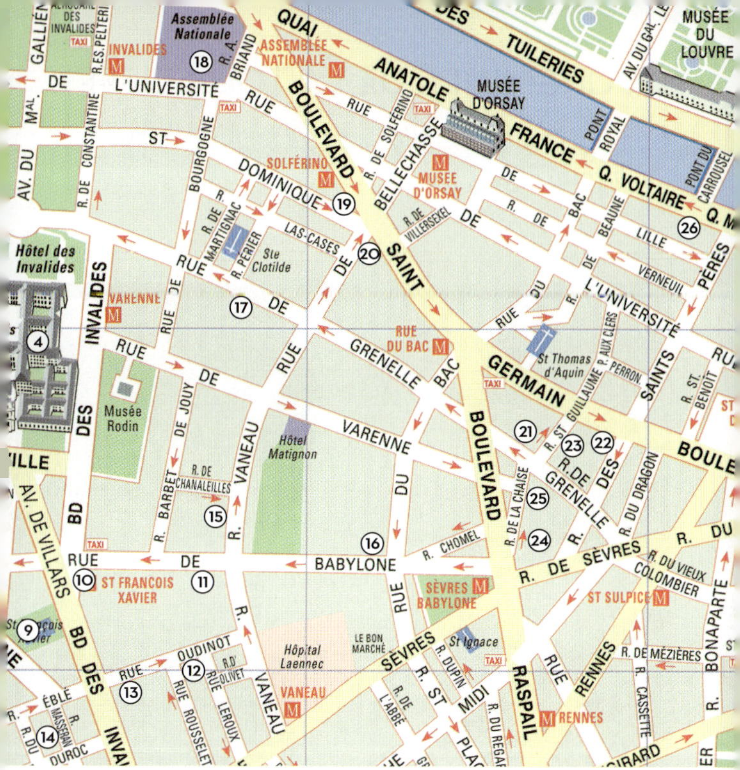
Assemblée Nationale
ASSEMBLÉE NATIONALE
INVALIDES
QUAI
ANATOLE
FRANCE
DES
TUILERIES
MUSÉE DU LOUVRE
AV. DU GAL. LE
MUSÉE D'ORSAY
PONT ROYAL
Q. VOLTAIRE
Q. M
PONT DU CARROUSEL
DE L'UNIVERSITÉ
RUE
BOURGOGNE
ST DOMINIQUE
SOLFÉRINO
R. DE SOLFERINO
BOULEVARD SAINT GERMAIN
BELLECHASSE
MUSÉE D'ORSAY
R. DE VILLERSEXEL
DE BAC
R. DE BEAUNE
LILLE
SAINTS PÈRES
VERNEUIL
L'UNIVERSITÉ
AV. DU MAL. GALLIÉNI
R. DE CONSTANTINE
R. DE MARTIGNAC
R. PÉRIER
LAS-CASES
Ste Clotilde
Hôtel des Invalides
VARENNE
RUE DE GRENELLE
RUE DU BAC
St Thomas d'Aquin
R. ST GUILLAUME
P. AUX CLERS
PERRON
R. ST BENOIT
INVALIDES
RUE DE VARENNE
Musée Rodin
DE JOUY
R. BARBET
R. DE CHANALEILLES
VANEAU
Hôtel Matignon
BOULEVARD RASPAIL
R. DE GRENELLE
DES
R. DE LA CHAISE
R. DU DRAGON
BD DES
AV. DE VILLARS
R. CHOMEL
RUE DE BABYLONE
R. DE SÈVRES
R. DU VIEUX COLOMBIER
ST FRANCOIS XAVIER
SÈVRES BABYLONE
ST SULPICE
BONAPARTE
LE BON MARCHÉ
Hôpital Laennec
SÈVRES
St Ignace
R. DUPIN
R. DE MÉZIÈRES
RUE RENNES
RUE OUDINOT
R. D'OLIVET
RUE LEROUX
RUE ROUSSELET
RUE DE L'ABBÉ
R. ST PLACIDE
MIDI
R. DU REGARD
RENNES
R. CASSETTE
VANEAU
ÉBLÉ
R. MASSERAN
DUROC
RUE DE VAUGIRARD
TAXI
4
9
10
11
12
13
14
15
16
17
18
19
20
21
22
23
24
25
26

LA CHEMINÉE DE LA TOUR EIFFEL ①

Une intrigante tourelle derrière le pilier ouest de la tour Eiffel

RER Champ-de-Mars

Rares sont les personnes qui auront remarqué derrière le pilier ouest de la tour Eiffel cette tourelle en briques rouges, nichée entre quelques arbustes. Datant de l'époque des fondations de la tour (1887), elle aurait été reliée par un canal à l'ancienne chambre des machines, située sous le pilier sud, et aurait servi de cheminée au moment de la construction de la tour.

Quand le nom de famille des savants de la tour Eiffel ne doit pas faire plus de 12 lettres...

Nombre de Parisiens ne l'ont jamais vu, et pourtant : sur la tour Eiffel, au premier étage, juste au-dessus de l'arche formée par les pieds de la tour, Gustave Eiffel a fait graver 72 noms de scientifiques, ingénieurs ou industriels qui ont honoré la France de 1789 à 1889.

Si ces noms étaient inscrits à l'origine en lettres d'or sur 60 centimètres de haut, ils furent recouverts de peinture au début du XXe siècle avant d'être restaurés en 1986.

Aujourd'hui, sur les quatre côtés de la tour Eiffel, on pourra ainsi lire les noms de ces savants parmi lesquels ne figure aucune femme et dont au moins un autre détail, outre leur apport scientifique, a justifié ou non leur inscription : pour une question de place limitée entre les poutrelles, leur nom de famille ne devait pas comporter plus de 11 lettres. Ainsi, exit Charles Sainte-Claire Deville (géologue et météorologue), Boussingault (chimiste et agronome), Henri Milne-Edwards (zoologiste) et Quatrefages de Bréau (biologiste, zoologiste et anthropologue) auxquels on avait pourtant pensé.

LE MONUMENT DES DROITS DE L'HOMME

②

Un énigmatique monument franc-maçon

Champ-de-Mars
Métro École Militaire

Les jeunes qui jouent souvent au football jusque devant ses marches n'ont certainement jamais remarqué l'un des monuments les plus intrigants de la capitale. Commandé par la ville de Paris pour célébrer le bicentenaire de la Révolution française en 1989, le monument des Droits de L'homme du Champ-de-Mars doit ses très nombreuses références ésotériques à Michel Baroin, l'ancien Grand Maître du Grand Orient, qui était chargé de l'organisation de cet anniversaire. Conçu par le sculpteur tchèque Ivan Theimer, l'édifice se présente sous la forme cubique classique des antiques temples égyptiens et judaïques en pierre taillée. Il est posé sur une terrasse à laquelle on accède par sept marches en comptant la base.

De chaque côté de la porte d'entrée se dressent les deux colonnes traditionnelles, *Jakin et Bohaz*, de l'antique temple de Salomon qui, comme dans celui-ci, ne supportent aucun poids : symboliquement, elles portent la voûte de l'univers.

Tout comme dans le temple de Salomon, la porte principale de ce monument parisien est faite en bronze. Une immense quantité d'allégories en rapport avec les mystères initiatiques de l'Égypte antique y ont été ciselées, ce qui la transforme en un condensé de savoirs traditionnels occultes. Dans un amalgame ressemblant davantage à une anagramme initiatique qui ne peut être déchiffrée que par ceux qui possèdent les clés de l'initiation, on peut voir une série de dieux égyptiens, des pyramides de divers styles au milieu de mystérieux temples et d'édifices parisiens symboliques : une allusion voilée du transfert à Paris de la Tradition initiatique d'Égypte, qui atteignit son apogée sous Napoléon Bonaparte, quelque temps après la Révolution qui changea la donne politique et sociale de la France, mais également de toute l'Europe et de l'Amérique, raison pour laquelle le monument présente les noms et les blasons de plusieurs villes européennes qui adoptèrent la Déclaration des droits de l'homme.

En évidence sur la porte, on trouve aussi la célèbre phrase attribuée au peintre français Nicolas Poussin (1594-1665) : *Et in Arcadia ego*, qui signifie « Moi (la Mort), je suis aussi en Arcadie (le pays des délices) » que l'on peut interpréter comme un message selon lequel la mort n'empêche pas l'Illuminé par la sagesse divine d'accéder à l'Arcadie, image du paradis divinisé (voir p. 24) ; comme le laissent imaginer deux autres gravures qui accompagnent la phrase, avec le delta et le pendule maçonniques, sur fond de paradis. On peut y lire : « Le peuple français reconnaît l'Être suprême et l'immortalité de l'âme » et « Unité, indivisibilité de la République. Liberté, Égalité, Fraternité, ou la mort ».

Au-dessus de la porte, une ouverture circulaire sans vitre laisse voir un serpent se mordant la queue, le célèbre ouroboros : le serpent est le symbole de la connaissance globale et, ainsi enroulé en se mordant la queue, il désigne symboliquement l'univers du Savoir, l'unité de l'Être. À côté, la sculpture d'un lézard, que l'Ancien Testament (*Proverbes* 30:24) décrit comme un « être minuscule sur la terre le plus sage parmi les sages » rappelle la symbolique du serpent. Ses longues heures d'immobilité au soleil sont le symbole d'une extase contemplative et le lézard symbolisera donc l'âme qui cherche humblement la Lumière.

À l'arrière du monument, deux obélisques donnent une esthétique égyptienne à l'ensemble. Ils sont couverts d'inscriptions et de symboles maçonniques, la plupart issus de l'alphabet maconnique adopté par le rite français. Sur l'obélisque de droite, un parallèle est fait entre les sculptures des *Tables de la loi* données par Dieu à Moïse et la *Déclaration des droits de l'homme*.

Deux statues de bronze ornent également le monument. L'une est un citoyen levant les bras, qui personnalise l'Humanité, la piété et la tolérance que l'on doit avoir les uns envers les autres. L'autre est une femme, portant un rameau, qui guide un enfant, allégorie de la *Maternité* et de l'*Éducation* : une jeune génération bien élevée et bien éduquée est le ciment de la civilisation et du progrès universel.

Les textes hébraïques verticaux qui décorent la tunique de l'homme, et le texte en français à l'horizontale, qui indique le chapitre XXXIV de l'*Exode* de l'Ancien Testament, vont dans le même sens : ils font référence aux deux tables de la Loi taillées par Moïse, après la destruction des premières, et à l'Alliance de Dieu avec son peuple qui doit obéir à la Loi et être humainement juste avec son prochain.

Pour plus d'informations sur l'ourobouros situé au-dessus de la porte du monument, voir p. 28.

LE PHALLUS GÉANT

3

Un immense phallus sur la porte d'entrée

29, avenue Rapp
RER Pont de l'Alma

Primé au concours de façades en 1901, l'immeuble du 29, avenue Rapp est considéré comme le chef-d'œuvre de Lavirotte. Si la porte d'entrée, surmontée d'une tête de femme (qui pourrait bien être celle de son épouse) entourée d'Adam et Ève chassés du paradis est relativement connue des Parisiens, très rares sont ceux à avoir remarqué que la porte elle-même n'est autre qu'un phallus inversé. Il suffit d'isoler la partie centrale de la porte en bois (la sculpture sur bois est déjà significative), la partie centrale vitrée ainsi que les deux zones vitrées en forme d'ovale au sommet de la porte pour ne plus voir que cela...

Fervent partisan du symbolisme sexuel, Lavirotte a également introduit sur les balcons des fenêtres du rez-de-chaussée une représentation d'un pénis dans une vulve...

Contrairement à une opinion assez largement répandue, les propriétaires de l'immeuble n'étaient autres que Lavirotte lui-même ainsi qu'un certain Charles Combes. L'immeuble n'a jamais été habité par le céramiste Alexandre Bigot dont beaucoup pensent de façon erronée qu'il utilisait cette façade comme une vitrine publicitaire pour ses créations. Lavirotte résidait au 5e étage de l'immeuble voisin, 3, square Rapp. Bigot a en revanche recouvert la façade de ses célèbres grès, des céramiques flammées spécialement adaptées à l'utilisation en architecture.

Jules Lavirotte

Parmi les plus célèbres architectes représentatifs de l'Art nouveau à Paris, Jules Lavirotte (1864-1929) fut sans doute le plus extravagant. Bannissant les lignes droites et les angles, il fit la part belle aux courbes et ne se gêna pas pour introduire dans ses immeubles un symbolisme sexuel qui ne l'empêcha pas de remporter à lui seul trois concours de façades de la Ville de Paris, puis d'abandonner l'Art nouveau dès 1907, estimant que ses imitateurs n'étaient que de mauvais pasticheurs qui trahissaient l'essence même du mouvement. On trouve ses réalisations les plus célèbres au 29, avenue Rapp, 3, square Rapp, 12, avenue Sédillot et 34, avenue de Wagram (hôtel Céramic, voir p. 281). Ses autres constructions du 134 et 151, rue de Grenelle, 23, avenue de Messine, 134, rue de Grenelle, 169, boulevard Lefebvre et 2, rue Balzac à Franconville (Villa Dupont) sont moins spectaculaires.

D'autres phallus en céramique

L'immeuble du 12, avenue Sédillot est la première réalisation de Lavirotte. Celui du 3, square Rapp présente des symboles sexuels assez marqués (notamment les phallus en céramique des balcons du 4e étage !).

SCULPTURE DU LOUP

④

Un rébus qui n'en est pas un

Cour d'honneur des Invalides
Tous les jours de 10 h à 18 h du 1er avril au 30 septembre et de 10 h à 17 h du 1er octobre au 31 mars
Nocturne le mardi jusqu'à 21 h d'avril à septembre
Fermé les premiers lundis du mois (d'octobre à juin inclus) et les 1er mai, 1er novembre, 25 décembre et 1er janvier
Métro Varenne, La Tour-Maubourg et Invalides

En entrant dans la cour d'honneur des Invalides côté Seine, un œil-de-bœuf (lucarne en forme d'œil) au fond à gauche de la cour est curieusement encadré par une sculpture de tête de loup qui fait mine de tenir la lucarne entre ses mains. On aperçoit aussi les deux pieds à la base de la lucarne, ainsi que des armes. Selon une version qui est même donnée par la pancarte qui accueille les visiteurs à l'entrée de la cour, l'ensemble serait un rébus imaginé par Louvois (1641-1691), ministre de la Guerre et surintendant des Bâtiments de Louis XIV, afin, dans un bâtiment dont il fut en charge, d'asseoir une domination symbolique, en jouant sur le parallèle entre le « loup voit » et « Louvois ».

Pour certains spécialistes, les 60 lucarnes de la cour d'honneur obéissent plutôt à une symbolique très précise en liaison avec l'histoire militaire de Louis XIV de 1643 à 1697.

Ainsi, le loup, que certains voient comme un rébus, a été réalisé en 1735 par Guillaume Coustou, soit plus de 40 ans après la mort de Louvois. Il est ici en réalité le loup mythologique compagnon d'Arès (ou Mars), dieu de la Guerre. Non loin, on trouve Pallas (Minerve), déesse de la Guerre, assise près de sa chouette traditionnelle.

On trouve aussi trois autres loups sculptés sur la cour d'honneur. Accompagnés des croissants symboliques de l'Islam, ils représentent l'ennemi turc (le loup gris ou bleu est l'ancêtre mythologique de la nation turque), lors de trois faits d'arme : la bataille de Kahlenberg (1683), la bataille du Saint-Gothard (1664) et celle de Djidjelli (1664).

L'ensemble sculptural de la cour d'honneur des Invalides est ainsi un chef-d'œuvre de symbolique militaire. Il tire son répertoire à la fois d'un recueil de symbolique savante de Cesare Rippa mais aussi des travaux de la Petite Académie (l'ancêtre de l'Académie des inscriptions et belles-lettres) pour les médailles.

La statue de Napoléon qui orne la cour d'honneur est celle qui trônait en haut de la colonne Vendôme de 1833 à 1863. Exposée un moment à Courbevoie (voir p. 235), elle fut jetée à la Seine à la chute du second Empire, fut repêchée en 1876 et placée ici même en 1911.

AUX ALENTOURS

Graffiti d'une chaussure ⑤

Au premier étage de la cour d'honneur des Invalides (accès au fond de la cour, en entrant côté Seine), le « corridor du Quesnoy » permet de voir, derrière la statue du Grenadier, au-dessus du parapet de droite, le graffiti d'une chaussure avec « talon rabattu », type de chaussure réservée à la noblesse sous Louis XIV. Un autre graffiti similaire se trouve juste à côté du parapet situé à droite en prenant le corridor ouest.

LA VRAIE PIERRE TOMBALE DE NAPOLÉON

⑥

Les secrets de Napoléon

Extérieur ouest de l'église des Invalides
Métro École Militaire - RER Pont de l'Alma

Sur le flanc gauche de l'église des Invalides, en la regardant à partir de son entrée principale rue de Tourville, c'est très discrètement, au pied d'un arbre, derrière un petit bosquet, qu'est placée la véritable pierre tombale de Napoléon (en trois morceaux).

Celle-ci fut rapportée de Sainte-Hélène en 1840, en même temps que la dépouille (et non les cendres à proprement parler) de l'Empereur, à bord du bateau « La Belle Poule », qui accosta à Cherbourg le 30 novembre 1840. On transféra six jours plus tard la dépouille sur le bateau à vapeur *Normandie* qui donna sa précieuse cargaison au bateau *La Dorade* au port du Val-de-la-Haye, près de Rouen (voir le guide *Normandie insolite et secrète* chez le même éditeur). C'est donc *La Dorade*, et non la *Belle Poule*, qui remonta la Seine jusqu'à Courbevoie.

De Courbevoie, le char funèbre passa par les Champs-Élysées pour rejoindre les Invalides.

> Le marbre blanc du maître-autel de l'église de Saint-Paul-Saint-Louis, déplacé et refait à l'époque de Louis-Philippe, provient des fragments du tombeau de l'Empereur aux Invalides.

Deux autres vestiges méconnus du retour de la dépouille de Napoléon à Paris

Dans le quartier d'affaires de La Défense (terrasse des Feuillantines, La Défense 1), un monument méconnu a été érigé à la gloire de Napoléon en 1940, pour célébrer les 100 ans du retour de la dépouille de Napoléon en France. La stèle a été déplacée en son lieu actuel en 1980 suite à l'aménagement de cette partie de La Défense, même si on a dû à cette occasion construire une nouvelle stèle, l'ancienne ayant trop souffert des intempéries. La stèle d'origine se trouve désormais au très joli musée Roybet Fould à Courbevoie qui possède aussi une autre relique liée à Napoléon : la sciure du bois du cercueil de Napoléon (voir chez le même éditeur le guide *Grand Paris insolite et secret*). Au moment où l'on a voulu introduire le cercueil dans la cavité du char funèbre, le menuisier de Courbevoie Jean-Nicolas Tacaille avait dû raboter quelques centimètres au cercueil.

AUX ALENTOURS

Le graffiti pour Napoléon ⑦

École Militaire
Avenue de la Motte-Picquet

Quand on regarde la façade principale de l'École Militaire, derrière la dernière colonne à droite de l'entrée principale, à environ 3 mètres du sol, on peut lire un très discret graffiti qui a survécu au passage du temps :
« VIVE LA FRANCE
VIVE NAPOLÉON
(PARTI) SEUL POUR ILE S.HELENE »
L'emplacement du graffiti est particulièrement bien choisi. À la fois parce que Napoléon fut élève à l'École Militaire mais aussi parce que la dépouille de Napoléon, ainsi que sa pierre tombale (voir ci-dessus), furent installées non loin, aux Invalides, en 1840. L'auteur du graffiti, qui le grava probablement en 1815 (année du départ de Napoléon pour Sainte-Hélène) ou peu après, avait-il eu une intuition géniale ?

LES ŒUVRES D'ART DE L'UNESCO ⑧

Picasso, Miró, Calder, Giacometti, Tadao Ando...

Agence des Nations unies pour l'éducation, la science et la culture
7, place de Fontenoy
01 45 68 03 59
unesco.org/visit/fr/v4/index.htm
visits@unesco.org
Accès sur rendez-vous exclusivement
Visites guidées tous les mardis à 15 h (en anglais) et les mercredis à 15 h (en français)
Se munir d'une pièce d'identité
Métro La Motte-Piquet ou Ségur

Un jardin zen caché, une terrasse panoramique, des œuvres d'art des plus grands artistes contemporains, une réalisation étonnante de l'architecte japonais Tadao Ando, celui qui faillit construire le musée Pinault sur l'île Seguin... l'UNESCO regorge d'œuvres d'art : plus de 500 pièces décorent ses murs.

Dès la construction du bâtiment, en 1958, de célèbres artistes furent sollicités pour la décoration. Pablo Picasso, Joan Miró, Henry Moore, Alexandre Calder, Jean Arp et Isamu Noguchi répondirent à cet appel avec des œuvres créées spécialement pour le lieu. Dans le foyer des salles de conférences se trouve ainsi la plus grande œuvre peinte de Picasso, un acrylique sur bois, de 10 mètres de long et 9 mètres de haut, représentant une « chute d'Icare » tragique. Dehors, l'œuvre de Noguchi, sans doute la plus connue, a débuté par quelques sculptures pour une terrasse et s'est ensuite transformée en un véritable « jardin japonais », une merveille de calme et de verdure. D'autres noms se bousculent encore, tels que Giacometti, Brassaï, Appel, Tàpies, Chillida ou encore Bazaine. Mais ce ne sont pas seulement les peintres et les sculpteurs qui s'y sont donné rendez-vous : pas moins de douze architectes ont contribué au dessin de ce bâtiment en forme d'Y, posé sur 72 piliers trapézoïdaux en béton armé, dont les trois façades entièrement vitrées se courbent en écho à l'hémicycle de la place de Fontenoy. Marcel Breuer, Pier Luigi Nervi et Bernard Zehrfuss ont signé le bâtiment, conseillés par le père du Bauhaus, Walter Gropius ainsi que par Le Corbusier, Lucio Costa, Sven Markelius, Ernesto Rogers et Eero Saarine. De même, l'architecte américain Philip Johnson, qui fut l'un des premiers à théoriser le « style international » dont l'UNESCO est un exemple, dessina une des salles.

Plus récemment, en 1995, l'architecte japonais Tadao Ando, dont c'est la seule réalisation en France, y conçut un « espace de méditation », un cylindre de béton dressé sur un plan incliné où l'eau, comme les pensées, ruisselle à l'infini.

LA CÈNE DU TINTORET

⑨

Un chef-d'œuvre méconnu du Tintoret

Église Saint-François-Xavier
Sacristie des Mariages
sfx-paris.fr
Samedi de 9 h à 12 h ou sur demande
Métro Saint-François-Xavier

La sacristie des Mariages de l'église Saint-François-Xavier héberge un chef-d'œuvre complètement inattendu du Tintoret (1518-1594), l'un des grands maîtres de la Renaissance vénitienne.

La Cène fut réalisée en 1559 pour la chapelle de la *Scuola del Santissimo Sacramento* (confrérie du Saint Sacrement) de l'église de San Felice, à Venise. L'inscription, en bas à droite, garde la mémoire de ceux qui à l'époque de la commande dirigeaient cette confrérie laïque, dont le but principal était la conservation de l'hostie : le *gastaldo* (doyen) Girolamo Diletti, le *vicario* (vicaire) Salvador di Orsini et le *scrivano* (secrétaire) Marco de Marco. Leurs visages avaient également été immortalisés par le peintre, mais seuls les portraits du vicaire et du secrétaire subsistent aux extrémités droite et gauche de la scène. Celui du doyen, accusé de mauvaise gestion de la confrérie, fut en effet effacé en 1560 sur décision de celui qui lui succéda.

Si de nombreuses toiles du Tintoret représentent la cène, il ne s'agit pas, comme quelques historiens de l'art veulent le faire croire, de son sujet préféré, mais simplement d'un thème fort demandé par ses commanditaires. Soucieux de ne jamais présenter à ses clients des produits en série, il retravailla constamment ses représentations, en privilégiant à chaque fois des moments narratifs différents. Pour la *Cène* destinée à San Felice, tout se joue sur l'identification du traître. Jésus vient, en effet, d'annoncer que l'un de ses disciples le trahira. Une grande agitation anime la scène, et les apôtres se scrutent mutuellement et cherchent à identifier le responsable d'une action si misérable. Le peintre implique alors son spectateur, en lui révélant le secret qui reste caché aux protagonistes de l'événement : le traître, Judas, est naturellement l'apôtre qui tourne le dos au spectateur et qui tient, bien serrée dans sa main, la bourse remplie d'argent.

AUX ALENTOURS

Les plantes religieuses du jardin du presbytère de l'église Saint-Francois-Xavier ⑩

39, boulevard des Invalides

Ouvert pour la fête des jardins de Paris ou l'été, le jeudi soir, pour l'accueil des pères de famille restés seuls à Paris, le jardin du presbytère de l'église Saint-Francois-Xavier est un charmant jardin de curé qui privilégie les plantes ayant un rapport avec l'Église : monnaie du pape, poirier du curé, fusain bonnet de prêtre et même pâquerettes, dont on a oublié qu'elles fleurissent opportunément pour Pâques.

AUX ALENTOURS

Cinéma La Pagode ⑪

57, rue de Babylone
01 45 55 48 48
etoile-cinema.com
Métro Saint-Francois-Xavier

À la fin du XIXe siècle, l'Extrême-Orient était à la mode et le patron du Bon Marché, François-Émile Morin, eut la superbe idée d'offrir en cadeau à sa femme une véritable pagode japonaise. L'architecte Alexandre Marcel conçut ainsi un édifice inspiré du sanctuaire de Toshogu à Nikko (nord du Japon). Peu de temps après, pourtant, la femme de M. Morin le quitta et celui-ci mit la pagode en vente. Elle intéressa rapidement l'ambassade de Chine à Paris qui cherchait un emplacement dans la capitale. L'incident diplomatique fut évité de peu car les émissaires chinois se rendirent compte au dernier moment que les fresques de l'intérieur de la pagode représentaient une défaite de l'armée chinoise face aux Japonais... Transformée en cinéma depuis 1931, classée en 1986, la Pagode fut aussi le lieu où Cocteau donna la première du *Testament d'Orphée*. Elle accueille également un charmant salon de thé qui s'ouvre sur un petit jardin très agréable aux beaux jours.

23, rue Oudinot et 50, rue Vaneau ⑫

Si un résident vous ouvre la porte, profitez-en pour jeter un œil à ce petit coin de paradis : maisons basses, impasses pavées...

Jardin de la clinique Saint-Jean-de-Dieu ⑬

19, rue Oudinot

En le demandant aimablement, l'accès est parfois donné au magnifique jardin privé de cette clinique.

AUX ALENTOURS

Musée Valentin Haüy ⑭

5, rue Duroc
01 44 49 27 27 ; avh.asso.fr
Entrée libre
Métro Duroc

Créé en 1886, le musée Valentin Haüy porte le nom du fondateur d'une école pour aveugles en 1785. Il s'attache à retracer l'histoire des non-voyants et des différents systèmes qui leur ont permis d'accéder à la lecture et l'écriture. Depuis l'invention de la ligne cursive en relief, jusqu'à l'aboutissement du braille, en passant par toutes sortes d'objets, de machines, d'œuvres d'art, créés pour ou par des non-voyants, ce musée ne laisse pas indifférent.

Un mini quartier non-voyant

Le musée Valentin Haüy est opportunément situé juste â côté de l'Institut National des Jeunes Aveugles, boulevard des Invalides. La rue Valentin Haüy, elle-même, est à deux pas, officiellement dans le XVe arrondissement, et la rue Maurice de la Suzeranne, qui coupe la rue Duroc, honore le nom du fondateur de l'association Valentin Haüy, qui était devenu accidentellement aveugle à l'âge de 9 ans.

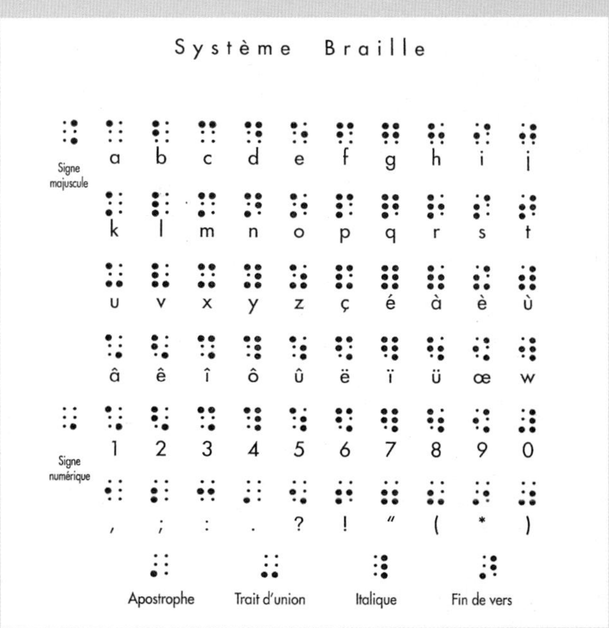

CHAPELLE SAINT-DOMINIQUE-SAINT-MATTHIEU

⑮

Une chapelle campagnarde cachée

30, rue Vaneau
Messe le dimanche de 10 h 30 à 11 h 30
Métro Vaneau

Une fois par semaine, le dimanche, de 10 h 30 à 11 h 30, la porte du 30, rue Vaneau s'ouvre sur un petit couloir où figurent des bas-reliefs mythologiques. Au fond, une charmante petite cour donne accès à l'une des chapelles les plus secrètes de Paris.

Édifiée en 1910 sur un lieu de culte antérieur pour les sœurs de la Miséricorde de Sées et restaurée en 1929, la chapelle Saint-Dominique-Saint-Matthieu possède sept superbes vitraux qui furent réalisés en 1995 par Jean Bazaine.

Les sept vitraux rappellent les sept prières quotidiennes des croyants : matines et laudes, prime, tierce, sexte, none, vêpres et complies.

L'église garde aussi une tapisserie du même auteur derrière l'autel ainsi qu'une icône de saint Matthieu datant du XIV-XVe siècle.

JARDIN DE LA SOCIÉTÉ DES MISSIONS ÉTRANGÈRES

16

Un sublime jardin secret

128, rue du Bac
01 44 39 10 40
missionsetrangeres.com
28ruedubac@gmail.com
Accessible lors des Journées du patrimoine en visites guidées de 13 h à 17 h et en entrée libre par le 30, rue de Babylone lors de la fête des Jardins de 13 h à 17 h ou sur rendez-vous pour les groupes
Métro Rue du Bac ou Sèvres-Babylone

C'est derrière les immeubles à l'angle des rues du Bac et de Babylone que s'étend le jardin le plus secret du quartier.

D'une taille totale d'un hectare, le jardin, qui jouxte le jardin de Matignon, est celui du « séminaire des Missions étrangères » dont la création remonte au XVIIe siècle, époque à laquelle Mgr Bernard de Sainte-Thérèse fonda ici même un séminaire destiné à préparer des missionnaires pour des pays lointains. Trop longtemps absent de Paris et sans doute mal secondé, l'évêque ne put jamais faire fonctionner son séminaire. Il le céda à la Société naissante des « Missions étrangères » légalement reconnue en 1663 pour la formation de prêtres et de laïcs français destinés aux Missions de l'Asie.

Le jardin actuel est le résultat de la réunion de plusieurs parcelles qui, au XVIIe siècle, étaient des jardins potagers privés. Les directeurs du séminaire eurent le soin de les acheter l'une après l'autre, notamment à l'occasion de successions. Il fallut 70 ans pour constituer le jardin dans ses dimensions actuelles. Son plan, exécuté par un disciple de Le Nôtre et approuvé par Le Maître est celui d'un « jardin à la française » avec ses allées rectilignes et ses « tapis verts ». Depuis sa création, il n'a subi aucune modification importante et fait, aujourd'hui encore, l'objet de soins attentifs.

Le jardin est agrémenté de quelques curiosités (plantes rares comme la rose Souliena découverte par Jean-André Soulié (1858-1905), cloche chinoise offerte en 1858 par le contre-amiral Rigault de Genouilly au nom du corps expéditionnaire français à Canton, oratoire dont la toiture évoque un chapeau chinois, construit dans un angle du jardin vers 1844, statues...) qui évoquent la vie des prêtres des Missions étrangères de Paris dont l'activité s'exerce, depuis plus de trois siècles, en Asie du Sud-Est et en Asie de l'Est.

Quelle est l'origine du nom de la rue de Babylone ?

La rue de Babylone doit son nom à Mgr Bernard de Sainte-Thérèse (voir ci-dessus), qui fut nommé évêque de Babylone (Irak actuel) en 1638.

ANCIENNE TOUR CHAPPE

(17)

La dernière tour Chappe de Paris

103, rue de Grenelle
Du lundi au vendredi de 8 h à 20 h, sauf jours fériés
Métro Varenne

Au fond de la cour du 103, rue de Grenelle subsiste une étonnante tour. Celle-ci servit à Chappe pour ses expériences pour établir des liaisons télégraphiques en France au moment de la Révolution (voir p. 518 pour le mode de fonctionnement).

La tour de la rue de Grenelle faisait partie de la ligne de Paris à Strasbourg qui fut mise en service en 1798. Cette ligne de 500 kilomètres comptait 44 stations (48 à sa fermeture en 1852), dont huit à Paris. Si le point de départ de la ligne fut initialement au sommet de la tour sud de l'église Saint-Sulpice, il fut déplacé en 1823 sur l'église de Notre-Dame-des-Victoires, puis en 1834 sur celle de Saint-Eustache.

À l'entrée de la tour, de chaque côté de la porte d'entrée, on voit la pierre tombale d'origine de Chappe. L'une rappelle que le télégraphe de Chappe entre Paris et Lille servit à annoncer la reconquête de la ville de Condé sur l'Escaut en 1793 aux dépens des Autrichiens qui occupaient la région. L'autre est étonnamment surmontée d'un serpent ourobouros (voir p. 28).

Il existait, non loin, à l'angle de la rue du Bac et du boulevard Saint-Germain, une statue de Chappe qui fut installée en 1893, à l'occasion du centenaire de l'invention du télégraphe. Celle-ci fut fondue pendant la Seconde Guerre mondiale : non seulement l'Allemagne avait besoin de métal pour son effort de guerre mais la statue gênait également la circulation. Enfin, elle avait également été jugée avant la guerre comme l'une des quatre statues les plus laides de Paris !

Pour plus d'informations sur le fonctionnement du télégraphe de Chappe et sur les autres anciens emplacements des tours de Chappe à Paris, voir double page suivante et page 518.

Abside de l'Eglise de Montmartre.

Vecinto exterior del coro de la Iglesia de Montmartre.

Autres tours Chappe à Paris

À Paris, outre la tour du 103, rue de Grenelle, les huit tours Chappe de la ligne Paris-Strasbourg étaient aux emplacements suivants :

- Église des Petits Pères (Notre-Dame-des-Victoires) (sur le clocher)
- Église Saint-Eustache (sur le clocher)
- Saint-Pierre de Montmartre (sur le clocher) (voir photo ci-contre)
- Saint-Sulpice (tour gauche et tour droite)
- Le Louvre (pavillon de l'Horloge) (voir ci-dessous)
- Ménilmontant (Belleville) (40, rue du Télégraphe, où il existe une plaque à ce sujet, voir p. 519)
- Ministère de la Marine (sur le toit)

NB : une autre tour de télégraphe existait à l'église Saint-Roch : elle signait le départ de la ligne privée du « Vigigraphe » de Laval et Peytes-Montcabrier (1799-1803), un télégraphe concurrent de celui de Chappe qui utilisait un code décimal et qui fut abandonné après des essais effectués en 1799.

À Paris, la station de métro Télégraphe, dans le XXᵉ arrondissement, est liée à l'installation du télégraphe de Chappe sur les hauteurs de Belleville. Une plaque a également été installée au 40, rue du Télégraphe, à l'endroit précis des expériences de Chappe, qui est l'endroit le plus élevé de Paris (voir p. 519).
La tombe de Chappe, au cimetière du Père-Lachaise, possède une étonnante reproduction miniature de son télégraphe.

LA MAIN GANTÉE DE LA STATUE DE LA LOI

18

Une statue franc-maçonne devant l'Assemblée nationale

Place du Palais-Bourbon
Métro Assemblée Nationale

Réalisée en 1852 par le sculpteur français Jean-Jacques Feuchère (1807-1852), la statue de la Loi, qui trône face à l'entrée de l'Assemblée nationale de la place du Palais-Bourbon, a été installée sur cette place en 1854. De sa main droite, elle dresse le sceptre doré du pouvoir et présente de la gauche la Déclaration des droits de l'homme et du citoyen. Sous le piédestal, on voit la balance et le glaive (l'équité et la force) de la Justice, ainsi que le miroir autour duquel s'enroule le serpent, symbole de la prudence. En regardant précisément la sta-tue, on se rend compte que sa main droite est gantée, un symbole très probablement franc-maçon : les gants blancs sont portés chez les francs-maçons en signe de distinction et de pureté, mais aussi pour signifier que leurs mains sont propres parce qu'ils n'ont pas participé, symboliquement parlant, à l'assassinat du grand

architecte du temple de Salomon, le phénicien Hiram Abiff, tenu pour le fondateur de la maçonnerie traditionnelle.

Après sa réception au sein de la Fraternité maçonnique, l'apprenti franc-maçon reçoit ainsi deux paires de gants blancs, une pour lui et l'autre pour la « dame qu'il aime le plus ». À ce sujet, Oswald Wirth commente : « Les gants blancs reçus le jour de son initiation évoquent au maçon la mémoire de ses engagements. La dame qui lui montrera les gants, s'il est sur le point d'échouer, lui apparaîtra comme sa conscience vivante, la gardienne de son honneur. Quelle mission plus élevée pourrait-il confier à la dame qu'il aime le plus ? » Et il signale que Goethe, initié à Weimar le 23 juin 1780, rendit hommage à madame Von Stein par ces gants symboliques et lui fit sentir que, si ce geste était d'apparence infime, il présentait malgré tout la singularité de ne pouvoir avoir lieu qu'une seule fois dans toute la vie d'un franc-maçon.

Le sceptre doré de la statue se termine par une main qui bénit : elle indique que symboliquement la lumière de la Justice concède sa grâce à tous indistinctement. Le caractère universel de la Loi est confirmé par l'illustration, sur le piédestal de la statue, de la balance et, derrière, de l'Œil du Grand Architecte de l'Univers, une référence à la Justice de Dieu dont la Loi est souveraine sur toutes les contingences humaines, impartiale dans ses jugements, droite dans ses décrets.

Pourquoi le quai d'Orsay ne commence-t-il qu'au numéro 33 ?

La numérotation du quai d'Orsay commence curieusement au n° 33. En 1947, si le début du quai a en effet pris le nom de quai Anatole-France, il était hors de question de faire changer d'adresse le ministère des Affaires étrangères dont le Quai d'Orsay était devenu un synonyme.

Pourquoi Mickey a-t-il des gants blancs ?

Les gants de Mickey sont également une référence franc-maçonne imaginée par Walt Disney, qui avait le 33e grade du Rite écossais ancien et accepté, et était officier de l'Ordre DeMolay, un ordre d'inspiration maçonnique dont le nom vient de Jacques De Molay, le dernier Grand Maître des Templiers (voir p. 40). L'Ordre DeMolay est un ordre secret parrainé par la maçonnerie pour les jeunes gens de sexe masculin entre 12 et 21 ans. Fondé aux États-Unis le 18 mars 1919 par le franc-maçon Frank Sherman Land, l'Ordre est parrainé et soutenu officiellement depuis 1921 par la franc-maçonnerie. L'acteur John Wayne (1907-1979), l'écrivain John Steinbeck (1902-1968) et Bill Clinton ont été membres de l'Ordre.

TRACES D'OBUS

⑲

Des trous de balle au ministère

231, boulevard Saint-Germain
Métro Solferino ou Assemblée Nationale

L'ancien ministère de la Guerre, qui abrite aujourd'hui l'état-major des Armées, garde sur ses murs un témoignage troublant de la Première Guerre mondiale... De nombreux impacts de projectiles criblent la façade du bâtiment et rappellent avec violence le bombardement de Paris qui eut lieu le 11 mars 1918. Un texte gravé dans la pierre relate d'ailleurs les faits.

Si ce type de « témoignages » vous intéresse particulièrement, sachez qu'il en existe plusieurs dans la capitale : citons notamment les traces d'obus qui marquent la façade du théâtre de l'Europe dans le VIe ainsi que la façade du tribunal correctionnel dans le IVe ou, plus étonnant encore, le petit boulet, vestige des journées révolutionnaires de 1830, qui reste encore bien visible, incrusté dans la pierre de l'Hôtel de Sens.

LES JARDINS DE LA MAISON DE L'AMÉRIQUE LATINE

20

Un joyau caché

217, boulevard Saint-Germain
mal217.org
Métro Rue du Bac

Invisibles de la rue, les superbes jardins à la française de la Maison de l'Amérique latine sont accessibles au public soit à l'occasion des expositions qui ont lieu dans les salons, soit pour un déjeuner sur la magnifique terrasse du restaurant, également ouverte au public.

La Maison de l'Amérique latine occupe depuis 1946 deux hôtels particuliers distincts : l'hôtel de Varengeville, construit en 1704 par l'architecte Jacques Gabriel V, et l'hôtel Amelot de Gournay, construit en 1712 par l'architecte Boffrand, qui sont désormais reliés entre eux par les salons du rez-de-chaussée donnant sur les jardins.

Si l'hôtel de Varengeville a été mutilé en 1876 par le percement du boulevard Saint-Germain, l'hôtel Amelot de Gournay est resté intact. L'hôtel, ainsi que les jardins, sont inscrits à l'inventaire supplémentaire des Monuments Historiques.

AUX ALENTOURS

Jardin de l'École des Sciences Politiques (21)

27, rue Saint-Guillaume
Visite guidée tous les samedis du printemps à l'automne à partir de 15 h 30, sauf intempéries et jours fériés

Le très réputé Institut d'études politiques de Paris, Sciences-Po, est installé en partie dans un hôtel particulier du XVIIᵉ siècle qui fut la résidence de Gabriel de Mortemart, le père de la marquise de Montespan. Si le magnifique jardin est en théorie réservé aux étudiants de l'école, il est parfois possible de le voir en le demandant aimablement.

Bibliothèque du protestantisme (22)

54, rue des Saints-Pères
01 45 48 62 07
shpf.fr ; shpf2@wanadoo.fr
Consulter le site internet pour les horaires
Métro Saint-Germain-des-Prés

Ouverte en 1885, la bibliothèque du Protestantisme est une très belle salle accessible au public. Si elle est avant tout une bibliothèque, elle présente régulièrement des petites expositions qui permettent de mieux connaître les principes et l'histoire du protestantisme. L'emplacement du lieu n'est pas dû au hasard : la bibliothèque est installée à 50 mètres de l'ancienne ambassade des Pays-Bas qui accueillait les protestants parisiens pour le culte au temps des persécutions. Dans une belle salle de style pré-Baltard (du nom des célèbres halles métalliques de l'architecte Baltard) de 21 mètres de long sur 11 mètres de large, elle offre aujourd'hui plus de 180 000 volumes, dont certains rarissimes, et divers manuscrits, médailles, revues, etc.

LA MAISON DU DOCTEUR DALSACE, DITE « MAISON DE VERRE »

23

Un monument historique caché

31, rue Saint-Guillaume
01 45 44 91 21
mdv31@orange.fr
Visites sur rdv le jeudi après-midi : réserver par e-mail (coordonnées + motivations)

Cachée au fond d'une cour, la maison du docteur Dalsace fut, en son temps, une véritable nouveauté : construite entre 1928 et 1931 par les architectes Pierre Chareau et Bernard Bijvoet pour le docteur Dalsace, elle est classée Monument Historique depuis 1982.

Composée de trois étages, mais pensée comme un espace unique, la maison est édifiée selon une conception sophistiquée qui joue sur la transparence de son enveloppe et une composition très fluide de l'espace, avant-gardiste pour l'époque. La façade sur cour est ainsi totalement vitrée grâce à une structure métallique soutenant des pavés de verre. Les espaces privés et communs sont délimités par des jeux de portes coulissantes ou pivotantes et les éléments de la structure, de même que les canalisations et les conduits, participent à la décoration en restant volontairement apparents.

Petit détail anecdotique : à la construction, la locataire du dernier étage, très âgée, ayant refusé de vendre son appartement, la maison de Verre a finalement été construite sous l'ancien hôtel particulier, ce qui rend l'ensemble assez original.

AUX ALENTOURS

Square Récamier (24)

Au fond de la rue Récamier, le petit square Récamier est relativement méconnu des Parisiens, la rue d'accès étant piétonne et en cul-de-sac. Celle-ci donne pourtant sur la très passante rue de Sèvres, à deux pas du Bon Marché.

LA MANGEOIRE DE LA RUE DE GRENELLE

(25)

Un vestige de la présence des chevaux à Paris

27, rue de Grenelle
Métro Saint-Sulpice

La porte d'entrée du 27, rue de Grenelle est ornée d'une curieuse barre en métal qui se poursuit, dans sa partie inférieure, par des piques dirigées vers le bas. L'espace ainsi délimité servait au XIXe siècle à entreposer du foin pour nourrir les chevaux qui, à cette époque, remplissaient de nombreuses tâches administratives et commerciales : postes, ambulances, pompes funèbres, etc.

Il reste au 67-69, rue Pigalle une superbe sculpture de tête de cheval qui rappelle l'existence en ces lieux d'une poste aux chevaux (voir p. 301).

LES RÉVERBÈRES TÉLESCOPIQUES DU PONT DU CARROUSEL

26

Des réverbères qui grandissent de 10 mètres la nuit

Pont du Carrousel
Métro Musée d'Orsay

Conçus et forgés par le sculpteur ferronnier Raymond Subes en 1938, les quatre réverbères Art déco en bronze du pont du Carrousel (bâti en 1935) n'ont été mis en place qu'en 1946 : pendant la guerre, le bronze était un métal très recherché pour le fondre à usage militaire, et Subes eut la présence d'esprit de les cacher dans son atelier.

Afin de ne pas gêner la perspective sur le Louvre pendant la journée, les réverbères ont la particularité de ne pas mesurer la même taille le jour et la nuit. Dès la nuit tombée, afin d'éclairer l'ensemble du pont, les réverbères se déploient et passent alors de 12 mètres à 22 mètres de haut.

VIIIe Arrondissement

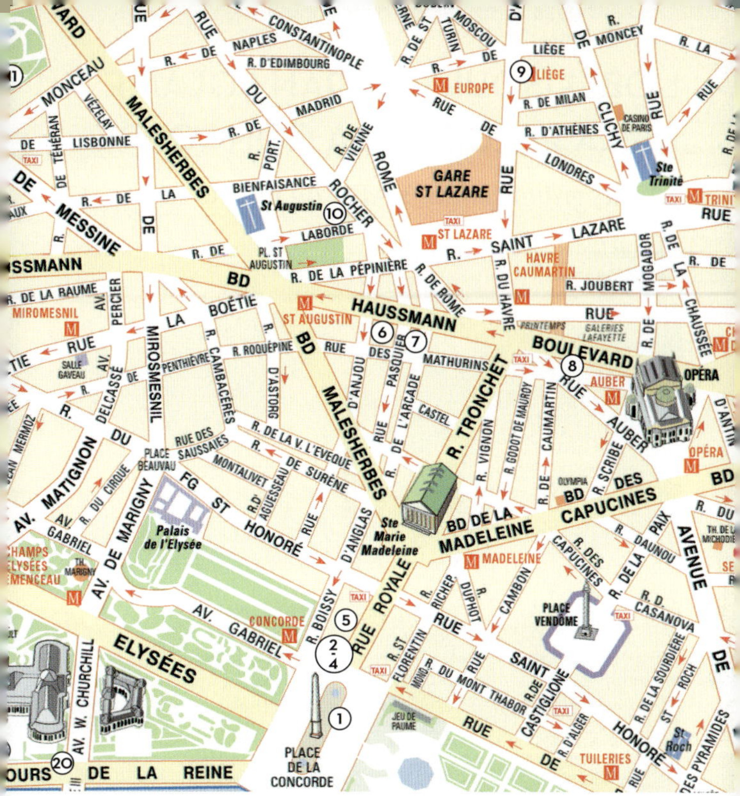
MALESHERBES
BD MALESHERBES
RUE DE NAPLES
R. D'EDIMBOURG
CONSTANTINOPLE
MONCEAU
VÉZELAY
LISBONNE
TÉHÉRAN
R. DE MADRID
R. DE VIENNE
R. PORT.
ROME
MOSCOU
TURIN
R. DE ST
LIÈGE
R. MONCEY
R. LA
LIÈGE
EUROPE
R. DE MILAN
R. D'ATHÈNES
CLICHY
CASINO DE PARIS
GARE ST LAZARE
RUE DE LONDRES
Ste Trinité
TRINITÉ
TAXI
BIENFAISANCE
St Augustin
ROCHER
LABORDE
MESSINE
PL. ST AUGUSTIN
ST LAZARE
RUE SAINT LAZARE
HAVRE CAUMARTIN
R. DU HAVRE
R. DE LA PÉPINIÈRE
R. DE ROME
R. JOUBERT
R. DE MOGADOR
R. DE LA CHAUSSÉE
HAUSSMANN
BD HAUSSMANN
R. DE LA BOÉTIE
R. DE LA BAUME
MIROMESNIL
AV. PERCIER
ST AUGUSTIN
PRINTEMPS
GALERIES LAFAYETTE
BOULEVARD
OPÉRA
AUBER
RUE AUBER
SALLE GAVEAU
PENTHIÈVRE
R. CAMBACÉRÈS
R. ROQUÉPINE
D'ASTORG
RUE DES MATHURINS
R. D'ANJOU
PASQUIER
R. DE L'ARCADE
CASTEL
R. TRONCHET
R. VIGNON
R. GODOT DE MAUROY
R. DE CAUMARTIN
R. SCRIBE
AV. DELCASSÉ
AV. MATIGNON
RUE DES SAUSSAIES
PLACE BEAUVAU
R. DE LA V. L'EVEQUE
MONTALIVET
R. DE SURÈNE
R. D'AGUESSEAU
R. DU CIRQUE
AV. GABRIEL
AV. DE MARIGNY
FG ST HONORÉ
Palais de l'Elysée
RUE D'ANGLAS
Ste Marie Madeleine
BD DE LA MADELEINE
BD DES CAPUCINES
OLYMPIA
R. DES CAPUCINES
R. DAUNOU
R. DE LA PAIX
AVENUE DE L'OPÉRA
TH. DE LA MICHODIÈRE
CHAMPS ÉLYSÉES CLEMENCEAU
TH. MARIGNY
MADELEINE
R. BOISSY
RUE ROYALE
CONCORDE
AV. GABRIEL
R. RICHEPANSE
R. DUPHOT
R. CAMBON
PLACE VENDÔME
R. D. CASANOVA
ELYSÉES
AV. W. CHURCHILL
R. ST FLORENTIN
R. DU MONT THABOR
RUE SAINT HONORÉ
R. DE CASTIGLIONE
R. DE LA SOURDIÈRE
ST ROCH
St Roch
JEU DE PAUME
PLACE DE LA CONCORDE
R. D'ALGER
TUILERIES
DES PYRAMIDES
COURS DE LA REINE
1
2
4
5
6
7
8
9
10
20

L'OBÉLISQUE CADRAN SOLAIRE DE LA PLACE DE LA CONCORDE

①

Le plus grand cadran solaire du monde

Place de la Concorde
Métro Concorde

Offert par Mehmet Ali au nom de l'Égypte en 1831 et installé sur la place de la Concorde le 25 octobre 1836 en présence du roi Louis-Philippe, le célèbre obélisque de la Concorde est l'un des deux obélisques construits par Ramsès II à l'entrée du temple de Louxor. Depuis 1999, il est aussi devenu, de façon beaucoup plus confidentielle, le plus grand cadran solaire au monde.

En 1913, l'astronome Camille Flammarion, fondateur de la Société astronomique de France, proposa à la Ville de Paris de tracer sur la place de la Concorde le « plus vaste cadran solaire du monde » : en se servant de l'obélisque comme gnomon (voir p. 195), il voulait graver les inscriptions correspondantes sur le sol de la place. La guerre de 1914 interrompit le projet. Une vingtaine d'années plus tard, en 1938, Daniel Roguet, l'architecte de l'observatoire de Juvisy, reprit l'idée de Flammarion. Les travaux commencèrent au printemps 1939 mais, encore une fois, les événements internationaux empêchèrent la poursuite du projet qui fut interrompu par la Seconde Guerre mondiale. Quelques traces en sont toujours visibles aujourd'hui : au pied de l'obélisque, côté rue Royale, cinq lignes ont été creusées dans le sol de la chaussée. L'une d'entre elles possède toujours sa structure métallique d'origine.

Le projet aboutit finalement plus de cinquante ans plus tard, sous la houlette de Philippe de La Cotardière et de Denis Savoie : le cadran solaire géant fut inauguré le 21 juin 1999. Les lignes du cadran partent du pied de l'obélisque, traversent la chaussée sous forme de ligne de plots en bronze et aboutissent sur les terre-pleins de la place. À leur extrémité, des chiffres romains, qui vont de VII à XVII, marquent l'heure solaire.

AUX ALENTOURS

L'ordre de Mobilisation Générale du 2 août 1914 ②

1, rue Royale
Métro Concorde

Les murs de Paris gardent parfois la trace des différentes guerres ou épisodes sanglants qui se sont déroulés dans la capitale. Juste à gauche du restaurant *Maxim's*, on peut encore trouver un ordre de mobilisation générale daté du 2 août 1914... Sous la vitre poussiéreuse qui protège l'affiche, on peut lire : « Le maire (le docteur Philippe Maréchal) du VIIIe arrondissement porte à la connaissance de ses administrés que la mobilisation générale est déclarée. Le premier jour de la mobilisation est fixé au dimanche 2 août (de minuit à minuit). » Il semble qu'en réalité l'affiche soit une photocopie qui daterait des années 1970.

PLAQUE DE LA PLACE LOUIS XVI ③

En souvenir du roi guillotiné sur place

Angle place de la Concorde et rue Boissy d'Anglas
Métro Concorde

Aussi étonnant que cela puisse paraître, une plaque en pierre « Place Louis-XVI » subsiste encore à l'angle de la place de la Concorde et de la rue Boissy d'Anglas. Elle rappelle le nom que la place de la Concorde prit entre 1826 et 1828, à la Restauration et la décapitation du roi sur cette même place le 21 juin 1793. La place de la Concorde a changé de nombreuses fois de nom, traduisant ainsi l'instabilité des régimes politiques après 1789 : elle s'est successivement appelée place Louis XV, puis place de la Révolution après le 10 août 1792, place de la Concorde sous le Directoire, le Consulat et l'Empire, à nouveau place Louis XV puis place Louis XVI sous la Restauration, place de la Charte en 1830, pour enfin reprendre sous la monarchie de Juillet le nom de place de la Concorde.

Aux numéros 4, 6, 6 bis et 8, place de la Concorde, subsistent également, peints sur le mur, des exemples de l'ancienne numérotation de Paris (voir p. 202 le n° 1096, rue Garancière).

Depuis quand les rues ont-elles des noms à Paris ?

Jusqu'en 1728, il n'existait ni plaques de rues ni plan. Autant dire qu'avec le petit millier de rues qui existait à l'époque (1337 rues à la Révolution), il était parfois difficile de trouver son chemin. C'est en 1728 que la police de Paris ordonna de clouer sur la première et la dernière maison de chaque rue une plaque de rue portant son nom en noir sur fond jaune. Dès l'année suivante, la plaque sera remplacée par une pierre gravée, encastrée dans le mur (il en reste une notamment quai Voltaire, à l'angle de la rue des Saints-Pères), avant qu'en 1823 ne fassent leur apparition des plaques en métal avec lettres blanches sur fond noir puis, en 1844, les plaques émaillées actuelles, à lettres blanches sur fond bleu.

LA CINQUIÈME COLONNE DE L'HÔTEL DE CRILLON

4

Un vestige de la Libération

10, place de la Concorde
Métro Concorde

Pour qui regarde attentivement la façade de l'hôtel de Crillon, on se rend compte assez rapidement que la cinquième colonne à partir de la gauche, en faisant face au bâtiment, a une couleur plus foncée que les autres.

Elle a en effet été détruite (puis remplacée par une colonne plus récente et moins résistante à la pollution que celles d'origine, du XVIIIe siècle) à la Libération dans des circonstances rocambolesques : le 25 août 1944, jour de la Libération, un char de la compagnie Leclerc se poste sur la place de la Concorde, face à l'hôtel de Crillon, quand des tirs se font entendre, apparemment en provenance des toits de l'hôtel. Un officier français crie alors de faire attention aux Allemands et à la « 5e colonne », expression passée dans le langage courant depuis la guerre civile espagnole en 1936 (voir ci-dessous) pour désigner des partisans ennemis infiltrés. Le conducteur du char ne comprend pas l'allusion et fait canonner la 5e colonne de l'hôtel...

D'où vient l'expression « cinquième colonne » ?

En 1936, lors de la guerre d'Espagne, les forces nationalistes espagnoles se dirigeaient en quatre colonnes vers Madrid, qui était restée aux mains des républicains (qui réunissaient communistes, socialistes, républicains et anarchistes), la radio nationaliste annonçant que leur « cinquième colonne » était déjà sur place, ce qui était faux. Cette manipulation psychologique désorganisa la défense en faisant régner la suspicion, même si l'attaque nationaliste sur Madrid échoua.

MUSÉE MAXIM'S

⑤

Le musée Art nouveau de Pierre Cardin

Entrée au 3, rue Royale par la double porte du restaurant
01 42 65 30 47
lacollection1900@maxims-de-paris.com
musee@maxims-de-paris.com
Visites sur rendez-vous uniquement pour les groupes de plus de 25 personnes

Au-dessus du célèbre restaurant Maxim's est exposée la collection personnelle d'objets et meubles Art nouveau de Pierre Cardin (décédé en 2020), commencée il y a plus de 60 ans.

Construit en 1758, l'hôtel particulier du 3, rue Royale était l'écrin idéal : la décoration du restaurant *Maxim's* et des salons de réception a été refaite en 1899 dans le même style Art nouveau...

Aux 3e et 4e étages, Pierre Cardin a ainsi reconstitué l'appartement d'une courtisane en 1900 avec salon, salle à manger et chambres.

Le couturier a aussi rassemblé de très belles lampes Tiffany (New York) avec abat-jour en pâte de verre de toutes les couleurs, afin de tamiser la lumière violente des fils de carbone utilisés à l'époque dans les ampoules.

Les meubles de la chambre principale, en noyer sculpté dans la masse, sont de Majorelle et dans la deuxième chambre, les meubles sont en marqueterie précieuse (citronnier, bois de rose, amarante...) de l'école de Lyon.

On y trouve également de l'argenterie, des bronzes, de la vaisselle, du linge, bref, un témoignage riche, varié et très intéressant de cette « Belle Époque» (voir encadré Art nouveau p. 437).

CHAPELLE EXPIATOIRE

⑥

En mémoire du roi

Square Louis XVI
01 44 54 19 30
Jeudi, vendredi et samedi de 13 h à 17 h
Visites guidées à 13 h 30 et 15 h 30
Métro Saint-Augustin

Située dans le charmant square Louis XVI, au coin du boulevard Haussmann et de la rue d'Anjou, la chapelle expiatoire a été construite entre 1816 et 1826 en souvenir du roi Louis XVI. Après avoir été guillotiné place de la Concorde, celui-ci avait été transporté et inhumé ici même, dans ce qui était alors le cimetière de la Madeleine. Le site est étonnant par son calme au cœur de Paris et donne un éclairage intéressant et, pour certains, émouvant sur cette page de l'histoire de France.

Ouvert en 1721, le cimetière a notamment reçu les corps des 133 personnes qui furent écrasées et étouffées (triste présage...) rue Royale et place Royale (l'actuelle place de la Concorde) lors du feu d'artifice tiré le 30 avril 1770 pour le mariage du Dauphin, le futur roi Louis XVI, et de l'archiduchesse d'Autriche Marie-Antoinette. On y enterra aussi les 900 gardes suisses chargés de protéger la famille royale et massacrés lors de l'attaque des Tuileries le 20 août 1792 ainsi que les personnes décapitées entre le 26 août 1792 et le 24 mars 1794, date à laquelle le cimetière a été fermé à la suite des plaintes des voisins contre l'odeur pestilentielle qui s'en dégageait.

Guillotiné le 21 janvier 1793, le roi Louis XVI, comme tous les décapités, fut enterré la tête entre les jambes et recouvert de chaux vive. Il eut en revanche droit à un cercueil ouvert et n'a pas été enterré dans une fosse commune, mais près du mur longeant la rue d'Anjou. Le corps de la reine Marie-Antoinette y fut également enterré le 25 octobre 1793.

À la Restauration, le roi Louis XVIII a fait rechercher

les dépouilles de son frère, le roi Louis XVI, et de la reine, qu'il a fait transférer à la nécropole royale de Saint-Denis le 21 janvier 1815. Sur ses deniers personnels, il a racheté les terrains vendus entre-temps à des particuliers comme biens nationaux pour y faire édifier l'actuelle chapelle commémorative.

Construit dans le style d'une nécropole gréco-romaine, le bâtiment recouvre parfaitement la surface de l'ancien cimetière de la Madeleine (900 mètres carrés). La cour d'accès à la chapelle est bordée au nord et au sud de portiques comportant chacun neuf arcades et neuf tombaux vides, en mémoire des 900 gardes suisses. Dans la crypte, l'autel, en forme de tombeau, est situé à l'emplacement exact de l'endroit où a été trouvé le corps de Louis XVI.

Le 21 janvier de chaque année, une messe commémorative y est célébrée.

Traces du régime monarchique dans la toponymie parisienne

Si la France est aujourd'hui une République, fière de ses acquis, sa capitale a conservé de nombreuses traces de son passé royaliste, notamment dans les noms de ses rues ou de ses boulevards, sans compter les innombrables statues, bustes ou monogrammes royaux sur les façades de ses édifices. Ainsi, Clovis a gardé une rue à son nom, près du lieu où il choisit d'être enterré, Charlemagne possède une ruelle et un lycée, Henri IV a hérité d'un boulevard, d'un quai, d'une passerelle, d'un port et d'un lycée et Louis-Philippe d'un pont. La référence à Louis XIII est plus indirecte : la rue Dauphine honore son état de Dauphin qu'il était encore en 1607, tout comme la rue Louis le Grand et le lycée du même nom font référence à Louis XIV. La rue François Ier, quant à elle, n'est pas dédiée directement au roi mais est le résultat du remontage d'une façade dite de style François Ier. Les femmes ne sont pas oubliées : le Cours la Reine doit son nom à Marie de Médicis qui l'a fait planter, la rue Sainte-Anne évoque Anne d'Autriche et la rue Thérèse, la reine Marie-Thérèse.

Enfin, les rues de Berry, de Provence, Monsieur, Madame, Mademoiselle, d'Artois et Monsieur le Prince ainsi que les rues Mazarin, Richelieu et Colbert évoquent, sinon des souverains, des membres des familles royales ou des ministres.

Même Louis XVI a le droit à un hommage : outre la chapelle expiatoire, les rues Tronchet et de Sèze et le boulevard Malesherbes, tous proches de la chapelle, doivent leurs noms aux trois défenseurs de Louis XVI lors de son procès. Enfin, si la place a depuis été renommée place de la Concorde, une plaque en pierre « Place Louis XVI » subsiste encore à l'angle de la place de la Concorde et de la rue Boissy d'Anglas.

SUEZ
DJIBOUT
ABEBA

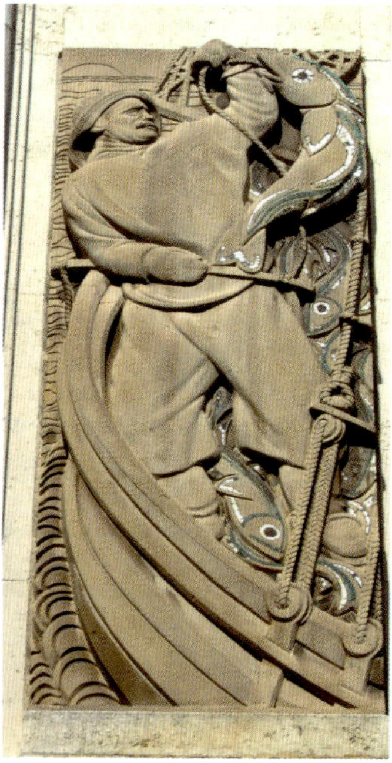

AUX ALENTOURS

Hauts-reliefs du 34, rue Pasquier ⑦

Remarquez les hauts-reliefs de requins et de chameaux de cet immeuble 1930. Celui-ci fut construit en 1927 par Alexandre et Pierre Fournier pour la Société financière, française et coloniale.

Façade de l'ancien hammam des Mathurins ⑧

18, rue des Mathurins

La plupart des nombreux employés des bureaux du quartier de l'Opéra ne remarquent pas l'étonnante façade du 18, rue des Mathurins dont l'allure mauresque tranche pourtant avec les immeubles haussmanniens du quartier. La façade rappelle l'existence d'un ancien hammam, auquel les femmes pouvaient accéder par une autre entrée, au 47, boulevard Haussmann.

STATION DE MÉTRO LIÈGE

⑨

L'une des plus belles stations du métro parisien

Métro Liège

Entièrement recouverte de céramiques, la station de métro Liège est probablement la plus belle de tout le réseau avec la station Arts et Métiers (voir p. 85). Autrefois appelée « Berlin », la station fut débaptisée peu de temps avant la Première Guerre mondiale et prit son nom actuel. Fermée pendant longtemps, elle a été rouverte en 1968 avec une décoration faite de céramiques de Welkenraedt qui évoquent des paysages et monuments de la province de Liège en Belgique.

AUX ALENTOURS

La borne limite du 4, rue de Laborde : les frontières de la ville au XVIIIe siècle ⑩

Une plaque discrète est fixée dans la cour du 4, rue de Laborde. On y lit : « 1729. Du règne de Louis XV de par le Roy, défenses expresses sont faites de bâtir dans cette rue hors la présente borne et limite aux peines portées par les déclarations de Sa Majesté de 1724 à 1726. » Initialement posée près de la rue de l'Arcade, cette borne, pour des raisons de contrôle de la population et de l'approvisionnement, marquait donc l'interdiction aux Parisiens de construire au-delà de cette limite. Cette interdiction fut évidemment assez peu respectée. Sa présence signale de façon intéressante les limites de la ville à cette époque. Au total, 294 bornes de ce type furent fixées sur les murs parisiens au XVIIIe siècle. Une autre plaque rescapée est située au 304 de la rue de Charenton dans le XIIe arrondissement.

Où sont passées les rues de Berlin et de Hambourg du quartier de l'Europe ?

Le quartier de l'Europe au-dessus de Saint-Lazare est constitué, comme son nom l'indique, de rues nommées d'après de grandes villes européennes. La guerre de 1914-1918 contre l'Allemagne aura néanmoins quelques conséquences toponymiques : la rue de Berlin sera ainsi transformée en rue de Liège et la rue de Hambourg, en rue de Bucarest. Après la Seconde Guerre mondiale, l'avenue de Tokyo dans le XVIe arrondissement deviendra avenue de New-Nork.

LA PYRAMIDE DU PARC MONCEAU

11

Un symbole franc-maçon oublié

Parc Monceau
Métro Monceau

Le tour du parc Monceau, en suivant les allées contiguës au bord du parc, fait exactement un kilomètre. Idéal pour les joggeurs qui sont d'ailleurs nombreux à avoir compris le bon plan.

Le parc Monceau est truffé de curiosités : fausses ruines romantiques, colonnes tronquées... La plus étonnante est la pyramide de pierre dont la porte est encadrée de deux têtes égyptiennes.

Louis-Philippe d'Orléans (1747-1793), également appelé Philippe Égalité, cousin de Louis XVI et père de Louis-Philippe, fut le premier Grand Maître du Grand Orient de France en 1771. Il choisit ce parc pour y établir sa résidence et son ultime demeure. Il y fit construire une espèce de jardin maçonnique dont la réalisation fut confiée à deux francs-maçons : le peintre Louis Carogis de Carmontel et l'architecte Poyet. Hormis la résidence, aujourd'hui disparue, et qui servait secrètement de temple, le parc avait aussi une « vallée de ceux qui sont tombés ».

La pyramide égyptienne, elle, fut érigée comme symbole explicite du temple d'Osiris et d'Isis, représentant le soleil et la lune qui illuminent la montagne de l'Initiation, celle que l'initié gravit, dans la hiérarchie maçonnique, degré par degré jusqu'en haut, au 33e degré suprême.

À l'intérieur (non accessible), huit colonnes imitant le granit sont enterrées sur un tiers de leur hauteur. Leurs chapiteaux, formés par des têtes égyptiennes, soutiennent un entablement de granit et de bronze. La voûte est peinte en caisson avec rosaces de bronze. À droite et à gauche sont placés deux tombeaux en marbre noir. Enfin, en face de la porte, dans une niche, figure une femme accroupie sur ses talons qui se presse les seins et en fait sortir de l'eau qui tombe dans une cuvette.

Le parc Monceau : un jardin initiatique franc-maçon

Conçu par l'architecte Carmontel à partir de 1778 pour le futur Philippe Égalité, le parc Monceau est le dernier vestige parisien des parcs « anglo-chinois » qui furent construits à cette époque : ceux de Bagatelle, Bastille et Clichy ont depuis longtemps disparu. Autour de Paris, le désert de Retz en est encore aujourd'hui un très bel exemple. Le parc Monceau était aussi censé représenter, le long d'un parcours initiatique, tout le savoir humain et les plus brillantes civilisations en un seul lieu, dans une sorte de jardin utopique qui devait évoquer le jardin d'Éden et son paradis perdu, symbole à la fois du point de départ de l'humanité mais aussi de ce vers quoi l'initié franc-maçon (voir ci-dessus) devait tendre. On trouvait ainsi Venise avec un pont vénitien (toujours présent), l'Italie avec une vigne (Venise à cette époque était encore indépendante et l'Italie non unifiée), la Grèce avec des ruines (toujours présentes également), l'Égypte avec une pyramide (voir ci-dessus), la Chine avec une lanterne de pierre (toujours visible), Rome avec une naumachie qui subsiste côté Nord du parc (dans le monde romain, une naumachie était un bassin où se tenait une bataille de navires), la Hollande avec un moulin (disparu)...

VESTIGES DE L'HÔTEL DE VILLE DE PARIS

⑫

Une des rares constructions anciennes du parc Monceau

Parc Monceau
Près de la naumachie

Dessiné par l'architecte italien Boccador et construit entre 1533 et 1628 (avec des extensions et des ajouts entre 1836 et 1850), l'hôtel de ville de Paris a été incendié pendant la Commune de Paris en mai 1871 et réduit en cendres. Le bâtiment a été reconstruit entre 1874 et 1882 selon les plans des architectes Théodore Ballu et Édouard Deperthes. La façade, de style néorenaissance, s'inspire de celle du bâtiment disparu.

On retrouve aujourd'hui à Paris et en France quelques vestiges de l'ancien Hôtel de Ville, même s'ils sont moins nombreux que ceux des Tuileries (voir p. 101, 102 et 103). Ainsi dans une allée du parc Monceau près de la naumachie (à côté du petit étang artificiel), on trouve une étonnante arcade solitaire de l'ancien bâtiment qui, contrairement à de nombreuses constructions du parc, n'est donc pas une construction néoromantique.

Autres vestiges de l'Hôtel de Ville

Jardins du Trocadéro (XVIe) : une lucarne provenant de la façade principale.
Square Paul Langevin (V^e^) : à côté des médaillons maçonniques de l'Exposition universelle de 1889 (voir p. 162), deux niches Renaissance qui ont perdu leurs statues lors des événements de Mai 68.
Musée Carnavalet (IVe) : haut-relief représentant Henri IV à cheval, dans la cour Henri IV du musée qui décorait la porte centrale de l'Hôtel de Ville. Dans le musée, plusieurs autres fragments. Le musée est d'ailleurs lui-même un assemblage de nombreux autres édifices dont l'arc de Nazareth qui était dans le palais de Justice (actuelle entrée dans les jardins rue des Francs-Bourgeois), la façade des anciens bureaux des marchands des drapiers (aux Halles) actuellement au centre de l'aile côté rue Payenne, et le corps central de l'ancien hôtel des Marêts, anciennement situé rue Saint-Augustin, à présent devenu un pavillon situé au milieu de la galerie du jardin.
Square Léopold Achille (IVe) : une frise de l'ancienne voûte de l'entrée principale, dite frise de la salamandre en raison des salamandres sculptées en hommage à François Ier, et une statue de « Pomone ».
Square Georges Caïn (IIIe) : à côté des vestiges des Tuileries (voir p. 101) existe une rosace d'un plafond de l'Hôtel de Ville.
Château de la Punta (Corse) : au-delà des nombreux vestiges des Tuileries (voir p. 101, 102 et 103), le château possède une sculpture représentant les Quatre Saisons qui faisait partie d'une fontaine de la cour Louis XIV de l'Hôtel de Ville.
Parc de la Villa Magali, à Saint-Raphaël (Var) : 43 fragments du palais des Tuileries et de l'Hôtel de ville de Paris furent acquis par Léon Carvalho, son propriétaire, qui fut un ancien directeur de l'Opéra Comique.

PAGODA-PARIS

(13)

Une stupéfiante galerie d'art-musée, installée dans une pagode chinoise

48, rue de Courcelles
01 45 61 06 93
ct.loo@hotmail.fr
Jeudi et samedi de 14 h à 18 h ; les autres jours sur rendez-vous
Métro Courcelles, Saint-Philippe-du-Roule ou Monceau

Au cœur de la plaine Monceau, à côté des traditionnels immeubles haussmanniens, se dresse une étonnante pagode chinoise.

Créée en 1926 par l'architecte français Fernand Bloch pour l'antiquaire chinois Ching-Tsai Loo à la place d'un ancien hôtel particulier Louis-Philippe, la galerie C.T. Loo & Cie, désormais renommée Pagoda-Paris, demeure aujourd'hui la plus ancienne galerie d'art asiatique à Paris, et la seule véritable maison chinoise de la capitale. Avec ses 600 mètres carrés et ses six niveaux, elle offre un cadre architectural unique et un décor intérieur particulièrement raffiné : des boiseries en laque de Chine des XVIIe et XVIIIe siècles, un plafond en pavé de verre Art déco, une superbe galerie indienne en bois sculpté des XVIIIe et XIXe siècles, un ascenseur tout de laque et de bois… et une délicieuse atmosphère, zen, où le temps a laissé son empreinte.

> À noter : certains salons de la galerie se louent aussi pour des cocktails, des conférences de presse, des défilés de mode ou des réceptions…

AUX ALENTOURS

Vestiges du palais des Tuileries (14)

9, rue Murillo

La cour de l'immeuble du 9, rue Murillo possède d'étonnants vestiges du palais des Tuileries, détruit par un incendie en mai 1871 : des fragments du grand escalier de Percier et Fontaine ainsi que des vestiges construits par l'architecte Delorme. Les vestiges furent installés ici même par l'architecte Gustave Clausse dans la cour de l'immeuble qu'il construisit en 1870 et dont il occupait le rez-de-chaussée et le premier étage, construits en pierre. Il louait les étages du dessus, qu'il avait construits en brique. Gustave Clausse installa aussi dans la cour un buste florentin, peut-être d'Alphonse d'Este ainsi que deux chapiteaux vénitiens.

Pour d'autres vestiges des Tuileries à Paris et ailleurs, voir p. 101, 102 et 103.

CATHÉDRALE ALEXANDRE NEVSKI

15

Le lieu du mariage de Picasso et de la danseuse russe Olga Koklova

12, rue Daru
Mardi et vendredi de 15 h à 17 h, dimanche de 10 h à 12 h 30 et de 15 h à 18 h
Messe le dimanche à 10 h 15
Métro Ternes

Parmi les nombreuses églises orthodoxes de Paris, la cathédrale Alexandre Nevski, classée Monument Historique en 1983, est sans doute la plus célèbre. Construite à l'initiative du père Joseph Vassiliev, aumônier à l'ambassade de Russie, grâce à la collecte de fonds venus de Russie (le tsar Alexandre II contribua à hauteur de 150 000 francs-or) mais aussi de toute la communauté russe d'Europe désireuse de doter Paris d'une église orthodoxe digne de ce nom, elle fut inaugurée le 12 septembre 1861.

Conçue par les architectes Kouzmine et Strohm, la cathédrale porte le nom d'un grand héros national russe, le saint grand-prince Alexandre Nevski (1219-1263), canonisé pour son humanité pendant son règne, ses succès militaires contre les envahisseurs, sa profonde sagesse et sa grande ferveur chrétienne. Placée sous la juridiction de Constantinople (Istanbul) en 1931, cette église, siège de l'archevêché des églises orthodoxes russes d'Europe occidentale, est une cathédrale de style byzantino-moscovite. Son plan en croix grecque, la mosaïque du fronton, les cinq bulbes dorés « comme la flamme des cierges » symbolisant le Christ et ses quatre évangélistes, lui confèrent un aspect particulier et dépaysant qui détonne dans le paysage parisien. À l'intérieur se trouvent iconostase, icônes et peintures sur fond d'or... Les offices, qui perpétuent le même rite depuis 16 siècles, au rythme des longues mélopées des popes, baignent dans l'encens et la ferveur presque palpable de la communauté russe du quartier. L'église abrite deux paroisses et il y a donc deux messes célébrées chaque dimanche : l'une en français dans l'église basse (la crypte) pour la paroisse Sainte-Trinité, l'autre en slavon dans l'église haute pour les paroissiens de Saint-Alexandre-Nevski. Pour l'anecdote, Pablo Picasso choisit cette cathédrale pour célébrer ses noces avec la danseuse russe Olga Koklova, entouré de ses témoins, Jean Cocteau, Max Jacob et Guillaume Apollinaire.

Si vous souhaitez participer, en silence, à l'un des offices, choisissez celui de la grande pâque orthodoxe qui, plus que tout autre, mérite le détour ou bien un 12 septembre, jour de fête pour toute la communauté russe en l'honneur de leur saint protecteur, toujours suivi d'un banquet façon *pir* (repas grandiose à la russe).

AUX ALENTOURS

Hôtel Céramic (16)

34, avenue de Wagram

Très belle réalisation Art nouveau de Lavirotte, l'hôtel Céramic fut construit en 1904 et revêtu de grès de Bigot. Les effets de volumes de la façade de l'édifice annoncent déjà l'architecture moderne. L'immeuble abrite aujourd'hui un confortable hôtel trois étoiles pour lequel la façade constitue la meilleure des publicités.

Cité Odiot (17)

26, rue de Washington

Havre de paix à deux pas des Champs-Élysées, la cité Odiot est bâtie sur l'emplacement de l'ancien hôtel particulier de l'orfèvre Jean-Baptiste Odiot, à qui l'on doit la châsse de saint Vincent de Paul ainsi que l'épée et le sceptre impériaux de Napoléon Ier. Vous apprécierez, loin du tumulte, sa grande pelouse plantée d'arbres et bordée d'immeubles édifiés en 1847.

40

AUX ALENTOURS

Façade du 40, cours Albert Ier ⑱

Méconnue des Parisiens (on se promène peu à pied sur le cours Albert Ier, réservé aux automobilistes pressés), l'immeuble du 40, cours Albert Ier est une construction du célèbre maître-verrier Lalique. Conçu en 1911 comme lieu d'habitation mais servant aussi d'atelier et de hall d'exposition, il présente notamment une magnifique façade très végétale. Remarquez la porte elle-même, discrètement composée de verre sculpté dessinant des branches d'arbre.

Façade du 30, avenue Marceau ⑲

Construit en 1913-1914 par André Granet, gendre de Gustave Eiffel, pour lui-même, l'immeuble du 30, avenue Marceau est un superbe bâtiment Art nouveau. Admirez particulièrement, en hauteur, la façade complètement recouverte de branches et pommes de pin sculptées.

LA TORTUE DE LA STATUE DE LAFAYETTE

⑳

Autocritique de la lenteur

Cours la Reine
Métro Champs-Élysée–Clemenceau

À hauteur du Grand-Palais, sur le cours la Reine, la statue de Lafayette passe largement inaperçue des Parisiens, malgré sa grande taille. En haut de son socle imposant, aux pieds du cheval que monte Lafayette, la sculpture d'une petite tortue rappelle pourtant l'histoire peu banale de ce monument.

C'est en 1899 que la France accepta un projet américain en reconnaissance de l'aide du général Lafayette (1757-1834) à la guerre d'indépendance américaine (1775-1783). Le sculpteur qui fut choisi, un Américain du nom de Paul Bartlett, dut accepter des délais assez courts : il était censé finir l'ensemble pour l'Exposition universelle de 1900...

Le sculpteur réussit pourtant à tenir son engagement et un modèle provisoire en plâtre fut inauguré le 4 juillet 1900 au Louvre. Mais le passage à la sculpture définitive en bronze fut plus laborieux et Bartlett mit près de huit ans pour terminer finalement une version largement remaniée, raison pour laquelle, en forme d'autocritique, il s'amusa à sculpter une petite tortue pour railler sa propre lenteur.

Les travaux du grand Louvre amenèrent finalement à déplacer la statue de son emplacement prestigieux vers son emplacement actuel en 1985.

AUX ALENTOURS

Le jardin de la Vallée suisse (21)

Désormais appelé jardin Anne Sauvage, le jardin de la Vallée suisse est un étonnant petit jardin caché, situé en contrebas de la place du Canada, au croisement de l'avenue Franklin Roosevelt et du cours la Reine. Adossé au palais de la Découverte, ce charmant jardin secret est un vestige du Pavillon suisse de l'Exposition universelle de 1900. De style anglais, il cherche à imiter la nature avec une cascade et une mare artificielles.

La Fayette : de l'indépendance américaine à la Déclaration des droits de l'homme

Né en Auvergne en 1757, La Fayette s'engagea rapidement aux côtés de Washington et des insurgés américains. Avec le corps expéditionnaire dirigé par Rochambeau, il participa grandement à la victoire de Yorktown en 1781 et à l'indépendance des États-Unis d'Amérique. C'est également à La Fayette que l'on doit, avec Condorcet et Sieyès, la rédaction de la Déclaration des droits de l'homme adoptée le 26 août 1789. Il est enterré au cimetière de Picpus dans le XIIe arrondissement (voir p. 355).

Lafayette à l'origine du drapeau tricolore

Composé du bleu et du rouge de la ville de Paris et du blanc de la royauté, le drapeau tricolore doit son existence à La Fayette qui en imposa l'utilisation à ses troupes le 17 juillet 1789.

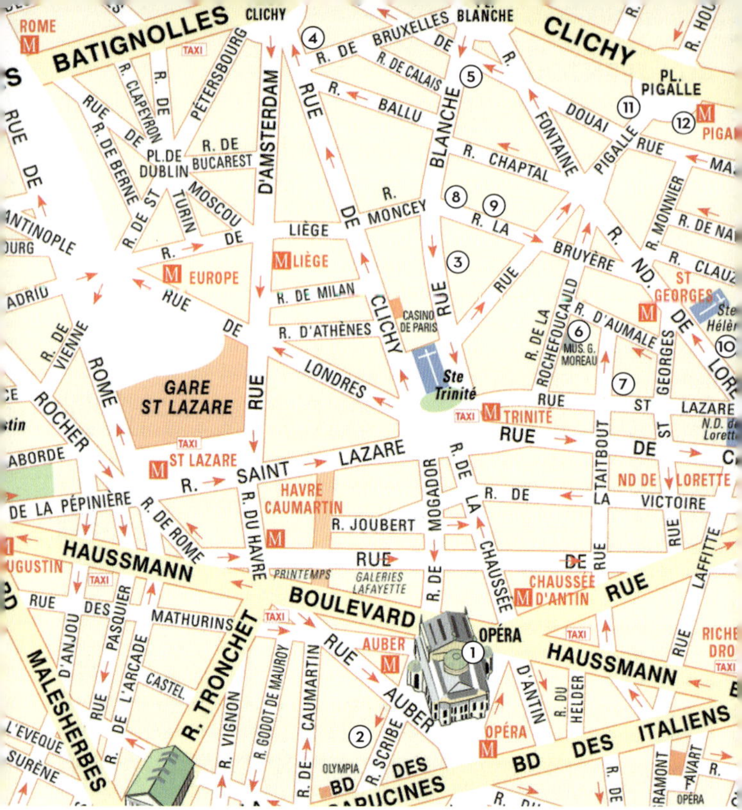

IXe Arrondissement

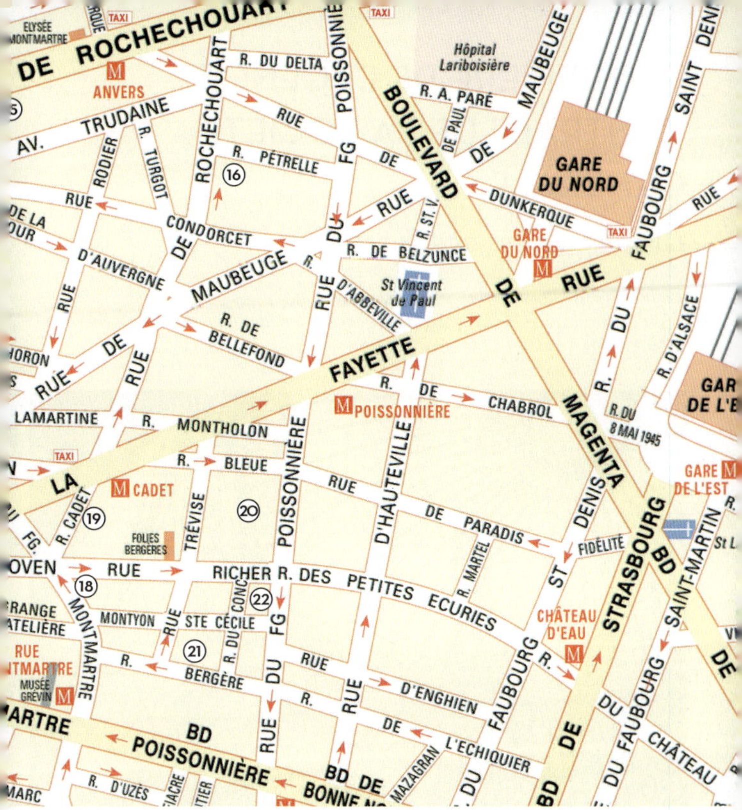
DE ROCHECHOUART
ANVERS
TRUDAINE
AV.
R. DU DELTA
Hôpital Lariboisière
R. A. PARÉ
MAUBEUGE
BOULEVARD DE MAGENTA
GARE DU NORD
RUE DE DUNKERQUE
FAUBOURG SAINT DENIS
RODIER
R. TURGOT
ROCHECHOUART
R. PÉTRELLE
RUE DE MAUBEUGE
CONDORCET
R. DE BELZUNCE
St Vincent de Paul
R. D'ABBEVILLE
RUE LA FAYETTE
D'AUVERGNE
R. DE BELLEFOND
R. D'ALSACE
R. DE CHABROL
POISSONNIÈRE
LAMARTINE
R. MONTHOLON
R. DU 8 MAI 1945
TAXI
R. BLEUE
CADET
R. CADET
TRÉVISE
RUE POISSONNIÈRE
D'HAUTEVILLE
RUE DE PARADIS
GARE DE L'EST
FOLIES BERGÈRES
RUE RICHER
R. DES PETITES ECURIES
R. MARTEL
FIDÉLITÉ
ST DENIS
BD STRASBOURG
SAINT-MARTIN
MONTMARTRE
MONTYON
STE CÉCILE
CONSERVATOIRE
CHÂTEAU D'EAU
MUSÉE GRÉVIN
R. BERGÈRE
RUE D'ENGHIEN
FAUBOURG
R. DE L'ECHIQUIER
DU FAUBOURG DU CHÂTEAU
BD POISSONNIÈRE
BD DE BONNE
MAZAGRAN
R. D'UZÈS
16
17
18
19
20
21
22

LA VERRIÈRE DE L'AGENCE CENTRALE DE LA SOCIÉTÉ GÉNÉRALE

①

La banque dans toute sa splendeur

29, boulevard Haussmann
Visible aux horaires d'ouverture de l'agence et lors des Journées du patrimoine
Métro Opéra

Fondée en 1864, l'agence centrale de la Société générale est installée dans un magnifique ensemble de sept immeubles mitoyens typiques du second Empire dont elle s'est rendue acquéreur en 1905. À cette époque, l'architecte Jacques Hermant avait fait preuve de modernité en ne conservant que les façades, en repensant toute l'architecture intérieure et en ajoutant quatre niveaux en sous-sol pour y installer les coffres-forts. L'ensemble sera inauguré en 1912.

Dotée d'un très grand guichet circulaire (le « fromage »), la salle principale est située sous une immense coupole de verre à charpente métallique (24 mètres de diamètre), due à Jacques Galland. Les pavements de mosaïques sont l'œuvre de la maison Gentil et Bourdet de Boulogne-Billancourt. De nombreux éléments d'architecture (façades, toiture, hall avec verrière, grand escalier, salles des coffres) sont aujourd'hui inscrits aux Monuments Historiques. On accordera une attention particulière aux splendides salles des coffres, aux mosaïques et à la porte principale des coffres : pesant 18 tonnes, son blindage mesure 40 centimètres d'épaisseur.

Le visiteur se fera discret puisqu'il s'agit avant tout d'un lieu de travail.

Pourquoi y a-t-il autant de banques dans le quartier de l'Opéra ?

Les soirées à l'opéra ont longtemps été un moyen pour la bonne société de montrer sa richesse : au XIXe siècle les femmes avait l'habitude de se rendre à l'Opéra Garnier parées de leurs plus beaux bijoux. Leur valeur était telle qu'ils étaient conservés dans les coffres des banques situées au plus près de l'opéra lui-même. On limitait ainsi les risques...

Verrières du quartier Opéra

Grand Hôtel, 2, rue Scribe

Galeries Lafayette, 40, boulevard Haussmann
Du lundi au samedi de 9 h 30 à 19 h 30 et jeudi jusqu'à 21 h

Printemps, 64, boulevard Haussmann
Du lundi au samedi de 9 h 35 à 19 h et jeudi jusqu'à 22 h

Plus connues que celles de la Société générale, trois autres très belles verrières sont situées dans le quartier : les grands travaux du préfet Haussmann dans la seconde moitié du XIXe siècle ont fait naître une architecture luxueuse qui reflétait les goûts de l'époque.
Si le vaste hall du Grand Hôtel, édifié en 1861, annonce déjà la couleur, le véritable chef-d'œuvre reste la salle de réception qui héberge l'admirable verrière (une fleur d'or et de cristal supportée par une double rangée de colonnes corinthiennes). Si elle n'est pas ouverte, demandez l'accès à la réception de l'hôtel.
Tout près, le Printemps et les Galeries Lafayette présentent également de très belles verrières. Celle des Galeries Lafayette repose sur 10 piliers métalliques, tandis que celle du Printemps, au sixième étage du bâtiment, est un chef-d'œuvre de l'Art nouveau conçu par Binet en 1911. Elle abrite actuellement un salon de thé et des espaces de réception (voir le guide *Paris bars et restaurants insolites* chez le même éditeur.)

AUX ALENTOURS

Musée de la parfumerie Fragonard ②

9, rue Scribe
01 40 06 10 09
Du lundi au samedi de 9 h à 18 h, dernière entrée à 17 h (visite guidée et gratuite)
Métro Havre-Caumartin, Opéra ou Chaussée d'Antin

Créé à l'initiative des industries du parfum Fragonard en 1983, le musée retrace l'histoire de la parfumerie depuis les Égyptiens jusqu'au XIXe siècle. Une usine miniature explique les différentes méthodes d'extraction des matières premières. La visite, très commerciale, se termine malheureusement par le magasin de vente, comme dans les mauvais attrape-touristes pour groupes en goguette.

Une géographie de l'Opéra de Paris

Les noms de rues Auber, Meyerbeer, Halévy et Gluck, situées autour de l'opéra Garnier, n'ont pas été donnés par hasard : ce sont tous des compositeurs d'opéra du XIXe siècle. Scribe a aussi une rue : il était auteur de livrets d'opéra. Et Diaghilev, l'impresario russe qui fit travailler chorégraphes et compositeurs, a également sa place, à l'arrière de l'Opéra.

VIGNES DE LA CASERNE DE POMPIERS DE LA RUE BLANCHE

③

Des pompiers viticulteurs

22-28, rue Blanche
Dates des vendanges à demander sur place à la caserne à partir de début septembre
Métro Trinité

Si les pompiers de la rue du Vieux-Colombier dans le VIe arrondissement sont bien connus pour leur bal du 14 Juillet, les pompiers de la caserne de la rue Blanche ont eux aussi le sens de la fête et de l'hospitalité : quelques jours par an, ils se transforment en viticulteurs...

La superbe treille qui pousse sur la façade de leur caserne donne avec générosité du chasselas dont ils tirent chaque année un « vin » (non alcoolisé !) mis en bouteille sous l'appellation château-blanche... Si la qualité de ce dernier est discutable, la tradition remonte à 1926 et donne lieu depuis trente ans à une cérémonie des vendanges très pittoresque au cours de laquelle pompiers, habitants du quartier, poulbots et filles du Moulin-Rouge font la récolte du raisin. Plus de 150 kilos de fruits sont ainsi récoltés en quelques jours et donnent naissance à une cinquantaine de bouteilles numérotées ainsi qu'à 150 petites bouteilles pour la caserne elle-même.

Beaucoup moins touristiques et incomparablement plus authentiques que leur cousine de Montmartre, les vendanges de la rue Blanche ont aussi un petit côté people : Gérard Depardieu serait ainsi propriétaire de la bouteille n° 24 de l'année 1997.

Elles ont néanmoins gardé leur aspect convivial et le capitaine de la caserne sera la plupart du temps heureux de raconter aux curieux l'ensemble des traditions attachées au lieu. En gage de fertilité, le raisin récolté doit ainsi être foulé par le couple de la caserne le plus récemment marié ; l'étiquette de la bouteille, elle, est choisie en fonction des événements qui se sont produits dans l'année et le nom attribué à chaque cuvée est immanquablement celui du capitaine en fonction cette année-là.

L'origine de la rue Blanche – le plâtre à Paris

La rue Blanche devrait son nom aux anciennes carrières de Montmartre, toutes proches. Lors du transport du gypse, extrait pour être transformé en plâtre à Montmartre et emmené jusqu'à la Seine pour être chargé sur des bateaux, il n'était pas rare que de petits morceaux tombent de la carriole sur le pavé qui se couvrait ainsi de poussière blanchâtre...

C'est d'ailleurs grâce à ce plâtre et à ses qualités ignifugeantes et thermiques que Paris a évité le feu qui ravagea, par exemple, plusieurs fois Londres et que ses habitations possèdent cette unité de matériau et de couleur tant louée par les visiteurs : sous Philippe le Bel, une ordonnance imposa d'enduire de plâtre toute nouvelle maison construite à Paris.

CERCLE DE JEU CLICHY-MONTMARTRE

4

Comme un titi parisien

84, rue de Clichy
01 48 78 32 85
Toute l'année : billards de 11 h à 6 h du matin ; jeux de 16 h à 6 h du matin (accès interdit aux mineurs)
Métro Place de Clichy

Installé depuis 1947 à la place des bouillons Duval (un ancien collègue du survivant bouillon Chartier, non loin de là), l'académie de billard du cercle de Clichy-Montmartre est restée dans son jus... 16 tables (8 billards américains, 5 billards français, 1 snooker et deux tables pool) font le bonheur des professionnels et des amateurs de tous âges qui n'apprécient pas toujours à sa juste valeur le beau décor de l'entre-deux-guerres éclairé par quelques lampadaires et par de grandes verrières.

AUX ALENTOURS

Les mains du 82, rue Blanche ⑤

Au 82 de la rue Blanche, le numéro de l'immeuble est représenté de façon étonnante : deux mains de part et d'autre du numéro font mine de le retenir.

Le chiffre 3, symbole de l'église de la Trinité

Comme son nom l'indique, l'église de la Trinité est sous le signe du chiffre 3 que l'architecte Ballu a repris maintes fois. Le porche principal est constitué de trois arches ; le grand bassin comporte trois fontaines à trois vasques chacune ; la fontaine du centre est surmontée d'une sculpture d'une femme symbolisant l'Espérance qui tient trois enfants entre ses bras, chacun des enfants ayant trois jarres de bronze à ses pieds.

L'impact de l'arrivée des ascenseurs

Jusqu'en 1895, date de l'introduction de l'ascenseur dans les immeubles parisiens, l'étage le plus prisé était le premier. Cela explique que la hauteur de plafond des étages était décroissante : du plus haut pour le premier étage au plus bas pour le dernier étage, le moins convoité. Après 1895, la logique changea : les derniers étages moins bruyants et plus lumineux car situés au-dessus des arbres deviennent les plus recherchés.

L'ESCALIER DU MUSÉE GUSTAVE MOREAU

6

Construit à ses frais par l'artiste, à l'endroit même où il vécut

14, rue de La Rochefoucauld
01 48 74 38 50
Tous les jours de 10 h à 18 h ; fermé le mardi
Gratuit le premier dimanche de chaque mois
Métro Saint-Georges ou Trinité

Méconnu des Parisiens, le musée Gustave Moreau présente la particularité d'avoir été pensé, conçu et construit à ses frais par l'artiste peintre, à l'endroit même où il vécut.

Trois ans avant sa mort, Gustave Moreau, qui s'était posé très tôt la question du sort de son œuvre, entreprit de faire transformer la maison du 14, rue de La Rochefoucauld. Avec l'aide de l'architecte Albert Lafon, il décida de conserver au premier étage l'appartement où il avait habité en compagnie de ses parents afin d'y regrouper tous ses souvenirs en une sorte de petit musée familial et fit construire le grand atelier actuel. Organisé autour d'un magnifique escalier en spirale, celui-ci abrite ses chefs-d'œuvre mais aussi tous ses travaux préparatoires et des milliers de dessins présentés dans des meubles à panneau mobile...

Conçu comme « le grand œuvre » de l'artiste, ce musée permet de pénétrer dans l'intimité du peintre et de suivre pas à pas le processus mystérieux de la création artistique. Unique en son genre, il exhale, aujourd'hui encore, un « enchantement singulier » propre à l'art de Gustave Moreau.

L'œuvre de Moreau présente l'univers incroyablement riche d'un peintre né en 1826, où se retrouvent et se répondent les thèmes mythologiques, littéraires et bibliques. Dans une profusion de dessins, de formes et de couleurs, on peut y suivre le parcours d'un artiste d'abord académique puis symboliste, moderne et presque abstrait dans la dernière partie de sa vie.

AUX ALENTOURS

Square d'Orléans ⑦

Entrée par le 80, rue Taitbout

Invisible depuis la rue, haut lieu de la Nouvelle-Athènes à l'époque romantique, le square d'Orléans est l'un des lieux les plus singuliers et paisibles du quartier. Il ne fallut pas moins de 12 années à l'architecte anglais Edward Cresy (de 1830 à 1842) pour achever les 46 appartements et six ateliers d'artistes qui forment cet ensemble conçu selon le modèle des squares londoniens. La fontaine, le jardin central, les quatre corps de bâtiments carrés et les cours à l'anglaise plurent immédiatement à de nombreuses célébrités et artistes qui s'y installèrent et tinrent salon, formant ainsi une sorte de phalanstère. Parmi les plus célèbres se retrouvaient la ballerine Marie Taglioni, le musicien Marmontel mais aussi et surtout le couple formé par George Sand (qui occupait l'appartement au premier étage, au n° 5) et Chopin (au n° 9).

BIBLIOTHÈQUE CHAPTAL

8

Un bijou méconnu

26, rue Chaptal
01 49 70 92 80
bibliotheque.walser-gaillard@paris.fr
Métro Pigalle ou Blanche

Située dans un ancien hôtel particulier construit en 1780 où se trouvait auparavant l'École de prévention et de lutte contre l'incendie, la bibliothèque Chaptal possède une superbe salle de lecture méconnue et aménagée dans l'ancien salon d'apparat qui a conservé ses peintures murales, ses boiseries, sa cheminée ainsi que sa verrière.

AUX ALENTOURS

Musée de la vie romantique ⑨

16, rue Chaptal
01 55 31 95 67
Tous les jours de 10 h à 18 h, fermé le lundi et les jours fériés
Entrée gratuite pour les expositions permanentes
Métro Blanche ou Trinité

Toit à l'italienne typique de la Restauration, treille, glycine, cour pavée, allée bordée d'arbres, serres, fontaine, tout porte au romantisme… Propriété du peintre Ary Scheffer et de son neveu l'écrivain Ernest Renan, l'hôtel particulier du 16, rue Chaptal fut en son temps un véritable cénacle romantique, foyer d'inspiration pour des figures emblématiques du romantisme parisien telles que Lamartine, Chopin, George Sand et Delacroix. Ceux-ci se réunissaient dans l'un des deux ateliers construits par Ary Scheffer, de part et d'autre de la cour pavée. Aujourd'hui propriété de la Ville de Paris, le lieu, caché au fond d'une petite impasse, a été reconverti en musée de la Vie romantique. Dans le pavillon principal sont rassemblés des souvenirs du quotidien de l'écrivain George Sand ainsi que des toiles d'Ary Scheffer et de ses contemporains, tandis que de l'autre côté de la cour, l'atelier-salon du peintre a été reconstitué. À la belle saison, de mai à octobre, un salon de thé idyllique s'installe dans la serre et en terrasse (voir chez le même éditeur le guide *Paris bars et restos insolites*.)

Hôtel de la Païva ⑩

28, place Saint-Georges

Du nom de Thérèse Lachmann, marquise de la Païva, célèbre croqueuse de diamants qui y habita entre 1850 et 1851, l'hôtel de la Païva est l'une des constructions les plus pittoresques du quartier. L'hôtel présente un style troubadour, mélange de néo-Renaissance et de néogothique qui date de 1840, où la richesse de la décoration était censée compenser l'étroitesse de la façade.

FONTAINE À TÊTE DE CHEVAL

⑪

L'ancienne poste aux chevaux

67-69, rue Pigalle
Métro Pigalle

Invisible de la rue, l'étonnante fontaine à tête de cheval qui est cachée dans un petit jardin derrière un immeuble sans grâce au 67-69, rue Pigalle est probablement l'un des secrets les mieux gardés du IXe arrondissement.

Il est en réalité le dernier abreuvoir pour chevaux que compte la capitale. Au XIXe siècle, en effet, le cheval était un animal que l'on croisait particulièrement fréquemment dans les rues : ils servaient notamment pour les postes, les ambulances, les pompes funèbres ainsi que pour de nombreuses entreprises privées.

C'est en ces lieux, en effet, que le dernier maître postier de Paris, Adolphe Dailly, avait installé sa poste aux chevaux : on y louait des remises pour reposer les chevaux et il fallait évidemment les abreuver.

La tête de cheval actuelle, moderne, représente un étalon qui faisait partie d'une lignée de percherons qui était au service des Dailly.

La tête originale figure, elle, dans l'entrée de l'immeuble, à droite. Elle est visible, bien que discrètement, depuis la rue. Derrière cette tête, une inscription discrète rappelle la « poste aux chevaux ».

Adolphe Dailly était le fils de Claude-Gaspard Dailly, qui avait commencé son métier de maître de postes après avoir épousé en 1805 la fille aînée de Jean-Baptiste Lanchère, un maître postier parisien.

C'est avec la concurrence des chemins de fer, à partir des années 1840, que l'activité commença à décliner.

En 1849, quand mourut son père, Adolphe Bailly possédait plus de 400 chevaux : 200 dans l'ancien dépôt qui était au 2, rue Pigalle, le reste étant réparti entre les dépôts – écuries de Monceau, Bercy et Charenton. En 1880, il déménagea ses activités au 67-69, rue Pigalle. Reprise par son fils Louis, l'activité se diversifia alors tant bien que mal : location de chevaux à la journée ou à l'heure, transports pour les armées, le sucre, déménagement avec attelages à six chevaux...

En 1910, au dernier recensement disponible, les Dailly ne possédaient plus que 257 chevaux. L'activité de poste aux chevaux disparut totalement à la mort de Louis Dailly.

Il reste également une mangeoire pour les chevaux, au 27 rue de Grenelle (voir p. 258).

AVENUE FROCHOT

12

La villa qui porte malheur

Fermée par une grille, ouverture aléatoire
Métro Pigalle

Malgré le digicode qui restreint l'accès, le petit paradis privé de l'avenue Frochot se laisse facilement admirer à travers la grille d'entrée en fer forgé.

Créée en 1830, elle renferme de somptueuses demeures du XIXe siècle noyées dans la verdure. Leurs architectures hétéroclites (néogothique, flamande, médiévale, palladienne ou néoantique) ne laissèrent pas les artistes de l'époque indifférents : Victor Hugo, Alexandre Dumas père, Toulouse-Lautrec et Victor Massé, entre autres, succombèrent au charme de cet endroit. Plus récemment, Django Reinhardt se serait amusé à brûler ses meubles dans la cheminée de l'une des maisons de l'impasse, tandis que le cinéaste François Truffaut y tourna une séquence du film *Les Quatre Cents Coups*.

On colporte également une bien curieuse histoire au sujet de la maison située au n° 1 depuis la mort en ses murs du compositeur Victor Massé qui y passa ses dernières années, victime de la sclérose en plaques. Elle semble, depuis, porter malheur à tous ses propriétaires ou occupants. Le directeur des Folies-Bergère, qui la racheta, la légua à sa femme de ménage qui fut sauvagement assassinée à coups de tisonnier. Inhabitée pendant 30 ans, la maison fut ensuite rachetée par Sylvie Vartan qui déménagea brusquement juste après s'y être installée. Mathieu Galev, un critique de théâtre s'en porta acquéreur et y mourut à son tour, victime, très curieusement, d'une sclérose en plaques... Récit véridique ou légende urbaine ?

À gauche de l'avenue, admirez aussi le joli vitrail Art déco à motifs marins de l'ancien théâtre en Rond qui date de 1837.

AUX ALENTOURS

Cité Malesherbes (13)

Voie privée, accessible par le 59, rue des Martyrs

Lotie sur l'emplacement de l'ancien hôtel particulier de l'avocat Lamoignon de Malesherbes, guillotiné en 1794, la cité Malesherbes abrite quelques édifices intéressants. Remarquez plus particulièrement la façade du n° 11, couverte d'une riche ornementation en céramiques, laves et terres cuites émaillées qui sont l'œuvre de l'architecte Jal pour le compte du peintre Jollivet. Au n° 17, il faut admirer la rotonde de l'hôtel de l'architecte Amoudru ainsi que, le long du balcon, la corniche ornée d'un masque féminin et les deux profils en médaillon.

Jardin du 41-47 de la rue des Martyrs (14)

Peu visible de la rue, une pelouse soignée et quelques massifs de roses offrent au promeneur une ambiance toute provinciale. Profitez du lieu pour faire une pause qui sera la bienvenue.

LA COLLECTION PRIVÉE DU MAGASIN PHONOGALERIE

(15)

Une collection de machines parlantes

10, rue Lallier
01 45 26 45 80 ; 06 80 61 59 37
aro@phonogalerie.com
phonogalerie.com
Jeudi et vendredi de 14 h à 20 h ou sur rendez-vous
Métro Anvers

Jalal Aro est plus qu'un collectionneur : il soigne, guérit et redonne vie à tout objet qui a trait à l'enregistrement sonore. Après quelques années consacrées à collectionner les machines parlantes les plus étonnantes depuis leur invention en 1877 (appareils à cylindre, gramophone à pavillon, boîtes à musique), Jalal Aro ouvrit un magasin dédié au son. S'y côtoient désormais affiches publicitaires, cartes postales musicales, anciens disques et appareils rares et sophistiqués, même si les objets des trente dernières années sont proscrits, une certaine esthétique étant de rigueur. Le propriétaire vous aidera sûrement dans le choix d'un cadeau (5 à 15 000 €), mais il vous enthousiasmera surtout par son érudition et ses anecdotes.

Mi-musée mi-boutique, la Phonogalerie est idéalement située entre les cabarets de Montmartre et les artistes de la Nouvelle-Athènes.

AUX ALENTOURS

Cité Napoléon ⑯

58, rue Rochechouart

Invisible de la rue, la cité Napoléon est un rare et bel exemple de familistère, achevé en 1853. Conçu pour 400 foyers ouvriers, il avait vocation à loger des familles modestes à un coût privilégié. Outre le loyer modique, un médecin visitait aussi régulièrement et gratuitement le lieu. En échange de tous ces services, les familles devaient observer une discipline stricte : un inspecteur venait fréquemment vérifier la moralité des habitants.

Le hibou du 68, rue Condorcet ⑰

68, rue Condorcet

Métro Anvers

Perché sur une colonne sous le balcon, un étonnant hibou est sculpté sur la façade du 68, rue Condorcet. Ce hibou dit grand duc symbolise en effet l'architecte de l'immeuble qui n'est autre que le célèbre Viollet-le-Duc. Celui-ci avait fait construire pour lui-même cet immeuble en 1862-1863 et avait placé le hibou sous les fenêtres de son atelier.

Familistères et phalanstères

Le familistère est la forme concrète du socialisme utopique de Charles Fourier, appliquée dans sa théorie du phalanstère. Le phalanstère est un lieu de vie communautaire composé d'un ensemble de logements organisés autour d'une cour couverte centrale. Ce mot renvoie à celui de « phalange », qui rappelle les corps d'armée d'élite dans l'Antiquité. Comme son nom l'indique, le familistère n'accueille que des familles.

LES CÉRAMIQUES DU RESTAURANT *CHEZ JONATHAN*

(18)

De superbes céramiques oubliées

24, rue du Faubourg Montmartre
01 48 24 03 93
Du dimanche au jeudi de 11 h à 22 h, le vendredi de 11 h à 15 h 30, le samedi de 23 h à 6 h du matin

Situé dans les anciens locaux de la poissonnerie Bernheim depuis les années 1990, le restaurant *Chez Jonathan* a conservé les superbes céramiques d'origine, liées au thème de la pêche et du poisson. La poissonnerie, fondée en 1879, avait orné l'ensemble de ses murs de céramiques de Sarreguemines. Le meilleur moyen de les admirer tranquillement est évidemment de s'asseoir et de commander un des plats casher du restaurant.

AUX ALENTOURS

Musée du Grand Orient de France ⑲

16, rue Cadet
01 45 23 20 92
Du mardi au vendredi et le dimanche de 10 h a 12 h 30 et de 14 h à 18 h, samedi de 10 h à 13 h et de 14 h à 19 h

Installé depuis 1889 sur l'emplacement de l'hôtel Cadet, le musée du Grand Orient de France présente plus de 10 000 pièces de collection (objets, documents, symboliques franc-maçonnes, grades...) qui retracent l'histoire de l'implantation de l'Ordre en France.

Cité de Trévise ⑳

Perpendiculaire à la rue Richer et à la rue Bleue

Créée en 1840 lors des différentes opérations de lotissement qui ont marqué cette époque, la cité de Trévise conserve encore aujourd'hui, malgré la circulation automobile, un certain charme avec ses beaux immeubles de style néo-Renaissance entourant un square arboré au centre duquel trois cariatides qui se donnent la main forment une jolie fontaine.

Agence BNP ㉑

14-20, rue Bergère

Construit par Corryer en 1881, ce bel immeuble a longtemps abrité le Comptoir national d'escompte de Paris. La cage d'escalier ainsi que la salle de marché avec sa magnifique verrière méritent le coup d'œil. La façade possède trois grandes sculptures de Millet représentant la Prudence, le Commerce et la Finance.

Le premier match de basket-ball en Europe

Au 14, rue de Trévise, la YMCA (Young Men Christian Association – Association des Jeunes Hommes Chrétiens) possède le premier complexe sportif à avoir été construit en France. Inauguré en 1893, il a été conçu par l'architecte Bénard, un élève de Gustave Eiffel. C'est ici qu'a été joué le premier match de basket-ball en Europe, la même année.
Inventé en 1891 aux USA (Massachussets), le basket-ball permettait aux éducateurs sportifs de continuer à donner des cours de sport même en cas de pluie.

ÉGLISE SAINT-EUGÈNE-SAINTE-CÉCILE

㉒

Deux saints patrons, deux rites, deux architectures...

6, rue Sainte-Cécile
Dimanche de 9 h 30 à 13 h et de 17 h 30 à 20 h, lundi de 18 h 30 à 20 h, de mardi à vendredi de 10 h à 20 h, samedi de 9 h 30 à 10 h 30
Messes le dimanche : selon Paul VI à 9 h 30 et 19 h et selon Pie V à 11 h

La très belle (et méconnue) église Saint-Eugène-Sainte-Cécile est curieusement dédiée à deux saints patrons : saint Eugène, en l'honneur d'Eugénie, la femme de Napoléon III qui fut à l'origine de sa construction, et sainte Cécile (patronne des musiciens) en raison de la proximité de l'ancien conservatoire national de Musique. On notera d'ailleurs que l'église ne possède pas de clocher afin que les musiciens ne soient pas dérangés par le son des cloches...

Construite en 1854-1855 selon les plans de Lusson et Boileau pour répondre aux besoins des nouveaux faubourgs de Paris, son architecture est finalement inspirée du XIIIᵉ siècle. À l'intérieur, quel que soit l'endroit où l'on se place, l'œil embrasse la totalité du volume de l'église et est frappé par l'abondance de couleurs et de lumière, accentuée par de magnifiques lustres du second Empire. Toute la structure de l'église, colonnes y comprises, est en fonte peinte, ce qui participe à l'harmonie de cet intérieur polychrome très original : les colonnes sont de couleur bleu acier et bronze florentin, les voûtes sont parsemées d'étoiles et les arcs et les nervures sont également peints.

L'autre particularité de l'église réside dans le fait qu'elle fonctionne depuis 1989 à l'heure du biritualisme : les offices y sont célébrés à la fois selon le rite de Paul VI et selon le rite de saint Pie V (liturgie en latin). Si la célébration des deux rites incombait jusqu'en 1998 à deux prêtres distincts, aujourd'hui un seul et même prêtre assure les deux célébrations. Il n'est donc pas rare d'assister, dans la même matinée, à une messe en français célébrée par un prêtre qui fait face à ses fidèles puis, deux heures plus tard, à une messe en latin avec le même prêtre, vêtu d'or et de pourpre, dos à l'assistance, tandis que s'élèvent des chants grégoriens dans l'église...

Le rite de Paul VI (ou paulinien) est le rite romain traditionnel depuis la réforme conduite par le pape Paul VI, à la suite du concile Vatican II (1962-1965).
Le rite tridentin, dit de saint Pie V, est celui que l'Église a adopté sur la période qui va du concile de Trente (1563) (d'où le terme de tridentin) au concile Vatican II.
Même s'il y a des contestations (notamment Mgr Lefèvre en France), le rite de Paul VI est considéré comme une modernisation et une adaptation de l'Église au XXᵉ siècle.

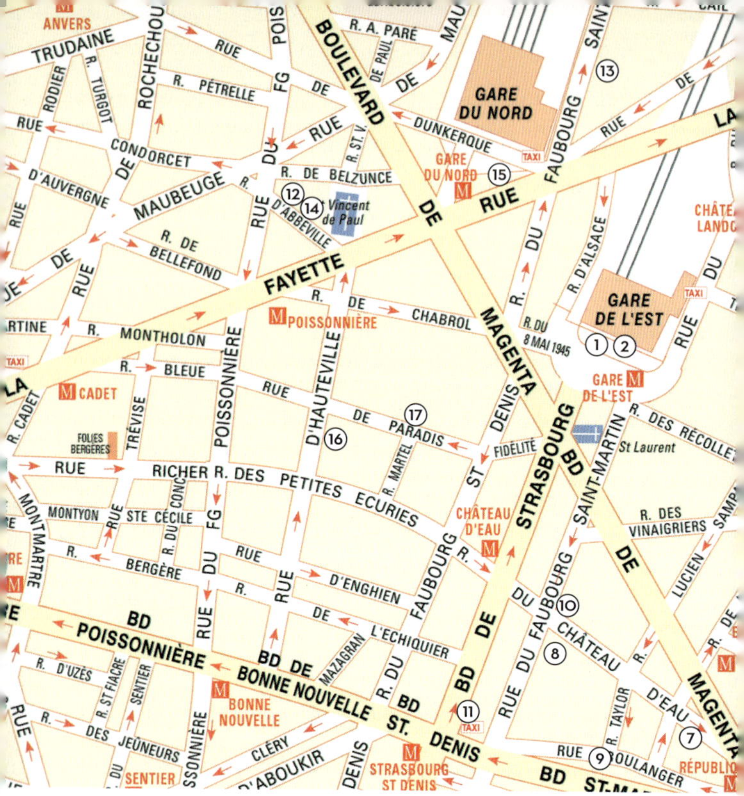

Xe Arrondissement

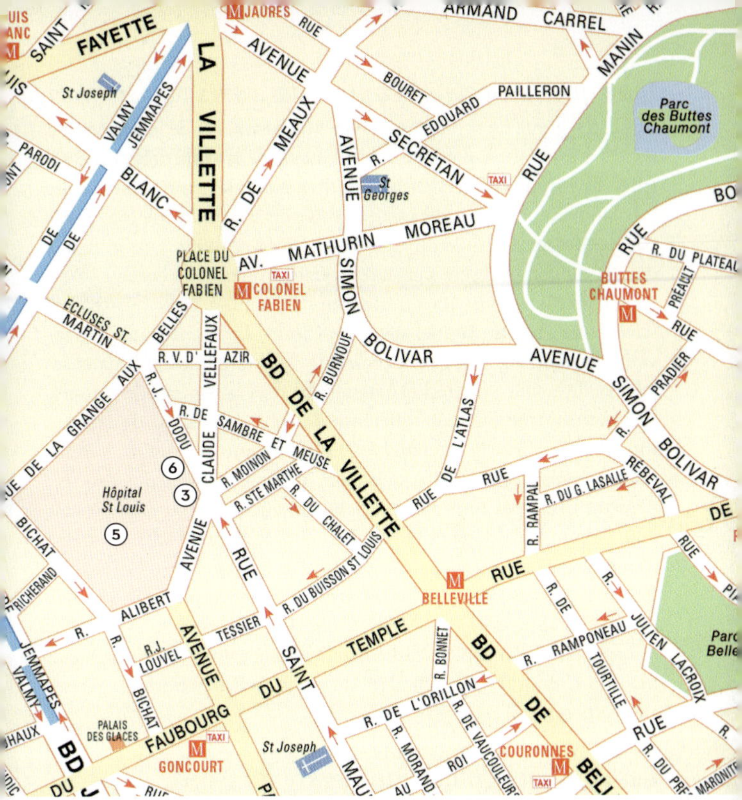
FAYETTE
SAINT
St Joseph
VALMY
JEMMAPES
PARODI
BLANC
LA VILLETTE
JAURES
RUE
AVENUE
BOURET
ARMAND CARREL
MANIN
PAILLERON
EDOUARD
SECRÉTAN
TAXI
R. DE MEAUX
AVENUE
R.
St Georges
Parc des Buttes Chaumont
RUE
MOREAU
MATHURIN
AV.
PLACE DU COLONEL FABIEN
COLONEL FABIEN
SIMON
BOLIVAR
AVENUE
RUE
R. DU PLATEAU
BUTTES CHAUMONT
PRÉAULT
PRADIER
ECLUSES ST. MARTIN
BELLES
VELLEFAUX
R. V. D' AZIR
BD DE LA VILLETTE
R. BURNOUF
R. DE L'ATLAS
SIMON BOLIVAR
R. DE LA GRANGE AUX
R. J.
DODU
R. DE SAMBRE ET MEUSE
CLAUDE
R. MOINON
R. STE MARTHE
R. DU CHALET
RUE DE
RUE
R. RAMPAL
R. DU G. LASALLE
RÉBEVAL
DE
Hôpital St Louis
BICHAT
AVENUE
RUE
R. DU BUISSON ST LOUIS
BELLEVILLE
RUE
R. DE
R. JULIEN LACROIX
Parc Belle
RICHERAND
ALIBERT
R.
R.
R. J. LOUVEL
TESSIER
AVENUE
SAINT
TEMPLE
DU
R. BONNET
BD
R. RAMPONEAU
TOURTILLE
JEMMAPES
VALMY
BICHAT
FAUBOURG
R. DE L'ORILLON
DE
R. DE VAUCOULEURS
RUE
R. DU PRÉ
MARONITES
PALAIS DES GLACES
GONCOURT
St Joseph
R. MORAND
ROI
COURONNES
BD
DU

Quelques aspects méconnus des gares parisiennes

Le beau volume de la plupart des gares parisiennes et de leurs verrières est dû à une raison pratique : au moment de la construction de ces gares, les locomotives étaient encore à vapeur et la grande hauteur des toits permettait tout simplement aux usagers d'éviter d'être intoxiqués par les fumées. L'arrivée du chemin de fer ne se fit pas sans difficulté dans la capitale et certains ingénieurs étaient même réticents.

Arago prédisait ainsi les pires ennuis de santé à ceux qui osaient s'aventurer dans le tunnel de Saint-Cloud. Les compagnies ferroviaires étaient en outre suspectées de vouloir s'immiscer dans les affaires de la ville : on décida à dessein de fixer la hauteur des tunnels du métro à une hauteur différente de celle des trains, de façon à interdire l'éventuelle interconnexion. De même, si le train, suivant l'usage anglais, circule à gauche, on fit rouler le métro à droite... Ce n'est donc pas non plus un hasard si aucune ligne de métro ne relie l'ensemble des gares parisiennes et si les connexions en métro d'une gare à l'autre sont parfois totalement irrationnelles. Les usagers qui arrivent gare d'Austerlitz et veulent prendre un train gare de Lyon, de l'autre côté de la Seine, sont donc contraints, avec armes et bagages, d'aller à pied d'une gare à l'autre : il n'y a pas, de façon incompréhensible pour l'usager, de métro reliant ces deux gares... Peut-être serait-il temps d'y remédier ?

Les colonnes creuses de la gare du Nord

Les colonnes métalliques qui soutiennent l'architecture de la gare du Nord sont creuses : elles permettent à l'eau de pluie de s'écouler directement dans les égouts.

Seulement quatre villes en France possèdent, comme Paris, des gares en cul-de-sac, c'est-à-dire où l'arrivée est nécessairement le terminus : Marseille, Lyon, Tours et Orléans.

L'influence de Napoléon III sur la toponymie à Paris

Les différentes campagnes de Napoléon III ont laissé des traces dans la la toponymie de la capitale : 31 voies parisiennes tirent leurs noms de villes ou de généraux liés aux campagnes de Crimée, du Mexique ou d'Italie, et notamment les avenues Bugeaud, Malakoff, Magenta, Alma, Mac-Mahon...

On trouve également dans l'église Notre-Dame-du-Travail dans le XIVe arrondissement (voir p. 391), une cloche provenant de la campagne de Crimée.

LE BUNKER DE LA GARE DE L'EST ①

Sous les voies, le bunker

Gare de l'Est
Place du 11 Novembre 1918
Demander à la direction de la communication de la gare les jours d'ouverture aux visites
Métro Gare de l'Est

Caché sous les voies 2 et 3 de la gare de l'Est, un ancien abri souterrain contre les bombardements est, de façon assez extraordinaire, toujours en place. La visite de ce blockhaus est saisissante : des graphiques de tableaux de marche des trains gisent au sol comme si on venait de les y laisser, les installations mécaniques semblent en état de fonctionner et le ministère de la Défense continue d'entretenir le lieu... Et si les *Notausgang* et autres inscriptions sur les murs témoignent que l'armée allemande a occupé les lieux, une question demeure : ce poste de commandement a-t-il vraiment fonctionné ?

La construction de l'abri, qui devait servir de base logistique au poste de commandement (PC), commença le 20 juillet 1939 alors que la déclaration de guerre était imminente et s'acheva sous l'occupation en 1941. Soixante-douze personnes pouvaient vivre dans les 120 mètres carrés de ce bâtiment hermétique entièrement en béton. Les trois pièces principales, le central téléphonique, la salle des machineries et le poste de régulation, sont séparées par trois imposantes portes étanches et « antisouffle ». Un judicieux système de bouteilles à oxygène avait été mis en place pour se prémunir des éventuels gaz asphyxiants ou toxiques et, en cas de panne d'alimentation électrique, des pédaliers reliés à une chaîne de vélo faisaient fonctionner les installations.

© Jean-Jacques Le-Roux

ST MARTIN

Stations fantômes du métro parisien

Si certaines stations du métro parisien ne figurent plus sur le plan habituel du réseau de la RATP, elles n'en demeurent pas moins toujours physiquement présentes sous terre, utilisées parfois à des fins bien différentes de leur vocation originelle...

La fermeture de la plupart de ces stations dites aujourd'hui « fantômes » remonte à l'entrée en guerre de la France en 1939 : une partie du personnel se trouvant mobilisée, le métro fonctionna en réseau réduit et, à la Libération, les stations qui étaient trop peu fréquentées ou trop proches de stations voisines ne furent pas rouvertes. C'est de cette façon que les stations Arsenal, Croix-Rouge, Champ-de-Mars, Saint-Martin, Martin-Nadaud et Porte des Lilas ont disparu des plans de métro actuels... La plupart ont pourtant trouvé une nouvelle vocation : dans la station Arsenal, des salles ont été aménagées pour la formation de techniciens et ingénieurs en électricité.

La station Saint-Martin, dont les couloirs conservent encore quelques belles publicités en faïence, accueillait, quant à elle, les sans-abri jusqu'à sa réhabilitation en 1999 en Espace solidarité insertion géré par l'Armée du Salut. La station Croix-Rouge connut divers décors : au début des années 1980, un artiste la transforma en plage avec chaises longues et parasols et elle fut le théâtre de défilés de mode.

Enfin, la station Porte des Lilas s'est reconvertie dans le cinéma : derrière les quais ouverts au public (la station est normalement intégrée au réseau), la station cache des espaces qui sont transformés pour les besoins des films en studio de prises de vues et elle change ainsi de nom au gré des besoins des metteurs en scène (Pont-Neuf, Pigalle...). Cette partie de la station, rebaptisée « Porte des Lilas – Cinéma », servait autrefois à la voie ouverte en 1921 et fermée en 1939 qui reliait le Pré-Saint-Gervais à la Porte des Lilas. Accessoirement, la navette sert encore pour la formation des agents ou l'expérimentation de nouveaux matériels.

Pour l'usager attentif, quatre de ces stations sont encore physiquement visibles depuis les fenêtres des rames de métro : Arsenal, Saint-Martin, Croix-Rouge et Champ-de-Mars. La station Haxo (qui devait relier les stations Porte des Lilas et Pré-Saint-Gervais) et la station Porte-Molitor (située entre les lignes nos 9 et 10) ont connu une autre destinée. À peine construites, elles furent abandonnées en raison d'un changement du projet initial et aucun accès depuis l'extérieur ne fut même construit.

ASSOCIATION FRANÇAISE DES AMIS DES CHEMINS DE FER

②

Les fous du rail

Gare de l'Est - Place du 11 Novembre 1918
Accès par la « rampe Parking Alsace » qui longe la gare côté rue d'Alsace
01 40 38 20 92
afac.asso.fr
Samedi de 14 h 30 à 18 h (les enfants doivent être impérativement accompagnés d'un adulte), visite de groupe le mercredi sur rendez-vous entre 15 h et 18 h, fermé en août
Métro Gare de l'Est

Fondée en 1929, l'AFAC (Association Française des Amis des Chemins de Fer) est installée dans d'étonnants sous-sols, sous la gare de l'Est. Une fois sur place, on est chaleureusement accueilli par les membres qui sont occupés à faire circuler leurs locomotives et leurs wagons. On vous invitera même probablement à venir au milieu de l'un des immenses réseaux pour mieux comprendre le fonctionnement parfois complexe de l'ensemble des signalisations, passages à niveau, gares de triage, quais, etc. qui sont évidemment fidèlement reproduits.

L'association occupe deux salles : l'une accueille un réseau à l'échelle 1/87 pendant que l'autre héberge deux réseaux, l'un à l'échelle 1/43,5 et l'autre 1/32.

Patiemment construits par les membres, ces trois réseaux permettent la circulation de nombreux convois qui sont exploités avec la rigueur d'un vrai chemin de fer. Louis Armand, un ancien président de la SNCF, fut tellement impressionné lors d'une visite qu'il affirma même que l'association était en avance sur la SNCF ! Sur chacun de ces réseaux, les membres de l'association peuvent faire évoluer leur propre matériel, sous réserve évidemment de compatibilité technique.

En devenant membre, vous aurez également ce privilège et, en demandant conseil à vos futurs collègues, vous apprendrez peut-être à faire comme eux, c'est-à-dire à construire vous-même vos propres wagons et locomotives.

Amenez-y impérativement vos enfants !

MUSÉE DES MOULAGES DERMATOLOGIQUES

③

Le musée des Maladies de peau

Hôpital Saint-Louis
1, avenue Claude Vellefaux
01 42 49 99 15
biblio.dermato@sls.aphp.fr
musee.moulages@sls.aphp.fr
Du lundi au vendredi de 9 h à 16 h 30, sur rendez-vous et lors des Journées du patrimoine (interdit aux moins de 12 ans)

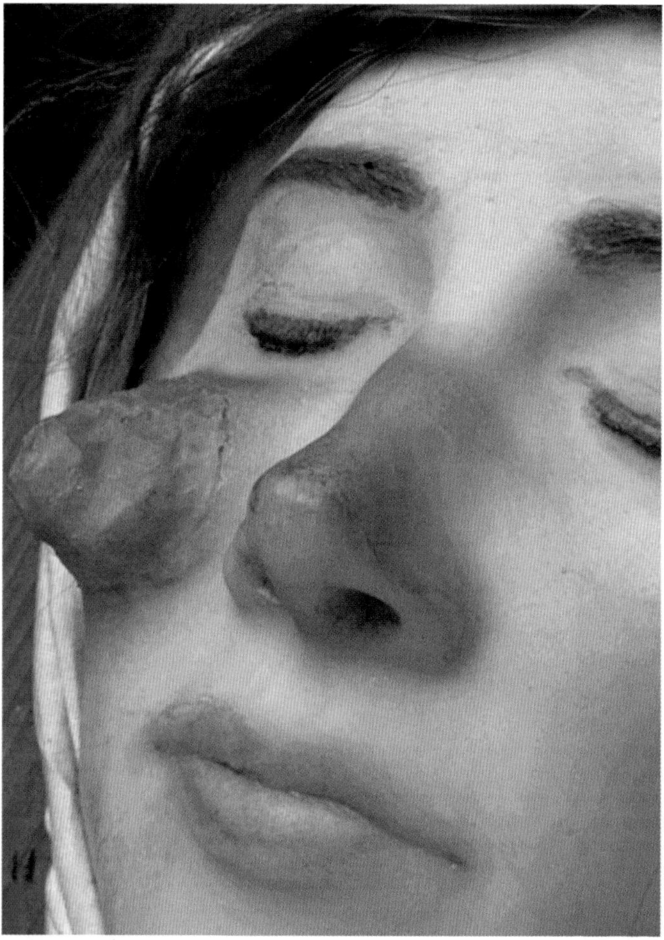

Réservé jusqu'il y a peu aux médecins (afin de respecter la clause de confidentialité, désormais caduque), le musée des Moulages dermatologiques est un musée extraordinaire, au sens propre du terme.

Créé en 1865 par le médecin Alphonse Devergie sous le nom de musée des Maladies de peau, le musée accueillit en 1867 le premier moulage de cire réalisé par Jules Baretta la même année. La dermatologie a également vu le jour dans l'enceinte de l'hôpital et, à titre pédagogique, près de 5000 moulages de têtes ou de membres présentant des affections cutanées diverses ont été installés depuis le XIXe siècle. Réalisés entre 1867 et 1958, ces moulages sont exposés dans des vitrines sur fond noir : lèpre, gangrène, syphilis, nævus, gale, dermite, eczéma, zona, pustules...

AUX ALENTOURS

Les panneaux en verre peint du 34 rue Yves Toudic (4)

Cette boutique classée, fondée en 1870, possède de jolis panneaux extérieurs et un plafond qui ont été « fixés sous verre » par Benoist et fils au XIXe siècle.

LA COUR CARRÉE DE L'HÔPITAL SAINT-LOUIS

5

Une place des Vosges sans les voitures

40, rue Bichat et 1, avenue Claude Vellefaux
01 42 49 49 49
Du lundi au vendredi de 8 h à 18 h
Métro Goncourt

La sublime cour intérieure de l'hôpital Saint-Louis peut tout simplement être considérée comme une place des Vosges... sans les voitures. C'est dire le charme et la beauté de l'endroit qu'il ne faut manquer sous aucun prétexte.

Aujourd'hui classé Monument Historique, l'hôpital fut créé dans le contexte de la grande épidémie de peste qui survint en 1562 et fit plus de 68 000 morts dans la capitale. Devant l'engorgement de l'Hôtel-Dieu et la contagion extrême de la maladie, il devenait primordial d'isoler les patients et de créer une nouvelle « Maison de santé » répondant aux besoins sanitaires de la population.

Henri IV choisira les plans de Claude Vellefaux, « maître-maçon juré ès œuvres de maçonneries du Roy » pour édifier en quelques années ce qui deviendra l'hôpital Saint-Louis : un quadrilatère de 120 mètres de côté, ceinturé d'un chemin de ronde flanqué en ses angles de grands pavillons en pierre et brique ainsi que quatre autres groupes de bâtiments fermés. Les bâtiments étaient tous séparés les uns des autres de façon à limiter la propagation des maladies contagieuses et à empêcher l'évasion des malades.

Les plates-bandes du centre de la pelouse ont été conçues de façon à reproduire une croix de Malte. L'Ordre de Malte (aujourd'hui un ordre hospitalier) occupe un pavillon de l'hôpital.

AUX ALENTOURS

Ancien réservoir des eaux de Belleville ⑥

2, rue Juliette Dodu

À peu près en face du 2, rue Juliette Dodu, le curieux bâtiment qui dépasse à peine de terre, et échappe à l'attention de la plupart des usagers de l'hôpital Saint-Louis dans l'enceinte duquel il se trouve, est pourtant classé Monument Historique. Construit au XVIIᵉ siècle, c'est un ancien réservoir des eaux de Belleville.

BOURSE DU TRAVAIL

7

Un joyau caché du XIXe siècle

3, rue du Château d'Eau
Du lundi au vendredi de 8 h à 22 h 30 ; samedi de 8 h à 17 h 45
Visite possible sur simple demande à l'accueil
Métro République

Construite de 1888 à 1896 par Joseph-Antoine Bouvard (1840-1920), alors architecte de la Ville de Paris, la Bourse du travail cache derrière son imposante façade de cinq étages une superbe salle d'époque où l'on remarque notamment les symboles de différents métiers (doreurs, sculpteurs, épiciers, menuisiers, imprimeurs, boulangers, charcutiers, peintres, luthiers, orfèvres etc.) ainsi qu'une très jolie verrière à structure métallique.

Le terrain avait été occupé auparavant par un immeuble construit en 1775 qui avait hébergé successivement des particuliers, puis la mairie du Ve, puis le Grand Café parisien jusqu'en 1880, et qui enfin offre un panorama dans une vaste rotonde de 120 mètres de circonférence et 17 mètres de haut.

Qu'est-ce qu'une bourse du travail ?

Une bourse du travail était à l'origine un bureau géré par les syndicats où l'on trouvait du travail aux ouvriers, selon le projet de l'économiste belge Gustave de Molinari. L'agitation ouvrière qui y régnait a finalement découragé employeurs et salariés d'y venir et la fonction de bureau de placement pour ouvriers a peu à peu disparu. Depuis, les bourses du travail sont devenues un lieu où se réunissent les différents syndicats, qui y organisent réunions, permanences d'accueil syndical, services d'entraide etc. ainsi que parfois des collectifs ou associations luttant dans des domaines sociaux.

AUX ALENTOURS

La plus petite maison de Paris (8)

39, rue du Château d'Eau

La maison du 39, rue du Château d'Eau est la plus petite maison de Paris : 1,10 mètre de large et 5 mètres de haut.

Son origine serait due à une querelle sur la propriété du passage entre la rue du Château d'Eau et la rue du Faubourg Saint-Martin : pour résoudre le différend, on aurait bouché le passage en créant cette maison.

Céramiques du 8 boulevard Saint-Martin (9)

Belles céramiques Art nouveau réalisées par le célèbre artiste tchèque Alfons Mucha.

HAUT-RELIEF DE *LA FRATERNITÉ DES PEUPLES*

⑩

Un manifeste en faveur de l'homosexualité ?

72, rue du Faubourg Saint-Martin
(Mairie du Xe arrondissement - Salle des mariages)
01 53 72 10 10
Lundi, mardi, mercredi et vendredi de 8 h 30 à 17 h ; jeudi de 8 h 30 à 19 h 30 ; samedi de 9 h à 12 h 30 (état civil et bibliothèque uniquement)
Métro Château-d'Eau

Inaugurée en 1896, la mairie du Xe arrondissement est l'une des plus belles de tout Paris. Au premier étage, dans la salle des mariages, une étonnante sculpture trône derrière l'autel du maire : on y voit deux hommes en train de s'embrasser voluptueusement.

Loin d'être une déclaration cachée en faveur de l'homosexualité, la sculpture, de Aimé-Jules Dalou (1838-1902), est intitulée *La fraternité des peuples*. Également parfois appelée *Le retour de l'enfant prodigue*, elle fut achetée par la ville en 1884. Initialement prévue pour être installée à l'hôtel de ville de Paris, elle montre en haut la Justice dominant la Patrie, posant la main sur l'épaule de la République. En dessous, le père reçoit son fils de retour de la guerre, et l'embrasse affectueusement.

Sous le père et le fils, l'homme qui brise les armes symbolise l'espoir que la République soit source de paix : la IIIe République fait en effet suite à la guerre contre la Prusse (1870) et aux violences de la Commune (1871).

Les sculptures de la façade, posées en 1906, rappellent les différents métiers représentés dans l'arrondissement.

ATELIER HOGUET MUSÉE DE L'ÉVENTAIL

11

Un musée anachronique

2, boulevard de Strasbourg
01 42 08 19 89 ; annehoguet.fr
Atelier : du lundi au vendredi de 9 h à 12 h 30 et de 14 h à 18 h
Musée : uniquement sur rendez-vous
Fermé en août et les jours fériés
Les groupes sont accueillis sur réservation
Métro Strasbourg-Saint-Denis

Installé dans un très bel appartement près de Barbès-Rochechouart, le musée privé de l'Éventail mérite certainement une visite, ne serait-ce que pour le charme du lieu.

À la suite de Joseph Hoguet Duroyaume qui, dès 1872, créa son atelier de monture d'éventails, la famille Hoguet s'est spécialisée dans la création d'éventails depuis quatre générations. La demande ayant depuis considérablement diminué, la solution pour éviter la disparition pure et simple de l'atelier Hoguet fut de créer le musée de l'Éventail en 1993. Celui-ci présente environ 1000 pièces de choix datant des XVIIIe, XIXe et XXe siècles. Raffiné à l'extrême, le musée est installé dans une salle d'exposition conçue en 1893 par les éventaillistes Lepault & Deberghe. Celle-ci a conservé son décor d'origine de style Henri III, aujourd'hui classé : meubles de rangement en noyer, plafonds à caissons où sont suspendus trois lustres à couronnes, murs tapissés de draps bleus brodés de fleurs de lys au fil d'or, cheminée monumentale... Dans ce grand salon sont réunies les plus belles pièces de la collection tandis qu'une seconde pièce explique le processus de fabrication d'une monture d'éventail.

Anne Hoguet, maître d'art en la matière, reste désormais la seule en France à poursuivre la réalisation de nouvelles créations, dans le plus pur respect de la tradition familiale.

© Atelier Hoguet – Musée de l'Éventail

LES FAÇADES ART NOUVEAU DES 14 ET 16, RUE D'ABBEVILLE ⑫

Une décoration végétale plus vraie que nature

14 et 16, rue d'Abbeville
Métro Poissonnière

Superbes façades de style Art nouveau. Au n° 14, l'immeuble fut édifié par les architectes Alexandre et Édouard Autant en 1901 et décoré par le céramiste Alexandre Bigot. Admirez l'extravagance de la décoration d'inspiration végétale : la travée centrale de l'immeuble est envahie de plantes rampantes qui donnent presque l'impression qu'elles sont vraies tandis qu'au cinquième étage, on découvre une loggia ornée de feuillages, de chimères et de colonnettes en céramique verte.

AUX ALENTOURS

Jardin de l'hôpital Fernand Widal ⑬

200, rue du Faubourg Saint-Denis

Destiné aux patients du service gériatrie, cet espace de verdure de 1000 mètre carrés est le bienvenu dans ce quartier tumultueux. Il est possible de s'y rendre et de s'y reposer au calme pendant un moment.

LES PANNEAUX DE LAVE ÉMAILLÉE DU 9, RUE FÉNÉLON

(14)

Les traces d'un ancien atelier de peinture

9, rue Fénélon

Construit en 1858 le long de l'église Saint-Vincent-de-Paul, l'immeuble du 9, rue Fénélon arbore de remarquables décors en lave émaillée : il abrita en effet l'atelier de peinture de François Gillet, inventeur d'un procédé de réalisation de décors polychromes sur lave émaillée. Plusieurs médaillons représentent des céramistes célèbres, comme Bernard Palissy, au milieu desquels on retrouve François Gillet et le peintre Pierre-Jules Jollivet (1794-1871).

Une jolie frise relate l'histoire des arts du feu.

AUX ALENTOURS

Puits de ventilation du RER B

(15)

145, rue La Fayette
Métro et RER Gare du Nord

À quelques pas de la gare du Nord, l'immeuble haussmanien du 145 rue Lafayette n'est pas comme les autres : en le regardant en détail, on se rend compte que cet immeuble ne possède pas de véritable porte d'entrée : pas de code, pas de sonnette, pas d'interphone. Aux étages, les fenêtres ne laissent rien deviner de leur intérieur. Et pour cause : loin d'être un classique immeuble d'habitation, l'édifice abrite un puits de ventilation du RER B qui passe non loin, gare du Nord.

Bel exemple de « façadisme » de la RATP, cet exercice de style permet en effet de cacher de façon agréable une infrastructure technique derrière une architecture conventionnelle.

PETIT HÔTEL DE BOURRIENNE

16

La merveille d'une merveilleuse

58, rue d'Hauteville
01 47 70 51 14
Visite sur rendez-vous toute l'année
Visite sans rendez-vous le samedi de septembre à avril de 12 h à 18 h, le samedi et le dimanche d'avril à juillet de 12 h à 18 h
Métro Bonne Nouvelle, Poissonnière ou Château d'Eau

Le quartier du faubourg Poissonnière vit apparaître à la fin du XVIIIe siècle de nombreux hôtels particuliers de style néoclassique. Souvent caché derrière de lourdes portes cochères ou des immeubles de rapport, ce patrimoine exceptionnel à caractère plus intime que les hôtels du faubourg Saint-Germain demeure méconnu.

Édifié à partir de 1787 au fond d'un jardin à l'allure provinciale, le superbe hôtel de Bourrienne en est un bel exemple. Son aménagement intérieur (la décoration est signée du même architecte que celui de Bagatelle) traduit la vision de deux propriétaires successifs : Mme Hamelin, l'une des plus célèbres « merveilleuses » du Directoire et du Consulat, puis Louis Fauvelet de Bourrienne, secrétaire particulier de Bonaparte.

Les appartements du rez-de-chaussée, demeurés intacts, offrent un exemple rare à Paris du style Directoire et Consulat. Ouverts sur le jardin qui se reflète dans les glaces, ils ont conservé leur mobilier et leur décor de boiseries peintes, leurs fresques chatoyantes aux thèmes inspirés par l'Antiquité ou l'Égypte, très en vogue à l'époque.

Salon, salle à manger, cabinet de toilette, chambre et jardins d'hiver se visitent aujourd'hui exclusivement sur rendez-vous avec l'autorisation des propriétaires actuels qui tiennent à conserver le caractère intimiste du lieu.

Ce lieu hors du commun peut également se louer pour des réceptions.

AUX ALENTOURS

Ancien magasin des faïenceries Hippolyte Boulanger de Choisy-le-Roi (17)

18, rue de Paradis

À la fin du XIXe siècle et au début du XXe siècle, la rue de Paradis était considérée comme un haut lieu du cristal, de la porcelaine et autres faïences. Elle était également l'un des derniers exemples parisiens de rue corporatiste. Construit entre 1889 et 1892 par les architectes Georges Jacotin et Ernest Brunnarius, l'immeuble du n° 18 abritait le siège social et le magasin des faïenceries Boulanger de Choisy-le-Roi. Celles-ci connurent leur heure de gloire avec le marché du métro parisien pour lequel elles fournirent les deux tiers du revêtement mural. Aujourd'hui encore, le bâtiment est recouvert, à l'intérieur comme à l'extérieur, d'immenses panneaux de céramique et est inscrit au patrimoine des Monuments Historiques depuis 1981. Ce bâtiment abrite aujourd'hui un musée vivant, « Le Manoir de Paris », qui recense plusieurs légendes parisiennes.

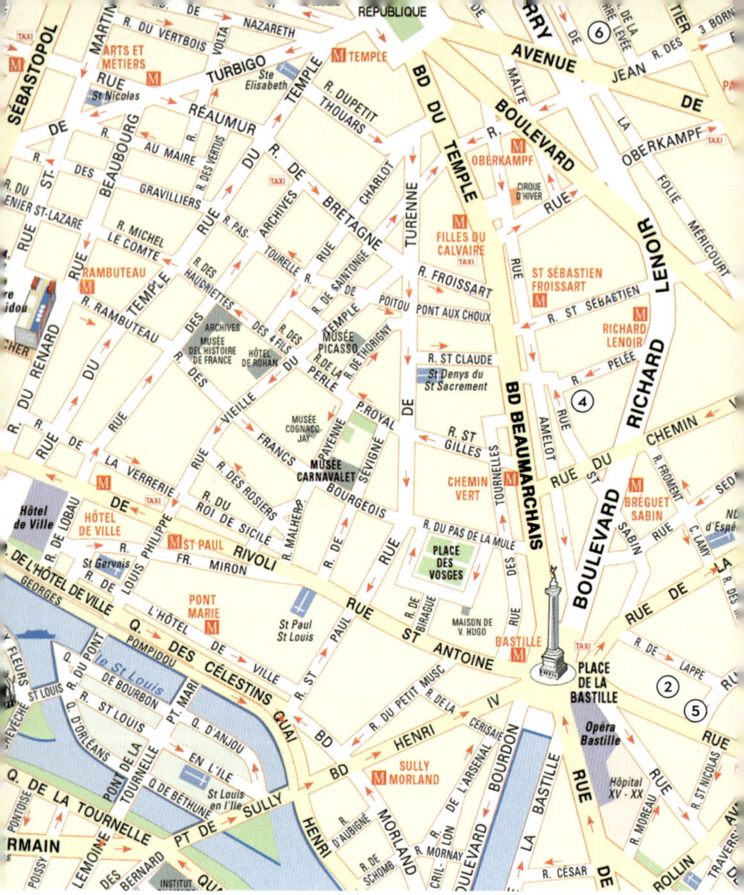

XIe Arrondissement

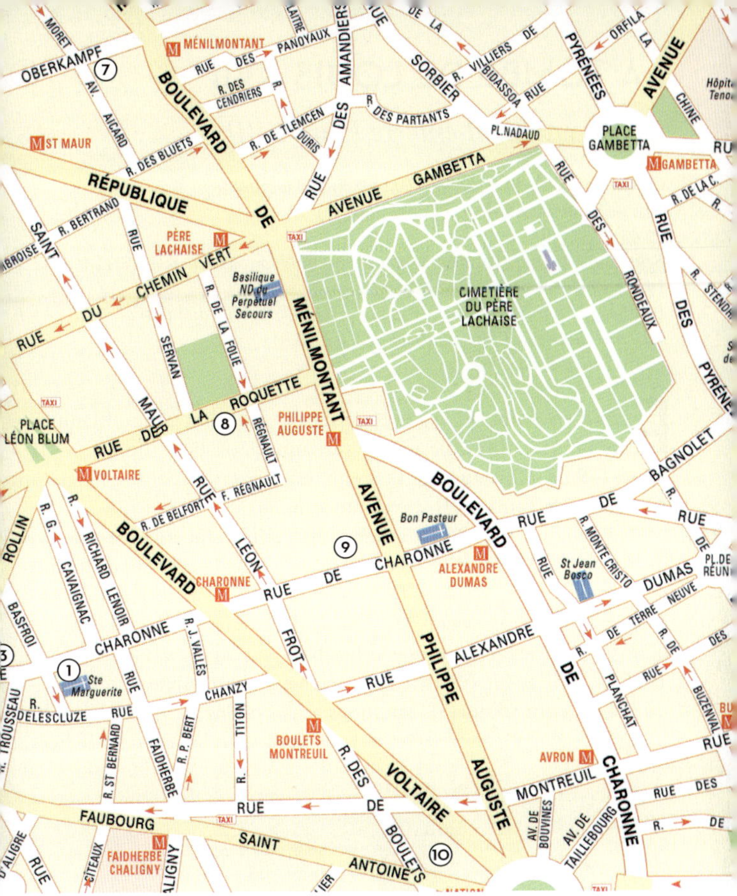
OBERKAMPF
MÉNILMONTANT
ST MAUR
RÉPUBLIQUE
BOULEVARD DE MÉNILMONTANT
R. DES BLUETS
R. DE TLEMCEN
RUE DES AMANDIERS
R. DES PARTANTS
RUE SORBIER
R. VILLIERS DE
PYRÉNÉES
PLACE GAMBETTA
GAMBETTA
PL. NADAUD
AVENUE GAMBETTA
PÈRE LACHAISE
Basilique ND du Perpétuel Secours
CIMETIÈRE DU PÈRE LACHAISE
RUE DU CHEMIN VERT
R. BERTRAND
RUE SERVAN
R. DE LA FOLIE RÉGNAULT
RUE DES RONDEAUX
RUE DE LA ROQUETTE
PLACE LÉON BLUM
VOLTAIRE
PHILIPPE AUGUSTE
BOULEVARD DE BAGNOLET
R. DE BELFORT
Bon Pasteur
RUE DE CHARONNE
ALEXANDRE DUMAS
CHARONNE
BOULEVARD VOLTAIRE
St Jean Bosco
RUE LÉON FROT
R. MONTE CRISTO
R. RICHARD LENOIR
R. G. CAVAIGNAC
ROLLIN
BASFROI
Ste Marguerite
RUE CHANZY
RUE ALEXANDRE DUMAS
RUE DE TERRE NEUVE
R. PLANCHAT
R. DE BUZENVAL
R. DELESCLUZE
R. J. VALLÈS
R. TITON
R. P. BERT
RUE FAIDHERBE
R. ST BERNARD
BOULETS MONTREUIL
R. DES BOULETS
AVENUE PHILIPPE AUGUSTE
AVRON
RUE DE MONTREUIL
RUE DE CHARONNE
AV. DE BOUVINES
AV. DE TAILLEBOURG
RUE DU FAUBOURG SAINT ANTOINE
FAIDHERBE CHALIGNY
TAXI

LA TOMBE DE LOUIS XVII ①

Où est vraiment enterré Louis XVII ?

Cimetière Sainte-Marguerite - Église Sainte-Marguerite
36, rue Saint-Bernard
01 43 71 34 24
Église ouverte (hors vacances scolaires) du lundi au samedi de 8 h à 12 h et de 14 h à 19 h
Pour voir la tombe de Louis XVII, s'adresser à l'accueil : du lundi au jeudi de 9 h à 12 h et de 14 h à 17 h ; vendredi de 9 h à 12 h
Métro Ledru-Rollin

Fermé en 1804, le cimetière attenant à l'église Sainte-Marguerite abrite une minuscule tombe sur laquelle on peut lire « L XVII – 1785-1795 ». L'histoire qui l'entoure est bien mystérieuse : longtemps on pensa que Louis XVII y avait été inhumé.

Fils de Louis XVI et Marie-Antoinette, celui-ci fut enfermé à la prison du Temple le 13 août 1792 à l'âge de 7 ans. Après l'exécution de son père, le 21 janvier 1793, l'enfant fut confié au geôlier Simon (cordonnier de son état) jusqu'en janvier 1794. On perdit ensuite la trace de l'enfant et la version officielle stipule que le Dauphin, malade, serait mort le 8 juin 1795 et qu'il aurait été enterré secrètement. Le mystère fait autour de cet enterrement stimula les vocations et pas moins de 43 faux dauphins (dont le célèbre Naundorff) se déclarèrent dans les années qui suivirent...

Des recherches menées au cimetière Sainte-Marguerite, qui servait aux inhumations du quartier du Temple, révélèrent néanmoins qu'un enfant y fut bien enterré le 10 juin 1795, soit deux jours après la mort présumée de Louis XVII. Une première exhumation fut demandée en 1846 : le corps que l'on découvrit dans le cercueil en plomb était celui d'un jeune homme âgé de 15 à 18 ans. Différentes rumeurs coururent alors : certains prétendaient que le Dauphin avait été délivré de la prison du Temple par les royalistes et que son corps avait alors été remplacé, d'autres pensaient que le jeune roi était effectivement mort au Temple mais en 1794 sans que personne n'en soit averti et qu'en 1795, pour éviter le scandale, on avait inhumé un autre corps. Selon certains, il sembla que Louis XVII était effectivement mort au donjon du Temple mais que son cœur avait été subtilisé lors de son autopsie. Le corps aurait ensuite été inhumé au cimetière Sainte-Marguerite, puis exhumé sur ordre du gouvernement de l'époque pour être à nouveau enterré au cimetière de Clamart. En 1975, son cœur, après avoir changé plusieurs fois de propriétaire, fut déposé dans la crypte de la basilique Saint-Denis où repose une grande partie des rois de France.

Le mythe de la survie du Dauphin de France sembla toucher à sa fin le 20 avril 2000 quand furent révélés les résultats de l'examen de l'ADN d'un fragment de moins d'un gramme disséqué du cœur de l'enfant mort à la Bastille et conservé dans l'urne de Saint-Denis. On compara le fragment à une mèche de cheveux authentifiée de Marie-Antoinette, mère du Dauphin ainsi qu'à des résultats avec ceux obtenus sur deux sœurs de la reine et sur deux membres actuels de cette famille (l'ADN de Louis XVI étant trop endommagé, aucune comparaison n'a pu être effectuée avec ce dernier) : toutes les données confirment qu'il s'agissait bien de Louis XVII.

Pourquoi l'héritier du trône de France s'appelle-t-il le Dauphin ?

L'origine du nom de Dauphin pour désigner l'héritier du trône de France date de 1349, date à laquelle Humbert II, seigneur du Dauphiné (région de Grenoble), vendit ses terres du Dauphiné au roi de France, à la condition que l'héritier du trône portât désormais le titre de Dauphin de Viennois. C'est ainsi que le premier Dauphin de France fut le futur Charles V, fils de Jean le Bon. L'origine du mot « Dauphiné » est elle-même obscure et les théories sont nombreuses : nom de l'ancien peuple local des Auffinates, rappel du fait que les Allobroges, anciens habitants du Viennois, venaient de Delphes (en Grèce), lien avec un ancêtre vénitien du nom de « Delfino », ressemblance avec « do Vienné » (du Viennois), réponse que donnaient les habitants pour nommer leur terre d'origine, dérivé du germanique « Wigo » qui signifierait prince, évolution de l'expression celtique « dalh pen » qui se traduit par souverain de la contrée...

PROMENADE À LA DÉCOUVERTE DES PASSAGES ET DES COURS DU FAUBOURG SAINT-ANTOINE ②

Au cœur des anciens métiers du bois

Point de départ : métro Bastille ou métro Ledru-Rollin (selon que l'on souhaite faire la promenade en descendant ou en remontant la rue du Faubourg Saint-Antoine...)
Attention ! Certaines cours sont fermées le week-end et quelques lieux appartiennent en réalité au XIIe arrondissement lorsqu'ils sont situés sur le trottoir des numéros pairs de la rue du Faubourg Saint-Antoine

Le passage du Cheval Blanc, au n° 2 de la rue de la Roquette, peut servir de point de départ à la promenade. Constitué par une succession de six cours pavées réhabilitées qui portent les noms des six premiers mois de l'année, il mène à la **cité Parchappe**, directement sur la rue du Faubourg-Saint-Antoine. Profitez-en pour jeter un œil à la cour pavée du **n° 33** de cette même rue, généralement ouverte dans la journée : le siège de Radio Nova y occupe un bel espace. Au **n° 50**, sur le trottoir d'en face (et donc côté XIIe arrondissement depuis la séparation du quartier en deux arrondissements par le baron Haussmann), le **passage de la Boule Blanche** abrite au n° 9 les *Cahiers du Cinéma* sous

une belle verrière croulante de verdure. Il permet de rejoindre la rue de Charenton (sauf le week-end lorsqu'il est fermé). Un peu plus loin, au **n° 56**, la pittoresque **cour de Bel-Air,** dont certaines façades sont recouvertes de raisin à l'automne, a joliment été rénovée. Elle abrite une célèbre librairie, l'Arbre à Lettres, dont l'entrée est située au n° 62 du Faubourg. Une maison de la cour possède un très bel escalier en bois noir dit « des Mousquetaires noirs ». Au **n° 66**, empruntez le **passage du Chantier** qui a gardé son aspect du XIXe siècle avec ses gros pavés, ses trottoirs étroits, ses ateliers et magasins de meubles qui abritent encore quelques artisans du bois. Au n° 71, sur le trottoir opposé, côté XIe, la **cour des « Shadocks »** (nom officieux) est aussi un bel exemple de rénovation et dégage une atmosphère assez étrange. Un peu plus loin, au **n° 75**, la **cour de l'Étoile d'Or,** dont le nom provient d'une enseigne À l'étoile d'Or, a conservé le petit pavillon de plaisance qui, au XVIIe siècle, s'élevait entre cour et jardin (celui-ci a été pavé et transformé en seconde cour au XVIIIe siècle). On cite souvent un cadran solaire datant de 1751 qui serait gravé à droite sur sa façade mais qui demeure invisible. Si vous ne vous êtes pas encore fait écraser en traversant la rue pour la cinquième fois, au **n° 74**, la **cour des Bourguignons**, dont les ateliers ont été investis par de grandes enseignes et bon nombre d'artistes, possède un beau porche décoré de sculptures et de médaillons ainsi qu'une cheminée en brique au-dessus d'une grande verrière, inscrite à l'inventaire des Monuments Historiques.

Retraversez la rue une dernière fois et poursuivez votre chemin en jetant un coup d'œil à la **cour des Trois Frères** (très industrieuse) au **n° 81-83**, à la **cour de la Maison Brûlée** au **n° 89** (dont l'entrée possède de beaux mascarons) et enfin à la **cour de l'Ours**, au **n° 95** (un ours en relief est sculpté sur la façade). Pour terminer votre promenade, vous pourrez vous écarter légèrement de la rue du Faubourg Saint-Antoine en empruntant, un peu plus loin, la rue Ledru-Rollin (côté XIe), à la recherche du **passage de Lhomme**. Pavé et verdoyant, il est occupé par des galeries d'art et des artisans et relie cette rue à la rue de Charonne, où, au n° 37, vous pourrez admirer une dernière cour, la **cour Delépine.**

Pourquoi les métiers du bois au faubourg Saint-Antoine ?

L'implantation des métiers du bois dans le quartier du faubourg Saint-Antoine est due au fait que le bois flotté (transporté par les eaux) arrivait à Paris par le port de la Rapée, tout proche. L'entreposage du bois de construction et du bois de chauffage se faisait donc au faubourg et l'idée de le travailler sur place vint assez naturellement.

AUX ALENTOURS

Mosaïques du 1, passage Rauch ③

Tout près du cimetière de Sainte-Marguerite, les mosaïques d'animaux qui figurent au-dessus des portes (un lion, un dromadaire, un ours...) rappellent l'ancienne présence d'un atelier de mosaïque. Elles ont été créées en 1990 par l'artiste Léonor Rieti.

Cour du Coq ④

60, rue Saint-Sabin
Métro Chemin Vert

Fermée par une grille en fer forgé ornée d'un coq (au cas où l'on n'aurait pas remarqué son nom inscrit en toutes lettres juste au-dessus...), la cour du Coq doit son appellation à l'attitude de son ancien propriétaire, « fier comme un coq », de posséder ce passage pavé à l'atmosphère champêtre en pleine capitale. Si la grille reste fermée, vous pourrez néanmoins admirer la quiétude des lieux à travers les barreaux ajourés.

Marques des recensements de 1724 ⑤

À l'angle de la rue de Charonne et de la rue du Faubourg Saint-Antoine, des lettres sont discrètement gravées sur la façade de l'immeuble. On y lit : Cte I et Cte V. Ces lettres sont l'un des vestiges (voir p. 515) d'un recensement des maisons parisiennes qui fut commandé par Louis XV en 1724 à Jean Bausire, maître des bâtiments de la ville, et son fils Jean-Baptiste, dans le but d'éviter que les particuliers ne construisent sans autorisation. Cte signifie Comité, et les lettres I et V sont des repères utilisés pour ces deux rues pendant le recensement.

CÉRAMIQUES DE L'ANCIENNE FAÏENCERIE LOEBNITZ

6

Un vestige de l'Exposition universelle de 1878

4, rue de la Pierre Levée
Métro Parmentier

Les jolies céramiques du 4, rue de la Pierre Levée doivent leur présence à l'ancien siège de la faïencerie Loebnitz, construit en 1884 par Paul Sédille, qui fut également architecte des Magasins du Printemps. Le bâtiment comportait d'un côté des ateliers et de l'autre des logements pour le personnel. Propriétaire d'une manufacture de faïence qui produit des poêles et des plaques de cheminées, Jules Paul Loebnitz (1836-1895) se lança à partir de 1860 dans la céramique architecturale et remporta une médaille d'or à l'Exposition universelle de 1878 pour une façade de 12 mètres de haut entièrement en terre cuite et faïence : la Porte des Beaux-Arts, dont les trois panneaux (représentant l'architecture, la peinture et la sculpture) sont encore visibles de nos jours sur la façade de l'ancienne manufacture. Un quatrième panneau concernant la céramique elle-même a été ajouté ultérieurement par Loebnitz en guise d'enseigne.

Loebnitz décorera ensuite entre autres la gare du Champ à Paris, la gare du Havre, l'Opéra de Monte-Carlo et la coupole du monument de Jeanne d'Arc à Rouen. Il travailla également avec l'architecte Félix Duban au château de Blois où il réalisa, sur des dessins de Viollet-le-Duc des carreaux pour les sols, les cheminées et les salles de bains du

château. Malgré la reconnaissance de la qualité de sa production, la faïencerie Loebnitz peine à passer à l'ère de la mécanisation et devra fermer ses portes en 1935. Des fours subsistent encore dans le sous-sol de l'immeuble.

Un menhir rue de la Pierre Levée

La rue de la Pierre Levée doit son nom à un menhir qu'on y découvrit en ouvrant la voie en 1782.

AUX ALENTOURS

Musée Édith Piaf ⑦

5, rue Crespin du Gast
01 43 55 52 72
Visite gratuite uniquement sur rendez-vous
Métro Ménilmontant

Rempli de souvenirs d'Édith Piaf offerts par la famille ou des amis (peluche, gants de boxe de Marcel Cerdan, lettres, escarpins ou encore la célèbre robe noire de scène que portait l'artiste...), ce petit musée-appartement est l'aboutissement de la vie entière d'un fan inconditionnel de la célèbre chanteuse française. L'homme, qui se veut discret et peu bavard, entretient régulièrement, avec l'aide d'autres fans, la tombe de la môme Piaf au Père-Lachaise et ouvre deux pièces de son appartement privé à ceux qui en font la demande par téléphone. Ces derniers seront touchés par cette collection d'objets hétéroclites pieusement rassemblés au sein de ce lieu qui fut habité par la chanteuse pendant quelque temps.

EMPLACEMENT DE LA GUILLOTINE ⑧

Sur les pavés, le sang...

Angle de la rue de la Roquette et de la rue de la Croix-Faubin
Métro Voltaire ou Philippe Auguste

Très discrètement scellées dans le bitume parisien, quatre dalles de granit rappellent un épisode macabre de l'histoire de la capitale : installée de 1792 à 1832 place de Grève (Hôtel de Ville), la guillotine fut transférée de 1832 à 1851 à la barrière d'Arcueil (située sur l'actuelle station de métro Saint-Jacques). Celle-ci étant éloignée de 5 kilomètres de la prison de la Grande Roquette où étaient détenus les condamnés à mort par décapitation (ce qui rendait le trajet jusqu'au lieu de leur supplice un peu long), le décret du 29 novembre 1851 ordonna de les faire guillotiner dans la rue, à l'entrée de la prison. On scella donc dans le pavage cinq dalles de granit noir formant une croix classique, destinées à supporter les pieds de l'échafaud. L'endroit sera vite rebaptisé « abbaye de cinq-pierres » et 69 condamnés y trouveront la mort.

Après la désaffectation de la prison et la destruction des locaux en 1900, la guillotine fut déplacée devant, puis dans la prison de la Santé.

L'ancien directeur de la prison de la Roquette fit ensuite desceller les dalles et tenta de les céder au musée Carnavalet qui ne se montra pas intéressé. En les remettant à leur place, il commit pourtant une erreur dans leur disposition : voilà pourquoi aujourd'hui les passants foulent non plus une croix classique de granit noir, mais une croix de Saint-André.

L'invention de la guillotine

Trois personnes peuvent d'une certaine manière revendiquer la paternité de la guillotine. Son parrain, le docteur Guillotin, sera le premier à proposer la mort par décapitation grâce à une machine dont il dira : « Messieurs, avec ma machine, je vous fais sauter la tête en un clin d'œil et sans que vous éprouviez la moindre douleur. » Le projet sera finalement voté en 1791, charge au grand chirurgien Louis, secrétaire de l'Académie de chirurgie, de résoudre les différents problèmes techniques que pose ce type d'exécution... Il inventa alors les principes de base de la guillotine et lança un appel d'offres aux constructeurs. C'est finalement le charpentier Schmidt qui l'emporta et fit quelques modifications à la machine qu'il testa, cour de Rohan, sur des bottes de paille et des moutons ! Par un subterfuge, Schmidt parvint même à obtenir la paternité de la guillotine, déposa un brevet et fit fortune grâce à 83 commandes qui étaient destinées à couvrir le territoire français. Il n'empêchera pourtant pas la funeste machine de prendre le nom de son réel inventeur.

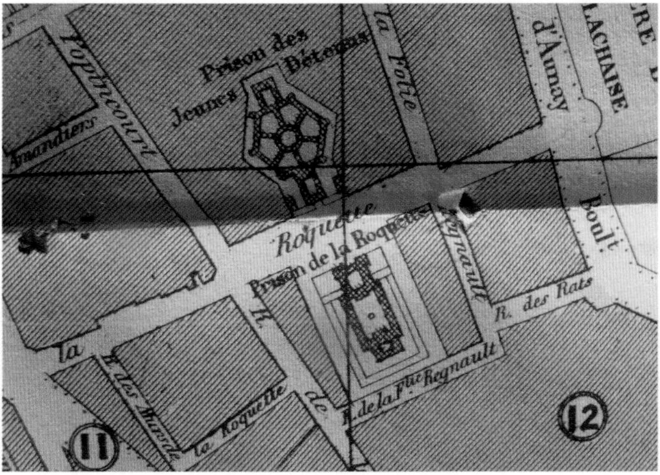

Jardin du docteur Belhomme

⑨

159, rue de Charonne

Caché par quelques immeubles de haute taille, ce jardin est un agréable espace vert méconnu qui ouvre sur trois jolis pavillons. Ces bâtiments sont les dernières traces de ce que fut la pension Belhomme : une maison de santé fondée en 1769 par l'ancien miroitier Jacques Belhomme (1737-1824) pour soigner les aliénés. À la Révolution, et alors que 37 fous étaient encore internés dans la pension, Belhomme proposa de loger contre paiement les détenus des prisons de la Terreur qui avaient suffisamment d'argent pour payer ce moyen discret et pratique d'échapper à l'échafaud. Profitant probablement de la protection de l'accusateur public du Tribunal révolutionnaire Fouquier-Tinville (même si aucune preuve n'a été retrouvée), Belhomme accueillit ainsi dans sa pension des personnages comme la duchesse d'Orléans, veuve de Philippe-Égalité, Portalis, qui fut l'un des rédacteurs du code civil, ou encore le député Rouzet qui s'éprit d'ailleurs de la duchesse d'Orléans. Dénoncé finalement par deux malades réels qui, faute de paiement, avaient été laissés sans nourriture, il fut arrêté et incarcéré le 28 janvier 1794 mais échappa à la mort et revint gérer la pension en 1798. Les riches pensionnaires avaient eux quitté la pension le 9 Thermidor an II (27 juillet 1794), à la chute de Robespierre.

AUX ALENTOURS

Rue des Immeubles Industriels ⑩

Métro Nation

Inspirées du phalanstère de Fourier, conçues par l'architecte Leménil à l'initiative de l'industriel Jean-François Cail et édifiées en un an entre 1872 et 1873, les 19 maisons qui composent la rue des Immeubles Industriels proposaient à l'époque un concept révolutionnaire aux ouvriers à qui elles étaient destinées.

En un même bâtiment, elles réunissaient des ateliers (aux entresols et premiers niveaux) et des logements familiaux (aux étages supérieurs), le tout construit dans un grand souci de modernité et de confort.

Une machine à vapeur de 200 CV fournissait ainsi aux artisans (essentiellement affectés aux métiers du bois) l'énergie nécessaire à leurs ateliers. Ce concept, resté malheureusement unique en son genre dans la capitale, connut un véritable succès et réunit à la fin du XIXe siècle près de 2000 habitants.

On peut encore admirer aujourd'hui, dans une répétition plus élégante que monotone, les 19 façades des immeubles, agrémentées de colonnes de fonte peintes et ouvragées ainsi que de belles fenêtres à arcades aux premiers étages.

L'ensemble reçut la médaille d'or de l'Exposition universelle de 1878.

XII[e] Arrondissement

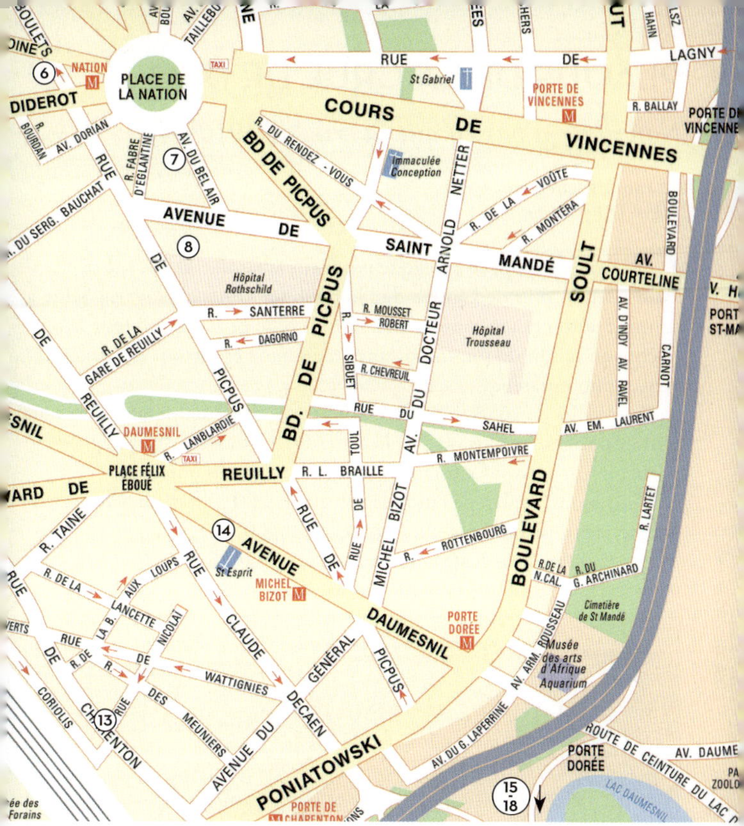
PLACE DE LA NATION
NATION
DIDEROT
COURS DE VINCENNES
RUE DE LAGNY
St Gabriel
PORTE DE VINCENNES
R. BALLAY
R. DU RENDEZ-VOUS
BD DE PICPUS
Immaculée Conception
AV. DORIAN
R. FABRE D'ÉGLANTINE
AV. DU BEL AIR
RUE DE PICPUS
AVENUE DE SAINT MANDÉ
R. DE LA VOÛTE
R. MONTÉRA
ARNOLD NETTER
BOULEVARD SOULT
AV. COURTELINE
Hôpital Rothschild
R. SANTERRE
R. MOUSSET ROBERT
R. DAGORNO
R. DE LA GARE DE REUILLY
Hôpital Trousseau
R. CHEVREUIL
R. SIBUET
AV. D'INDY
AV. RAVEL
BOULEVARD CARNOT
RUE DU SAHEL
AV. DU DOCTEUR
AV. EM. LAURENT
DAUMESNIL
R. LANBLARDIE
R. MONTEMPOIVRE
PLACE FÉLIX ÉBOUÉ
REUILLY
R. L. BRAILLE
RUE DE TOUL
MICHEL BIZOT
R. LARTET
R. TAINE
RUE DE REUILLY
R. ROTTENBOURG
AVENUE DAUMESNIL
St Esprit
MICHEL BIZOT
R. DE LA N.CAL.
R. DU G. ARCHINARD
R. DE LA LANCETTE
AUX LOUPS
RUE CLAUDE DECAEN
Cimetière de St Mandé
PORTE DORÉE
AV. ARM. ROUSSEAU
Musée des arts d'Afrique Aquarium
RUE NICOLAÏ
RUE DE WATTIGNIES
GÉNÉRAL
PICPUS
RUE DES MEUNIERS
CORIOLIS
RUE DE CHARENTON
AVENUE DU
AV. DU G. LAPERRINE
ROUTE DE CEINTURE DU LAC
AV. DAUMESNIL
LAC DAUMESNIL
PONIATOWSKI
PORTE DE CHARENTON
PORTE DORÉE
6
7
8
13
14
15-18

PLAQUE DE LA CRUE DE 1740

①

Non, il n'y a pas eu que la crue de 1910

28, rue de Charenton
Métro Ledru-Rollin

Comme le rappelle la plaque posée sur la façade du 28, rue de Charenton, près de l'entrée de l'hôpital des Quinze-Vingt, la Seine a connu d'autres crues importantes, hormis celle de 1910, qui reste la plus célèbre en raison de son importance mais aussi et surtout de ses témoignages photographiques spectaculaires.

Avec celles de 1658, 1711 et 1802, la crue de 1740 fut ainsi l'une des plus importantes : plus de 720 hectares furent inondés. La plaque a été posée par un certain Constant Bouquet, devant son domicile.

Ci-dessous, le plan de l'inondation établi par Philippe Buache, cartographe membre de l'Académie des Sciences (8,05 mètres au pont d'Austerlitz, ce qui la situe juste derrière les crues de 1658 et de 1910) montre de façon spectaculaire l'étendue des dégâts.

AUX ALENTOURS

Les pylônes égyptiens du viaduc Daumesnil

②

À son passage au-dessus de l'avenue Ledru-Rollin, le viaduc Daumesnil repose sur de curieux pylônes dont les chapiteaux sont en forme de lotus, héritage de l'engouement pour l'Égypte au XIXe siècle (voir p. 64). Ce viaduc correspond à l'ancien chemin de fer de Vincennes inauguré en septembre 1859.

AUX ALENTOURS

La gigantesque porte coulissante du 94-96, quai de la Rapée ③

Construit par Aymeric Zublena en 1992, l'immeuble du 94-96, quai de la Rapée possède une particularité étonnante : sa gigantesque porte (84 tonnes, 25 mètres de haut, 33 mètres de large), qui couvre l'ensemble de la façade du bâtiment, coulisse de façon spectaculaire deux fois par jour : à l'ouverture le matin vers 7 h et à la fermeture le soir vers 19 h. Depuis plusieurs années, pour des raisons de sécurité, l'accès se fait désormais par l'entrée anonyme de l'avenue Ledru-Rollin.

SCULPTURES DES *ESCLAVES MOURANTS* DE MICHEL-ANGE

4

Les esclaves de la loi

Hôtel de Police du XIIe arrondissement de Paris
23, rue de Rambouillet - 78-80 avenue Daumesnil
Métro Montgallet ou Reuilly Diderot

C'est de l'autre côté de l'avenue Daumesnil, en haut des arcades, au niveau de la Coulée Verte, que l'on a le meilleur point de vue sur une œuvre d'art étonnante : à l'angle de la rue de Rambouillet et de l'avenue Daumesnil, le sommet du commissariat de police du XIIe arrondissement est en effet occupé discrètement (il faut vraiment lever les yeux pour les apercevoir) par une série de 12 sculptures d'hommes nus en béton, mesurant 7 mètres de hauteur chacun.

Œuvre de Manuel Nuñez-Yanowski, chaque statue est la reproduction des *Esclaves mourants* de Michel-Ange, dont les originaux, inachevés, se trouvent au Louvre. Seule différence avec l'original : si le torse nu exubérant a été fidèlement reproduit, le sexe, lui, a été oublié. À l'époque, confie l'architecte, « cela choquait les politiques ». Le jour de la mise en place, pourtant, des femmes d'un certain âge s'exclamaient : « C'est dommage, on a caché la chose la plus intéressante ! ».

Validé en 1985 sous François Mitterrand, le projet de Manuel Nuñez-Yanowski est tombé aux oubliettes jusqu'en 1991, date à laquelle le bâtiment fut finalement édifié. Les esclaves mourants sur le toit du commissariat ne sont pas le fruit du hasard : bien au contraire. « J'ai voulu montrer que ce ne sont pas les bandits et les criminels qui sont en prison, mais bien les fonctionnaires de police », explique-t-il, faisant allusion au fait que les policiers étaient « les esclaves de la loi ». Et d'ajouter : « Dans le cahier des charges, des barreaux étaient d'ailleurs prévus sur les fenêtres du rez-de-chaussée ».

Les statues regardent d'ailleurs toutes dans la même direction, vers la place de la Bastille, rappel évident de l'ancienne prison.

IMPASSE DU 18, RUE DE REUILLY ⑤

Une horloge qui ne donne la bonne heure que deux fois par jour

Métro Faidherbe-Chaligny

Il faut sonner chez l'un des artisans de l'impasse ou demander aimablement à l'un des habitants pour rentrer au 18, rue de Reuilly et pénétrer dans l'une des plus belles impasses de Paris. Après être passé sous les vignes, on arrive au fond sur un petit pavillon dont le lanternon est orné d'une horloge peinte en trompe l'œil, où l'heure, qui indique 05 h 07 ou 17 h 07, n'est ainsi correcte que deux fois par jour.

Au 83, rue de Reuilly, l'impasse Mousset, même si elle est moins magique, garde tout de même un agréable caractère campagnard.

Non loin, le n° 67 ouvre sur la cour d'Alsace-Lorraine, charmante aussi, mais sans végétation.

LE PLAN DE LA FONDATION EUGÈNE NAPOLÉON

⑥

Un plan en forme du collier refusé par l'Impératrice

254, rue du Faubourg Saint-Antoine
contact@fondation-eugenenapoleon.or

En regardant une photo aérienne de Paris, on se rend compte que le plan de construction de la fondation Eugène Napoléon semble assez curieux. Il reprend en effet la forme du collier que l'impératrice Eugénie refusa pour justement financer cette fondation.

C'est le 26 janvier 1853 que la Commission municipale de Paris vota une somme de 600 000 francs or pour l'acquisition d'un collier de diamants destiné à l'impératrice Eugénie, à l'occasion de son mariage avec Napoléon III.

Deux jours plus tard, pourtant, l'Impératrice annonça qu'elle refusait le collier et qu'elle souhaitait utiliser l'argent pour créer « un établissement d'éducation gratuite pour les jeunes filles pauvres ».

L'argent du collier servit ainsi à la construction des bâtiments actuels, situés sur le site de l'ancien marché aux fourrages du faubourg Saint-Antoine. En hommage au geste généreux de l'Impératrice, l'architecte Hittorff donna la forme d'un collier aux bâtiments inaugurés en 1856.

En 1858, l'établissement prit le nom de Maison Eugène Napoléon, en l'honneur du jeune prince impérial, Louis-Eugène, seul fils de Napoléon III et d'Eugénie, né en 1856 et tué en Afrique australe par les Zoulous en 1879.

Aujourd'hui, la fondation remplit toujours son rôle initial.

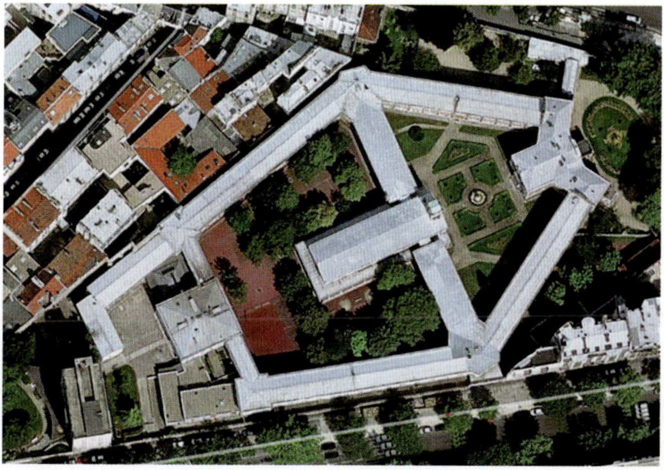

HAUT-RELIEF ALCHIMIQUE

⑦

L'alchimiste de la rue Fabre d'Églantine

9, rue Fabre d'Églantine
Métro Nation

Au-dessus de la porte d'entrée du 9, rue Fabre d'Églantine, un curieux haut-relief montre un personnage assis, jambes croisées, qui regarde pensivement un alambic. Il tient un grand livre de la main gauche et derrière lui s'élève un four. Près de l'alambic, un chien enroulé sur lui-même dort. Au centre, derrière le personnage, un étrange crocodile apparaît à l'horizontale, et au loin derrière, un phénix.

De nature clairement hermétique, le haut-relief montre en réalité un alchimiste dont le livre évoque l'*Universalis Liber*, le *Livre de l'Univers*, dont l'alchimiste déchiffre les secrets, au fur et à mesure qu'il approfondit le Grand Œuvre et qu'il avance dans son perfectionnement personnel. L'aspect pensif du personnage rappelle que ce travail sur la matière et sur soi requiert une concentration et une méditation profonde sur la solution qu'on recherche, en attendant que la distillation et la dissolution s'effectuent dans l'alambic. Le chien qui dort au pied de l'alambic, hormis le fait de représenter le gardien de l'alchimiste, son fidèle compagnon, indique également l'état primitif (ou animal) que son maître doit transformer en état rationnel et en état spirituel.

Derrière l'alchimiste se trouve le four ou athanor (de l'arabe *al-tannur*), objet du perfectionnement à la fois des éléments chimiques et de la condition humaine passant à une condition spirituelle. Si l'alambic est l'instrument de la distillation liquide, démarche fondamentale pour parvenir à la quintessence des éléments, le four, lui, chauffé par le feu hermétique, est le milieu où se purifient les mêmes éléments afin d'être efficacement distillés. De l'action des deux résulte la vapeur, signe de l'« esprit » éthéré. Dans son sens de perfectionnement et de transformation, l'athanor a souvent été

comparé à la Montagne de l'Initiation que l'on gravit graduellement, tout comme l'alchimiste va peu à peu se transformer au cours du processus du Grand Œuvre. Il était également associé à l'idée d'une maison enclose et d'un temple. Les anciens alchimistes employèrent même un chêne creux pour représenter l'athanor, car les druides primitifs donnaient au chêne le sens de temple, et c'était, de fait, l'arbre sacré de leur religion.

Le crocodile derrière l'alchimiste est la représentation du « Makara » dans l'hindouisme : un demi-dieu demi-homme que l'on attribue traditionnellement au véritable Illuminé spirituel. Tout au fond, le phénix est le signe de la transformation parfaite des éléments denses en subtils, qui est figurée par la mort et la résurrection de cet oiseau mythique dans le feu qui l'a consumé et le fait ressusciter. C'est pourquoi il est en général accompagné de la légende latine *Ignis Natura Renovatur Integra* (« C'est par le feu que la Nature se rénove tout entière »). Au-dessus de la porte de l'immeuble s'ouvre une fenêtre surmontée de chaque côté par une tête humaine encapuchonnée. Ces têtes, qui représentent l'Innocence et la Vertu, sont également en alchimie les descendantes du Roi (l'Or) et de la Reine (l'Argent), résultat de leurs noces chimiques, le signe hermétique de la présence de la Pierre philosophale (*Petra philosophurum*) se trouvant juste en dessous dans le personnage de l'alchimiste.

Le « Roi » et la « Reine » apparaissent plus haut sur la façade, au troisième étage : vêtu d'un costume médiéval, le couple se tenant face à face représente la conscience qui résulte de la fusion du mercure et du soufre, c'est-à-dire de l'Âme et de l'Esprit, ce qui s'appelle en alchimie une conjonction. À l'extrême opposé de la demoiselle, se tient un autre chevalier qui regarde le couple, prêt à intercéder entre les deux, si nécessaire, de même que le mercure est un élément malléable intermédiaire entre un état dense et un autre subtil, et également de même que le dieu Mercure, qui est l'intermédiaire entre les mondes inférieur et supérieur.

Plus bas apparaissent un visage renfrogné, qui représente le début du Grand Œuvre et l'inconnu complet quant à son issue, et un autre d'un moine à capuche, arborant un sourire : le Grand Œuvre a été atteint. Enfin, en guise de support des fenêtres, les quatre figures d'animaux mythiques (un mélange de chiens et de salamandres, les deux des extrémités portant des ailes) représentent les éléments fixes (sans ailes) et volatils (avec ailes) indiquant la relation entre le soufre (Feu, Esprit) et le mercure (Eau, Âme), et également les composants de base des processus d'alchimie, les éléments naturels qui sont perfectionnés peu à peu, jusqu'à atteindre la perfection maximum. À la hauteur du deuxième étage, la petite clef qui se termine en fleur de lys symbolise la Clé du Grand Arcane, c'est-à-dire de la connaissance hermétique de la Nature universelle, peu à peu dévoilée par l'alchimiste qui médite et travaille (*ora* et *labora*), jusqu'à ce qu'il devienne lui-même parfait, à l'image du Créateur.

CIMETIÈRE DE PICPUS

8

Un cimetière aristocratique

35, rue de Picpus
Du lundi au samedi, de 14 h à 17 h ; fermé le dimanche et les jours fériés
Métro Picpus

Solennel et émouvant, le cimetière de Picpus est aujourd'hui confié à la bienveillance des pères et religieuses du Sacré-Cœur de Picpus qui pratiquent l'adoration perpétuelle du saint sacrement et veillent au repos des âmes des quelque 1306 victimes de la Terreur qui sont enterrées ici.

Guillotinées entre le 14 juin et le 27 juillet 1794 sur la place du Trône renversé (actuelle place de la Nation), celles-ci furent ensevelies dans deux des trois fosses communes aménagées dans l'ancien parc du couvent des chanoinesses de Saint-Augustin. Fermé et comblé en 1795, après la chute de Robespierre, le cimetière fut secrètement racheté en 1797 par la princesse Amélie de Salm de Hohenzollern-Sigmaringen, dont le frère comptait au nombre des guillotinés. En 1803, sous l'impulsion de la marquise de Montagu, née de Noailles, la totalité du terrain de l'ancien couvent fut rachetée par une association des familles des victimes et une partie fut consacrée à la création d'un cimetière privé réservé aux parents des guillotinés. Contrairement aux fosses communes qui sont fermées mais néanmoins visibles à travers les grilles, ce cimetière, qui regroupe tout l'armorial de l'aristocratie française, peut se visiter. Parmi les tombes les plus célèbres se trouve celle du marquis de La Fayette, héros de l'indépendance américaine et époux de la marquise de Noailles, ce qui explique la présence d'un drapeau américain flottant dans le cimetière... La Fayette était d'ailleurs tellement attaché à ce pays que la terre qui recouvre sa tombe a été recueillie en Amérique à sa demande.

« Permission de mourir, ma mère »

Seize carmélites de Compiègne, dont le destin tragique inspira à l'écrivain Georges Bernanos sa pièce *Dialogue des carmélites*, reposent aussi dans l'une des fosses communes du cimetière de Picpus. Condamnées à la Révolution à avoir la tête tranchée, elles marqueront l'histoire par leur courage : sur le chemin du supplice, elles entonneront des psaumes et des cantiques sans que personne n'ose les en empêcher. Au moment de monter sur l'échafaud, chacune d'elles demandera en s'agenouillant devant la mère prieure (qui avait reçu le triste privilège de mourir en dernier) : « Permission de mourir, ma mère » et recevra cette réponse : « Allez ma fille. » La mère prieure, mère Lidoine, montera à son tour sur l'échafaud en chantant le *Laudate Dominum*.

SALON DE LA FRANCE D'OUTRE-MER

⑨

Un souvenir de l'Exposition coloniale de 1931

Mairie du XIIe arrondissement - 130, avenue Daumesnil
01 44 68 12 12
Du lundi au vendredi de 8 h 30 à 17 h
Le salon se trouve au premier étage de la mairie
Métro Dugommier ou Montgallet

Construite en 1876 par Antoine-Julien Hénard, la mairie du XIIe arrondissement s'inscrit dans une série de commandes effectuées sous la IIIe République, qui amena en l'espace de quatre ans à la réalisation des mairies des XIIe, XVe et XIXe arrondissements.

S'inspirant des styles Renaissance, Louis XIII et Louis XIV, Hénard agrémenta néanmoins l'édifice de colonnes, de lucarnes et d'un campanile.

En 1931, à l'occasion de l'Exposition coloniale (voir p. 363), Jean-Louis Beaupuy et R. Durieux entreprirent en 1931 un ensemble de peintures murales qui fut remonté dans le grand salon du premier étage où il est toujours visible.

Ex-salon colonial, le salon a désormais pris le nom de Salon de la France d'outre-mer.

AUX ALENTOURS

Une fontaine d'eau pétillante ⑩

À l'entrée du jardin de Reuilly
Intersection avenue Daumesnil et rue de Charenton

Afin de continuer à lutter contre l'usage des bouteilles d'eau en plastique dont les méfaits sur l'environnement ne sont plus à prouver, la Ville de Paris a installé en septembre 2010 une surprenante fontaine d'eau pétillante à l'entrée du jardin de Reuilly, juste en face de la mairie du XIIe arrondissement. Heureux sont les habitants du quartier qui pourront ainsi gratuitement boire une eau pétillante qui n'a en effet pas grand-chose à envier à celles que l'on trouve dans le commerce.

Atlantes du 199-201, rue de Charenton ⑪

Primé en 1911, ce bel immeuble conçu par les architectes Brandon et Morlon possède des atlantes originaux qui représentent chacun un métier : un mineur, un paysan, un artisan et un marin.

AUX ALENTOURS

Bastion n° 1, vestige de l'enceinte de Thiers (1840-1845) ⑫

Boulevard Poniatowski, côté Seine, au niveau de la rue Robert Etlin
Métro Porte de Charenton

En bordure du périphérique, un vestige de l'ancien bastion n° 1 de l'enceinte de Thiers est constitué d'un terre-plein assez anonyme d'une centaine de mètres. Il est l'une des dernières traces de l'enceinte qui fut construite à partir de 1841.

> Pour plus d'informations sur les vestiges de l'enceinte de Thiers, voir p. 411 et p. 467.

La borne limite du 304, rue de Charenton ⑬

Une plaque discrète est fixée sur le mur du 304 de la rue Charenton. On y lit : « 1726 - Bornes de limites du règne de Louis XV de par le Roy - Défenses expresses sont faites de bâtir depuis les présentes bornes et limites jusqu'au prochain Village aux peines portées par les déclarations de sa majesté des années 1724 – 1726 ». Cette borne, pour des raisons de contrôle de la population et de l'approvisionnement, marquait donc l'interdiction aux Parisiens de construire au-delà de cette limite. Cette interdiction fut évidemment assez peu respectée. Sa présence signale de façon intéressante les limites de la ville à cette époque. Au total, 294 bornes de ce type furent fixées sur les murs parisiens au XVIIIe siècle.
Une autre plaque rescapée est située dans la cour intérieure du 4, rue Laborde dans le VIIIe arrondissement.

> Curieusement, les rues de Charenton, de Reuilly et de Picpus, dans le XIIe arrondissement, ne suivent pas le sens de la numérotation classique à Paris, selon lequel les numéros croissent dans le sens est-ouest (dans le sens où coule la Seine).

ÉGLISE DU SAINT-ESPRIT

14

Une réplique de la célèbre Sainte-Sophie d'Istanbul

186, avenue Daumesnil
01 44 75 77 50
Tous les jours de 7 h 30 à 19 h 30
Métro Daumesnil

Construite de 1928 à 1935 par l'architecte Paul Tournon, l'église du Saint-Esprit est une église spectaculaire dont les volumes ne manqueront pas d'impressionner. Réplique (à une plus petite échelle) de la célèbre Sainte-Sophie d'Istanbul, le bâtiment a été réalisé en béton armé par François Hennebique, avec un revêtement de briques rouges de Bourgogne.

L'utilisation de ce matériau pour la coupole, notamment, fut pour l'époque une prouesse technique : celle-ci mesure 33 mètres de hauteur, en référence à l'âge auquel est mort le Christ. La crypte mesure 33 mètres de long et 27 mètres de large.

Plus de 70 artistes du début du XXᵉ siècle ont participé à sa décoration ce qui fait de l'église du Saint-Esprit l'un des plus importants ensembles de l'art chrétien d'entre-deux-guerres.

L'église est inscrite à l'inventaire supplémentaire des Monuments Historiques.

Autres exemples d'architecture byzantine à Paris

Le grand projet du cardinal Verdier entre les deux guerres était de rechristianiser la région parisienne.

La dizaine d'églises qu'il fit construire s'inspira le plus souvent de l'architecture byzantine qui était alors considérée comme le style « chrétien » par excellence. On trouve ainsi, outre l'église du Saint-Esprit, l'église Sainte-Odile (2, avenue Stéphane Mallarmé, XVIIᵉ) et l'église Sainte-Jeanne-de-Chantal (XVIᵉ) ainsi qu'une sous-station électrique du métro (1, rue de la Cerisaie, IVᵉ) et la chapelle du couvent des Sœurs-Auxiliatrices.

CENTRE BOUDDHIQUE DU BOIS DE VINCENNES

(15)

Des vestiges de l'Exposition coloniale de 1931

40, route de Ceinture du lac Daumesnil
01 43 42 01 69
Métro Porte Dorée

Au bord du lac Daumesnil, dans une enceinte de près de 8000 mètres carrés, deux pavillons rescapés de l'Exposition coloniale de 1931 ont trouvé, en même temps qu'un refuge bucolique, une nouvelle vocation pour le moins inattendue : le plus grand, le pavillon du Cameroun et du Togo, restauré depuis 1977, est aujourd'hui devenu la grande pagode du bois de Vincennes, destinée à l'exercice du culte bouddhique. Construit par les architectes Léon Carrière et Louis-Hippolyte Boileau, il est resté à son emplacement d'origine. Il abrite notamment une imposante statue dorée de bouddha, haute de 10 mètres, sous son toit d'une exceptionnelle facture puisque réalisé avec 180 000 tavaillons de bois de châtaignier taillés à la hache. On y trouve, par ailleurs, le siège de l'Institut international bouddhique.

AUX ALENTOURS

L'ancien pavillon de la chasse (16)

À quelques mètres de l'ancien pavillon du Cameroun et du Togo, l'ancien pavillon de la chasse de l'Exposition coloniale de 1931, actuellement fermé, était décoré par des scènes de chasse et de trophées de chasse de l'explorateur Bruno de Laborie qui, coïncidence cocasse, fut tué par un lion peu avant l'Exposition coloniale de 1931.

Pour plus d'informations sur l'exposition et les différents vestiges de l'Exposition coloniale de 1931, voir double page suivante.

Temple tibétain (17)

Sur la droite du Centre bouddhique, un temple tibétain, achevé en 1985, a été construit d'après les plans de l'architecte Jean-Luc Massot mais surtout selon les directives précises et personnelles du très vénérable Kalu Rimpoché, très grand maître tibétain mort en 1989. Des séances de méditations ouvertes aux novices ont lieu tous les jours à 18 h.

Sculpture d'un éléphant en bois (18)

Juste à côté de la Grande Pagode (voir ci-contre), se trouve l'imposante sculpture d'un éléphant en bois qui trônait devant le pavillon des Bois Coloniaux de l'Exposition coloniale de 1931 où étaient exposées des essences de bois exotiques.

Les vestiges de l'Exposition coloniale de 1931

L'ancien musée des Colonies est devenu en 2007 la Cité nationale de l'histoire de l'immigration.

La statue *La France apportant la paix et la prospérité aux colonies*, conçue par Léon Drivier, était placée sur l'escalier d'honneur du musée des Colonies. Elle est désormais place Édouard Renard, Porte Dorée, non loin de son emplacement d'origine.

L'ancien pavillon du Cameroun et du Togo, devenu Grande Pagode du bois de Vincennes : voir double page précédente.

L'ancien pavillon de la chasse : voir double page précédente.

Sculpture d'un éléphant en bois du pavillon des Bois Coloniaux : voir double page précédente.

L'ancienne église Notre-Dame-des-Missions : située en face du temple d'Angkor Vat, l'église conçue par Paul Tournon dans un style Art déco se trouve désormais au 102, avenue Joffre à Épinay-sur-Seine. Elle a été remontée par l'architecte lui-même.

L'ancienne sculpture métallique d'un éléphant protégeant son petit d'un tigre, qui était située non loin du palais des Beaux-Arts, se trouve désormais au parc Maurice Thorez, à Choisy-le-Roi.

L'ancien cottage de George Washington était une copie de la maison de Mount Vernon, en Virginie (USA), où dormit La Fayette. Celui-ci avait offert à Washington une clef de la prison de la Bastille, qui s'y trouve toujours. La maison, qui était située à l'emplacement de l'actuel rocher du zoo de Vincennes, a été remontée à Vaucresson, au 33, rue du Professeur Victor Pauchet.

L'église en bois de Sainte-Colombe, au 23, rue Sainte-Colombe à Villejuif, a été édifiée à partir d'un des bâtiments (inconnus) de l'exposition. Peintures murales du **Salon de la France d'outre-mer** (voir p. 357)

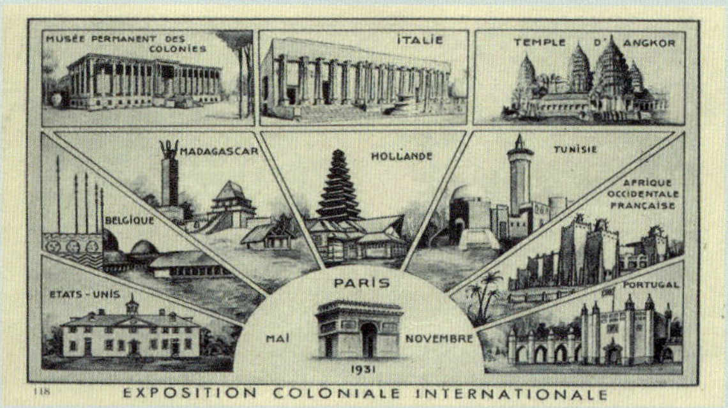

L'Exposition coloniale de 1931

Organisée à la Porte Dorée à Paris, sur le site du bois de Vincennes, l'Exposition coloniale de 1931 a été imaginée dès 1925 pour répondre à la British Empire Exhibition de 1924 et affirmer la puissance coloniale de la France, de sa mission civilisatrice dans les colonies ainsi que pour servir d'outil économique.

Inaugurée le 6 mai 1931 par le ministre des Colonies Paul Reynaud, le président de la République Gaston Doumergue, le gouverneur des colonies Léon Geismar et le commissaire général de l'Exposition, le maréchal Lyautey, l'exposition présente sur 120 hectares des bâtiments rappelant l'architecture de toutes les colonies et protectorats français, mais aussi de certains pays étrangers, comme les États-Unis (voir ci-contre le cottage de George Washington), même si le Royaume-Uni, qui était invité, refusa de participer, en raison des luttes d'influence avec la France sur les empires coloniaux respectifs. Au total, plus de 8 millions de personnes visitèrent l'exposition.

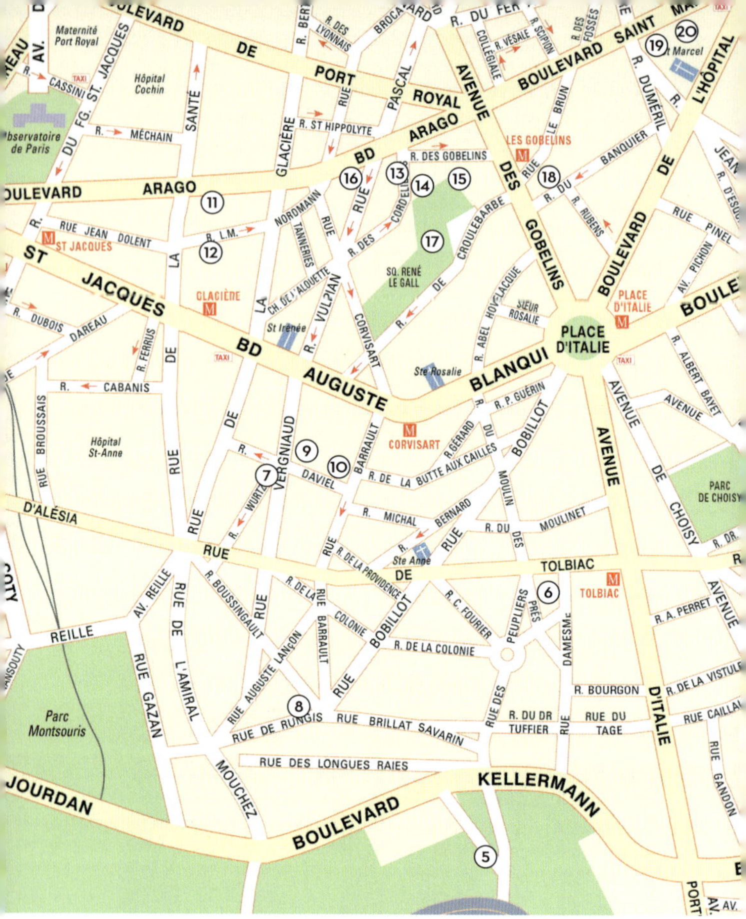

XIIIe Arrondissement

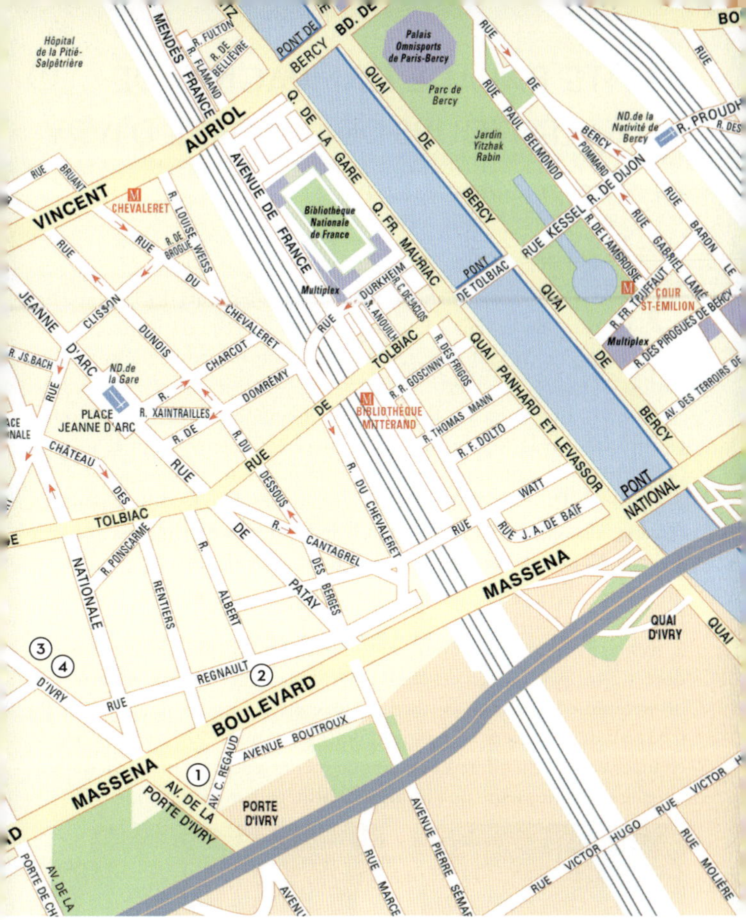
Hôpital de la Pitié-Salpêtrière
Palais Omnisports de Paris-Bercy
Parc de Bercy
Jardin Yitzhak Rabin
BD. DE BERCY
PONT DE BERCY
MENDÈS FRANCE
R. FULTON
R. FLAMAND
R. DE BELLIÈVRE
AURIOL
VINCENT
RUE BRUANT
CHEVALERET
R. LOUISE WEISS
R. DE BROGLIE
RUE DU CHEVALERET
Q. DE LA GARE
QUAI DE BERCY
AVENUE DE FRANCE
Bibliothèque Nationale de France
Q. FR. MAURIAC
PONT DE TOLBIAC
Multiplex
DURKHEIM
C. DE LACOS
S. ANOUILH
RUE DE TOLBIAC
RUE PAUL BELMONDO
RUE DE BERCY
POMMARD
ND. de la Nativité de Bercy
R. PROUDHON
R. DES
RUE KESSEL
R. DE DIJON
R. DE L'AMBROISIE
RUE GABRIEL LAMÉ
RUE BARON LE
COUR ST-ÉMILION
R. FR. TRUFFAUT
R. DES PIROGUES DE BERCY
AV. DES TERROIRS DE
QUAI DE BERCY
JEANNE D'ARC
CLISSON
DUNOIS
CHARCOT
R. JS.BACH
ND. de la Gare
PLACE JEANNE D'ARC
R. XAINTRAILLES
DOMRÉMY
R. DE
R. GOSCINNY
R. DES FRIGOS
BIBLIOTHÈQUE MITTERAND
R. THOMAS MANN
R. F. DOLTO
QUAI PANHARD ET LEVASSOR
PONT NATIONAL
CHÂTEAU DES RENTIERS
TOLBIAC
R. DU DESSOUS DES BERGES
R. DU CHEVALERET
WATT
RUE J. A. DE BAÏF
R. CANTAGREL
NATIONALE
R. PONSCARME
RUE DE PATAY
R. ALBERT
MASSENA
QUAI D'IVRY
REGNAULT
RUE D'IVRY
BOULEVARD MASSENA
AVENUE BOUTROUX
AV. C. REGAUD
AV. DE LA PORTE D'IVRY
PORTE D'IVRY
AVENUE PIERRE SÉMARD
RUE MARCEL
RUE VICTOR HUGO
RUE MOLIÈRE
PORTE DE CH
AV. DE LA
1
2
3
4

PETITE BALADE CAMPAGNARDE AUX ALENTOURS DE LA PORTE D'IVRY

①

La campagne dans le XIIIe

Métro Porte d'Ivry

Si vous n'avez pas la chance d'habiter l'une des tours des Olympiades (à l'instar de la tour Montparnasse, ou de celle de Jussieu, quand on y est, on ne les voit pas...), des petits coins de campagne surgissent parfois au milieu du chaos.

En sortant du métro Porte d'Ivry et remontant la rue Nationale en direction de la rue de Tolbiac, on tombe rapidement sur **le passage National**, une petite rue sans prétention qui reste néanmoins agréable à arpenter. Un peu plus loin, la charmante **impasse Bourgoin** est ouverte aux curieux sachant rester discrets et, un peu plus haut, le **36, rue Nationale** est une autre petite impasse fleurie. Au numéro 56 bis de l'avenue éponyme se trouve l'entrée de **l'impasse Nationale**. Redescendez ensuite le trottoir des numéros pairs de la rue Nationale à la recherche du **passage Bourgoin** qui est bordé de jolies maisons basses dotées d'un petit jardin en plein cœur de la ville et même d'un terrain de pétanque ! Une fois ressorti du passage Bourgoin dans **la rue du Château des Rentiers**, remontez celle-ci jusqu'au **n° 70** : avec un peu de chance vous parviendrez à pénétrer en même temps qu'un résident dans la belle cour intérieure de l'immeuble protégé par un digicode.

VILLA PLANEIX

②

Un exercice de style pour Le Corbusier

24 bis-26 bis, boulevard Masséna
Visites sur rendez-vous et uniquement le week-end : contacter Hélène Planeix au 09 79 28 02 41

La villa Planeix est probablement le travail en volumétrie le plus complexe réalisé par l'architecte : celui-ci a réussi le pari de construire une surface habitable de plus de 300 mètres carrés sur un terrain de 200 mètres carrés. Commande privée d'Antonin Planeix, un artiste autodidacte, la villa a été réalisée entre 1924 et 1928. À l'époque, le quartier était celui des maraîchers installés à la sortie de Paris et « le prix des terrains était encore bas », rappelle la petite-fille d'Antonin, Hélène Planeix, qui habite toujours la villa.

Sur un terrain difficile, en pente, avec des murs mitoyens, Le Corbusier construisit initialement la maison sur des pilotis d'une hauteur de 4,50 mètres, l'appartement se situant au-dessus, avec l'atelier de l'artiste inondé de lumière. « Mais mon grand-père avait déjà largement dépassé son budget, et il a donc demandé au maître de fermer le rez-de-chaussée en y installant deux ateliers qui pourraient être loués ».

Malgré ces changements, l'appartement principal a gardé les composantes caractéristiques du style de Le Corbusier qui a pu imaginer un séjour vitré sur 8 mètres ou encore transformer les murs (non porteurs) en rangements. La baignoire de la salle de bains, quant à elle, se niche dans un mur en courbe spécialement imaginé pour l'accueillir.

Jeanne d'Arc à Paris et dans le XIIIᵉ arrondissement

Cinq statues représentent la pucelle d'Orléans à Paris. Au-delà de la célèbre statue de Frémiet, rue des Pyramides, on en trouve quatre autres : rue Jeanne d'Arc (XIIIᵉ), sur l'esplanade du sacré-Cœur (XVIIIᵉ), sur le parvis de Saint-Augustin (VIIIᵉ) et sur la façade de Saint-Denis-de-la-Chapelle (XVIIIᵉ), sans compter également sa tête, représentée au 163, rue Saint-Honoré, à l'endroit où une plaque commémore sa blessure par une flèche anglaise.

Outre sa statue, une place et une rue, le XIIIᵉ arrondissement rend également plusieurs fois hommage à Jeanne d'Arc : la rue de Patay a pris le nom de l'une de ses victoires importantes, la rue Domrémy évoque son village natal et les rues La Hire et Xaintrailles font référence à deux de ses compagnons.

TEMPLE DES RÉSIDENTS D'ORIGINE CANTONAISE ③

Un temple dans un parking

37, rue du Disque
Entrée plus aisée par l'avenue d'Ivry, face au n° 66
01 45 86 80 99
Tous les jours de 9 h à 19 h
Entrée libre
Métro Porte d'Ivry

Si le temple bouddhique de l'Amicale des Teochew est situé sur la dalle des Olympiades, le temple des résidents d'origine cantonaise a la particularité d'être caché sous cette même dalle... La rue du Disque, qui abrite cet autre temple bouddhique de Paris, est en effet une voie souterraine qui tient plus d'un parking ou d'une voie de garage aux nets relents de poubelles, que d'une rue à proprement parler.

À l'intérieur, l'ambiance tranche assez franchement avec celle du parking : l'accueil est agréable et l'atmosphère propice au recueillement ou à une première initiation aux mondes bouddhiste et chinois.

AUX ALENTOURS

Temple de l'Amicale des Teochew ④

44, avenue d'Ivry
Tous les jours de 9 h à 12 h et de 14 h à 18 h
Office de 15 h à 16 h
Entrée libre

Autour de l'année 1975, quelques centaines de milliers de Chinois d'outre-mer s'enfuirent du Viêtnam pour s'installer aux quatre coins du monde. Parmi eux, environ 80 000 Chinois originaires de la province du Guangdong, les Teochew (prononcer Tichou), vinrent s'installer dans le XIIIe arrondissement de Paris où ils prospérèrent considérablement... En 1985, ils fondèrent le Centre Teochew de méditation bouddhique de l'amicale de Teochew en France, dont le but est de « créer une mutualité favorisant l'intégration sociale en France de ses adhérents et promouvoir l'identité culturelle de Teochew ». Le lieu de culte bouddhique chinois et thaïlandais est donc libre d'accès pour tous, quelles que soient vos croyances.

Pour le trouver, traverser la galerie marchande (où vous commencerez déjà à vous imprégner d'une autre culture à la vue des étalages), sortir sur la gauche sur l'esplanade des Olympiades (la « dalle ») et enfin bifurquer à droite. À l'entrée du temple, vous n'oublierez pas de retirer vos chaussures puis choisirez entre aller vous recueillir devant l'autel consacré à Bouddha, offrir de l'encens et des fruits, prendre un thé, lire le journal, ou, pour ceux qui le peuvent, deviser en chinois des dernières nouvelles qui agitent la communauté...

LE ZOUAVE DE GENTILLY

5

Un guérisseur d'outre-tombe

7, rue de Sainte-Hélène
01 47 40 58 08
ville-gentilly.fr
Du lundi au dimanche de 8 h à 17 h 45 en été et de 8 h à 16 h 45 en hiver
RER Cité Universitaire

« À mon illustre guérisseur », « ses malades reconnaissants » : c'est sans doute la tombe la plus décorée du cimetière de Gentilly... Un siècle après son existence, le zouave Jacob intrigue toujours. Comme le montrent les plaques funéraires et les bouquets de fleurs, ils sont encore quelques-uns à croire aux pouvoirs miraculeux de ce guérisseur de la Belle Époque qui, disait-on, projetait son fluide pour soigner ses malades. Certains viendraient même le consulter *post mortem* ! Le zouave Jacob, c'est tout le monde étrange des hypnotiseurs, magnétiseurs et autres ésotérismes qui fascinèrent le XIXᵉ siècle. Sa tombe est placée dans l'allée du Sommet (vers le haut du cimetière), entre l'allée Principale et celle des Acacias. Les amateurs d'ambiance décalée ne rateront pas la visite de cet étrange cimetière (sis à Paris et non à Gentilly), tout en pente, coincé entre le beau stade Charléty et le Boulevard périphérique depuis lequel on l'aperçoit facilement.

Le square René Le Gall : une ancienne île au milieu de la Bièvre

Le square René Le Gall fut créé en 1930 sur la partie sud de l'île aux Singes, elle-même enserrée entre les deux anciens bras de la Bièvre : la « Bièvre morte » à l'ouest et la « Bièvre vive » à l'est. Le tracé des deux bras est encore visible entre le boulevard Auguste Blanqui et le boulevard Arago. Ceux-ci se séparaient au niveau du boulevard Auguste Blanqui :

- La « Bièvre morte » passait par l'actuelle rue Paul Gervais, puis, dans le square René Le Gall, le long du mur arrière du lycée Rodin et du palais du Peuple de l'Armée du Salut et, plus loin, celui du Mobilier national.
- La « Bièvre vive » passait par l'actuelle rue Edmond Gondine, puis la rue de Croulebarbe et la rue Barbier-de-Metz pour former la courbe de la rivière. Il est facile d'imaginer la Bièvre contre les constructions situées à l'est du square René Le Gall, avec ses mégisseries et surtout la fameuse manufacture des Gobelins.

Le cabaret de M. Grégoire, plus élevé qu'à l'origine, existe toujours au 41, rue de Croulebarbe. Dans le restaurant, on peut voir un tableau du XIXᵉ siècle représentant Victor Hugo, Chateaubriand et La Fayette déjeunant sur les bords de la Bièvre.

AUX ALENTOURS

Square des peupliers ⑥

74, rue du Moulin-des-Prés

Ce petit square très touffu créé en 1926 cache de jolies maisons et petits immeubles organisés autour d'un lacis de ruelles très dépaysantes. Non loin, la place de l'Abbé Hénocque est entourée de rues paisibles bordées de petits pavillons ouvriers aux teintes pastel édifiés au début du XXᵉ siècle.

La Bièvre et son impact sur la géographie parisienne

Aujourd'hui asséchée et détournée en amont de son passage parisien, la Bièvre a néanmoins laissé de nombreuses traces dans la topographie et la toponymie parisiennes. La Bièvre provenait d'une trentaine de petites sources situées à Guyancourt, à 5 kilomètres de Versailles, à 135 mètres d'altitude. Elle avait une longueur de 32 kilomètres et entrait dans Paris par la Poterne des Peupliers, sous les anciennes fortifications de 1840 et l'actuel boulevard Kellerman, à une altitude de 38 mètres. Elle formait alors une grande courbe en S pour contourner la Butte-aux-Cailles, le bras « mort » suivant exactement le **tracé des rues de la Fontaine-Mouchard, de la rue Brillat-Savarin et de la rue Wurtz**. Dans cette partie, la Bièvre alimentait de nombreux petits étangs qui gelaient en hiver et fournissaient la glace conservée pour l'été dans des cavités maçonnées semi-enterrées, les « glacières », d'où le nom de la **rue de la Glacière**, située immédiatement à l'ouest du lit de la Bièvre. Leur exploitation ne cessa qu'en 1890.

La Bièvre franchissait ensuite le mur des fermiers généraux (une poutrelle du métro aérien est plus haute que les autres sur le boulevard Blanqui : elle serait une trace du passage de la Bièvre à cet endroit) où ses deux bras enserraient l'île aux Singes (**square René Le Gall**, voir page précédente). Après le faubourg Saint-Marcel, la Bièvre s'orientait vers l'ouest pour rejoindre la Seine à la hauteur de la cour du départ de la gare d'Austerlitz.

À l'époque préhistorique, la Seine décrivait une large boucle vers le nord, entre Bercy et l'Alma, passant au pied des collines de Belleville et de Montmartre, tandis que la Bièvre occupait le lit actuel de la Seine à partir d'Austerlitz. Les deux rivières se rejoignaient à l'Alma. Une crue particulièrement forte aurait permis à la Seine d'emprunter directement le lit de la Bièvre, abandonnant son ancien lit du nord qui devinrent des marais, d'où le nom du quartier du « Marais ».

La Bièvre était d'une grande valeur pour la rive gauche. Au XIIe siècle des dérivations étaient creusées pour arroser des jardins et actionner des moulins (canal des Victorins). L'abbaye Saint-Victor avait notamment construit une dérivation de la rivière qui passait au travers de ses murs. Ce passage est visible aujourd'hui dans les souterrains de la poste de la **rue du Cardinal Lemoine**, à l'angle du boulevard Saint-Germain. Dès le XIVe siècle, des teinturiers et des brasseurs furent attirés par la pureté de ses eaux. Au XVIe siècle, ses rives accueillaient tanneurs et mégissiers chassés de la place de Grève, au point qu'au XIXe siècle, la rivière était devenue insalubre et malodorante : en 1860, on comptait plus de 100 établissement industriels sur ses rives. Après des travaux importants de canalisation, réalisés entre 1826 et 1864, il fallut couvrir la Bièvre. Les travaux furent achevés en 1910.

Contrairement aux apparences, la célèbre **rue de Bièvre** n'est pas située sur l'ancien cours de la rivière mais sur celui de la dérivation réalisée par l'abbaye Saint-Victor au XIIe siècle (voir ci-contre).

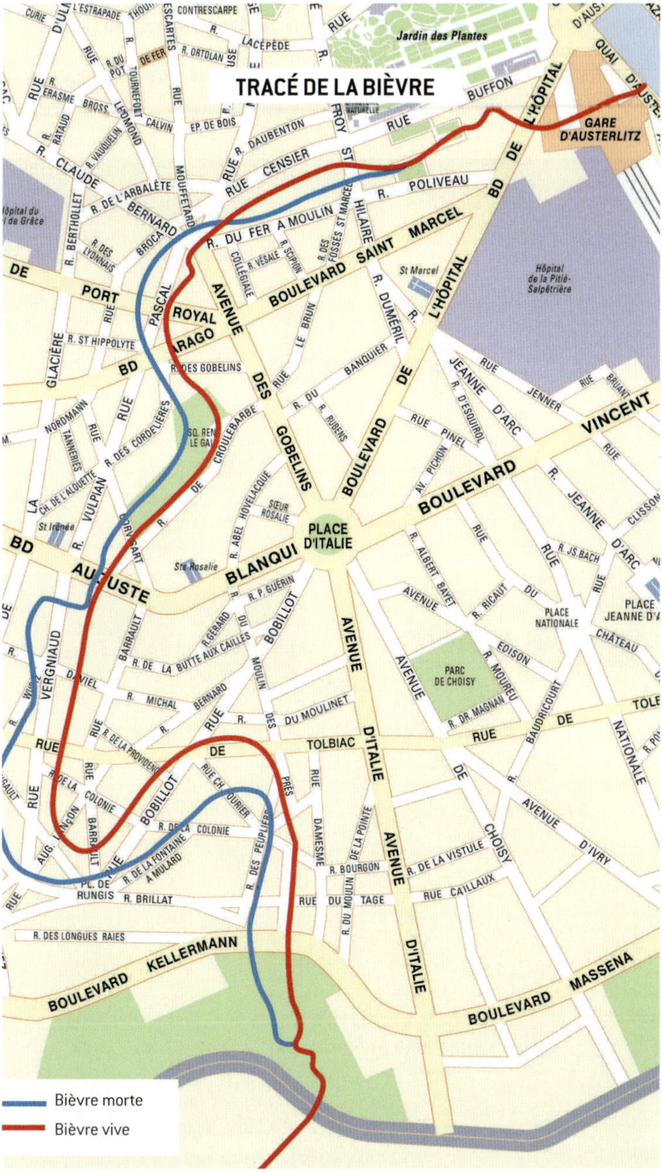

TEMPLE ANTOINISTE

⑦

Bienvenue dans La Petite Maison dans la prairie

334, rue Vergniaud
Lecture de l'Enseignement du père le dimanche à 10 h, les autres jours à 19 h excepté le samedi
« Opération » (par la prière) au nom du père le dimanche et les quatre premiers jours de la semaine à 10 h
Métro Corvisart

Appartenant au mouvement antoiniste, cette curieuse petite église jaune obéit à un principe fondamental de croyance en la prière et en ses pouvoirs de guérison. À l'intérieur, une sensation de tranquillité règne et l'ambiance est digne de la série TV *La Petite Maison dans la prairie* : les hommes portent une longue redingote noire de précepteur et les femmes doivent, en plus d'une robe noire, porter une coiffe traditionnelle très XIXe siècle.

Le silence est de rigueur dans le temple, mais si vous y croyez, il est permis de parler dans le « cabinet », en compagnie d'un adepte « guérisseur » qui priera pour vous libérer de votre souffrance morale ou physique : la lutte contre la peine est l'un des piliers de l'Antoinisme, comme en témoigne le titre de l'ouvrage phare du père, *Délivrez-nous du mal !*, en vente sur place.

Le culte antoiniste

Créé en Belgique en 1910, le culte antoiniste (du nom d'Antoine, son fondateur, appelé Le Père par les adeptes) a été reconnu « Fondation d'utilité publique » en 1922 par le gouvernement belge. Il a néanmoins été considéré comme un mouvement guérisseur par le rapport parlementaire de 1995 sur les sectes, qui l'a analysé de la façon suivante : « La notion de maladie est niée, de même que celle de la mort (croyance en la réincarnation) ; c'est l'intelligence qui crée la souffrance, c'est la seule foi en elle-même qui la supprime, et non l'intervention des professionnels de santé. » Du côté du culte antoiniste, toute référence à une secte est niée : le culte est « une œuvre morale basée sur la foi et le désintéressement... public, ouvert à tous indistinctement et gratuitement ». Il est également signalé que le père « reçut des malades plus de 22 ans. Quand il débuta cette activité, il avait des économies qui lui permettaient de vivre sans travailler : quand il mourut, il ne possédait plus rien ». On compte aujourd'hui 64 temples antoinistes et 90 salles de lecture dans le monde, principalement en France, Belgique, Australie et au Luxembourg. Le culte regroupe environ 2500 adeptes en France et 200 000 dans le monde.

AUX ALENTOURS

Cité Florale (8)

36, rue Brillat-Savarin

Édifiée en 1928 sur un ancien pré souvent inondé par la Bièvre et assez peu recommandé pour la construction de grands immeubles, la Cité florale fut donc construite avec des maisons individuelles dotées chacune d'un jardin fleuri, accessibles par de petites rues pavées et arborées portant des noms floraux tels que la rue des Glycines, la rue des Iris, le square des Mimosas, etc.

PETITE ALSACE

9

La plus belle HLM de Paris ?

10, rue Daviel
Métro Corvisart

Construite à partir de 1912 par l'architecte Jean Walter, la Petite Alsace est probablement le plus charmant ensemble HLM de Paris. Les quarante petites maisons à colombages (de style alsacien) regroupées autour d'une agréable cour fleurie ont ainsi été conçues à l'époque pour la société « l'Habitation familiale ». L'office HLM de Paris gère le lieu et il est donc officiellement possible de se mettre sur la liste d'attente...

En sortant de la Petite Alsace n'oubliez pas d'aller jeter un coup d'œil, juste en face, à la villa Daviel, jolie voie privée bordée de maisons verdoyantes.

LA PETITE RUSSIE

⑩

Une résidence pour des chauffeurs de taxi russes

22, rue Barrault
Métro Corvisart

La Petite Russie est un endroit étonnant : les deux rangées de pavillons de style cabanon furent conçues en 1912 pour y loger des immigrés russes après la Révolution. Ceux-ci, notamment des aristocrates, s'étaient pour la plupart reconvertis en chauffeurs de taxi et utilisaient le garage juste en dessous pour y entreposer leur véhicule...

L'accès est malheureusement peu aisé. Il faut demander aimablement à un habitant du lieu de vous ouvrir la porte d'entrée de l'immeuble, puis grimper un escalier pour découvrir, sur l'esplanade, cet étonnant ensemble de petites maisons dont le rez-de-chaussée est situé en étage... La vue que l'on a depuis la terrasse est aussi très agréable puisque, côté sud, on plonge sur la Petite Alsace et, sur la gauche, on découvre le lit de la Bièvre.

CITÉ FLEURIE

(11)

Un bouquet d'artistes...

65, boulevard Arago
Métro Glacière

Construite en 1880 avec des matériaux prélevés sur le pavillon de l'Alimentation de l'Exposition universelle de 1878, la superbe Cité fleurie est la plus ancienne cité d'artistes de Paris. Si l'entrée est fermée, attendez la sortie de l'un des locataires et demandez aimablement l'accès. Vous pourrez ainsi déambuler tranquillement parmi les 29 ateliers à façade blanche, toujours occupés par des artistes. De nombreuses célébrités y ont résidé : Gauguin chez Daniel de Montfreid, Modigliani chez le peintre mexicain Zanaga, Jean-Paul Laurens... La Cité a été classée dans les années 1970 après une intervention personnelle du président de la République de l'époque !

CITÉ VERTE

⑫

... pour faire éclore le talent !

147, rue Léon-Maurice Nordmann

La Cité verte regroupe des artistes au sein de 24 ateliers-logements tous différents, organisés de part et d'autre d'une allée arborée. Construite peu après la Cité fleurie, on y retrouve la même atmosphère calme et champêtre, même si l'accès y est moins aisé.

AUX ALENTOURS

Château de la Reine Blanche (13)

18 bis, rue Berbier du Mets
Entrée par le 4, rue Gustave Geoffroy
Visite possible lors des Journées du patrimoine

Construit au XVIᵉ siècle par la famille Gobelins, le château (un ancien corps de logis à tourelles) a été rénové récemment d'après des documents d'époque, ce qui a permis de préserver la beauté des bâtiments organisés autour de plusieurs cours pavées. Les visiteurs peuvent désormais admirer les belles pierres blanches, les tours poivrières à escalier à vis (l'un deux, de 17 mètres de haut, date du XVIᵉ siècle et a été taillé d'un seul tenant dans un chêne), les galeries en arcades et la superbe porte charretière à encorbellement en pignon.

Hôtel de la Reine Blanche (14)

17, rue des Gobelins

À ne pas confondre avec le château de la Reine Blanche, l'hôtel de la Reine Blanche, qui fait partie du même îlot, est resté dans son jus et possède lui aussi un bel escalier à vis.

3 bis, rue des Gobelins (15)

Acquis par le manufacturier Jean de Julienne, grand protecteur de Watteau, l'ancien hôtel Mascarini datant du XVIIᵉ siècle occupe l'arrière-cour de l'immeuble et a conservé son jardin et son orangerie du XVIIIᵉ siècle.

Vestiges de l'ancien couvent des Cordelières (16)

Dans l'enceinte de l'hôpital Broca (54/56, rue Pascal), des ruines trônent curieusement dans un jardin. Elles constituent les derniers vestiges de l'ancien couvent des Cordelières, fondé ici même en 1289. La construction de bâtiments modernes en 1974 a achevé de réduire ces vestiges à leur portion congrue.

Pierre gravée sur un bâtiment de la manufacture des Gobelins (17)

8, rue Berbier du Mets

À environ 10 mètres à droite de la porte du 8, rue Berbier du Mets, à environ 3 mètres de hauteur, une curieuse inscription indique : « 70T 4P ». Celle-ci indique la distance (70 toises et 4 pieds, environ 137 mètres) sur laquelle la manufacture des Gobelins était censée entretenir la Bièvre.

HAUTS-RELIEFS DE RODIN

(18)

Une œuvre méconnue d'Auguste Rodin

73, avenue des Gobelins
Métro Gobelins ou Place d'Italie

Sur la façade de l'ancien « Théâtre des Gobelins », théâtre à l'italienne de 800 places construit en 1869 par l'architecte Cusin, les hauts-reliefs de la façade sont, de façon étonnante, l'œuvre du célèbre Rodin, plus connu pour ses sculptures, notamment celles du musée à son nom.

Auguste Rodin était en effet à l'époque un jeune étudiant aux Beaux-Arts et à l'École des Gobelins, toute proche. Les deux hauts-reliefs représentent le Drame (incarné par l'homme) et la Comédie (incarnée par la femme). Les premières projections de films eurent lieu dès 1906 même si le lieu ne devint un véritable cinéma qu'en 1934. L'édifice abrite désormais la fondation Jérôme Seydoux-Pathé, centre de recherche, de documentation et de consultation sur l'histoire du cinéma. La façade avec ses hauts-reliefs, classée depuis 1977, est restée intacte.

TEMPLE DU DROIT HUMAIN

(19)

Une façade franc-maçonne d'inspiration égyptienne

5, rue Jules Breton
droithumain-france.org
Pas de visites
Métro Saint-Marcel

Dans une rue discrète du XIIIe arrondissement, la façade du 5, rue Jules-Breton étonne : d'inspiration égyptienne, elle est composée de colonnes en forme de lotus et de croix ansées sur la balustrade du balcon.

Au-dessus des colonnes, l'inscription « Le Droit humain » est le nom d'une obédience maçonnique créée à partir de 1893 par Georges Martin (1844-1916). Celle-ci a pour particularité d'accepter la mixité parmi ses membres. La phrase inscrite sous les colonnes résume son grand principe : « Dans l'humanité, la femme a les mêmes devoirs que l'homme. Elle doit avoir les mêmes droits dans la famille et dans la société. » Le Droit humain regroupe aujourd'hui environ 12 000 membres. Le temple ne se visite pas.

INSTITUT DE PALÉONTOLOGIE HUMAINE

⑳

Un lieu unique au monde, dédié à l'homme préhistorique

1, rue René Panhard
01 43 31 62 91
fondationiph.org
L'institut est ouvert au public uniquement pendant les conférences et les manifestations diverses (calendrier à consulter sur le site)
Métro Saint-Marcel

À l'angle de la rue René Panhard et du boulevard Saint-Marcel, on remarquera que d'étonnants hauts-reliefs courent sur la façade d'un bâtiment massif en brique et pierre, siège de l'Institut de paléontologie humaine (IPH), un lieu étonnant et sans équivalent dans le monde.

Créé en 1910 à l'initiative d'Albert Ier de Monaco, sa vocation était d'offrir aux chercheurs une structure pérenne pour développer la science préhistorique. Reconnu d'utilité publique le 15 décembre 1910 par décret du président de la République, l'Institut allait devenir le premier centre de recherche au monde entièrement dédié à l'étude de l'Homme fossile. Le prince confia la construction (1914-1920) à Emmanuel Pontremoli (grand prix de Rome, futur directeur des Beaux-Arts) qui fit sculpter par Constant Roux sur la façade extérieure du bâtiment une très jolie frise horizontale évoquant le mode de vie traditionnel des peuples chasseurs-cueilleurs ainsi que l'homme préhistorique : chasse au bison, cuisson du poisson ou réparation d'une embarcation chez les aborigènes d'Australie. De façon intéressante, Roux avait une contrainte qu'il respecta à la lettre : sur la hauteur de la frise (environ 1 mètre), il devait représenter tous ses personnages à taille réelle, raison pour laquelle on voit qu'ils sont accroupis, assis ou allongés.

Les conférences ouvertes au grand public qui sont organisées régulièrement dans l'amphithéâtre de l'IPH permettent de pénétrer dans les lieux et d'apercevoir la jolie bibliothèque où trône un squelette de rhinocéros, entouré de plus de 17 000 livres, ainsi qu'un joli laboratoire de recherche où sont entreposés de très nombreux crânes et ossements. Le couloir d'accès possède des peintures qui reproduisent les peintures murales de la grotte d'Altamira en Espagne (d'après des relevés de l'Abbé Breuil). Les peintures datent de 1914.

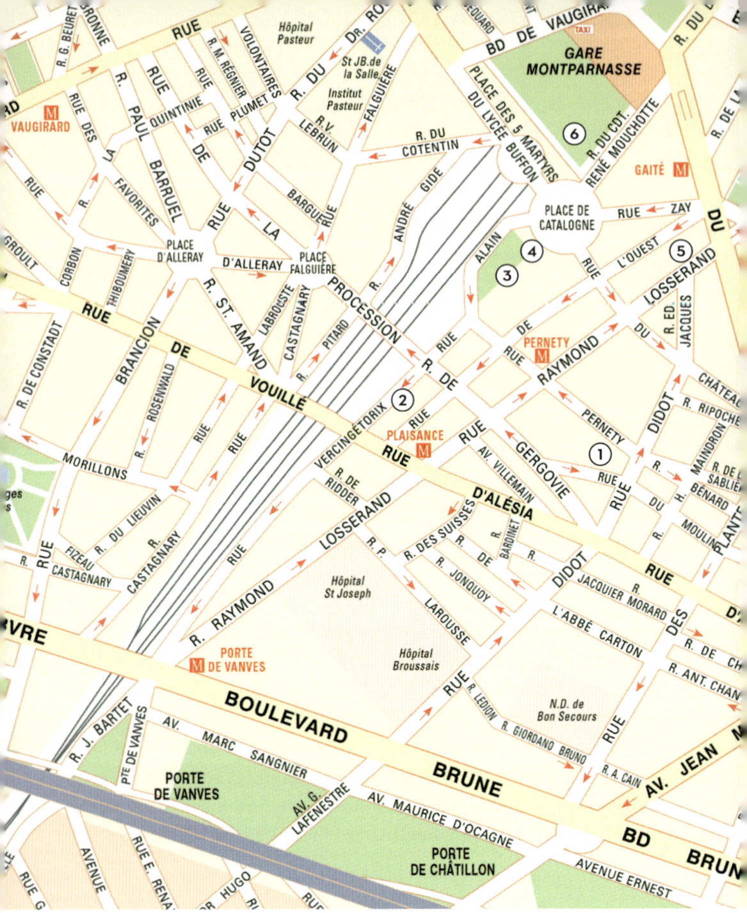

XIVe Arrondissement

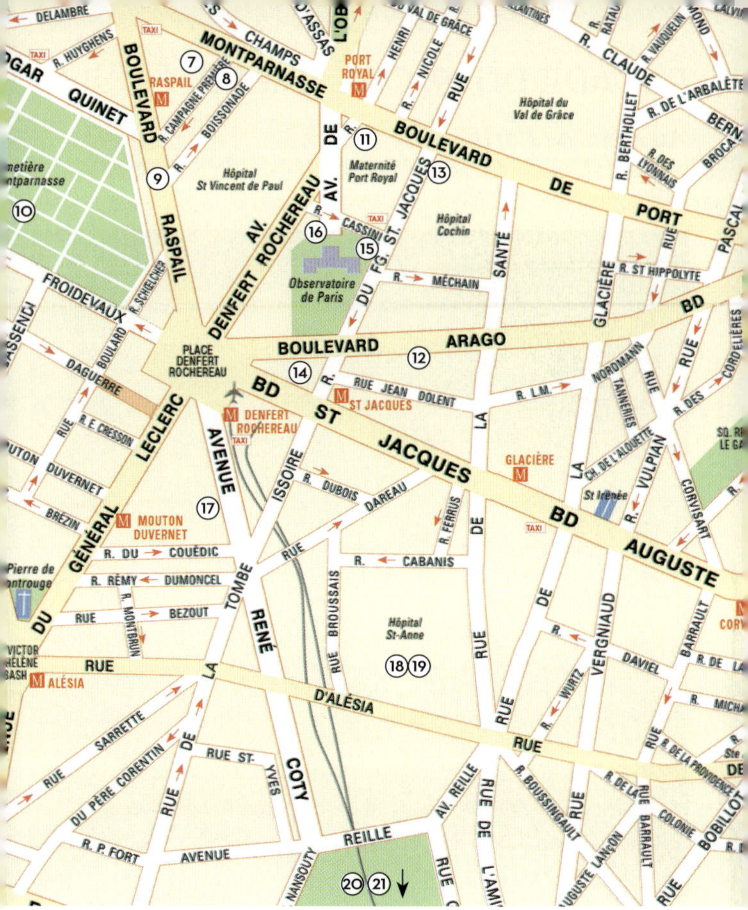
DELAMBRE
R. HUYGHENS
TAXI
BOULEVARD
MONTPARNASSE
CHAMPS
D'ASSAS
VAL DE GRÂCE
R. CLAUDE
R. VAUQUELIN
R. DE L'ARBALÈTE
RASPAIL
R. CAMPAGNE PREMIÈRE
BOISSONADE
QUINET
PORT ROYAL
HENRI
NICOLE
RUE
Hôpital du Val de Grâce
BOULEVARD
DE
PORT
R. BERTHOLLET
R. DES LYONNAIS
BROCA
Cimetière Montparnasse
Hôpital St Vincent de Paul
Maternité Port Royal
AV. DE
ST JACQUES
Hôpital Cochin
AV. DENFERT ROCHEREAU
R. CASSINI
SANTÉ
GLACIÈRE
R. ST HIPPOLYTE
PASCAL
RASPAIL
R. SCHŒLCHER
FROIDEVAUX
Observatoire de Paris
DU FG.
R. MÉCHAIN
BOULEVARD
ARAGO
BD
PLACE DENFERT ROCHEREAU
DAGUERRE
BOULARD
BD ST JACQUES
RUE JEAN DOLENT
ST JACQUES
R. L.M.
NORDMANN
TANNERIES
R. DES CORDELIÈRES
LECLERC
DENFERT ROCHEREAU
R. E. CRESSON
MOUTON DUVERNET
BRÉZIN
AVENUE
ISSOIRE
R. DUBOIS
DAREAU
GLACIÈRE
CH. DE L'ALOUETTE
St Irénée
VULPIAN
CORVISART
SQ. RENÉ LE GALL
GÉNÉRAL
MOUTON DUVERNET
R. FERRUS
TAXI
BD AUGUSTE
R. DU COUËDIC
R. CABANIS
Pierre de Montrouge
R. RÉMY DUMONCEL
RUE BEZOUT
R. MONTBRUN
TOMBE
RENÉ
BROUSSAIS
Hôpital St-Anne
RUE DE LA
VERGNIAUD
BARRAULT
DU
VICTOR HÉLÈNE BASH
ALÉSIA
RUE
D'ALÉSIA
DAVIEL
R. WURTZ
SARRETTE
DU PÈRE CORENTIN
RUE ST-YVES
COTY
AV. REILLE
RUE DE L'AMIRAL MOUCHEZ
R. BOUSSINGAULT
R. DE LA PROVIDENCE
R. DE LA COLONIE
RUE BARRAULT
BOBILLOT
AUGUSTE LANÇON
R. P. FORT
AVENUE
REILLE
NANSOUTY
RUE

FAÇADE DU 19, CITÉ BAUER

1

Au cœur de Paris

Métro Plaisance ou Pernety

Cette magnifique porte en forme de double cœur a été conçue en 1959 par Alexandre Mezei, un artiste d'origine hongroise qui y habita. D'inspiration Art nouveau, elle présente en haut à gauche un berger jouant de la flûte devant son chien et ses moutons. Elle est un bel exemple d'une architecture de charme qui fait toute la magie de la capitale.

AUX ALENTOURS

Le menhir du 133, rue Vercingétorix ②

Dans le petit square en face du n° 133 de la rue Vercingétorix, entre un terrain de basket et une aire de jeu pour enfants, trône un étonnant menhir. Sur une plaque au sol presque illisible on peut déchiffrer : « Ce menhir offert à la ville de Paris à l'initiative de la Chambre de Commerce et d'Industrie du Morbihan et réalisé par sept granitiers bretons fut inauguré par Monsieur Alain Poher, président du Sénat, le 13 [18 ?] décembre 1983 [1988 ?]. »

Autre symbole régional, le phare breton qui trônait de l'autre côté des voies ferrées a malheureusement disparu en 2017.

ÉGLISE NOTRE-DAME-DU-TRAVAIL DE PLAISANCE ③

Le premier exemple d'architecture industrielle appliquée à une église

59, rue Vercingétorix
01 44 10 72 92
notredamedutravail.net
Du lundi au vendredi de 7 h 30 à 19 h 45 ; samedi et dimanche de 9 h à 19 h 30
Messes dominicales le samedi à 18 h 30 et le dimanche à 9 h (en portugais), à 10 h 45, à 18 h (en latin ; sauf en juillet en en août)
Métro Gaîté

Si de l'extérieur, l'église Notre-Dame-du-Travail de Plaisance ressemble à beaucoup d'autres églises, l'intérieur, œuvre de l'architecte Jules Astuc, est un remarquable exemple d'architecture industrielle. Directement influencée par Eiffel et Baltard, la charpente métallique de la nef est constituée de 135 tonnes de fer et d'acier.

Ce décor, atypique pour une église, répond aux vœux les plus chers de l'abbé Soulange-Bodin, nommé curé de la paroisse de Plaisance en 1896. Son ambition était de bâtir une église qui unirait « sur le terrain de la religion, les travailleurs de toutes les classes ». La nouvelle église, qui se devait de rappeler à l'ouvrier son usine afin qu'il s'y sente en terrain familier, fut donc dédiée à Notre-Dame-du-Travail dont la statue existait déjà.

L'église cache en son sein un véritable trésor de guerre, pesant 552 kilos. Offerte par Napoléon III en 1865, la cloche de la paroisse vient en effet de la ville de Sébastopol et fut rapportée à l'occasion de la guerre de Crimée.

AUX ALENTOURS

Place de l'amphithéâtre et place de Séoul ④

Entrée par la rue Vercingétorix

Reconstruit dans les années 1980, le quartier de la place de Catalogne est l'œuvre de l'architecte catalan Ricardo Boffil. Si les places de l'Amphithéâtre et de Séoul ne font toujours pas l'unanimité, elles constituent pourtant un étonnant exemple d'architecture classique construite à l'époque contemporaine. Leur accès n'est pas évident et nombreux sont les Parisiens à ne pas connaître l'existence de ces deux lieux qui possèdent d'agréables jardins au calme.

Façade du 7, rue Lebouis

⑤

Construit par l'architecte Molinié en 1913, l'immeuble du 7, rue Lebouis possède une superbe façade ornementée d'un sgraffite (type de fresque appliqué en extérieur sur les façades d'immeuble) comme on en trouve fréquemment à Bruxelles (voir chez le même éditeur le guide *Bruxelles insolite et secrète*). L'immeuble a été primé au concours des façades de 1913.

Les Jardins suspendus de l'Atlantique

⑥

Rue des Cinq Martyrs du Lycée Buffon
Métro Montparnasse-Bienvenüe ou Gaîté
Fermés la nuit

Œuvre des paysagistes François Brun et Michel Pena, les jardins suspendus de l'Atlantique, invisibles depuis la rue, offrent leur quiétude à qui saura les trouver... Le plus sûr moyen sera encore de chercher à vous rendre au mémorial de la Libération qui s'y niche tout au fond.

Ces jardins contemporains mêlent nature, acier et bois (sous la forme de passerelles suspendues) pour un résultat inattendu et plutôt réussi. On y trouve, bien sûr, des pelouses, des arbres aux essences variées mais aussi un étang, des tables de ping-pong et de nombreux étudiants qui lézardent au soleil. L'ensemble distille un charme d'autant plus particulier que ces jardins sont « suspendus » au-dessus des voies de la gare Montparnasse dont on peut percevoir la rumeur active sans que cela n'altère pour autant la sérénité ambiante. Même les grandes barres d'immeubles qui entourent les jardins participent à cette tranquillité en les préservant des bruits de la circulation urbaine pourtant toute proche. Ces immeubles avec leurs façades en mur-rideau confèrent parfois au lieu une ambiance assez surréaliste digne du film *Blade Runner*. Ils sont apparus dans de nombreux films de la nouvelle vague dont *Deux ou trois choses que je sais d'elle* de Jean-Luc Godard.

⑦

126, boulevard du Montparnasse

L'architecte et décorateur Louis Süe (1875-1968) est à l'origine de ce bel ensemble d'ateliers et d'appartements baignés de calme et de lumière. Non loin, il a également conçu les jolis ateliers d'artistes des n°s 3 bis (pour le peintre Lucien Simon), 5 (pour le peintre Jean-Paul Laurens) et 7 (pour le peintre Czernikowski) rue Cassini.

AUX ALENTOURS

9, rue Campagne Première (8)

Derrière la porte avec digicode (attendre éventuellement la sortie d'un habitant et demander aimablement l'accès), le 9, rue Campagne Première abrite une cité d'une centaine d'ateliers d'artistes, construits avec des matériaux provenant de la démolition de l'Exposition universelle de 1889.

31, rue Campagne Première (9)

Ce superbe immeuble de l'architecte André Arfvidson, construit en 1911 et primé au concours de façades de la Ville de Paris, est un parfait exemple de transition entre l'Art nouveau (grès de Bigot ocre et beige sur la façade) et le mouvement moderne (duplex, ateliers d'artistes, grandes baies vitrées et structure en béton).

Tombes insolites au cimetière du Montparnasse (10)

Moins romantique et mystérieux que le Père-Lachaise, le cimetière du Montparnasse présente néanmoins quelques tombes insolites comme celle d'un Japonais qui a fait graver sur sa dalle funéraire les dates 2505-2535, qui renvoient aux dates du calendrier bouddhiste.
On trouve aussi l'étonnante sépulture du *Baiser* de Brancusi, sculptée en 1910 par l'artiste roumain. Il représente un couple d'amoureux en pierre, enlacé, qui orne le tombeau de Tania Rasevskaïa (allée Émile Richard). Enfin, outre les deux moulins de Montmartre, il en reste également un à Montparnasse : vestige du moulin de la Charité qui existait avant même la création du cimetière, il a perdu ses ailes et faisait partie d'un espace où les religieux de Saint-Jean-de-Dieu enterraient les morts de leur hôpital de la Charité (rue des saint-Pères), d'où le nom du moulin.

CLOÎTRE DE L'HÔPITAL COCHIN ⑪

Un paradis caché

123, boulevard de Port-Royal
Officiellement fermé au public
Accès possible en le demandant au personnel de l'administration de l'hôpital
RER Port-Royal

Petit coin de paradis méconnu de la plupart des Parisiens, le cloître de l'hôpital Cochin est une merveille à ne pas rater. En entrant par le boulevard du Port-Royal, dirigez-vous vers les flèches qui indiquent la chapelle.

Le cloître faisait autrefois partie de l'abbaye de femmes de Port-Royal-des-Champs fondée au début du XIIIᵉ siècle dans la vallée de Chevreuse. L'abbaye s'installa à Paris en 1625 sous les ordres de l'abbesse Angélique Arnauld et se rendit célèbre à partir de 1635 lorsqu'elle devint un foyer du jansénisme. Blaise Pascal fut ainsi un visiteur fréquent de la communauté des Filles du Saint-Sacrement.

Supprimé à la Révolution, le couvent fut converti en prison qui prit le nom de « Port-Libre ». Le lieu commença sa vocation hospitalière en 1795.

AUX ALENTOURS

La dernière vespasienne de Paris ⑫

Boulevard Arago, juste devant la prison de la santé, trône la dernière vespasienne de Paris. Datant du début du XIXᵉ siècle, elle doit son existence à l'initiative du préfet de la Seine, le comte de Rambuteau, qui, pour des raisons de salubrité publique assez évidentes, imposa la construction de ces urinoirs publics. Ceux-ci remplaçaient avantageusement les barils d'aisance (des tonneaux en bois remplis de sciure) que l'on pouvait trouver aux coins des rues puisque, dotés de parois métalliques, ils offraient à l'utilisateur une certaine intimité et préservaient ainsi la vue des passants...
Progrès et équité obligent (les Sanisettes actuelles sont autonettoyantes, closes et aseptisées et les femmes peuvent, elles aussi, y accéder...), la disparition de ces vespasiennes fut votée le 21 décembre 1959 et l'on dut attendre 1980 pour que soit votée la création des quatre premières Sanisette payantes. On notera au passage que cette nouvelle ère de la salubrité publique entraîna avec elle la fin de la gratuité de ce service public. On ignore pourquoi et comment cette vespasienne du XIXᵉ siècle a échappé à la destruction, mais certains parlent aujourd'hui de la faire classer.

> Le mot « vespasienne » provient de l'empereur Vespasien. Empereur de Rome en 69, il était connu pour son avarice et créa un impôt sur l'urine en plaçant des urinoirs payants dans les rues de Rome.

CARRIÈRES DES CAPUCINS

⑬

Les coulisses de la capitale, à 20 mètres sous terre

Hôpital Cochin
27, rue du Faubourg Saint-Jacques
association@seadacc.com
La visite se mérite : écrire un e-mail à jlhr-faure@wanadoo.fr (ne pas hésiter à écrire plusieurs fois) ou écrire une lettre à l'hôpital Cochin (adresse ci-dessus) à l'attention de l'association SEADACC (les demandes par courrier sont souvent privilégiées par rapport à celles par e-mail)
Durée de la visite : entre 1 h et 2 h
Accès impossible pour les personnes à mobilité réduite et déconseillé aux personnes claustrophobes
RER Port-Royal

Entre les extrêmes d'une visite presque trop conventionnelle aux Catacombes de Denfert-Rochereau ou d'une visite sauvage (trouver une entrée illégale, des plans, s'équiper et partir à l'aventure…), la visite des carrières des Capucins est une visite exceptionnelle. À plus de 20 mètres sous terre, elle garde un léger parfum d'aventure et a été rendue possible par le travail acharné d'une association de passionnés qui, pelles et lampes à la main, restaure et aménage ces anciennes carrières de capucins depuis des années.

Le site, classé aujourd'hui par les Monuments Historiques, est unique au monde. Aux XVe et XVIe siècles, ses pierres servirent à l'édification de la chapelle du monastère des Capucins. Les blessures étaient fréquentes au cours des travaux d'extraction et, 20 mètres plus haut, Jean-Baptiste Cochin fit construire à dessein une infirmerie qui devint l'ancêtre de l'actuel hôpital Cochin.

Les carrières, qui fournirent 30 % des pierres de Notre-Dame, furent aussi le lieu d'invention des champignons souterrains : les calèches avaient en effet l'habitude d'y déverser le crottin de leurs chevaux. Celui-ci, dans le milieu humide et doux des carrières, donna rapidement naissance à de savoureux champignons…

Menée par l'un des bénévoles de l'association, la visite commence par la descente d'une centaine de marches. Dans des galeries dont la largeur est « celle d'un homme poussant une brouette », la visite prend vite un tour extraordinaire : baignés dans la lumière étrange donnée par des lampes à sodium (pour préserver l'écosystème), les couloirs suintants (le taux d'hygrométrie atteint 90 %) mènent à l'extraordinaire fontaine des Capucins. Ce puits à eau hémicylindrique et son échelle d'étiage, avec ses dernières marches qui descendent jusqu'à la nappe phréatique, a été édifié en 1810.

LE PIÉDESTAL VIDE D'ARAGO

⑭

Une statue qui fut fondue pour fabriquer des armes en Allemagne...

Place de l'Île-de-Sein
Métro Saint-Jacques ou Denfert-Rochereau

Boulevard Arago, en face des jardins de l'Observatoire, un piédestal vide est gravé du nom d'Arago. Si, comme on l'imagine bien, le piédestal portait autrefois une statue du scientifique, elle fut détruite pendant la guerre, suite à une loi du 11 octobre 1941. La loi préconisait d'enlever statues et monuments dans les lieux publics afin d'en fondre le bronze et pour officiellement sulfater les vignes et alimenter la production industrielle. En réalité, le gouvernement de Vichy obéissait évidemment aux injonctions de l'Allemagne qui se servira du métal pour fabriquer des armes, même si une partie fut également réutilisée par les sculpteurs du IIIᵉ Reich dans le cadre de sa propagande.

Si une commission statua sur les monuments à sauvegarder, en raison de leur importance officielle pour le pays, certaines ne purent échapper à la destruction, comme celle-ci, probablement en raison du fait qu'Arago faisait partie de la franc-maçonnerie (comme Raspail, voir ci-dessous), qui était activement combattue par les nazis.

Square Jacques Antoine, à quelques pas de la place Denfert-Rochereau, on trouve également le piédestal vide de l'ancienne statue de Raspail.

AUX ALENTOURS

Un hôtel voyageur ⑮

Construit initialement à l'angle des Champs-Élysées et de la rue de la Boétie par Jean-Baptiste Le Boursier en 1784, l'hôtel de Massa (38, rue du Faubourg-Saint-Jacques) fut pris au centre d'une opération immobilière au début du XXᵉ siècle. Au lieu d'être détruit, il fut tout simplement démonté pierre par pierre et remonté à son emplacement actuel en 1929. Il abrite aujourd'hui la Société des gens de lettres, fondée en 1838 par Isidore Taylor qui fut également responsable de l'achat et de l'acheminement de l'obélisque de Louxor à Paris.

Les médaillons de Dibbets

En 1994, la Ville de Paris commanda à l'artiste Jan Dibbets une œuvre originale, constituée de 135 médaillons de bronze de 11 centimètres de diamètre, sur lesquels sont inscrits le nom d'Arago et les lettres N (pour nord) et S (pour sud). Ces médaillons, répartis à Paris sur l'axe du méridien de Paris (le méridien de référence internationale avant que celui de Greenwich ne le supplante, voir p. 409), honorent la mémoire de François Arago, qui poursuivit les calculs du méridien jusqu'aux Baléares. Sur une distance de 17 kilomètres, les médaillons sont disséminés dans la capitale, fixés sur le trottoir.

Partir à la recherche des médaillons est probablement un très bon moyen d'éveiller la curiosité des enfants de façon ludique tout en se promenant dans la capitale. Malheureusement, depuis l'engouement provoqué par le *Da Vinci Code*, les médaillons disparaissent de plus en plus.

Les médaillons de la Méridienne Verte

La Méridienne verte est un projet conçu par l'architecte Paul Chemetov (l'architecte du ministère des Finances à Bercy) pour les cérémonies de l'an 2000 en France. L'idée était de matérialiser le méridien de Paris dans toute la France en plantant des arbres sur son tracé (de Dunkerque dans le Nord, à Prats-de-Mollo dans les Pyrénées-Orientales).

À Paris, à l'instar des médaillons de Dibbets, six médaillons marquent le passage de la Méridienne verte : trois à l'ouest du grand bassin du jardin du Luxembourg, un rue de Rivoli à l'entrée du passage menant à la Pyramide de Peï, un au sud-est du jardin Marco Polo (avenue de l'Observatoire) et le dernier à l'angle de l'avenue Denfert-Rochereau et de l'avenue de l'Observatoire (médaillon arraché).

LA MAISON DU FONTAINIER

⑯

De l'eau royale

42, avenue de l'Observatoire
paris-historique.org/maison.php
contact@paris-historique.org
Se visite lors des Journées du patrimoine et selon un programme disponible au 01 48 87 74 31 (Association Paris historique)
Métro Denfert-Rochereau

En téléphonant au préalable afin d'obtenir le programme des conférences, il est possible de visiter la très curieuse maison du fontainier. Construite entre 1619 et 1623 par les frères Gobelin sur les plans de Salomon de Brosse, celle-ci était la demeure du fontainier du roi. Elle permettait également un « regard » (voir p. 526) sur l'eau lors de son acheminement depuis l'aqueduc d'Arcueil. Aujourd'hui, les eaux ne transitent plus par la maison du fontainier et vont directement rejoindre le réservoir de Montsouris.

La visite en elle-même permet, de manière originale, de prendre conscience des différents moyens mis en œuvre pour alimenter Paris en eau au cours de l'histoire. On y voit trois anciens bassins (celui du Roi, de la Ville et des Carmélites) qui desservaient, comme leurs noms l'indiquent, différents lieux à Paris : le Luxembourg, le Val-de-Grâce, le couvent des Carmélites et treize fontaines.

AUX ALENTOURS

Le regard de l'avenue René Coty ⑰

Une étonnante petite construction trône à l'arrière du bel hôpital de gériatrie La Rochefoucauld (entrée par l'avenue du Général Leclerc). Cet édifice est un ancien regard des conduites d'eau provenant d'Arcueil (voir ci-dessous).

Le pont-aqueduc d'Arcueil

Contre toute attente, les aqueducs servent toujours à alimenter Paris en eau (voir p. 528-529) et le pont-aqueduc d'Arcueil n'échappe pas à cette règle : chaque jour, 145 000 mètres cubes d'eau franchissent ainsi la vallée de la Bièvre. Le pont-aqueduc d'Arcueil associe en réalité deux ouvrages distincts construits à plusieurs siècles d'écart : l'aqueduc de Marie et l'aqueduc de la Vanne. Suivant un projet imaginé par Sully (utilisant une ancienne conduite gallo-romaine qui interceptait l'eau des sources de Rungis et Wissous), Marie de Médicis fit construire un nouvel aqueduc entre 1613 et 1623. En service, cet ouvrage remplissait un réservoir près de la montagne Sainte-Geneviève et alimentait notamment la bien nommée fontaine Médicis du palais du Luxembourg. Aujourd'hui encore, l'aqueduc de Marie achemine environ 2000 mètres cubes par jour : captée à Rungis, l'eau se déverse dans les bassins du parc Montsouris.

L'aqueduc de la Vanne constitue la partie supérieure du pont-aqueduc d'Arcueil. Conçu sous l'impulsion de l'ingénieur Belgrand et du baron Haussmann, il a été construit 14 mètres au-dessus de l'aqueduc Marie.

PROMENADE CAMPAGNARDE ET ARCHITECTURALE DANS LE SUD DU XIVe ARRONDISSEMENT

Des artistes à la campagne

La partie sud du XIVᵉ arrondissement regorge de petits coins de campagne méconnus (certains sont totalement invisibles de la rue) et, dans certains cas, de maisons construites par des architectes majeurs de l'architecture moderne, comme Auguste Perret ou Le Corbusier. En cas de présence de digicode, l'accès est parfois possible en le demandant aimablement à un habitant.

29, rue Boulard. Impasse privée. Entrée éventuelle sur demande aux habitants. Magnifique ruelle bordée de maisons dotées pour chacune d'un jardin. Gauguin, alors un simple employé de banque, s'initia ici même à la peinture, dans l'atelier de son ami Émile Schuttneckar.

Villa Adrienne. 17, avenue du Général Leclerc. Créée en 1870 pour accueillir des militaires et des ecclésiastiques, la villa Adrienne est un petit paradis pour ses habitants à deux pas de la très bruyante place Denfert-Rochereau. Elle s'organise autour d'un parc privatif où rien ne manque à ce décor harmonieux et serein : pelouses soignées, beaux arbres, bancs accueillants et statues impassibles. Autour du parc, la villa déploie sur trois côtés de très beaux immeubles de briques et pierres blanches, ornés de balcons sculptés en terre cuite qui portent les noms de personnages illustres tels que Racine et Corneille, tandis que le quatrième côté est fermé par de magnifiques hôtels particuliers.

14 bis, rue Mouton-Duvernet. La porte d'entrée de l'immeuble cache jalousement un joli sentier sinueux et feuillu et des pavillons avec jardins dotés d'élégantes marquises.

Villa Hallé. 36, rue Hallé : charmante impasse privée qui a servi au tournage du film *Le Bon Plaisir* avec Catherine Deneuve. À deux pas, à l'intersection de la rue Hallé et de la rue d'Alembert, remarquez la jolie placette en demi-lune.

Square Montsouris : maison du fond construite par Le Corbusier. Le square est en fait une rue, à notre avis l'une des plus belles de Paris.

Rue Georges Braque : au numéro 6, Perret construisit une maison où habita le peintre Braque.

Rue du Parc Montsouris, villa du Parc Montsouris et impasse Nansouty

Villa Seurat : au 7 bis, maison construite par le célèbre architecte Perret pour le sculpteur Chana Orloff. Soutine et Henri Miller habitèrent aussi dans l'impasse.

110, avenue du Général Leclerc : remarquable petite impasse privée.

Villa Alésia : 111, rue d'Alésia et 39 bis, rue des Plantes.

Villa Jamot : 105 et 107, rue Didot. Même si la porte est fermée par un digicode, attendez quelques minutes qu'un habitant en sorte et demandez avec gentillesse de jeter un coup d'œil sur cette ravissante double impasse pavée.

LEVEL FINE ART GALLERY, PARIS
M. Orant
GUÉRANDE
ATHANOR

AUX ALENTOURS

Musée Sainte-Anne (18)

Centre Hospitalier Sainte-Anne. Pavillon L, 2e étage, 1, rue Cabanis
01 45 65 84 33
musee-mahhsa.com
Du mercredi au dimanche de 14 h à 19 h, lors des expositions uniquement
Métro Denfert-Rochereau

Situé dans un ancien dortoir, ce musée présente des témoignages de la vie hospitalière de l'hôpital Sainte-Anne depuis l'admission de son premier patient en mai 1867. La collection d'instruments, de tableaux et de photos ne laisse pas indifférent, comme ces lames utilisées pour la découpe du cerveau présentées dans un coffret de bois verni et capitonné... Un regret néanmoins : la visite n'est plus assurée par le célèbre docteur Freddy, mais reste cependant conseillée pour les néophytes.

Musée Singer-Polignac (19)

43, avenue Georges Mandel
01 47 27 38 66
singer-polignac.org
Ouvert uniquement lors des Journées du patrimoine ou lors des expositions temporaires annoncées dans la presse et sur le site

Lors des expositions temporaires qu'il organise régulièrement, le musée Singer-Polignac présente les œuvres de malades mentaux, notamment celles réalisées depuis près de 50 ans par les patients lors d'ateliers d'art-thérapie, une thérapie à médiation artistique.

LA MIRE DU SUD

20

Un témoin du méridien de Paris

Parc de Montsouris, côté boulevard Jourdan
RER Cité Universitaire

Haute de 4 mètres, la mire du Sud est une curieuse stèle de pierre sur laquelle on peut lire l'inscription suivante : « Du règne de... [le nom de Napoléon a été effacé], mire de l'observatoire – MDCCCVI. » Édifiée à l'origine dans le jardin de l'Observatoire de Paris, la mire servait à pointer les instruments de l'Observatoire. Elle fut déplacée en 1806 dans le parc et est aujourd'hui légèrement en décalage avec le méridien* de Paris, à la suite des travaux de réaménagement dans le parc.

Le méridien de Paris

Avant d'être supplanté par celui de Greenwich en 1884, le méridien de Paris était le méridien de référence pour les géographes du monde entier. Son élaboration a commencé en 1669, deux ans après la fondation de l'Observatoire de Paris dont le centre servit de point de départ.

Achevé en 1718 par les Cassini père et fils et par Philippe de La Hire, il fut remesuré par Delambre et Méchain en 1792-1798, à la demande de la Convention, afin de servir de base à la détermination de la longueur exacte du mètre (voir p. 200). Cassini, Delambre et Méchain ont d'ailleurs tous laissé leurs noms à des rues autour de l'Observatoire. Arago et Biot prolongèrent ultérieurement les mesures de Delambre et Méchain jusqu'aux Baléares.

Le méridien est aujourd'hui représenté sur les trottoirs parisiens par 135 médaillons gravés au nom d'Arago (voir p. 400).

Dans la capitale, la borne Nord de ce méridien est matérialisée par un obélisque appelé mire du Nord. Situé au 1, avenue Junot à Montmartre, il est malheureusement dans une résidence privée et ne se visite pas, même s'il est classé Monument historique. Constitué à l'origine par un simple pilier de bois planté en 1675 par l'abbé Jean Picard, l'obélisque fut construit en pierre en 1736 « par ordre du roi ».

La « mire du Sud » est située dans le parc Montsouris, dans le XIVe arrondissement (voir ci-dessus).

On retrouve également un tracé de ce méridien sur le sol des galeries du Carrousel au Louvre, sous la pyramide inversée.

En banlieue, une autre mire existe également à Villejuif (voir le guide *Grand Paris insolite et secret* chez le même éditeur). Elle fut installée au XVIIIe siècle par Jacques Cassini, topographe et fils de Jean-Dominique Cassini, inventeur de l'astronomie française.

** Un méridien est une ligne imaginaire qui relie le pôle Nord et le pôle Sud en ayant pour caractéristique principale qu'à midi (heure solaire), tout point situé sur ce méridien aura le soleil au zénith.*

LA PIERRE DE LA FONDATION DEUTSCH DE LA MEURTHE

21

Un vestige de l'enceinte de Thiers

Parc de Montsouris, côté boulevard Jourdan
RER Cité Universitaire

Les étudiants de la Cité universitaire internationale qui passent devant ne se doutent probablement pas que la pierre située à droite en entrant au 37, boulevard Jourdan derrière le premier bâtiment, est l'un des derniers vestiges de l'enceinte de Thiers (voir ci-contre). Sur la pierre, on peut lire « 1842 Bon 82 » : elle faisait partie du bastion n° 82, construit en 1842. L'enceinte comptait au total 94 bastions (avancée en forme de pentagone dans la muraille).

Non loin, la base de la porte d'Arcueil, à l'angle de la rue Émile-Deutsch-de-La-Meurthe et du boulevard Jourdan, est un autre vestige de l'enceinte de Thiers. Pour les autres vestiges de l'enceinte, voir ci-contre.

Les boulevards des Maréchaux napoléoniens

Le tracé de l'enceinte de Thiers (plus exactement de la « rue militaire » qui la longeait) se lit aujourd'hui assez clairement sur une carte de Paris : il emprunte presque parfaitement l'actuel tracé des boulevards des Maréchaux. Ces boulevards ont par ailleurs tous pris le nom de généraux (et non de maréchaux) de l'armée napoléonienne. Ils y sont tous, exception faite de Grouchy et de Marmont, à qui l'opinion bonapartiste ne pardonnait pas leurs faiblesses, voire leurs trahisons. Duroc n'y est pas non plus ; il n'avait été, quoique tué devant l'ennemi, que « Maréchal du Palais », c'est-à-dire chargé du commandement des palais impériaux.

L'enceinte de Thiers

Après les défaites de Napoléon, l'invasion de la France par les forces dites « alliées » (Autriche, Russie, Prusse) et l'entrée des troupes étrangères dans Paris en 1814 et 1815, les différents gouvernements ont longuement étudié la manière de fortifier la capitale.

Un compromis fut finalement trouvé et, en 1840, Adolphe Thiers décida la construction d'une enceinte bastionnée, longue de 34 kilomètres et englobant 2 500 000 habitants sur une surface de 7800 hectares. Elle avait une largeur moyenne de 140 mètres avec une chaussée intérieure empierrée (les futurs boulevards des maréchaux), le rempart proprement dit, un fossé extérieur et une levée de terre, à laquelle s'ajoutait une zone interdite à la construction de 250 mètres. En avant, de 1500 à 5000 mètres de l'enceinte, s'ajoutaient des forts de type Vauban, aujourd'hui situés en banlieue parisienne. En 1860, Paris annexa la zone comprise entre le mur des Fermiers Généraux et les nouvelles fortifications, englobant tout ou partie de nombreux villages (Auteuil, Passy, les Batignolles, la Villette, Belleville, Ménilmontant, Bercy, Grenelle...). La perception de l'octroi fut simultanément déplacée aux portes des nouvelles fortifications. Cet ouvrage imposant et moderne n'a pas empêché la défaite de 1870 mais il a toutefois protégé la ville de lourdes dégradations.

Progressivement, la zone interdite à la construction se couvrit de baraques en tous genres. À partir de 1945, les fortifications furent détruites et remplacées par des HLM, stades, cités universitaires, jardins...

Les vestiges actuels de l'enceinte de Thiers sont :

- Les boulevards des Maréchaux pour sa limite géographique.
- Le bastion n° 1 (XIIe).
- La poterne des Peupliers (XIIIe) sous laquelle la Bièvre entrait dans Paris avant d'être enterrée.
- Quelques vestiges dans le parc Kellermann, entre le boulevard Kellermann et le boulevard périphérique (XIIIe).
- La base de la porte d'Arcueil, à l'angle de la rue Émile-Deutsch-de-La-Meurthe et du boulevard Jourdan (XIVe).
- Un pan de mur dans les jardins hauts de Malesherbes (bastion n° 44) (XVIIe)
- Un pan de mur dans le coude de la rue André Suarès (XVIIe).
- Une pierre du bastion n° 82 dans la fondation Deutsch de la Meurthe.
- Un pan de mur au 28, avenue de la Porte de la Villette (XIXe).

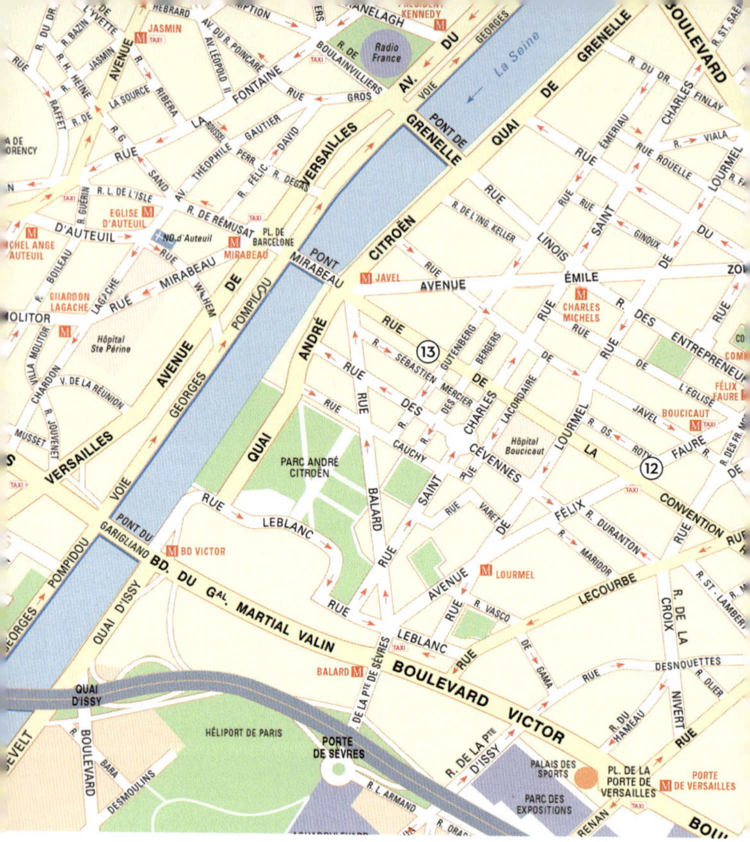

XVe Arrondissement

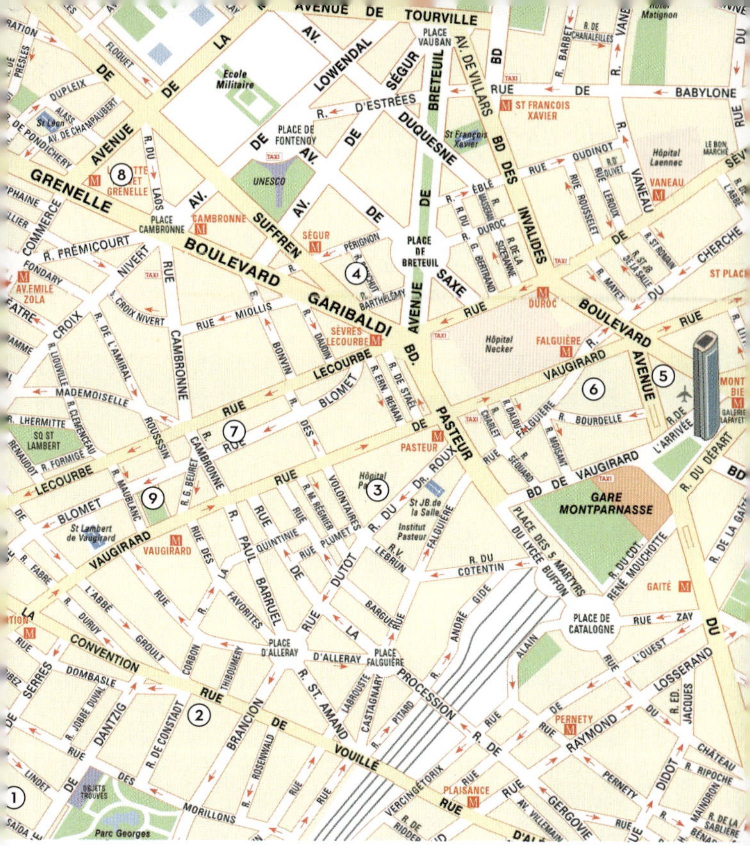
AVENUE DE TOURVILLE
PLACE VAUBAN
AV. DE VILLARS
BD DES INVALIDES
AV. LOWENDAL
SÉGUR
BRETEUIL
Ecole Militaire
FLOQUET
AVENUE DE LA
DUPLEIX
St Léon
AV. DE CHAMPAUBERT
R. DE CHANALEILLES
R. BARBET
Hôtel Matignon
RUE DE BABYLONE
ST FRANCOIS XAVIER
St François Xavier
R. D'ESTRÉES
DUQUESNE
PLACE DE FONTENOY
UNESCO
AVENUE DE GRENELLE
LA MOTTE PICQUET GRENELLE
R. DU LAOS
PLACE CAMBRONNE
CAMBRONNE
AV. DE SUFFREN
AV. DE SAXE
SÉGUR
PÉRIGNON
PLACE DE BRETEUIL
RUE OUDINOT
Hôpital Laennec
LE BON MARCHÉ
VANEAU
R. ROUSSELET
R. LEROUX
R. DUROC
R. G. BERTRAND
R. ÉBLÉ
R. ST ROMAIN
R. ST JB. DE LA SALLE
R. MAYET
RUE DU CHERCHE
ST PLACIDE
R. PRÉMICOURT
COMMERCE
FONDARY
AV. EMILE ZOLA
NIVERT
BOULEVARD GARIBALDI
R. BARTHÉLÉMY
DUROC
RUE CROIX NIVERT
RUE MIOLLIS
SÈVRES LECOURBE
AVENUE BD. PASTEUR
Hôpital Necker
FALGUIÈRE
BOULEVARD
RUE VAUGIRARD
AVENUE DU MAINE
R. DE L'AMIRAL
R. LIOUVILLE
RUE CAMBRONNE
R. BONVIN
R. DAUDIN
RUE LECOURBE
BLOMET
R. ERN. RENAN
R. DE STAËL
MONTPARNASSE BIENVENÜE
GALERIES LAFAYETTE
MADEMOISELLE
R. LHERMITTE
SQ ST LAMBERT
R. CLÉMENCEAU
R. FORMIGÉ
ROUSSELIN
RUE DE VAUGIRARD
PASTEUR
R. BOURDELLE
R. CHARLET
R. DALOU
R. MOISANT
SÉGUARD
R. DE L'ARRIVÉE
R. DU DÉPART
LECOURBE
R. MAUBLANC
R. G. BEURET
Hôpital Pasteur
R. DU DR. ROUX
St JB. de la Salle
Institut Pasteur
BD DE VAUGIRARD
GARE MONTPARNASSE
BLOMET
St Lambert de Vaugirard
VAUGIRARD
RUE DES VOLONTAIRES
R. PAUL BARRUEL
RUE QUINTINIE
RUE PLUMET
DUTOT
R. V. LEBRUN
R. DU COTENTIN
PLACE DES 5 MARTYRS DU LYCÉE BUFFON
R. DU CDT. RENÉ MOUCHOTTE
GAITÉ
R. DE LA GAITÉ
R. FABRE
L'ABBÉ GROULT
DURUY
FAVORITES
BARGUE
ANDRÉ GIDE
PLACE DE CATALOGNE
RUE ZAY
RUE DE L'OUEST
CONVENTION
CORBON
THIBOUMERY
PLACE D'ALLERAY
PLACE FALGUIÈRE
RUE D'ALLERAY
ALAIN
LOSSERAND
R. ED. JACQUES
SERRES
DOMBASLE
JOBBE DUVAL
DANTZIG
R. DE CONSTADT
BRANCION
R. ST AMAND
LABROUSTE
CASTAGNARY
PROCESSION
PITARD
RUE DE VOUILLÉ
PERNETY
RAYMOND
CHÂTEAU
R. RIPOCHE
DIDOT
LINDET
OBJETS TROUVÉS
MORILLONS
ROSENWALD
VERCINGÉTORIX
PLAISANCE
AV. VILLEMAIN
GERGOVIE
MAINDRON
R. DE LA SABLIÈRE
Parc Georges
SAÏDA
R. DE RIDDER
1
2
3
4
5
6
7
8
9

LA RUCHE

①

Une ruche d'artistes

2, passage Dantzig
01 48 28 16 38
Visites sur rendez-vous uniquement, groupes de 10 à 20 personnes accompagnés d'un conférencier - Pas de visite des ateliers
Métro Porte de Versailles ou Porte de Vanves

Discrètement installée au début d'une impasse au milieu d'un magnifique jardin aux arbres centenaires, La Ruche a vu le jour à l'initiative d'Alfred Boucher (1850-1904), sculpteur de renom mais également philanthrope généreux qui créa à Paris, en 1902, un phalanstère artistique destiné à aider les jeunes artistes démunis. Alfred Boucher, parti en Italie pour recevoir le prix de Rome, s'arrêta à Milan sur le chemin du retour, et y vendit plusieurs œuvres. Il investit immédiatement ce petit pécule dans l'achat d'un terrain dans la capitale. La Ruche était née.

Édifié à l'aide d'éléments des pavillons de l'Exposition universelle de 1900, et notamment de l'ancien kiosque des Vins du Médoc réalisé par Gustave Eiffel, le bâtiment principal doit à sa forme polygonale son surnom de ruche. Au centre, un magistral escalier de bois est inondé de lumière et sur trois étages, on découvre de petits ateliers où Léger, Zadkine, Soutine, Chagall et Modigliani, entre autres, ont travaillé.

Moins vaste qu'à l'origine, La Ruche est aujourd'hui constituée de quatre bâtiments, dont un second fut également réalisé à partir d'éléments récupérés à l'Exposition universelle. Menacée de vente et de destruction, elle doit sa survie à une mobilisation d'artistes conduite par Chagall et Malraux. Elle fut rachetée en 1971 par René et Geneviève Seydoux qui créèrent une fondation qui gère encore aujourd'hui la cité des artistes. Désormais classée, La Ruche accueille encore une soixantaine de résidents (140 à l'origine). Aux côtés des peintres, des sculpteurs, des graveurs, résident désormais des vidéastes, des décorateurs de théâtre, des dessinateurs humoristiques et des graphistes.

AUX ALENTOURS

Villa Santos-Dumont ②

Lotie dans les années 1920 par l'architecte Raphaël Paynot sur un ancien terrain viticole, la ravissante villa Santos-Dumont a attiré très tôt des artistes du quartier Montparnasse tels que Zadkine, Léger ou Brauner... Aujourd'hui encore, la villa regroupe essentiellement des artistes qui se sont battus pour préserver la quiétude de leur impasse.

LA CRYPTE DU MUSÉE PASTEUR ③

Une dérogation présidentielle pour une chapelle funéraire

25, rue du Docteur Roux
01 45 68 82 83
pasteur.fr
musee@pasteur.fr
Du lundi au vendredi de 14 h à 17 h 30 (fermé en août)
Métro Pasteur

Institut Pasteur © Jean Destrade

Fondé en 1936 et installé dans les locaux de l'institut Pasteur, le très attachant musée Pasteur, à la fois maison et musée, est voué au célèbre savant dont les découvertes ont, en leur temps, révolutionné la chimie, l'agriculture, l'industrie, la médecine, la chirurgie et l'hygiène…

Célèbre pour ses travaux sur la cristallographie, la découverte de vaccins et la prophylaxie de la rage, Louis Pasteur a notamment laissé derrière lui une salle de souvenirs scientifiques qui restitue la chronologie des travaux à travers de très nombreux témoignages.

La visite, très instructive, se poursuit ensuite dans les appartements privés de la famille Pasteur où Louis passa les sept dernières années de sa vie. Reconstitués fidèlement entre 1934 et 1936 par l'institut, après la donation par le petit-fils du scientifique de tous les meubles et objets ayant appartenu à ses grands-parents, ces appartements offrent un aperçu touchant de l'intimité du grand chercheur, de son œuvre et même un témoignage vivant du mode de vie bourgeois de la fin du XIXe siècle. Composé d'une dizaine de pièces et de deux galeries reliées par un escalier à la française, l'appartement regorge de mobiliers et d'objets mais aussi de pièces précieuses acquises par le couple ou offertes par des admirateurs. On trouve ainsi un vase unique en cristal signé Émile Gallé, offert par les élèves de l'École normale supérieure à l'occasion du jubilé du chercheur, et ce juste à côté d'un tricot inachevé de sa femme… Cette intrusion dans l'intimité de Louis Pasteur se termine par la visite de la chapelle funéraire où le savant, par dérogation présidentielle, repose désormais dans un faste néobyzantin chargé de symboles que le guide enthousiaste vous aidera à décoder.

AUX ALENTOURS

Ancien puits artésien de Grenelle ④

Place Georges Mulot

L'élégante fontaine monumentale à colonnes néogothiques et médaillons de célébrités qui trône au milieu de la place Georges Mulot (du nom de celui qui dirigea les forages) rappelle l'emplacement de l'ancien puits artésien de Grenelle, creusé dans la cour des anciens abattoirs, et dont les travaux débutèrent en décembre 1833.

Pourquoi y a-t-il autant de crêperies à Montparnasse ?

Nombre de Parisiens n'ont jamais fait le rapprochement. Si les crêperies bretonnes sont en grand nombre autour de la gare Montparnasse, la présence de la gare n'y est pas étrangère : c'est tout simplement par là que les trains en provenance de Bretagne arrivent à Paris. De la même façon, la présence de nombreux restaurants de choucroute et de bars à bières autour de la gare de l'Est est évidemment liée à l'arrivée des trains d'Alsace et de Lorraine en cette même gare de l'Est.

ESPACE KRAJCBERG

⑤

« Je vous parle d'un temps que les moins de 20 ans... »

21, avenue du Maine
01 42 22 90 16
espacekrajcberg.fr – contact@espacekrajcberg.fr
Les groupes doivent appeler
Métro Montparnasse-Bienvenüe

À l'écart du bruit du quartier de Montparnasse, le n° 21 de l'avenue du Maine est une superbe impasse pavée et arborée qui fut à l'origine un relais de poste pour les diligences qui desservaient l'ouest de la France. Au début du XXe siècle, Joseph Roux, le propriétaire du terrain, eut l'idée géniale de racheter quelques-uns des bâtiments de l'Exposition universelle de 1900 qui étaient en train d'être démontés. Il s'en servit pour construire une trentaine d'ateliers de part et d'autre de l'impasse pour le plus grand bonheur des artistes fauchés. Dès 1912, Marie Vassilieff (qui animait l'académie du Montparnasse et l'académie Russe) accueillit dans ces locaux des artistes qui formeront l'école de Paris et créa une sorte de cantine des artistes pour les plus désargentés d'entre eux. Des noms illustres comme Picasso, Braque, Modigliani, Léger, Derain, Max Jacob et Fujita profitèrent ainsi de sa table aux moments où ils en eurent le plus besoin...

Aujourd'hui l'impasse reste toujours un repaire d'artistes (peintres, architectes, comédiens, fleuristes, décorateurs...) qui luttent vaillamment pour préserver et animer cet îlot de verdure. Créé en 1998, le musée du Montparnasse (dont l'atelier de Marie Vassilieff est le cœur) s'est attaché jusqu'en 2020 à mieux faire connaître le passé prestigieux de l'endroit au travers d'expositions thématiques et temporaires.

C'est désormais l'espace Krajcberg, ouvert en 2003, qui continue à promouvoir l'art dans cette belle impasse : on y trouve les œuvres que le sculpteur brésilien a données à la Ville de Paris ainsi qu'un centre de documentation sur son travail. Cet espace se veut avant tout un lieu de rencontre entre la France et le Brésil où les visiteurs sont invités à prendre conscience, par le biais artistique, des problèmes liés à l'environnement.

AUX ALENTOURS

Musée Bourdelle ⑥

18, rue Antoine Bourdelle
01 49 54 73 73 (standard)

Édifié en 1961 à l'endroit même où vivait le sculpteur Antoine Bourdelle (élève de Rodin et maître de Giacometti), le musée Bourdelle regroupe bon nombre de ses œuvres (bronzes, plâtres, marbres déclinés en grandes figures, monuments ou bas-reliefs...) dont certaines ont une taille assez monumentale. Certaines salles accueillent par ailleurs des expositions temporaires d'autres artistes.

ÉGLISE SAINT-SÉRAPHIN-DE-SAROV

⑦

Un arbre dans une église

91, rue Lecourbe
seraphin.typepad.fr
L'église peut se visiter pendant les horaires des offices, le samedi à 18 h et le dimanche à 10 h, ou lors des Journées du patrimoine
Métro Volontaires

Dissimulée dans une arrière-cour de l'immeuble qui occupe le 91, rue Lecourbe, l'église orthodoxe Saint-Séraphin-de-Sarov est un petit joyau. Totalement invisible de la rue (il faut entrer sous le porche, passer la première cour intérieure, entrer dans la deuxième cour intérieure puis tourner à droite...), l'église a pris le nom d'un ermite russe qui se fit emmurer vivant.

Si la première paroisse, fondée en 1933, n'était rien d'autre qu'un bâtiment construit autour d'un arbre, l'édifice bâti en 1974 possède un charme réel. Au milieu des herbes folles du petit jardin, les murs extérieurs de cette construction touchante de simplicité sont recouverts de bois tandis que son toit est surmonté d'un bulbe bleu orné de la croix orthodoxe à trois bras. À l'intérieur, on découvre une multitude d'icônes ainsi que la partie inférieure de l'arbre d'origine conservé au cœur de la chapelle.

Point de ralliement de la communauté russe du XVe, l'église Saint-Séraphin-de-Sarov vaut aussi le détour pour l'atmosphère chaleureuse qui s'en dégage lors des célébrations religieuses. Renseignez-vous grâce aux informations placardées à l'entrée et vous aurez peut-être la chance de participer à un banquet russe qui a lieu dans l'année.

Trinquet de la Cavalerie

(8)

Club de pelote basque - 8, rue de la Cavalerie
01 45 67 06 34
cpbp.fr
Tous les jours (y aller de préférence à partir de 16 h)
Cours pour les enfants débutants de 14 h à 17 h le mercredi
Métro La Motte-Picquet Grenelle

Inscrit en 1986 à l'inventaire supplémentaire des Monuments Historiques, le superbe trinquet de la Cavalerie a été créé en 1929 par un groupe d'Argentins, au 7e étage d'un immeuble. En dépit du panneau indiquant qu'il s'agit d'un club privé, les visiteurs sont les bienvenus et pourront suivre les parties sur les gradins, seuls les membres étant autorisés à jouer. Pour le devenir, le parrainage par deux personnes permettra de profiter aussi d'un petit bar et d'un salon digne d'un club anglais.

AUX ALENTOURS

Le 15, square de Vergennes ⑨

Entrée par le porche du 279, rue de Vaugirard
01 56 23 00 22
fmep.fr/architecture.php – info@15squaredevergennes.com
Tous les jours, sauf jeudi et jours fériés de 11 h à 18 h, nocturne le mardi jusqu'à 20 h
Visite guidée sur rendez-vous, réservation obligatoire pour les groupes
Métro Vaugirard

Construit en 1931-1932 par Robert Mallet-Stevens pour le maître verrier Louis Barillet, cet ancien atelier a été récemment réhabilité en véritable centre du design et de l'art contemporain, ouvert au public. Après avoir été totalement dénaturé par les précédents propriétaires, l'édifice, inscrit depuis 1993 à l'inventaire supplémentaire des Monuments Historiques, a été racheté en 2001 par un amateur d'art qui le fit restaurer et reconstruire à l'identique. Le lieu a désormais retrouvé ses volumes, sa grande verrière sur plusieurs niveaux et ses vitraux blancs Art déco de Louis Barillet. Un travail époustouflant lorsque l'on sait que seules trois photos témoignaient de l'apparence de l'atelier d'autrefois.

Jardin de la clinique Blomet ⑩

134-136, rue Blomet
Se présenter à l'accueil de la clinique ou téléphoner à la sœur au 01 45 32 89 50
Messe en semaine à 7 h 30, pas de messe le dimanche

La clinique Blomet, d'aspect plutôt moderne, abrite en son sein une chapelle de style néogothique. Les sœurs de Saint-Paul-de-Chartres qui en ont la charge entretiennent également le jardin de la clinique dans lequel il est très agréable, en le demandant aimablement, de se promener.

Cité Morieux ⑪

56, rue de la Fédération

Jolie impasse bordée de petites maisons campagnardes.

Sculpture du corbeau et du renard ⑫

Une très belle sculpture de la fable de La Fontaine *Le Corbeau et le Renard* orne la façade du 40, avenue Félix Faure.

FRESQUES DE L'ÉGLISE SAINT-CHRISTOPHE DE JAVEL

⑬

Quand saint Christophe bénit aviateurs et pilotes de course...

28, rue de la Convention
01 45 78 33 70
scjavel.net
secretariat@scjavel.net
Tous les jours de 8 h 30 à 19 h
Messes : consulter les horaires sur le site internet
RER Javel

Sur la façade du porche d'entrée, l'église Saint-Christophe de Javel possède d'extraordinaires fresques. Dessinées dans les années 1930 par Henri-Marcel Magne, elles représentent tout simplement saint Christophe en train de bénir ou secourir navigateurs, aviateurs, conducteurs de locomotives ou automobilistes ! La vision est assez surréaliste et invite à pénétrer à l'intérieur pour admirer les fresques du chœur, le beau volume et les jolis vitraux modernes également réalisés par Magne.

Javel est un quartier fortement marqué par l'industrie des transports : outre les anciennes usines Citroën qui ont laissé la place au parc éponyme, on trouvait des usines de locomotives, d'aérostats, de ballons... À sa construction, l'église prit naturellement le nom de saint Christophe, le saint patron des voyageurs (voir ci-dessous).

Édifiée entre 1926 et 1930, Saint-Christophe de Javel est la première église au monde à avoir été conçue en ciment armé préfabriqué, qui apportait rapidité d'exécution et bas coût. Son financement a été principalement assuré par une souscription d'automobilistes qui offrit, fait qui peut paraître stupéfiant aujourd'hui, l'équivalent du prix d'un bidon d'essence. Jadis, le cardinal-archevêque procédait même à une bénédiction des voitures dont les propriétaires se rassemblaient alors en masse devant l'église, attirés qu'ils étaient par cette protection bienvenue, l'assurance automobile n'étant devenue obligatoire qu'en 1958 !

Saint Christophe et la Légende Dorée

Selon la légende, saint Christophe est celui qui aurait porté le Christ enfant sur ses épaules pour lui faire traverser un torrent. L'origine grecque du nom ne trompe pas : *Christos – phoros* (celui qui porte le Christ). L'histoire du saint a été rapportée par Jacques de Voragine, un dominicain génois du XIVe siècle qui consigna ses récits dans la *Légende dorée,* un texte majeur de la chrétienté qui raconte la vie de 180 saints, saintes et martyrs chrétiens ainsi que certains épisodes de la vie du Christ, suivant le calendrier liturgique.

Naissance de l'eau de Javel

À la fin du XVIIIe siècle, des industriels obtinrent l'autorisation d'établir une fabrique de vitriol près du moulin de Javelle, dans l'actuel quartier de Javel. C'est en ce lieu que fut découvert l'hypochlorite de sodium, qui prendra plus tard le nom d'eau de Javel.

BOIS DE BOULOGNE
Jardin d'Acclimatation
BOULEVARD MAURICE BARRÈS
ROUTE DE SURESNES
ALLÉE DE LONGCHAMP
ROUTE DU MAHATMA GANDHI
Lac Inférieur
PORTE MAILLOT
PORTE DAUPHINE
PORTE DE LA MUETTE
PORTE DE PASSY
Palais des Congrès
AV. DE LA GRANDE ARMÉE
Arc de Triomphe
PL. CHARLES DE GAULLE
AVENUE FOCH
BD LANNES
BOULEVARD SUCHET
AV. HENRI MARTIN
AV. GEORGES MANDEL
AV. VICTOR HUGO
PL. VICTOR HUGO
AV. KLÉBER
AV. D'IÉNA
PLACE DES ETATS-UNIS
AV. RAYMOND POINCARÉ
PL. DU TROCADÉRO
Palais de Chaillot
Jardins du Trocadéro
AV. DU PRÉSIDENT WILSON
AVENUE PAUL DOUMER
RUE DE PASSY
CHAUSSÉE DE LA MUETTE
BD DE BEAUSÉJOUR
AV. MOZART
RUE DE LA POMPE
AV. DU PRÉSIDENT KENNEDY
Radio France
La Seine
PONT DE BIR HAKEIM
PONT D'IÉNA
PONT DE GRENELLE
PONT MIRABEAU
PONT DU GARIGLIANO
Tour Eiffel
Champ de Mars
QUAI BRANLY
BOULEVARD DE GRENELLE
AVENUE ÉMILE ZOLA
RUE DE LA CONVENTION
RUE LECOURBE
QUAI ANDRÉ CITROËN
PARC ANDRÉ CITROËN
Hôpital Boucicaut
AVENUE DE VERSAILLES
BD EXELMANS
AVENUE GEORGES POMPIDOU
VILLA DE MONTMORENCY
Hippodrome d'Auteuil
PLACE DE LA PORTE D'AUTEUIL
RUE D'AUTEUIL
RUE MOLITOR
BD MURAT
BD DU Gal MARTIAL VALIN
BOULEVARD VICTOR
PORTE DE SÈVRES
HÉLIPORT DE PARIS
AQUABOULEVARD (Piscine, tennis...)
PALAIS DES SPORTS
PARC DES EXPOSITIONS
PL. DE LA PORTE DE VERSAILLES
PORTE DE VERSAILLES
QUAI D'ISSY
QUAI DU PR. ROOSEVELT
1
2
3
4
5
6
7
8
9
10
11
12
13
14
15
16
17
18
19
20
21
22
23
24-26
27
28
29

XVIe Arrondissement

LABORATOIRE AÉRODYNAMIQUE EIFFEL

①

La soufflerie d'Eiffel

67, rue Boileau
01 42 88 47 40
aerodynamiqueeiffel.fr
Visites de groupes le vendredi à 14 h, sur rendez-vous au 01 42 88 47 40
Visites individuelles sur rendez-vous au 01 55 09 30 72
Métro Exelmans, Michel Ange-Molitor et Chardon Lagache
RER Boulevard Victor - Pont Garigliano

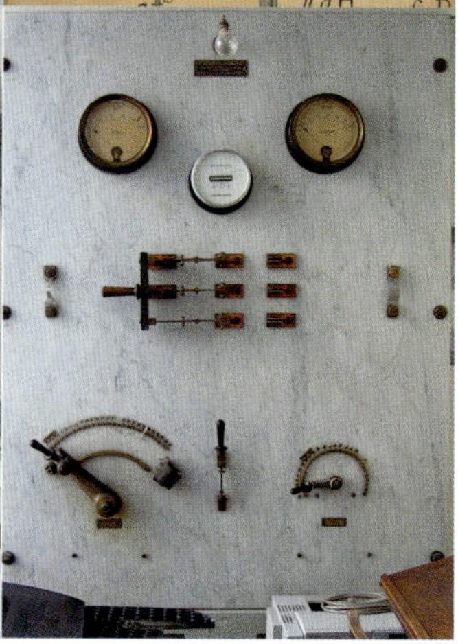

Classé Monument Historique, le laboratoire aérodynamique Eiffel est un extraordinaire vestige industriel qu'il est possible de visiter. Celui-ci est resté intact grâce à la prévoyance de Gustave Eiffel (qui avait stipulé en 1920 que le laboratoire ne devrait pas être détruit tant que la soufflerie serait en activité) et de la société aérodynamique Eiffel, et notamment de son actuel conservateur, M. Peter, entré comme ingénieur dans la société en 1959. Connu pour la très célèbre tour qui porte son nom, l'ingénieur Gustave Eiffel fut également un pionnier des techniques d'expérimentation dans l'aéronautique.

Remarquablement conservé, le laboratoire inauguré en 1912 est toujours en activité. Eiffel le dirigea jusqu'en 1920, utilisant des modèles réduits d'aéroplanes pour définir les premières données scientifiques de l'aviation naissante. Outre les essais pour l'aéronautique, le laboratoire aérodynamique Eiffel diversifia et développa les activités en ouvrant ses installations techniques à l'industrie automobile ainsi qu'au bâtiment. C'est dans cet atelier que furent ainsi testées les maquettes de la Citroën ZX du Paris-Dakar, celle du stade de football d'Amiens, ou encore celle du CNIT à La Défense.

Le laboratoire est composé d'un vaste hangar et de quelques ateliers pour construire les modèles, piloter la soufflerie et mesurer les résultats.

Le bâtiment possédait à l'origine deux souffleries. La plus petite (1 mètre de diamètre) fut démontée en 1933, mais l'autre (2 mètres de diamètre) fonctionne depuis plus de 90 ans et continue de soumettre à ses vents de 100 km/h les maquettes des industriels qui souhaitent tester la résistance et le comportement de leurs projets.

Si aucune maquette n'est en cours de test le jour de votre visite, profitez-en et demandez à soumettre votre corps aux vents de la soufflerie, l'expérience est spectaculaire. De jolies maquettes en bois de voitures de course, d'aéroplanes ou de la soufflerie, sont également disposées dans le hangar ainsi que le fameux appareil de chute qui permettait à l'ingénieur de mesurer la résistance de l'air en laissant tomber un objet du haut de sa tour.

VILLA MULHOUSE

②

Des logements ouvriers très recherchés

Villas Dietz-Monin, Émile Meyer, Cheysson
Située entre la rue Parent-de-Rosan et la rue Claude Lorrain
Entrée par le 84 et le 86, rue Boileau
Métro Exelmans

Si les maisons qui composent ce remarquable ensemble de rues campagnardes sont aujourd'hui difficilement abordables, il n'en a pas toujours été ainsi : Émile Cheysson (1836-1910), inspecteur général des Ponts et Chaussées, publia des centaines d'articles et brochures sur les problèmes du logement populaire. Militant social engagé, il est à l'origine de cette villa lotie au début du siècle dernier pour des ouvriers.

AUX ALENTOURS

Hameau Boileau, Villa Molitor, Villa de la Réunion ③

38, rue Boileau - 7, rue Molitor - 29, rue Chardon-Lagache

Dans un mouchoir de poche du XVIe sud sont regroupées plusieurs petites impasses, voies privées ou villas dont les maisons font rêver les promeneurs et les riches investisseurs immobiliers en quête de calme. Généralement fermés par une grille et surveillés de près par des gardiens soucieux de préserver la quiétude des résidents (un chanteur célèbre, un opticien qui a fait fortune...), le hameau Boileau, la villa Molitor et la villa de la Réunion révéleront (à travers leurs grilles pour les moins chanceux...) leurs maisons et hôtels particuliers noyés dans la verdure de leurs jardins privés.

Bas-reliefs du 16, rue Chardon-Lagache ④

Édifié par Jean Hillard en 1934, l'immeuble Art déco du 16, rue Chardon-Lagache possède deux jolis ensembles de bas-reliefs souvent ignorés même des habitants.

Conçus par le sculpteur Georges Maxime Chiquet, élève de Bouchard, dont le musée n'est pas loin, ils représentent sur quatre étages de hauteur les travaux de la vigne et des champs.

Villa Sommeiller ⑤

149, boulevard Murat et 45, rue Claude Terrasse

Non loin des boulevards des Maréchaux, la méconnue villa Sommeiller, longue de 75 mètres, est l'une des charmantes impasses campagnardes du XVIe sud. Protégée par un digicode (mais on peut la voir à travers la grille), elle porte le nom de l'ingénieur Germain Sommeiller (1815-1871) qui fut à l'origine du tunnel du Mont-Cenis dans les Alpes.

APPARTEMENT DE LE CORBUSIER ⑥

Dans l'intimité du maître

24, rue Nungesser et Coli
01 42 88 41 53
reservation@fondationlecorbusier.fr
Sur rendez-vous le lundi et mercredi matin
Métro Michel-Ange Molitor ou Porte d'Auteuil

Coincé au milieu d'immeubles en pierre de taille, l'appartement du 24 rue Nungesser et Coli, tout en briques de verre, étonnera probablement le promeneur curieux. Aux 6e et 7e étages de cet immeuble se trouve l'appartement-atelier de Le Corbusier, conçu par le célèbre architecte avec l'aide de son cousin Pierre Jeanneret en 1933.

Le Corbusier y vécut de 1934 jusqu'à sa mort. Propriété de la Fondation Le Corbusier, l'appartement se visite aujourd'hui en petit comité et uniquement sur réservation. La visite n'est pas guidée mais l'étudiant en architecture qui vous reçoit répond aimablement à vos questions. Si vous êtes le seul visiteur, il vous proposera peut-être un café.

L'appartement est un duplex doté d'une remarquable double exposition. D'un côté, le regard survole tout Boulogne-Billancourt jusqu'au Mont-Valérien avec une vue sur le stade Roland-Garros. De l'autre, l'appartement surplombe le stade Jean Bouin et la Porte Molitor.

Dans ce nid d'aigle, les volumes, les enfilades et la lumière filtrée par des vitres polies favorisent la méditation et la créativité.

On y découvre l'atelier de l'architecte, son coin bureau, sa chambre avec sa drôle de douche tout en béton. Comme souvent avec Le Corbusier, les fenêtres sont posées en largeur. En haut, une chambre d'ami vous attend, agrémentée d'une originale terrasse couverte.

L'appartement est peu meublé mais la visite dans l'antre de l'un des architectes les plus innovants de la première moitié du XXe siècle vaut le détour. C'est un bon point de départ avant une balade à pied dans le Boulogne des années 1930 truffé d'hôtels et d'immeubles réalisés par de grands architectes.

AUX ALENTOURS

Église de Tous-les-Saints-de-la-Terre-Russe ⑦

19, rue Claude Lorrain – 01 45 27 24 82
Office tous les jours à 18 h
Métro Exelmans

Très discrètement installée au rez-de-chaussée d'un bâtiment en brique dont la porte d'entrée en bois surmontée d'une arcature en kokochnik est le seul élément russe qui la distingue, l'église de Tous-les-Saints-de-la-Terre-Russe n'est pas rattachée aux patriarcats de Moscou ou de Constantinople et dépend de l'Église russe Hors-Frontières. À quelques centaines de mètres seulement se trouve donc une autre église orthodoxe russe, l'église de l'Apparition-de-la-Vierge, au 87, boulevard Exelmans. Non loin également (les Russes blancs étaient assez aisés et aimaient le quartier), le 39, rue François Gérard abrite une église catholique russe de rite byzantin.

CASTEL BÉRANGER

8

« Le Castel dérangé »

14, rue La Fontaine
Métro Ranelagh ou Jasmin

Hector Guimard n'était pas encore reconnu pour son talent lorsqu'il se vit confier la conception et la construction d'un immeuble au cœur du village d'Auteuil. Belle intuition de la part de la propriétaire du terrain puisque l'immeuble construit entre 1897 et 1898 remporta le prix du concours de façade organisé par la Ville de Paris en 1899 et rendit immédiatement célèbre son architecte. L'édifice, un immeuble de rapport de 36 appartements, alliant pierres et briques rosées, bois, fonte et acier, grès vernissé et briques émaillées, est certainement le chef-d'œuvre de Guimard. L'architecte y appliqua les principes fondamentaux de l'Art nouveau et s'attacha également à réaliser toute la décoration intérieure, des meubles en passant par les tapis, les papiers peints et même les boutons de porte.

Malgré la stupeur du plus grand nombre qui eut vite fait de rebaptiser l'endroit « Castel dérangé », certaines grandes personnalités de l'époque, comme le peintre Paul Signac, ne s'y trompèrent pas en clamant le génie de Guimard et en choisissant de s'y installer.

Pour plus d'informations sur les autres constructions de Guimard et sur l'Art nouveau en général, voir double page suivante.

AUX ALENTOURS

45, rue Ribera (9)

Superbe bas-relief de l'architecte Boussard qui date de la fin du XIXe siècle. Non loin, rares cariatides assises au 1, rue de l'Yvette.

Hector Guimard

Né à Lyon en 1867, Hector Guimard est la référence française de l'Art nouveau. La trace la plus célèbre qu'il a laissée à la postérité sont les stations de métro qu'il a dessinées entre 1899 et 1904. Il en reste encore aujourd'hui 66 sur les quelque 380 qui ont existé. Les plus célèbres sont celles de la porte Dauphine et des Abbesses qui ont la particularité de posséder une superbe verrière. Le maître architecte a également laissé derrière lui de nombreuses maisons ou immeubles de style Art nouveau, dont la plupart sont aujourd'hui dans le XVIe arrondissement, où il habitait. Ses créations sont les suivantes :

Dans le XVIe arrondissement :
- Castel Béranger : 14, rue La Fontaine (1895/1898) (voir double page précédente)
- Ensemble des 17-19 et 21, rue La Fontaine, 8 et 10, rue Agar (1909-1911) et 43, rue Gros
- Hôtel Mezzara : 60, rue La Fontaine (1910)
- Hôtel Roszé : 34, rue Boileau (1891)
- Hôtel Jassedé : 41, rue Chardon-Lagache (1894)
- École du Sacré-Cœur : 1, avenue de la Frillière (1895)
- Immeuble Jassedé : 142, avenue de Versailles et 1, rue de Lancret (1903)
- Hôtel particulier : 3, square Jasmin (1921)
- Immeubles de rapport : 36-38, rue Greuze (1927-1928)
- Villa Flore : 120, avenue Mozart (1924/1926)
- Hôtel Guimard : 122, avenue Mozart (1909/1913)
- Hôtel Delfau : 1, rue Molitor (1894)
- 18, rue Henri-Heine (1930)
- 11, rue Francois-Millet (1909)
- Atelier de Carpeaux 39, boulevard Exelmans (1894) : œuvre précoce, sans référence à l'Art nouveau

Ailleurs à Paris et en France :
- Synagogue : 10, rue Pavée, Paris IVe, 1913 (voir p. 130)
- Villa La Hublotière (1896) : 72, route de Montesson, Le Vésinet (Yvelines)
- Maison Coilliot : 14, rue de Fleurus, Lille, 1898-1900
- Castel Val : 4, rue des Meulières, Auvers-sur-Oise, 1903
- Castel Orgeval : 2, avenue de la Mare-Tambour, Villemoisson-sur-Orge, 1904
- Chalet Blanc : 2, rue du Lycée, Sceaux, 1904
- Villa Hemsy : 3 rue de Crillon, Saint-Cloud, 1913

L'Art nouveau

Le terme Art nouveau trouve son origine dans la galerie d'art que le Hambourgeois Samuel Bing (1838-1905) ouvrit en 1895 à Paris qu'il appela « Art nouveau » où il exposa la plupart des futurs grands représentants de cette nouvelle forme d'art. Désignant aujourd'hui surtout le courant géométrique, le terme Jugendstil désignait initialement l'Art nouveau en Allemagne et Autriche. Il est dû à un éditeur allemand, Georg Hirth, qui lança en 1896 à Munich l'hebdomadaire satirique *Jugend*. Son style provocateur, sa typographie originale furent bientôt associés aux nombreuses nouveautés artistiques de l'époque. Le *Jugendstil* était né.

D'autres termes évoquent également l'Art nouveau en Europe : *Sezessionstil*, en Autriche, qui désigne le mouvement de la sécession viennoise fondé par G. Klimt en 1897 ; *Liberty Style* en Angleterre, qui provient de la boutique Liberty & Co, spécialisée à l'époque dans les tissus modernes ; *Modern Style* qui englobe les deux grandes tendances européennes. D'autres terminologies, plus populaires, telles que les appellations de style « nouille » ou « spaghetti » désignent toujours le même concept.

Plus qu'un simple courant artistique, l'Art nouveau se voulait une nouvelle manière de penser et de vivre, en rupture avec un modèle de société qu'il rejetait. Il visait à une libération du modèle d'exploitation du monde ouvrier, du rôle de l'Église et de la femme, dans la découverte d'un érotisme et d'une sensualité jusque-là interdits. Voir à ce sujet les très nombreuses représentations stylisées et sensuelles de têtes de femme sur les façades des maisons Art nouveau.

Ayant connu son âge d'or entre la fin du XIXe siècle et 1914, l'Art nouveau subit un coup d'arrêt à la Première Guerre mondiale. Dans l'impossibilité de construire à grande échelle et à peu de frais, l'architecture Art nouveau fut incapable de répondre aux besoins de la reconstruction de masse.

À Paris, si Hector Guimard est le chef de file incontesté de ce mouvement, d'autres architectes se sont fait connaître, comme Jules Lavirotte.

RUE MALLET-STEVENS

⑩

Un manifeste moderniste

Métro Ranelagh

Construite par Robert Mallet-Stevens à partir de 1926, cette cité moderne idéale est un véritable manifeste de l'architecture moderne composé de cinq hôtels particuliers. Au n° 12 se trouvent l'hôtel et l'agence de l'architecte, au n° 10, la maison-atelier des sculpteurs Joël et Jean Martel, au n° 8, l'hôtel particulier de la pianiste Mme Reifenberg, au n° 7, celui de Daniel Dreyfus et au 3/5, celui de Mme Allatini.

Au fond de la voie, au n° 1, se trouve la maison du gardien. Tous ces bâtiments sont caractérisés par des jeux de cubes blancs et lisses, des décrochés, des gradins, des tours, des jeux d'ouvertures, des auvents et des terrasses, selon l'idée que « l'architecte sculpte un bloc énorme : la maison » (Robert Mallet-Stevens). Les édifices de la rue sont protégés depuis 1975, mais cette décision n'est malheureusement intervenue qu'après la disparition du mobilier dessiné par l'architecte lui-même.

AUX ALENTOURS

Maison La Roche (11)

10, square du Docteur Blanche (entrée par le 55, rue du Docteur Blanche)
01 42 88 75 72
info@fondationlecorbusier.fr ; reservation@fondationlecorbusier.fr
Lundi de 13 h 30 à 18 h, de mardi à vendredi de 10 h à 12 h 30 et de 13 h 30 à 18 h, samedi de 10 h à 18 h (visite guidée en français le samedi à 11 h)

La visite de la Maison La Roche, siège de la fondation Le Corbusier, est un vrai plaisir d'esthète. Le cheminement à travers les volumes, les jeux de cloisons, les plates-formes, les passerelles et les plans inclinés permettront aux néophytes en architecture de mieux comprendre ce qui fit la renommée de l'architecte malgré les très nombreuses critiques, parfois justifiées, qui s'abattirent sur lui.

Architecture moderne dans le XVIe arrondissement

Outre les constructions Art nouveau de Guimard, le XVIe arrondissement, et plus particulièrement le quartier d'Auteuil, fut le lieu d'expérimentation de nombreux architectes au début du XXe siècle. Au moment du rattachement à Paris des villages de Passy et d'Auteuil, Passy était déjà très construit. Auteuil, en revanche, n'avait que trois rues : les actuelles rue d'Auteuil, rue Molière et la rue La Fontaine, qui le reliaient à Passy. Il y avait de l'espace et de l'argent, et Guimard, Le Corbusier, Mallet-Stevens mais aussi Henri Sauvage (Studiobuilding au 65, rue La Fontaine), Ginsberg (42, avenue de Versailles) ou les frères Perret (25 bis, rue Franklin et 51-55, rue Raynouard où les deux frères habitèrent) laissèrent leur empreinte en réalisant plusieurs constructions qui font de cette partie de l'arrondissement un petit paradis architectural. Heureux soit le promeneur curieux, la plupart de ces édifices sont dans un périmètre assez concentré.

VILLA BEAUSÉJOUR

⑫

Une isba russe à Paris

7, boulevard de Beauséjour
Grille de la villa fermée par un interphone : demander l'autorisation à un habitant de jeter un coup d'œil
Métro La Muette

La villa Beauséjour, malgré son appellation très française, est en réalité un minuscule village constitué d'isbas en bois (dont un relais de poste typique). Issues de l'Exposition universelle de 1867, les isbas furent remontées au cœur du XVIe arrondissement. Seule l'une des quatre isbas vient directement de Russie, les autres ont été construites à Paris selon les plans de la commission russe de l'Exposition. Ces pavillons, toujours habités aujourd'hui, sont désormais classés à l'inventaire supplémentaire des Monuments Historiques.

La Russie à Paris

Attirés par la liberté d'expression et la culture, les Russes, encouragés par la politique d'ouverture menée par Pierre le Grand (1672-1725), commencèrent à voyager véritablement en France à partir du XVIIIe siècle, même si en août 1790, Catherine II prononça un oukase pour éviter la propagation des idées révolutionnaires françaises. De 1814 à 1817, des soldats russes occupèrent la capitale (ce fut à cette occasion que le mot *bistro* - « vite » en russe - aurait été créé : les soldats demandaient un verre qu'ils voulaient boire rapidement) et les échanges reprirent. La révolution bolchévique de 1917 provoqua la fuite de nombreux Russes (dits « blancs », en opposition aux communistes « rouges ») et c'est la France qui, en Occident, accueillit le plus de Russes, particulièrement dans les XVe et XVIe arrondissements de la capitale.

Paris accueillit environ la moitié de tous les Russes réfugiés en France. Souhaitant préserver leur culture et leurs rites, ceux-ci fondèrent rapidement de nombreuses paroisses (principalement orthodoxes) qui émaillent aujourd'hui ces deux quartiers. Voici les lieux de culte russes présents dans la capitale :

Église de la Présentation-de-la-Vierge. 91, rue Olivier de Serres (XVe). Dissimulée derrière un pâté de maisons, l'église présente un intérêt architectural assez faible. Offices le samedi à 18 h et le dimanche à 10 h 30. Patriarcat œcuménique de Constantinople.

Église des Trois-Saints-Hiérarques. 5, rue Pétel (XVe). Patriarcat de Moscou.

Église de Tous-les-Saints-de-la-Terre-Russe. 19, rue Claude Lorrain (XVIe). Église russe Hors-Frontières (voir p. 433).

Église de l'Apparition-de-la-Vierge. 87, boulevard Exelmans (XVIe). Patriarcat œcuménique de Constantinople.

Église de la Sainte-Trinité. 39, rue François Gérard (XVIe). Église catholique de rite byzantin.

Église Saint-Séraphin-de-Sarov. 91, rue Lecourbe (XVe) (voir p. 421). Patriarcat œcuménique de Constantinople. 7, rue Georges Bizet.

Cathédrale Alexandre Nevski. 12, rue Daru (VIIIe) (voir p. 280). Patriarcat œcuménique de Constantinople.

Église Saint-Serge. 93, rue de Crimée. (XIXe) (voir p. 507). Patriarcat œcuménique de Constantinople.

Signalons également : **Musée Zadkine.** 100 bis, rue d'Assas (VIe)(voir p. 181).

Conservatoire Rachmaninov et cantine russe. 26, avenue de New-York (XVIe).

STÈLE DU DÉCOLLAGE DE PILÂTRE DE ROZIER

13

Souvenir du premier vol humain

Place de Colombie

C'est du parc de l'ancien château de la Muette (voir ci-contre) que Pilâtre de Rozier (1754-1785) et le marquis d'Arlandes décollèrent le 21 novembre 1783 avec leur ballon pour se poser 26 minutes plus tard à la Butte-aux-Cailles, signant là le premier vol humain de l'histoire, comme le rappelle une stèle située place de Colombie.

Le premier vol habité avec des animaux (un coq, un canard et un mouton) eut lieu le 19 septembre à Versailles, devant le roi, suivi du premier vol humain le 19 octobre à la Folie Titon (actuel XIe arrondissement) mais le ballon était resté relié au sol par une corde (vol captif). Pilâtre de Rozier mourut le 15 juin 1785 en voulant traverser la Manche en ballon.

Pourquoi le RER C fait-il une boucle autour du jardin du Ranelagh ?

Si l'on regarde attentivement le plan du métro parisien, on se rend compte que, curieusement, le trajet du RER C (qui utilise les rails de l'ancienne Petite Ceinture) fait un coude au moment d'aborder l'emplacement actuel du jardin du Ranelagh.

Ce jardin occupe en effet l'emplacement de l'ancien parc du château de la Muette (dont il reste une partie des bâtiments au 2, rue André-Pascal, siège de l'OCDE) qui était une ancienne demeure royale : ancien relais de chasse des rois, le domaine fut transformé par Charles IX en un petit château qu'il offrit à Marguerite de Valois (la reine Margot) à l'occasion de son mariage avec le futur Henri IV. En 1606, celle-ci en fit don au futur Louis XIII. Occupé par la suite par Louis XV puis Marie-Antoinette, qui y passa sa dernière nuit avant son mariage avec Louis XVI.

Ouverte par tronçons entre 1852 et 1869, l'ancienne ligne de chemin de fer de la Petite Ceinture faisait le tour de Paris (32 kilomètres de longueur) à l'intérieur des boulevards des Maréchaux. Son parcours et ses voies existent toujours aujourd'hui mais la plupart des voies sont désaffectées (seule une partie est réutilisée pour le RER C). C'est ainsi qu'à sa construction la ligne contourna le superbe domaine au riche passé royal.

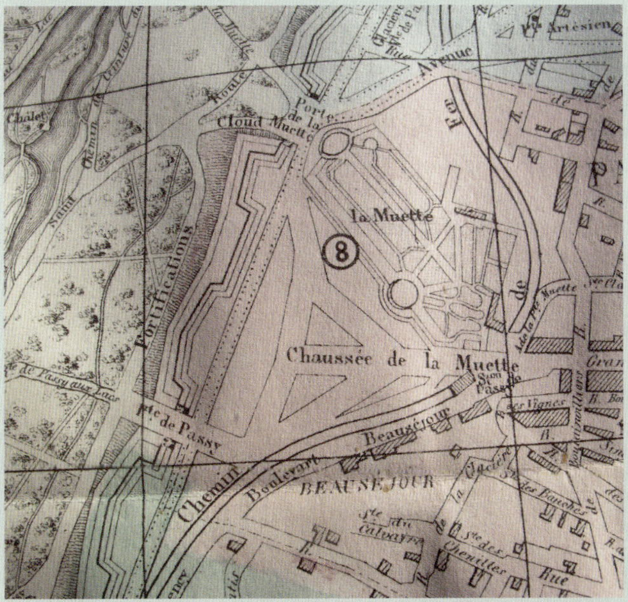

LES DEUX ENTRÉES DE LA MAISON DE BALZAC

⑭

« J'apporte des dentelles de Belgique »

47, rue Raynouard
01 55 74 41 80
Tous les jours sauf lundi et jours fériés de 10 h à 18 h
Visite gratuite des expositions permanentes
Métro Passy

Aujourd'hui reconvertie en musée, la maison où vécut Honoré Balzac de 1840 à 1847 avait l'immense avantage de lui servir de refuge contre ses créanciers. Le lieu possédait de façon très opportune deux entrées différentes : l'une sur la rue Raynouard et l'autre sur la rue Berton, en contrebas. Il n'ouvrait ainsi sa porte qu'aux visiteurs qui connaissaient le mot de passe dont l'un des plus célèbres est : « J'apporte des dentelles de Belgique. » Aujourd'hui, le lieu vaut surtout pour cette anecdote et pour son charmant jardin. Le musée regroupe des manuscrits, des éditions originales, différentes représentations de l'écrivain par des artistes de l'époque mais malheureusement peu d'objets personnels ; ceux-ci ont été dispersés par sa veuve après la mort de l'écrivain. Plus que les collections elles-mêmes, c'est l'ambiance un peu désuète de la maison qui la rend attachante. On accordera une attention particulière au grand et intéressant (pour ceux qui ont lu l'œuvre de Balzac) tableau généalogique des personnages de la *Comédie humaine*, qu'il rédigea ici même.

AUX ALENTOURS

L'obélisque de Benjamin Franklin

⑮

66, rue Raynouard, à l'angle de la rue Singer

Imposant et pourtant peu connu de beaucoup d'habitants du quartier, un bas-relief en forme d'obélisque est fixé sur le mur du 66, rue Raynouard, à l'angle de la rue Singer. Il rappelle le lieu où B. Franklin installa le premier paratonnerre en France : c'est dans les jardins de l'ancien Hôtel de Valentinois (détruit), qu'il occupait lors de ses séjours parisiens, qu'il fit ériger l'objet qu'il inventa en 1756. Ambassadeur du Congrès américain en France, B. Franklin fut aussi l'un des rédacteurs de la Déclaration d'indépendance américaine. Dans le quartier, le collège Saint-Louis-de-Gonzague est plus connu sous le nom de « Franklin » et un peu plus loin, rue Franklin, à l'angle de l'avenue Paul Doumer, on trouve également sa statue.

LES VERRES INSOLITES DU MUSÉE DU VIN

(16)

Un musée du vin... rue des eaux

Rue des Eaux et 5, square Charles Dickens
01 45 25 63 26
museeduvinparis.com
info@museeduvinparis.com
Tous les jours sauf le lundi de 10 h à 18 h
Restaurant du mardi au samedi de 12 h à 15 h
Métro Passy

Ouvert en 1984 par la confrérie bachique des Échansons de France, le musée du Vin est installé à une adresse plutôt cocasse pour le lieu : la bien nommée rue des Eaux ! Le lieu doit son existence à un dédale de galeries exploitées aux XVIe et XVIIe siècles par les frères du couvent des Minimes de Passy qui y produisaient déjà un petit vin blanc. Chassés par la Révolution, ces derniers abandonnèrent le lieu à son sort obscur jusqu'à son rachat il y a une vingtaine d'années. Aujourd'hui, on découvre dans les niches aménagées tous les outils se rapportant aux travaux de la vigne, à l'élaboration du vin mais aussi à sa dégustation (certains objets ne manquent ainsi pas d'humour comme les pichets pour gaucher ou les verres impossibles à renverser). La visite se termine par la dégustation d'un verre de vin compris dans le tarif d'entrée. Ceux à qui cela aurait ouvert l'appétit pourront aussi se restaurer à l'heure du déjeuner (sauf le lundi).

AUX ALENTOURS

Hameau de Passy

(17)

48, rue de Passy • Métro Passy

Petit passage à l'ambiance campagnarde qui permet de rejoindre la rue Vital directement de la rue de Passy en passant derrière les immeubles.

LA TOUR DE LA RUE DE LA TOUR ⑱

Un vestige caché qui donna son nom à la rue

88, rue de la Tour
Métro Rue de la Pompe

La rue de la Tour doit son nom, de façon méconnue même des habitants, à une tour qui existe toujours : elle se trouve dans la cour du 88, rue de la Tour, et est visible en se positionnant à l'angle de la rue Desbordes-Valmore et de la rue de la Tour.

Selon certains, la tour faisait partie de l'ancien château de la Tour qui aurait appartenu en 1305 à l'échanson (voir ci-dessous) de Philippe le Bel. Elle aurait ensuite servi de prison puis fut surmontée d'un moulin, ce qui donna son nom initial à la rue : celui de rue du Moulin-de-la-Tour. La tour a été restaurée sous le premier Empire puis en 1897.

Elle fait partie actuellement d'un institut de jeunes filles tenu par des sœurs de Sainte-Clotilde.

L'échanson était l'officier chargé de servir à boire à un souverain ou à un personnage de haut rang : en raison de la crainte permanente d'empoisonnements, l'échanson devait être de toute confiance et devait parfois goûter le vin avant de le servir.

AUX ALENTOURS

Impasse du 70, rue de la Tour (19)

Charmante petite impasse pavée entourée de maisons avec jardins.

Le principe des puits artésiens

Les puis artésiens sont des puits desquels l'eau jaillit spontanément, contrairement à un puits traditionnel, où l'eau reste stagnante, au fond du puits. L'origine du mot vient des moines de l'abbaye de Lillers, en Artois, qui ont été les premiers à mettre en évidence ce phénomène. Celui-ci se produit quand, selon un principe similaire à celui des vases communicants, et dans une disposition géologique particulière, le point de sortie du puits est situé sous une ligne, dénommée techniquement ligne piézométrique.
Cette ligne correspond en fait au point d'affleurement le plus élevé de la nappe d'eau dont provient l'eau du puits (voir schéma).

SCHÉMA DE FONCTIONNEMENT DU PUITS ARTÉSIEN

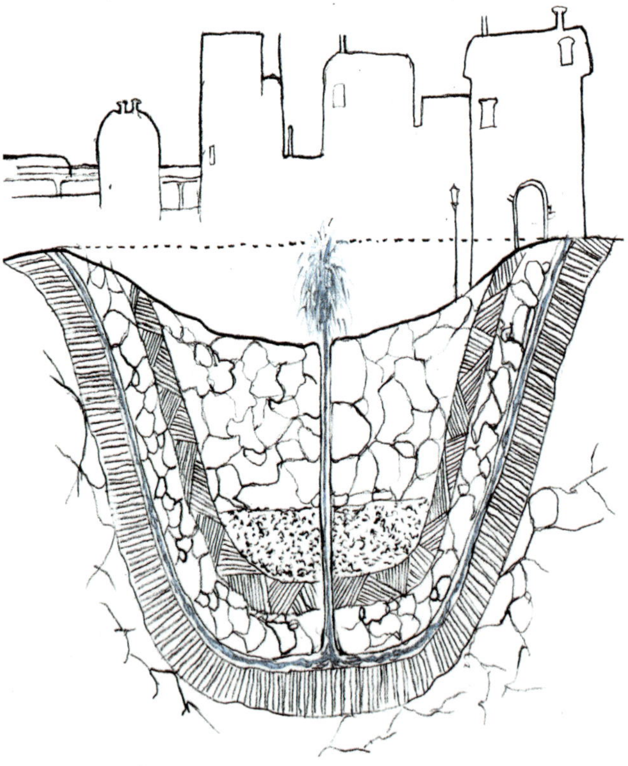

PUITS ARTÉSIEN

⑳

Le dernier puits artésien de Paris

Square Lamartine

Commencé en 1855 et inauguré en 1866, le puits de Passy est le dernier puits artésien parisien en activité. Foré à une profondeur de 587 mètres, sa mission était ambitieuse : il s'agissait non seulement d'approvisionner les riverains, mais aussi d'assurer l'irrigation complète du bois de Boulogne et même d'en remplir les deux lacs ! Aujourd'hui, le

goût ferrugineux de son eau est tout simplement dû au fait que le puits utilise des canalisations en fer. L'eau est néanmoins analysée très régulièrement et n'est pas dangereuse pour la santé. Son débit a considérablement diminué depuis le XIXᵉ siècle puisqu'il est passé de 25 000 à 350 mètres cubes...

Les puits artésiens à Paris

Après l'épidémie de choléra qui frappa la capitale en 1832, la ville chercha à alimenter ses habitants en eau non contaminée. L'une des solutions imaginées fut de forer des puits artésiens qui allaient chercher l'eau à une grande profondeur (plus de 500 mètres) et étaient ainsi moins vulnérables à la contamination bactérienne.

Cinq puits furent ainsi creusés : le premier fut le **puits de Grenelle** dont la sortie est située sur la place Georges Mulot, qui porte le nom de l'entrepreneur qui en fut à l'origine.

Le **puits de Passy**, foré en 1866 et profond de 587 mètres est aujourd'hui situé au square Lamartine, dans le XVIᵉ arrondissement.

Le **puits Hébert** (place Hébert, dans le XVIIIᵉ) fut foré entre 1863 et 1891 et rebouché en 2004.

Le **puits de la Butte-aux-Cailles** (rue Bobillot, dans le XIIIᵉ), est un puits d'eau chaude, profond de 678 mètres, foré entre 1863 et 1904 et rebouché en 2002. Il n'alimente donc plus, contrairement à certaines croyances, la piscine de la Butte-aux-Cailles.

Le **puits Blomet**, enfin, dans le XVᵉ arrondissement, fut achevé en 1929 et est profond de 587 mètres.

D'autres puits privés ont été également forés : celui de la **raffinerie Say** creusé en 1869 et celui de la **Maison de la Radio** en 1956.

Aujourd'hui, le puits de Passy est le dernier en activité : la nappe phréatique est la même pour tous les puits et l'ouverture d'un nouveau puits ferait immédiatement baisser la pression des autres.

ENTRÉE DE LA STATION PORTE DAUPHINE

21

Un manifeste moderniste

Entrée face au numéro 90 de l'avenue Foch
Métro Porte Dauphine

Créé par le maître de l'Art nouveau Hector Guimard, l'édicule d'entrée de la station Porte Dauphine (ligne nº 2 du métro) est un véritable chef-d'œuvre. Inaugurée le 13 décembre 1900, la station s'enorgueillit d'une verrière à double pente inversée, aux trémies arrondies soutenues par deux piliers, un à l'avant et un à l'arrière, et des panneaux de lave émaillée de couleur orange. Sa forme particulière, légère et aérienne, lui vaudra le surnom poétique de « libellule ».

AUX ALENTOURS

Un blockhaus au bois de Boulogne (22)

Tout près de la porte Dauphine, au 45, avenue du Maréchal Fayolle trône un blockhaus de la Seconde Guerre mondiale. Inconnu de la plupart des Parisiens, il abrite aujourd'hui un local scout.

HAUTS-RELIEFS AUTOMOBILES DE L'HÔTEL MERCEDES

23

Les cheveux au vent

9, rue de Presbourg
Métro Kleber

Connu à son époque sous le nom d'hôtel Mercedes, l'imposant édifice du 9, rue de Presbourg a été construit en 1905 dans un style Art nouveau assez discret par l'architecte Chedanne, prix de Rome en 1887.

Entièrement en pierre de taille, l'édifice comporte de superbes hauts-reliefs auxquels ont participé les sculpteurs Boutry, Sicard et Gasq. Entièrement consacrés au sport automobile, sport relativement neuf à l'époque, les hauts-reliefs donnaient ainsi à l'édifice, qui était un hôtel à sa construction, une image de modernité et de luxe, bien adaptée à son quartier.

On admire ainsi de nos jours les délicieux détails qui sont discrètement représentés : femmes conduisant les cheveux au vent, casque et lunettes pour conduire le visage au vent, homme réparant son automobile, visages décidés de conducteurs intrépides... Un petit moment de poésie.

L'ESCALIER DU SIÈGE DU CONSEIL ㉔ ÉCONOMIQUE ET SOCIAL

Un chef-d'œuvre en béton

Palais d'Iéna - Place d'Iéna
01 44 43 60 00
sed@lecese.fr
Visite gratuite sur rendez-vous
L'entrée se fait sur présentation d'une carte d'identité
Métro Iéna

Classé aux Monuments Historiques en 1993, le palais d'Iéna, qui héberge le Conseil économique et social depuis 1959, fut construit par l'architecte Auguste Perret (1854-1954).

Le palais fut initialement conçu pour héberger le musée des Travaux Publics (dans le cadre de l'Exposition de 1937) qui ouvrit ses portes en 1939 dans l'aile du côté de la place d'Iéna mais les ferma en 1954, faute de fréquentation.

Méconnu du grand public, il possède néanmoins un spectaculaire escalier intérieur qui justifie à lui seul de prendre rendez-vous pour le voir. Notez que, dans certains cas, il est parfois possible de rentrer sans rendez-vous dans le palais d'Iéna pour admirer l'escalier en le demandant aimablement à l'accueil.

Si l'escalier est en réalité assez massif, il surprend fortement par son apparente légèreté et semble même, grâce à un travail architectural très subtil, flotter dans le vide.

La très belle rampe de l'escalier est l'œuvre du maître ferronnier Raymond Subes qui est également le concepteur des spectaculaires réverbères télescopiques du pont du Carrousel (voir p. 259).

Auguste Perret est l'auteur de plusieurs autres bâtiments importants à Paris et en Province, dont le Mobilier National (XIIIe arrondissement) (1934-1936), l'immeuble du 25 bis, rue Benjamin Franklin (XVIe arrondissement), le théâtre des Champs-Élysées (VIIIe arrondissement), l'église Notre-Dame au Raincy, une partie du centre-ville du Havre ainsi que la tour Perret à Amiens.

LES MOSAÏQUES DU PALAIS D'IÉNA (25)

Symboles maçonniques cachés

Palais d'Iéna - Place d'Iéna
Métro Iéna

La Seconde Guerre mondiale ayant empêché leur réalisation, c'est en 1992 que la frise du palais d'Iéna fut ornée de onze mosaïques d'inspiration maçonnique créées par le mosaïste Guardigli, sur un dessin de Martial Raysse. On y voit le monde (des initiés), la pierre taillée (de la perfection), la pyramide (de l'initiation), la chaîne d'union (ou maillon spirituel qui unit entre eux tous les maçons du monde) et les étapes de la vie (initiatique) : grade d'apprenti (degré primaire), du compagnon (grade secondaire) et du maître (grade ternaire).

De façon intéressante, dans les brochures officielles, rien de tout cela n'est cité et les différentes mosaïques sont censées représenter les figures fondamentales (triangle, cercle, carré), les trois premiers chiffres (un, deux, trois), les valeurs essentielles de la République (liberté, égalité, fraternité) et les constantes de l'action (espoir et travail).

Le nombre 11 des mosaïques représente la Force et la Détermination, c'est aussi 5,5 + 5,5, nombre kabbalistique du 5e grade de Maître parfait, dont le symbole est l'étoile à cinq branches qui représente un homme, bras et jambes écartés, réceptif aux influences universelles des cinq éléments de la nature (éther, air, feu, eau, terre).

AUX ALENTOURS

Statue de Martial Raysse (26)

En face des mosaïques trône une curieuse double statue nommée *Sol et Colombe ou la naissance de la pensée*, dont l'auteur est également Martial Raysse. Officiellement, l'œuvre représente « l'image symbolique d'un de ces jeunes couples qui, à chaque nouvelle génération, animent par l'intermédiaire des différents corps de métier l'esprit de notre pays et en assurent la pérennité et la gloire ».

Toujours officiellement, on y voit un jeune homme portant le bâton de justice et la sphère de la connaissance, et une jeune fille, debout, qui, en montrant les bénéfices des mosaïques (voir ci-dessus), annonce l'avenir. Le tout repose sur un socle de galets blancs représentant une étoile à huit branches.

En pratique, cette sculpture est également éminemment maçonnique : les deux personnages sont encadrés des deux colonnes qui symbolisent celles de l'ancien temple de Salomon à Jérusalem (Joakin et Boaz), la femme symbolise Isis et l'homme Horus. Celui-ci regarde par ailleurs vers la statue de Washington, franc-maçon de haut grade, qui est située quelques mètres plus loin sur la place d'Iéna.

AUX ALENTOURS

Des vestiges de l'hôtel de ville et du palais des Tuileries dans les jardins du Trocadéro (27)

Dans la partie basse du jardin du Trocadéro, côté Passy, des vestiges de l'Hôtel de ville (construit par Dominique de Cortone sous François Ier) et du palais des Tuileries (conçu par Philibert Delorme pour Catherine de Médicis) ont été transportés après l'incendie de ces deux bâtiments par les communards en 1871.

Pour plus d'informations sur les vestiges de l'Hôtel de ville et des Tuileries, voir p. 277 et p. 279.

AUX ALENTOURS

Mona Bismarck American Center (28)

34, avenue de New-York
americancenterparis.org
Métro Iéna

Créée en 1986, le Mona Bismarck American Center est hébergé dans un très bel hôtel particulier qui est ouvert à la visite lors des fréquentes expositions qui y sont organisées. Celles-ci sont donc l'occasion d'admirer le riche intérieur du bâtiment : ne ratez pas le salon chinois avec ses magnifiques fresques ainsi qu'un très beau paravent en laque rouge. L'établissement, selon les vœux de sa fondatrice, américaine de naissance, a pour but d'encourager l'amitié et les échanges franco-américains.

Le jardin du panthéon bouddhique (29)

Annexe du musée Guimet - 19, avenue d'Iéna
guimet.fr
Tous les jours sauf le mardi de 10 h à 18 h
Dates des cérémonies du thé sur sur guimet.fr/activites-culturelles/adultes/la-voie-du-the

Depuis 1991, un petit jardin japonais égaie l'espace situé derrière le Panthéon bouddhique. Un pavillon de thé en bois accueille régulièrement des cérémonies du thé selon la tradition japonaise. Un exercice de raffinement à la limite de la spiritualité.

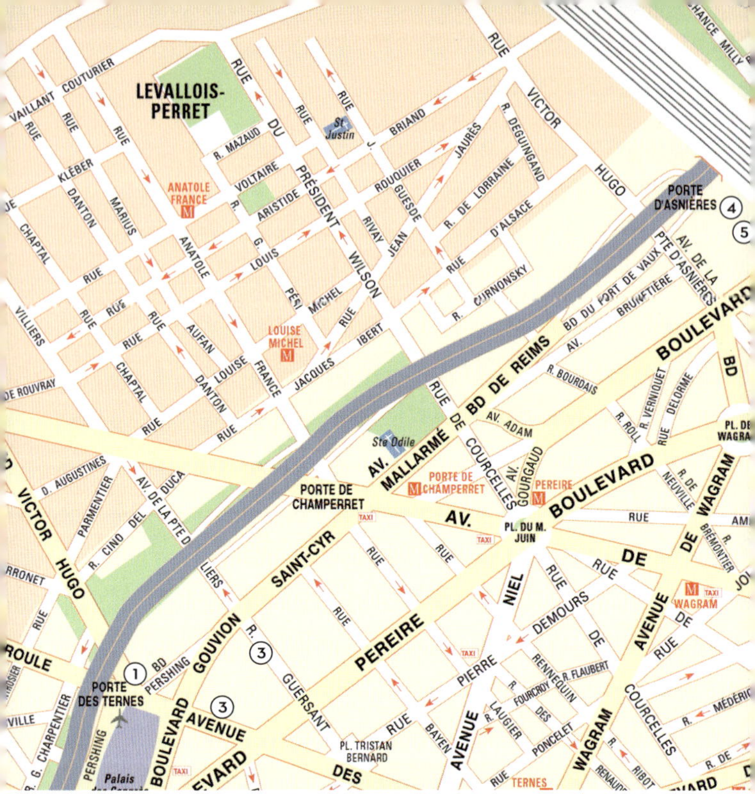

XVIIe Arrondissement

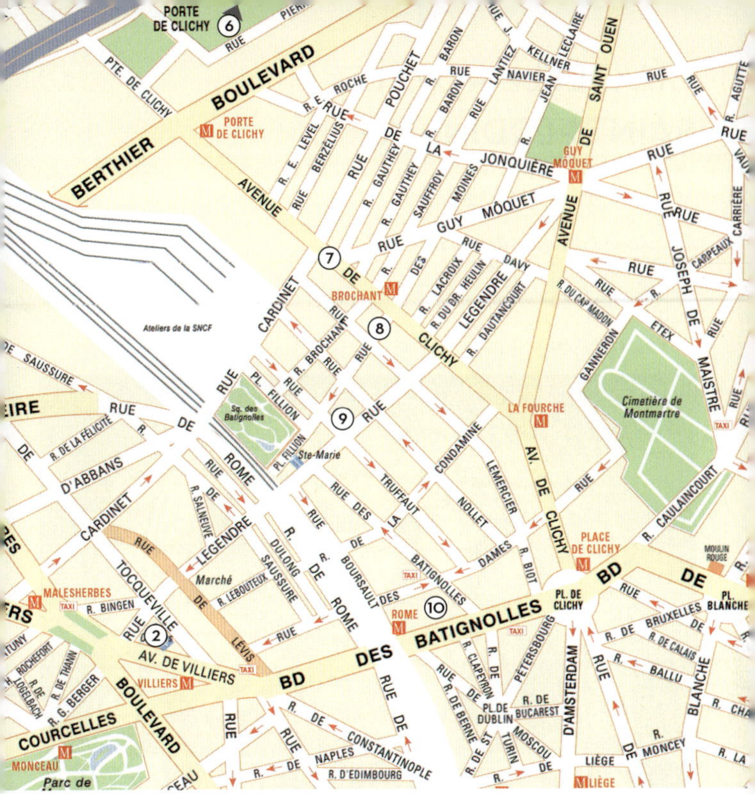
PORTE DE CLICHY
BOULEVARD BERTHIER
AVENUE DE CLICHY
AVENUE DE SAINT OUEN
RUE GUY MÔQUET
RUE DE LA JONQUIÈRE
Ateliers de la SNCF
Sq. des Batignolles
Cimetière de Montmartre
LA FOURCHE
BROCHANT
GUY MÔQUET
PLACE DE CLICHY
ROME
VILLIERS
MALESHERBES
MONCEAU
BD DES BATIGNOLLES
RUE DES DAMES
RUE DE ROME
RUE CARDINET
RUE LEGENDRE
RUE DE LÉVIS
AV. DE VILLIERS
BOULEVARD DE COURCELLES
RUE CAULAINCOURT
RUE D'AMSTERDAM
PL. DE CLICHY
PL. BLANCHE
MOULIN ROUGE
Marché
Ste-Marie
Parc de

CHAPELLE ROYALE SAINT-FERDINAND

①

Une chapelle voyageuse

2, boulevard d'Aurelle-de-Paladines
01 45 74 83 31
paroissecompassion.fr
Tous les jours de 9 h à 18 h
Métro ou RER Porte Maillot

Coincée entre le Périphérique et l'hôtel Concorde Lafayette, la chapelle royale Saint-Ferdinand (ou chapelle Notre-dame-de-la-Compassion) occupe un emplacement assez peu commun pour une église. Et pour cause : consacré en 1843, ce mausolée n'est tout simplement pas à sa place d'origine. Il fut initialement édifié sur le site du palais des Congrès en mémoire du duc d'Orléans Ferdinand-Philippe (fils aîné de Louis-Philippe), qui fut tué ici même en 1842, à 32 ans seulement : les chevaux de sa calèche s'étant emportés, il fut projeté violemment hors du véhicule.

Déplacée en 1968 à la construction du complexe du palais des Congrès et remontée pierre par pierre en deux ans à son emplacement actuel, la chapelle dénote un peu dans le paysage mais n'a pas tout perdu dans le déménagement : elle a gagné une crypte paroissiale dont on appréciera le plan en forme de croix grecque et le style éclectique. Œuvres des architectes Fontaine et Lefranc, ses vitraux ont été réalisés d'après des cartons d'Ingres.

Quand les saints prennent les visages de personnages réels...

Détail croustillant : les visages des saints qui sont représentés ont en fait été fortement inspirés des membres de la famille royale : on reconnaîtra, par exemple, le roi Louis-Philippe qui a pris les traits de son saint patron...

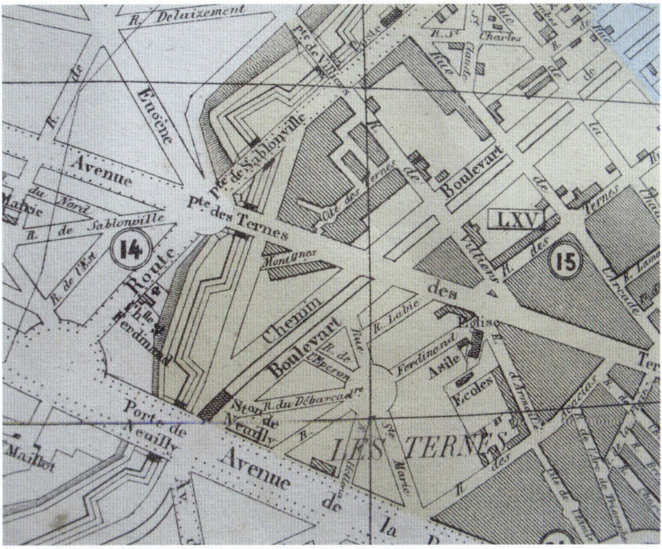

Plan de 1860 montrant l'ancien emplacement de la chapelle

BIBLIOTHÈQUE DE LA RUE LEGENDRE

2

Une merveille oubliée

20, rue Legendre
Contacter l'association Concorde Les Amis de la Mission Catholique Polonaise au 01 55 35 32 23
Métro Malesherbes, Villiers ou Monceau

Au-dessus de l'ancien restaurant *Polonia* se cache une petite merveille qu'il est possible de visiter en contactant l'association Concorde : au quatrième étage de l'hôtel particulier, cette association polonaise, qui gère le lieu, a restauré en mai 2003 une sublime bibliothèque que les bénévoles vont feront volontiers découvrir. L'ascenseur est en panne et l'escalier est raide, mais vous ne le regretterez pas.

Parfaitement restaurée, cette salle qui a dû abriter un jour une ancienne chapelle aurait également hébergé une loge maçonnique. Aujourd'hui les livres ont disparu, mais il reste un superbe décor de style néogothique : boiseries, peintures, plafonds à caisson et une remarquable cheminée. Dans un coin, un piano attend son heure.

AUX ALENTOURS

Villa des Ternes ③

96, avenue des Ternes - 39, rue de Guersant
Métro Porte Maillot

Cette magnifique villa a la particularité de regrouper plusieurs petites avenues desservant de superbes propriétés privées très cossues entourées de jardins : avenue de la Chapelle, des Arts, Yves du Manoir, des Pavillons et avenue de Verzy. Dans cette dernière, au 11 bis, ainsi qu'au nº 13 de l'avenue Yves du Manoir, ont aussi été construits des logements sociaux, les habitants de la villa n'ayant pas réussi à faire annuler le permis de construire. Ces HLM de luxe présentent une architecture soignée puisque leurs architectes (B. Bourgade et M. Londinsky) ont donné à chaque appartement un petit air de maison individuelle par un jeu d'escaliers ouverts et de toits à deux pentes. Au n° 10 de la même avenue, l'architecte voulut ni plus ni moins copier le palais de Darius à Suse. Il en reste un haut-relief...

LA TOWER FLOWER DU JARDIN DES HAUTS-DE-MALESHERBES

④

Flower power

8, rue Stéphane Grappelli et 23, rue Albert Roussel
Métro Wagram (10 minutes à pied)

Ouverts en mars 2005 sur des friches ferroviaires de la gare Saint-Lazare, les jardins des Hauts-de-Malesherbes sont une étonnante création contemporaine qui marquera le visiteur. Coordonnés par le célèbre architecte Christian de Portzamparc, les travaux se signalent surtout par leur très surprenant immeuble végétal : baptisé Tower Flower (la tour-fleur), cette extraordinaire construction est une réalisation de l'architecte E. François et du botaniste P. Blanc. Partout sur la façade, les balcons sont envahis de gros bacs blancs remplis de plantes et d'arbustes qui donnent l'impression très réaliste que le bâtiment est une immense fleur.

P. Blanc est également le botaniste qui a réalisé, entre autres, le mur végétal du musée du quai Branly et celui de l'hôtel Pershing Hall.

Face à l'immeuble-fleur, le jardin débouche sur un pan de mur de l'ancienne enceinte de Thiers.

AUX ALENTOURS

Vestige d'un pan de mur de l'enceinte de Thiers (5)

Face à l'immeuble Tower Flower, le jardin débouche sur un pan de mur de l'ancienne enceinte de Thiers (voir p. 411).

Géographie des théâtres parisiens

De nombreux théâtres parisiens actuels sont situés côté nord des Grands Boulevards : théâtre des Bouffes-du-Nord, théâtre de l'Atelier, théâtre Hébertot, l'Européen, etc.

L'origine de leur emplacement de ce côté du boulevard est directement liée à l'existence du mur des fermiers généraux (dit mur d'octroi), qui est délimité grossièrement aujourd'hui par les lignes de métro aériennes n° 2 et n° 6 (voir p. 468). Au-delà de l'enceinte, les théâtres étaient considérés comme des théâtres de province.

Ils avaient ainsi le droit de jouer les pièces des autres théâtres 40 jours après leur première représentation. Aux portes de Paris, les théâtres étaient également presque assurés de pouvoir compter sur un public nombreux et pouvaient aussi choisir les meilleurs comédiens de province, pour lesquels le théâtre de banlieue était l'ultime étape avant de pouvoir se confronter à la scène parisienne.

De l'autre côté de Paris, et suivant le même principe, on trouve le théâtre du Ranelagh ou la Gaîté-Montparnasse.

Les enceintes de Paris

À des fins militaires ou commerciales, Paris s'est, au fur et à mesure de son histoire, entouré de sept enceintes successives. Certaines ont laissé des vestiges physiques, d'autres des traces dans l'organisation des rues, mais toutes ont marqué les esprits :

– Enceinte gallo-romaine (IVe siècle) (voir p. 115)
– Enceinte des Xe et XIe siècles (voir p. 137)
– Enceinte de Philippe Auguste (1190 1215) (voir p. 123)
– Enceinte de Charles V (1356-1420) (voir p. 70)
– Enceinte des Fossés Jaunes (1543-1640) (voir p. 70)
– Enceinte des Fermiers généraux (1785-1790) (voir ci-dessous)
– Enceinte de Thiers (1840) (voir p. 411)

La carte ci-dessous retrace leurs emplacements successifs

Le métro aérien : sur les traces de l'enceinte des Fermiers Généraux

Le tracé de l'enceinte des fermiers généraux est aujourd'hui emprunté presque intégralement par le trajet des lignes nos 2 et 6 du métro. Celui-ci est particulièrement visible lorsque le métro emprunte son trajet aérien, entre Barbès et Belleville (ligne no 2) et entre Pasteur et Passy (ligne no 6).

Les rotondes de Ledoux, des vestiges de l'enceinte des fermiers généraux (1785-1790)

Au XVIIIe siècle, les Parisiens étaient soumis à « l'octroi », un droit d'entrée sur les produits de consommation (boissons, vins, viande, paille, bois, etc.), alors que la campagne était soumise à la « taille » (impôt sur la terre). Avec le développement rapide de la ville et de ses faubourgs, les limites fiscales étaient devenues incertaines et la fraude généralisée. Sur proposition de la « Ferme générale » à qui était concédée la collecte de l'impôt, Louis XVI décida en 1785 d'entourer Paris d'un mur et d'ajuster les limites fiscales en intégrant certains faubourgs (Chaillot, Villiers, Charonne...). Il confia la réalisation de ce projet à son architecte, Nicolas Ledoux.

La nouvelle enceinte, longue de 24 kilomètres, comprenait 3400 hectares et 600 000 habitants et était la sixième à être construite à Paris. Elle était composée d'un mur de 3 mètres de hauteur et de un mètre d'épaisseur, d'un chemin de ronde intérieur de 12 mètres de large et d'une zone de 100 mètres de large, à l'extérieur, interdite à la construction, dont un boulevard de 30 mètres planté d'arbres.

La perception de l'impôt était effectuée dans 55 « barrières » d'entrée, dont 24 incluaient les logements du receveur et des contrôleurs.

Nicolas Ledoux conçut une architecture « à l'antique » d'une grande richesse, sans rapport avec l'objet de l'ouvrage. Ce luxe et le coût élevé des expropriations des terrains provoquèrent, dès 1787, d'énormes dépassements budgétaires. Malgré la Révolution et ses dégradations, le mur était achevé et totalement en service en 1790.

Les nombreuses et violentes réactions contre ce « mur murant Paris qui rend Paris murmurant » (Victor Hugo), accusé de tous les maux (en particulier, pour ses effets sur la circulation de l'air et la santé des habitants !) et incapable de supprimer la fraude (encore 20 %), conduisirent l'Assemblée nationale à décider la suppression de l'octroi et de la Ferme générale à compter du 1er mai 1791. En raison des problèmes de financement de la Ville de Paris, l'octroi fut toutefois rétabli dès 1798.

En 1860, sa perception fut déplacée aux portes des nouvelles fortifications de 1840 et les bâtiments à l'antique de Ledoux furent démolis, à l'exception des quatre qui subsistent encore aujourd'hui: les barrières de Chartres (au parc Monceau), de la Villette, du Trône (à la Nation) et d'Enfer (place Denfert-Rochereau).

Rotonde de la Villette

L'octroi ne fut définitivement supprimé qu'en 1943.

L'OCTAÈDRE ÉTOILÉ DE LA TOMBE D'ANDRÉ BRETON

⑥

Une ode à la femme, source de vie et de sagesse

Cimetière des Batignolles
31e division, 12e ligne, 18e sépulture, dalle située au milieu du carré
8, rue Saint-Just
Du 16 mars au 5 novembre de 8 h à 18 h ; du 6 novembre au 15 mars de 8 h à 17 h 30 ; le samedi à 8 h 30, le dimanche et les jours fériés à 9 h
Métro Porte de Clichy

Au cimetière des Batignolles, la tombe d'André Breton (1896-1966), poète et fondateur du surréalisme, est simplement décorée d'un curieux octaèdre étoilé et d'une courte épitaphe : « Je cherche l'or du temps », extraite de l'*Introduction au discours sur le peu de réalité*, un texte écrit en 1924.

Cet octaèdre rappelle un objet que Breton trouva en août 1966 à Domme en Dordogne, peu avant la fin de sa vie. Il y vit un lien avec le château hermétique étoilé de la banlieue de Prague qu'il mentionne dans son livre *L'Amour fou* : « A flanc d'abîme construit en pierre philosophale, s'ouvre le château étoilé ». L'étoile est un thème récurrent chez Breton qui, dans son livre *Arcane 17* (1944-1947), traitait de la carte du Tarot du même nom, appelée aussi « étoile », qui montre le Verseau au-dessus duquel figurent huit étoiles quasiment toutes à huit branches, comme l'octaèdre étoilé que trouva Breton.

Comme son autre œuvre *Prolégomènes à un troisième manifeste du surréalisme ou non, Arcane 17* représente, avec la Seconde Guerre mondiale en toile de fond, la recherche d'un nouveau mythe, celui de la célébration des femmes auxquelles Breton appelle à transmettre les gouvernements : le personnage du Verseau (Aquarius) montre une Vierge versant l'eau de la Vie universelle au-dessus de laquelle brille l'étoile des Philosophes, boussole de « l'or du temps » que cherche Breton sur sa tombe.

Si l'octaèdre étoilé rappelle ainsi la femme comme source de vie et de sagesse, il est aussi l'un des cinq solides de Platon ou solides parfaits (hexaèdre, icosaèdre, tétraèdre, octaèdre et dodécaèdre). Selon cette antique philosophie traditionnelle (voir double page suivante), l'octaèdre est en affinité avec l'élément Air et la planète Saturne, associée elle-même à Chronos, la divinité primordiale du temps dans les traditions orphiques : l'octaèdre est ainsi très judicieusement placé sur la tombe de Breton, le cimetière et la sépulture étant un parfait rappel du temps qui passe inéluctablement.

Breton afficha dans plusieurs ouvrages son attirance pour les œuvres hermétiques de l'alchimiste Fulcanelli, que ce soit dans le *Second manifeste du surréalisme* mais aussi dans les pièces *La lampe dans l'horloge* et *Fronton rouge*.

Pour plus d'informations sur l'origine et le sens des cinq solides de Platon, voir double page suivante.

Les cinq solides de base et la géométrie sacrée

La géométrie sacrée est une vision du monde selon laquelle les critères de base de l'existence sont perçus comme sacrés. En relation avec eux, on contemple le *Magnum Misterium* qu'est le *Grand Projet* de l'Univers, en apprenant ses lois, ses principes et les interrelations des formes. Ces formes universelles sont systématisées en un complexe géométrique où chaque figure possède son interprétation mathématique et philosophique et sont appliquées dans les projets d'architecture sacrée et d'art sacré, qui utilise toujours les « divines » proportions où l'Homme reflète l'Univers, et vice versa. Il est courant de penser que la géométrie sacrée et ses relations mathématiques, harmoniques et proportionnelles, se trouvent également dans la Musique, la Lumière et dans la Cosmologie. Ce système de valeurs a été découvert par les humains dès la préhistoire, dans la culture mégalithique et néolithique, et certains le considèrent comme une culture universelle de la condition humaine.

La géométrie sacrée est fondamentale pour la construction des structures sacrées, comme les synagogues, églises et mosquées et intervient également dans l'espace sacré intérieur des temples, tels les autels et les tabernacles. Héritage de la culture gréco-égyptienne exportée vers la Rome antique, elle s'est transmise jusqu'au Moyen Âge européen et a inspiré la création des architectures romane et gothique des cathédrales médiévales européennes, incorporant la géométrie au symbolisme sacré.

On dit que c'est Pythagore (Samos, vers 570 av. J.-C. - Métaponte, vers 497 av. J.-C.) qui a fondé le système de la géométrie sacrée dans son école de Crotone, en Grèce. Ce philosophe et mathématicien grec aurait ramené en Grèce ses connaissances acquises en Égypte et en Inde. C'est à partir du nombre d'or (1,618) appliqué aux formes géométriques des cinq solides de base que Pythagore a créé la méthode mathématique universellement connue comme géométrie pythagoricienne.

Pour créer les cinq solides (le tétraèdre ou pyramide, l'hexaèdre ou cube, l'octaèdre à huit faces, le dodécaèdre à douze faces et l'icosaèdre à vingt faces), sur lesquels Platon va ensuite philosopher, à tel point qu'on les a appelés les cinq solides de Platon, Pythagore s'est inspiré du mythe grec des jouets de l'enfant-dieu Dionysos : le panier, les dés, la toupie, la balle et le miroir. Sur le plan cosmique, le panier représente l'Univers ; les dés, les cinq solides de Platon exprimant les éléments naturels (éther, air, feu, eau, terre) ; la toupie est l'atome de la matière ; la balle, le globe terrestre ; et enfin le miroir reflète toute l'œuvre du Suprême Géomètre (Dionysos), la manifestation universelle de la Vie et de la Conscience, de Dieu vers l'Homme et vice versa.

Chacun des cinq solides de Platon représente aussi une énergie planétaire qui se relie par sa forme à un élément naturel. Ainsi le **dodécaèdre** est traditionnellement lié à **Vénus** et à la quintessence naturelle, l'**éther**, exprimé par le dôme du temple ; **l'octaèdre à Saturne et à l'air**, l'air étant indispensable à la vie dont le chiffre huit (*octo*) rappelle la résurrection ou création de la vie, représenté par la croisée du transept ; **le tétraèdre à Mars et au feu**, ses quatre faces étant considérées comme la forme la plus « pure », l'élément purificateur par excellence, le feu, lui-même symbolisé par les ouvertures du temple, d'où jaillit la lumière ; **l'icosaèdre à la Lune et à l'eau** qui établit l'harmonie des formes dans le dessin du temple, construisant les lignes de liaison entre autels et colonnes ; l'hexaèdre (ou cube) fixe le Soleil au sol, représente l'élément terre, le plus dense et par conséquent détermine le tracé de la base ou sol du temple.

Il y a deux formes d'Air (éther et brume), trois formes de Feu (lumière, flamme et braise), deux d'Eau (liquide et solide, la glace) et une de Terre : l'icosaèdre (eau), le tétraèdre (feu) et l'octaèdre (air) ayant tous des faces triangulaires, les particules de feu peuvent se transformer en eau et en air, et vice versa par une nouvelle combinaison des faces. Mais la terre, aux faces carrées, et le cinquième élément sont exempts de transformation en d'autres éléments, ils leur servent plutôt de matrices.

Platon hiérarchisa aussi ces éléments et c'est pourquoi la philosophie spirituelle interprète aussi les cinq solides comme des étapes initiatiques qui visent à transformer le profane en initié.

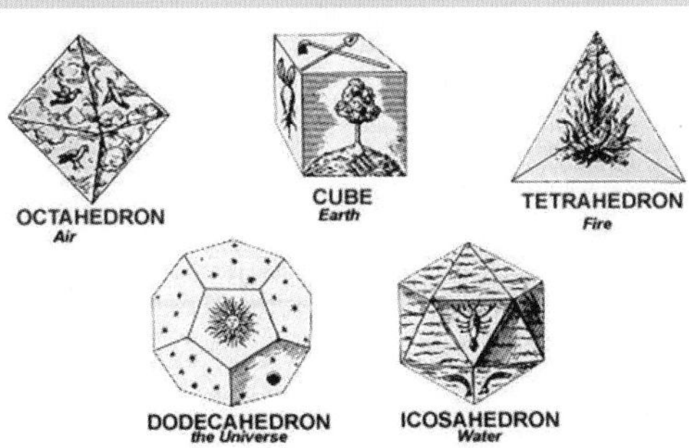

CITÉ DES FLEURS

7

À sa création, chaque propriétaire avait l'obligation de planter trois arbres à fleur

154, avenue de Clichy
59, rue de la Jonquières
Métro Brochant ou RER Porte de Clichy

Cette voie privée (ouverte néanmoins au public) est une sublime oasis de verdure qui a survécu dans Paris. À sa création en 1847, chaque propriétaire avait l'obligation de planter trois arbres à fleur dans son jardin. Depuis, les arbres ont bien poussé et il est fort agréable de longer cet ensemble de pavillons à l'architecture hétéroclite et à l'atmosphère champêtre à deux pas du quartier animé et populaire de l'avenue de Clichy.

AUX ALENTOURS

Cour Saint-Pierre et Cité Lemercier ⑧

47, avenue de Clichy et 28, rue Lemercier
Métro La Fourche

Ces deux voies privées, ouvertes aux promeneurs, ont en commun leur ambiance provinciale tout à fait hors du temps. La cour Saint-Pierre est lotie de petits immeubles de deux étages parfaitement alignés de part et d'autre de la rue pavée et amoureusement fleuris par les locataires, tandis que la cité Lemercier est composée de maisons particulières dotées pour chacune d'un jardin : Jacques Brel lui-même a succombé au charme de cette allée privée puisqu'il y résida quelque temps, à l'hôtel du Chalet.

Square Nicolay ⑨

77 bis, rue Legendre

Square privé qui possède un très agréable jardin intérieur que l'on aperçoit à travers la grille. Il donne de l'autre côté sur la rue des Moines.

Musée maçonnique ⑩

8, rue de Puteaux
01 53 42 41 41 ; gldf.org
Visite guidée du musée et des locaux le 3ᵉ mercredi de chaque mois à 15 h, sur inscription ; visites de groupes (maximum 15 personnes), sur rendez-vous
Entrée gratuite
Métro Rome

Pour une initiation à la franc-maçonnerie. Possibilité de voir deux temples et la bibliothèque où sont regoupés plus de 100 000 ouvrages sur la franc-maçonnerie, l'ésotérisme et les phénomènes paranormaux.

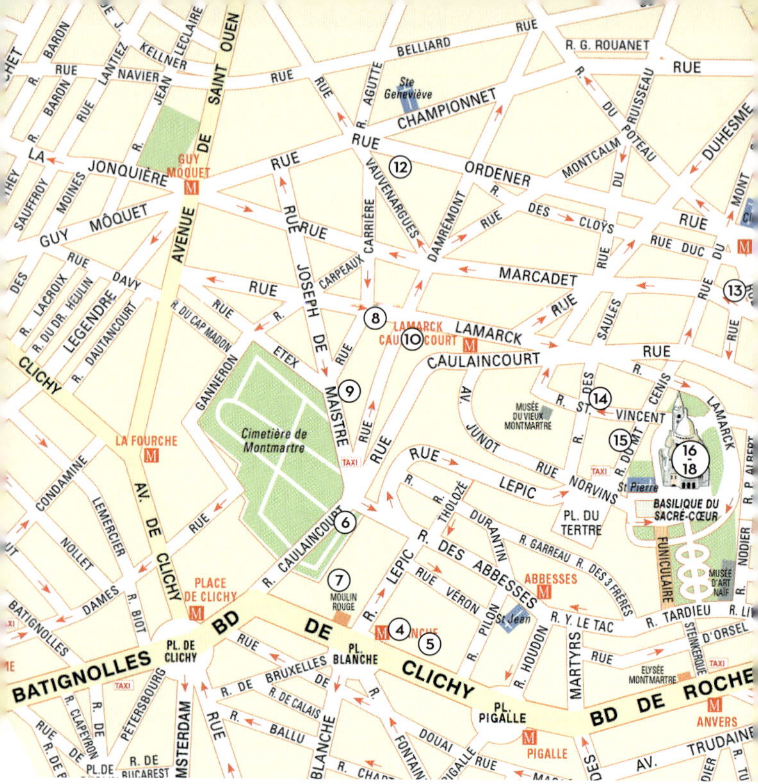

XVIIIe Arrondissement

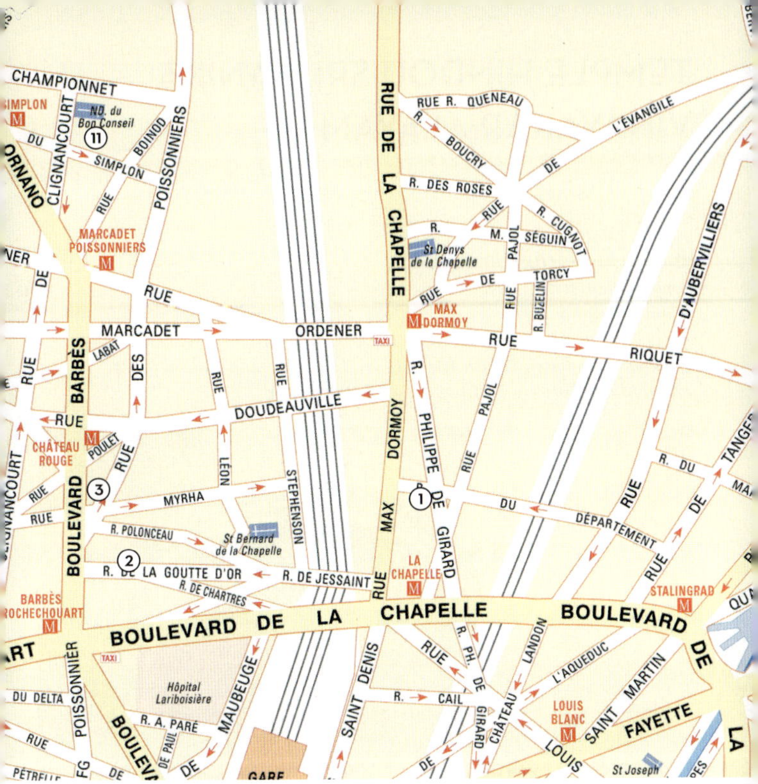
CHAMPIONNET
SIMPLON
N.D. du Bon Conseil
11
DU SIMPLON
CLIGNANCOURT
ORNANO
BOINOD
RUE POISSONNIERS
MARCADET POISSONNIERS
RUE DE LA CHAPELLE
RUE R. QUENEAU
R. BOUCRY
L'ÉVANGILE
DE
R. DES ROSES
RUE
R. CUGNOT
R. M. SÉGUIN
PAJOL
St Denys de la Chapelle
RUE DE TORCY
R. BUZELIN
RUE
MAX DORMOY
RUE MARCADET
ORDENER
TAXI
RUE RIQUET
D'AUBERVILLIERS
RUE BARBÈS
LABAT
RUE DES
RUE
RUE
R. PHILIPPE DE GIRARD
RUE PAJOL
RUE DOUDEAUVILLE
MAX DORMOY
CHÂTEAU ROUGE
POULET
RUE
LÉON
STEPHENSON
1
2
3
MYRHA
RUE DU DÉPARTEMENT
R. DU
TANGER
RUE DE
BOULEVARD
R. POLONCEAU
St Bernard de la Chapelle
R. DE LA GOUTTE D'OR
R. DE JESSAINT
R. DE CHARTRES
LA CHAPELLE
STALINGRAD
BARBÈS ROCHECHOUART
BOULEVARD DE LA CHAPELLE
BOULEVARD DE LA
QUAI
TAXI
Hôpital Lariboisière
MAUBEUGE
RUE SAINT DENIS
RUE
R. PH. DE GIRARD
LANDON
L'AQUEDUC
SAINT MARTIN
R. CAIL
DU DELTA
POISSONNIER
R. A. PARÉ
DE PAUL
BOULEV
RUE
FG
DE
GARE
CHÂTEAU
LOUIS BLANC
FAYETTE
LOUIS
St Joseph

TEMPLE HINDOU SRI MANIKA VINAYAKAR ALAYAM

①

Un voyage parisien au cœur de l'hindouisme

17, rue Pajol
01 40 34 21 89 et 01 42 09 50 45
templeganesh.fr
srimanicka@yahoo.fr
Accès libre, de 8 h 30 à 17 h ; trois poojas par jour (10 h, 12 h, 19 h)
Cérémonie du bain (Abhishekam) les vendredis, samedis et dimanches
Métro Marx-Dormoy, La Chapelle ou Gare du Nord

Nul besoin de prendre l'avion pour voyager : à Paris, un simple ticket de métro suffira pour vous plonger dans les rituels extraordinairement riches et complexes de la religion hindoue. Le temple Sri Manika Vinayakar Alayam, consacré à Ganesh (dieu à tête d'éléphant, fils de Shiva) est le seul temple hindou de la capitale. Il est né en 1985 de la volonté d'un homme, M. Sanderasekaram. Celui-ci, à son arrivée, constata la souffrance de sa communauté déracinée et éparpillée (un peu plus de 100 000 personnes en France), dont le culte n'était plus pratiqué qu'au sein de chaque foyer devant un autel domestique. Comme les autres membres de sa famille (voir plus bas), M. Sanderasekaram fonda le temple Sri Manika Vinayakar Alayam, qui devint rapidement le point de ralliement de la communauté tamoule sri lankaise de Paris.

Le lieu est déjà devenu trop étroit pour accueillir tous les fidèles, mais vous serez néanmoins accueilli avec une gentillesse et une courtoisie extraordinaires. Un déjeuner végétarien est généreusement offert à chaque personne présente aux cérémonies du samedi et dimanche.

La famille Sanderasekaram est une vraie famille de bâtisseurs de temples : le père a fait construire une statue et un temple dédiés à Ganesh à Jaffna (nord du Sri Lanka), le frère à Londres et la nièce à Melbourne en Australie !

Le *pooja* est un rituel hindou que chaque fidèle exécute le matin à jeun après s'être baigné et habillé. Si ce rituel varie selon chacun, il inclut généralement la récitation d'un mantra particulier ainsi que des offrandes de nourriture et de boisson aux idoles et divinités choisies. Le rituel ***Abhishekam*** est fondé sur la cérémonie du bain : la statue de la divinité est déshabillée, arrosée d'eau puis de lait, de miel, d'eau de rose et de lait caillé afin de la purifier. Une fois rhabillée, on la recouvre de guirlande de fleurs tandis que les prêtres (*pujaris*) ne cessent de psalmodier des mantras.

AUX ALENTOURS

Villa Poissonnière ②

41, rue Polonceau et 42, rue de la Goutte-d'Or
Métro Château Rouge ou Barbès-Rochechouart

En plein milieu du quartier de la Goutte-d'Or, la villa Poissonnière, édifiée en 1840, est une jolie ruelle pavée et verdoyante bordée de maisonnettes et de jardins. L'entrée se fait par une porte cochère très discrète qui donne dans la rue de la Goutte-d'Or, l'autre entrée, rue Polonceau, étant le plus souvent fermée. La villa a été le dernier domicile d'Alain Bashung.

MAGASIN KATA

③

Un magasin de chaussures dans un ancien cinéma

34, boulevard Barbès et 9, rue des Poissonniers
Du lundi au samedi de 10 h 30 à 19 h
Métro Barbès-Rochechouart ou Château Rouge

Vu de l'extérieur, absolument rien ne pourrait faire penser que le magasin de chaussures Kata au 34, boulevard Barbès est hébergé depuis 1988 dans un très étonnant ancien cinéma au décor de théâtre. Construit en 1914, l'ancien Barbès Palace n'est pas aussi joli que le Louxor, non loin, à Barbès-Rochechouart, mais sa décoration de style Louis XVI a été préservée : la salle a gardé ses colonnes cannelées couronnées de chapiteaux ioniques et de masques et l'ancienne scène est toujours fermée par un rideau rouge, que domine une tête coiffée d'une lyre. Unique mais majeure différence avec ses débuts (en janvier 1922, on y projeta *L'Assommoir*), ce sont aujourd'hui des chaussures bas de gamme que l'on vient y acheter, dans un improbable choc des cultures et des époques.

Autre avantage du lieu : il peut servir de raccourci pour rejoindre le boulevard Barbès à partir de la rue des Poissonniers (ou vice versa), le magasin possédant deux entrées distinctes. Idéal pour semer les indésirables.

VILLA DES PLATANES

④

À l'ombre des platanes en fleur...

58, boulevard de Clichy
Métro Blanche ou Pigalle

Entre les peep-shows et les sex-shops, le boulevard de Clichy offre parfois de belles surprises : au n° 58, la villa des Platanes est une enclave de rêve malheureusement fermée par une grille en fer forgé. On peut néanmoins jeter un coup d'œil entre les barreaux et espérer la sortie d'un résident qui vous autoriserait à rentrer un instant.

Édifiée en 1896 par l'architecte Delœuvre, la villa est composée d'une succession de deux cours dans lesquelles on s'engage en passant sous un plafond à caissons. Dans la première, un bel escalier en spirale mène à une deuxième cour où se trouvent d'autres corps de bâtiments ainsi qu'un beau jardin isolé du monde.

AUX ALENTOURS

Cité du Midi ⑤

48, boulevard de Clichy

À deux pas de la villa des Platanes, un autre paradis perdu fait oublier le boulevard bruyant et ses échoppes. On peut encore y voir la façade en céramique blanche des anciens bains douches de Pigalle.

7, Impasse Marie Blanche ⑥

Entre la rue Cauchois (n° 19) et la rue Constance (n° 9), la charmante impasse Marie Blanche possède au n° 7 une demeure surprenante : construite en 1835, elle présente une façade rose de style médiéval avec sa tourelle à mâchicoulis et ses colombages.

La fondation des Jésuites à Montmartre

Le 15 août 1534, Ignace de Loyola accompagné de François Xavier et de cinq autres compagnons se rendirent à la chapelle du Martyrium, l'emplacement supposé du martyre de saint Denis.

Après la célébration d'une messe dans la crypte, au moment de la communion, ils prononcèrent un vœu de pauvreté, de chasteté et de mutuelle consécration au salut des âmes.

La compagnie de Jésus était née, elle deviendra célèbre sous le vocable de Jésuites.

La chapelle a été détruite à la Révolution puis reconstruite à son emplacement présumé, 11, rue Yvonne le Tac.

Les lustres de Cocteau

Ouvert en 1928, le cinéma *Studio 28* (10, rue Tholozé) est le plus ancien cinéma parisien en activité. Les lustres de la salle principale ont été dessinés par Jean Cocteau.

FOND'ACTION BORIS VIAN

⑦

Un moment chez Boris Vian...

6 bis, cité Véron
Contact : Nicole Bertolt, directrice et Christelle Gonzalo, documentaliste
Visites certains jeudis après-midi sur rendez-vous uniquement, par courrier

C'est Ursula Vian Kübler, seconde épouse de Boris Vian, qui trouve en 1953 pour elle et Boris cet appartement situé au 6 bis, cité Véron, derrière le Moulin-Rouge. L'endroit est exigu, composé d'anciennes loges de danseuses. Leurs voisins dès 1955 se nomment Jacques, Janine et Michèle Prévert, et leur chien Ergé.

Boris et Jacques, tous deux membres du Collège de « Pataphysique », accueillent sur la terrasse dite « des Trois Satrapes » (Boris Vian, Jacques Prévert, Ergé) les « pataphysiciens » pour des fêtes mémorables.

À la mort de Boris Vian en 1959, Ursula conserve l'appartement et continue d'y vivre et d'y travailler. Elle poursuit sa carrière de danseuse tout en gérant avec les éditeurs littéraires et musicaux les sociétés d'auteurs, les droits d'auteur et le patrimoine d'un Boris Vian dont la renommée, depuis sa mort brutale à la projection du film *J'irai cracher sur vos tombes* le 23 juin 1959, ne cesse de croître à partir de 1963, date à laquelle reparaît *L'Écume des jours*.

Près de 50 années plus tard, le lieu n'a presque pas changé, espace de vie tout autant que de travail. Ursula Vian Kübler a toujours tenu à ce qu'il en soit ainsi, refusant de « muséifier » un espace qui figerait Boris Vian dans une période donnée. L'appartement accueille aujourd'hui la Fond'action Boris Vian, association (sans membres) créée en 1981 qui se donne pour mission de « promouvoir et divulguer l'œuvre et l'esprit de Boris Vian, favoriser le développement des sciences et des arts contemporains, de la culture et de la recherche artistique, dans toutes leurs expressions présentes et à venir, selon la pensée universelle qui animait Boris Vian ».

En 25 années, la Fond'action a présenté des concerts, performances, expositions, a accueilli des cours à l'année et des stages dans sa galerie du rez-de-chaussée. Elle accueille de manière ponctuelle des groupes pour des discussions autour de Boris Vian, des chercheurs désireux de consulter les archives, des artistes cherchant à s'imprégner de l'esprit du lieu.

Pour les non-spécialistes il n'y a pas grand-chose à voir, si ce n'est la jolie vue de la terrasse sur l'arrière du Moulin-Rouge.

Pourquoi toutes les revues du Moulin-Rouge commencent-elles par un F ?

Imaginée par Jacki Clerico, la première revue du Moulin-Rouge se nommait *Frou-Frou*. Celle-ci ayant connu un grand succès, les autres revues, par superstition, prirent aussi le F comme première lettre de leur nom. On trouve ainsi *Femmes, Follement, Formidable* ou autre *Fascination*...

Céramiques du 43 bis, rue Damrémont ⑧

Entrée de l'immeuble accessible du lundi au vendredi de 9 h à 18 h 30
Fermé (digicode) le week-end et les jours fériés

Dans l'entrée de cet immeuble construit en 1910 par Coinchon, 12 adorables panneaux de faïence séparés par des colonnes de marbre représentent des enfants en train de jouer (corde à sauter, boules de neige, cerfs-volants...) avec en toile de fond la butte Montmartre. Ces mosaïques, signées pour la plupart par Francisque Poulbot, datent de 1910 et sont aujourd'hui inscrites aux Monuments Historiques.

AUX ALENTOURS

Les Fusains ⑨

22, rue de Tourlaque

Malheureusement fermée depuis quelques années par un digicode (des statues laissées dans le jardin intérieur ont été dérobées), la cité d'artistes des Fusains est l'une des plus belles de Paris. Les ateliers ont été récupérés à l'Exposition universelle de 1889 ct des artistes comme Renoir et Derain y ont vécu.

Céramiques du 59, rue Caulaincourt ⑩

L'entrée de cet immeuble privé possède de belles céramiques représentant des jeunes femmes au bord de la mer, dans les vignes et tenant un parapluie ou un arrosoir. Derrière l'entrée se trouve un agréable petit jardin intérieur.

PISCINE DES AMIRAUX

11

Une piscine dans une HLM en forme de pyramide

6, rue Hermann-Lachapelle et 13, rue des Amiraux
Horaires consultables sur internet :
paris.fr/equipements/piscine-des-amiraux-2944
Métro Simplon ou Marcadet-Poissonniers

À elle seule, la piscine des Amiraux incarne la mise en pratique de toute une thématique architecturale du début du XXe siècle fondée sur une conception « hygiéniste » du logement social. Construite à l'intérieur même d'un programme d'habitation destiné à la classe ouvrière et commandé par l'HBM (office d'Habitations à bon marché de la Ville de Paris), la piscine des Amiraux a été conçue par l'architecte Henri Sauvage. En imaginant un immeuble à gradins de sept étages, l'architecte, avec cette construction en pyramide, permettait à chaque logement de bénéficier d'une luminosité optimale et d'une terrasse-jardin. Pour occuper le centre de cette pyramide, l'architecte avait prévu en premier lieu une salle de cinéma, mais la Ville de Paris lui préféra une piscine. Le chantier commença en 1922, les premiers locataires s'installèrent en 1925 et la piscine fut inaugurée en 1930. Plusieurs fois rénovée et aujourd'hui classée, elle possède un bassin de 33 mètres sur 10 et deux étages de coursives regroupant les cabines individuelles. Les murs intérieurs et extérieurs sont recouverts de carreaux de céramiques blanches identiques à ceux du métro parisien qui contribuent à créer une ambiance « vieux Paris » et ajoutent à l'atmosphère conviviale de l'endroit. Le cinéaste Jean-Pierre Jeunet a succombé au charme rétro de la piscine des Amiraux puisqu'il y tourna une scène du film culte *Le Fabuleux destin d'Amélie Poulain*. Rue Vavin, dans le VIe arrondissement, Henri Sauvage a construit un autre immeuble à gradins selon le même principe.

Une messe en araméen, la langue du Christ

La mission chaldéenne de Paris (13-15, rue Pajol) célèbre tous les dimanches à 11 h une étonnante messe en araméen, qui fut la langue parlée par le Christ. Le rite chaldéen, catholique, est né en Turquie au XVIe siècle. Renseignements au 01 42 09 55 07.

AUX ALENTOURS

La plus grande cité d'artistes d'Europe ⑫

Montmartre aux artistes
187-189, rue Ordener

Avec ses 184 ateliers, Montmartre aux artistes est la plus grande cité d'artistes d'Europe. Conçue au début du XXe siècle par Louis Lejeune (1884-1969), Grand Prix de Rome de sculpture en 1911, la cité a accueilli ses premiers habitants en 1933 alors qu'elle était loin d'être terminée. L'accès entre les ateliers est relativement libre et la balade architecturale agréable mais les ateliers, privés, ne sont pas ouverts à la visite.

AUX ALENTOURS

Les mosaïques de la poissonnerie rue Ramey ⑬

La poissonnerie à l'angle de la rue Ramey et de la rue du Baigneur possède de très belles mosaïques représentant judicieusement une scène de pêche.

Jardin Sauvage Saint-Vincent ⑭

17, rue Saint-Vincent
01 71 28 50 56
Accessible au public lors de visites guidées (une heure environ), à la belle saison
Horaires sur parisinfo.com/musee-monument-paris/72357/
Jardin-sauvage-Saint-Vincent

Resté longtemps en friche, ce terrain de 1500 mètres carrés avait vu au fil du temps pousser spontanément herbes folles, plantes sauvages et arbustes attirant des petits animaux d'espèces très variées. Les paysagistes de la Ville de Paris y virent l'opportunité de maintenir au cœur de Montmartre une flore et une faune rares et de préserver ainsi la biodiversité. Ils ont simplement consolidé la pente naturelle du terrain, creusé un petit bassin et aménagé un sentier pour permettre aux promeneurs de se balader sans abîmer ce site fragile. Superbe.

Cour intérieure du 11 bis, rue du Mont-Cenis ⑮

L'existence d'un cabinet immobilier au fond du passage explique pourquoi la grille de cette charmante cour intérieure est ouverte en semaine, aux heures de bureau. Au fond, un ravissant puits. La grille du passage est aux armes de la famille Lécuyer, l'une des plus vieilles familles de la Butte Montmartre.

De la vraie origine du mot « bistro »

Sur la façade du restaurant *La Mère Catherine*, place du Tertre à Montmartre, on peut lire la plaque qui expliquerait la prétendue histoire très répandue de l'origine du mot bistro : « Le 30 mars 1814, les Cosaques lancèrent ici en premier, leur très fameux "bistro" et, sur la butte, naquit ainsi le digne ancêtre de nos bistros. 180e anniversaire. Syndicat d'initiative du Vieux Montmartre ». Si *bistro* en russe veut bien dire « vite », il semblerait que, même si l'anecdote est sympathique, la vraie origine du mot soit tout simplement issue de l'argot.

L'influence de saint Denis sur les noms de rue Montmartrois

Au milieu de la rue Girardon, une plaque rappelle que sur la colline qui portera le nom de mont des martyrs (Montmartre), saint Denis aurait été le héros d'un épisode de céphalophorie ; après sa décapitation, il aurait pris sa tête dans sa main et aurait marché jusqu'à l'emplacement actuel de sa sépulture, à 8 kilomètres, où sera élevée plus tard la basilique qui portera son nom. Un peu plus haut, à deux pas de la place du Tertre, les rues Rustique et Saint-Éleuthère rappellent le nom de deux diacres qui auraient prêché le christianisme avec saint Denis.

LE CALVAIRE DE MONTMARTRE ⑯

L'un des lieux les plus secrets de Paris

2, rue Mont-Cenis
01 46 06 57 63
Ouvert le jour de la fête de la paroisse en juin

Édifié en 1833 par l'abbé Ottin, le calvaire de Montmartre est un chemin de croix conçu pour commémorer la Passion du Christ. C'est l'un des lieux les plus secrets et singuliers de la capitale. Il comporte neuf stations ainsi qu'un rocher aménagé en grotte artificielle qui devait rappeler le Saint-Sépulcre (lieu de la mort et de la résurrection de Jésus). Malgré les indulgences qui y furent attachées par le pape, le calvaire n'attira pas les pèlerinages comme l'escomptait l'abbé qui dut abandonner ses fonctions. La construction du Sacré-Cœur amputa également une partie du terrain et deux stations du chemin de croix furent déplacées.

AUX ALENTOURS

Le cimetière du Calvaire (17)

2, rue Mont-Cenis
Accessible à la Toussaint (1er novembre) et lors des Journées du patrimoine et des Jardins (s'adresser à la Conservation du cimetière Montmartre au 01 53 42 36 30)
Métro Abbesses

Accolé à l'église Saint-Pierre de Montmartre, le cimetière du Calvaire est le cimetière le plus singulier de la capitale ; il n'est ouvert qu'un seul jour par an, à la Toussaint. Le cimetière doit son nom au fait qu'il jouxte un calvaire érigé en 1833 autour de l'église Saint-Pierre de Montmartre dont il fut le cimetière paroissial (voir ci-dessus). Il a été conçu en 1801 en remplacement d'un premier cimetière aménagé en 1688 et détruit à la Révolution (si l'on considère que la date de création d'un cimetière correspond à l'existence des premières sépultures privées et non à l'existence éventuelle d'une fosse commune). Antérieur de trois ans au Père-Lachaise, il n'est pas le plus ancien des cimetières parisiens contrairement à ce que beaucoup croient, le cimetière juif portugais du XIXe arrondissement (voir p. 499) datant de 1780. Fermé en 1823 puis définitivement en 1831 (malgré la première fermeture, quelques inhumations eurent lieu en 1828, 1830 et 1831…) à la suite de la création du cimetière Saint-Vincent par la commune de Montmartre, le cimetière du Calvaire compte 85 tombes très simples traitant de façon égale devant la mort les familles aristocratiques de l'actuel IXe arrondissement (Bas-Montmartre) et les familles humbles du Haut-Montmartre. Parmi les célébrités, on trouvera le navigateur Bougainville. Malgré une légende tenace, d'Artagnan n'a pas été enterré au cimetière du Calvaire. La sépulture de Pigalle, disparue à la Révolution, n'y est pas non plus.

Les colonnes du temple de Mercure (18)

Dans l'église Saint-Pierre de Montmartre (2, rue du Mont-Cenis), quatre colonnes de marbre proviendraient du temple de Mercure qui s'élevait ici même il y a presque 2000 ans.

Petite balade loin des foules sur la butte Montmartre

Si la butte peut vite devenir pénible avec ses flots de touristes, sa partie la plus pittoresque est encore épargnée par les foules. Sortons du charmant métro Lamarck-Caulaincourt. En grimpant les marches, l'avenue Junot est l'une des plus belles de Paris.

Au **n° 15**, l'architecte autrichien Adolf Loos (1870-1933) a construit en 1926, pour le poète dada Tristan Tzara, la **maison Tzara** qui résume sa démarche architecturale de rejet de toute espèce d'art ornemental. Au **n° 23 ter**, la **villa Léandre**, du nom d'un humoriste Montmartrois, possède un charme fou avec ses jolies maisons basses en brique, de style anglo-normand, envahies par les plantes grimpantes. Au fond, remarquez la porte du n° 4 qui reproduit des ailes d'un moulin, en souvenir du passé de la butte.

Au n° 21, le **passage Lepic-Junot** appelé parfois le passage de la Sorcière est percé au cœur de l'ancien « maquis de Montmartre ». On y trouve un énorme caillou en plein milieu de la voie et un terrain de pétanque réservé aux membres, mais dont la buvette peut vous accueillir si vous le demandez aimablement. Le spectacle des boulistes sera parfait pour vous occuper pendant que vous siroterez votre boisson. Descendez le passage puis tournez à gauche dans la rue Lepic. Vous apercevrez rapidement sur la gauche le Moulin de la Galette qui est l'un des deux derniers moulins parisiens avec le moulin Radet (même si ce dernier n'est plus à son emplacement d'origine).

En remontant l'avenue à gauche, on revient avenue Junot, au n° 1, qui abrite l'une des plus belles résidences privées de tout Paris. Il y a quelques années encore, la présence de la mire du Nord, classée Monument Historique, permettait d'entrer dans ce lieu fantastique où poussent les vignes et courent les lapins, au pied du moulin de la Galette. Le petit théâtre devant l'entrée de la résidence possède des canapés pour couples...

Après un détour par le **11, avenue Junot** pour apercevoir de dehors le **hameau des Artistes** qui relie l'avenue Junot à la rue Lepic (au n° 75) et qui est le plus souvent fermé par un digicode, revenez sur vos pas vers le début de l'avenue Junot et la **place Marcel Aymé** qui cache un amusant passe-muraille, placé ici en hommage au roman éponyme de l'écrivain. En descendant la rue de l'Abreuvoir, sur la droite, un grand parc sauvage sert de cadre à quelques habitations et ateliers d'artistes. Sorte de villa Médicis parisienne, le lieu accueille pour un an des artistes étrangers qui bénéficient d'ateliers entre 60 et 100 mètres carrés (privé) en échange d'un loyer modique. Juste en dessous, la **place Dalida** offre de superbes points de vue en direction du Sacré-Cœur, probablement les plus pittoresques de tout Paris. Caressez la poitrine avantageuse de la chanteuse afin de lui donner d'ici quelques années la patine du sein de Juliette à Vérone et remontez à droite vers les vignes. Le métro est tout proche.

Les portes du 45, rue Lepic donnent de façon inattendue sur une rue intérieure qui est occupée par des ateliers d'artistes et d'artisans.

Les réverbères de Mitterrand

Jusqu'en mai 1987, date de la mort de l'artiste, François Mitterrand et Dalida ont cultivé une relation dont l'écrin était la villa parisienne de la chanteuse, La Chaussette, rue d'Orchampt. On raconte que Mitterrand s'y rendant parfois seul la nuit, les services de sécurité insistèrent pour que des lampadaires soient installés dans la rue qui en était dépourvue jusque-là. Et c'est ainsi que la rue d'Orchampt obtint son premier éclairage public...

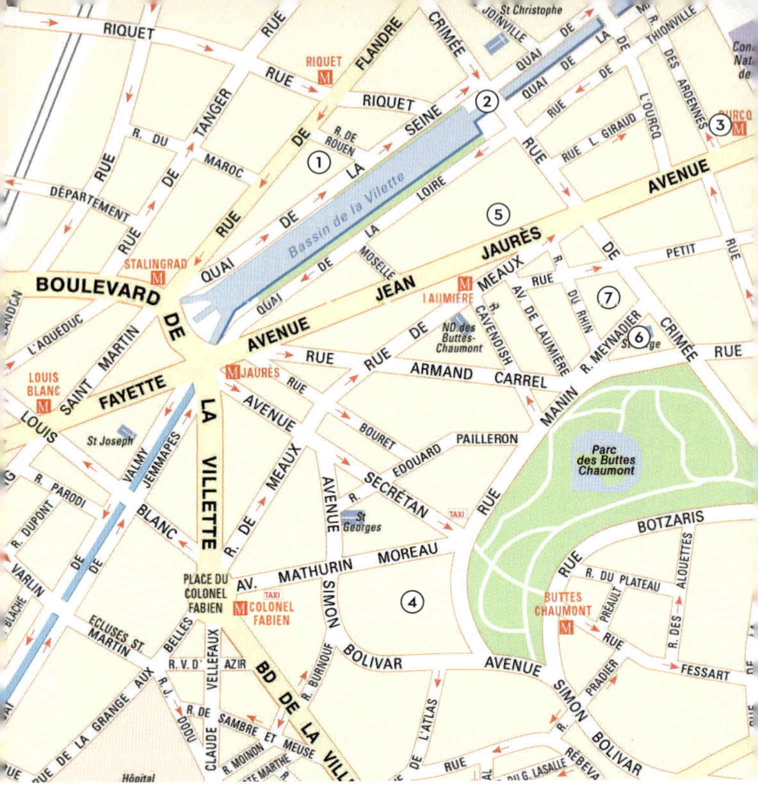

XIXe Arrondissement

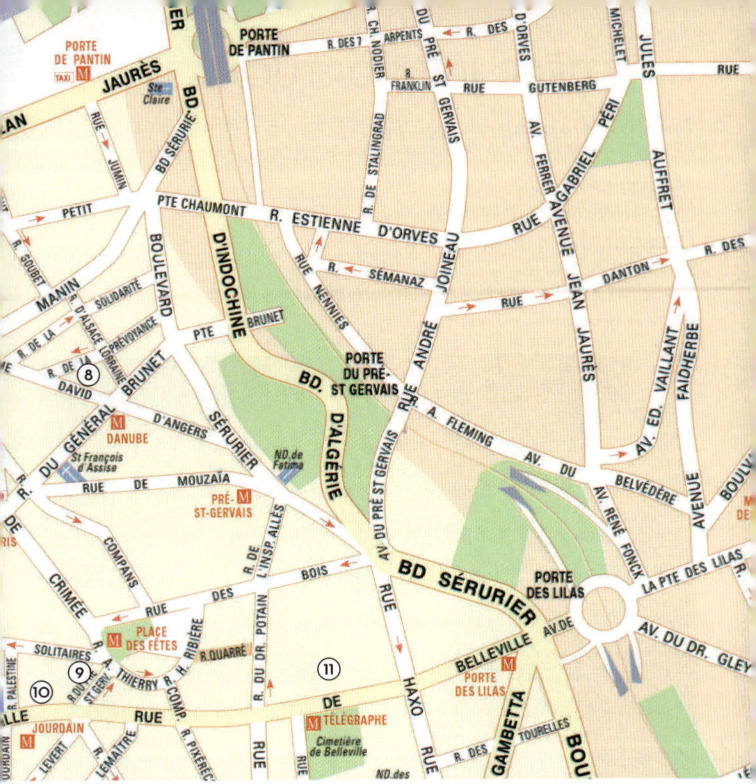
PORTE DE PANTIN
PORTE DE PANTIN
TAXI
JAURÈS
Ste Claire
BD SÉRURIER
RUE JUMIN
R. DES 7 ARPENTS
R. CH. NODIER
DU PRÉ ST GERVAIS
R. DES
D'ORVES
MICHELET
JULES
RUE
R. FRANKLIN
RUE GUTENBERG
R. DE STALINGRAD
AV. FERRER
GABRIEL PÉRI
AUFFRET
PETIT
PTE CHAUMONT
R. ESTIENNE D'ORVES
RUE
AVENUE JEAN JAURÈS
R. DES
R. GOUBET
MANIN
SOLIDARITÉ
R. D'ALSACE LORRAINE
PRÉVOYANCE
BOULEVARD
D'INDOCHINE
RUE NENNIES
R. SÉMANAZ
JOINEAU
DANTON
RUE
R. DE LA
R. DE LA
DAVID
PTE BRUNET
BRUNET
RUE ANDRÉ
PORTE DU PRÉ-ST GERVAIS
BD. D'ALGÉRIE
VAILLANT
AV. ED.
FAIDHERBE
R. DU GÉNÉRAL
DANUBE
D'ANGERS
SÉRURIER
R. A. FLEMING
ND.de Fatima
St François d'Assise
AV. DU BELVÉDÈRE
AV. DU PRÉ ST GERVAIS
RUE DE MOUZAÏA
PRÉ-ST-GERVAIS
AV. RENÉ FONCK
AVENUE
BOULV
COMPANS
R. DE L'INSP. ALLÈS
CRIMÉE
BOIS
RUE DES
BD SÉRURIER
PORTE DES LILAS
LA PTE DES LILAS
RUE HAXO
PLACE DES FÊTES
SOLITAIRES
R. A. THIERRY
R. H. RIBIÈRE
R. QUARRÉ
R. DU DR. POTAIN
AV. DE BELLEVILLE
PORTE DES LILAS
AV. DU DR. GLEY
R. PALESTINE
R. DU PRÉ ST GERV.
R. COMP.
RUE DE
TÉLÉGRAPHE
GAMBETTA
TOURELLES
JOURDAIN
LEVERT
R. LEMAÎTRE
R. PIXÉRÉC
RUE
Cimetière de Belleville
ND des
R. DES
RUE

CIMETIÈRE JUIF PORTUGAIS

①

Un cimetière parmi les HLM

44, avenue de Flandre
Métro Stalingrad ou Riquet

Consistoire israélite de France :
17, rue Saint-Georges
Jacques B'Chiri : 01 40 82 26 90 - 06 09 21 15 04
Métro Notre-Dame-de-Lorette

Si ce n'est le discret panneau d'information historique, rien n'indique que derrière l'immeuble imposant du 44, avenue de Flandre se cache un cimetière de 35 mètres sur 10. Entouré de barres d'immeubles, le terrain abrite une dizaine de pierres tombales ainsi que deux sarcophages, dont certaines inscriptions sont toujours lisibles malgré l'usure du temps.

L'histoire de ce cimetière illustre l'ostracisme dont la communauté juive fut victime sous l'Ancien Régime : partageant ce déshonneur avec les protestants, les comédiens et les suicidés, les juifs n'avaient pas la permission d'être inhumés dans les cimetières. Propriétaire de l'auberge de l'Étoile, située au niveau du 46 de l'avenue de Flandre, un certain Camot donna en 1691 l'autorisation aux juifs d'inhumer les leurs dans son jardin avec comme seules conditions de le faire clandestinement et moyennant finances : 50 francs pour un adulte, 20 francs pour un enfant.

En 1780, la communauté juive séfarade originaire du Portugal racheta deux jardins mitoyens et ouvrit le cimetière des Juifs portugais. L'initiative fut menée par Jacob Rodriguez Pereire, agent de la nation juive portugaise à Paris qui avait obtenu une pension de Louis XV pour s'être occupé de l'éducation des sourds-muets. Les inhumations furent alors autorisées par le roi à condition qu'elles aient lieu « nuitamment, sans scandale ni appareil ».

Le cimetière fut finalement abandonné en 1810, Napoléon ayant ouvert tous les cimetières à la communauté juive. Aujourd'hui classé Monument Historique, le cimetière est géré par le Consistoire israélite de France. Pour visiter le lieu, rendez vous au Consistoire où le service Hévra Kadicha (le dernier devoir) vous prêtera les clés du cimetière que vous rapporterez après votre visite.

La rotonde de la Villette est l'un des quatre pavillons parisiens qui subsistent aujourd'hui de l'ancienne barrière d'octroi, achevée en 1790. On trouve également les barrières de Chartres (au parc Monceau), du Trône (à la Nation) et d'Enfer (place Denfert-Rochereau) (voir p. 468).

AUX ALENTOURS

Le pont de Crimée : le dernier pont-levis parisien ②

Bout du bassin de la Villette, début du canal de l'Ourcq

Fonctionne 24h/24

Construit en 1885 par la société qui installa les ascenseurs de la tour Eiffel, le pont de Crimée, aussi appelé pont de Flandre, est le dernier pont-levis parisien : au passage des bateaux, ses roues articulées sur des colonnes grecques à crémaillère soulèvent littéralement la chaussée. Pour observer ce spectacle d'une autre époque, les piétons peuvent alors utiliser la passerelle voisine, qui est opportunément surélevée.

MUSÉE DES COMPAGNONS CHARPENTIERS DES DEVOIRS DU TOUR DE FRANCE

③

Les chefs-d'œuvre des compagnons

Entrée par le restaurant Aux Arts et Sciences réunis
161, avenue Jean Jaurès
01 42 40 53 18
Sur demande, quand les responsables du restaurant ont le temps...
Métro Ourcq

Situé dans le plus vieux bâtiment des compagnons en Europe, à l'arrière du restaurant *Aux Arts et Sciences réunis*, le musée des Compagnons regroupe notamment les chefs-d'œuvre du compagnonnage qui furent exposés à l'Exposition universelle de 1900. Les compagnons qui font le Tour de France (voir ci-contre) sont toujours aujourd'hui hébergés dans l'enceinte du restaurant, qui, à l'origine, était leur cantine.

Le compagnonnage : s'élever par le travail

La tradition orale fait remonter le compagnonnage à l'époque de la construction du temple de Salomon à Jérusalem (Xᵉ siècle av. J.-C.) et quelques documents précis attestent de l'existence, pratiquement sous leurs formes actuelles, de sociétés compagnonniques au Moyen Âge.

Contrairement à l'idée reçue, les compagnons existent encore aujourd'hui et seuls des ouvriers minutieusement choisis pour leurs qualités professionnelles et morales sont admis dans cet ordre. L'aspirant, parrainé par un compagnon, remplit d'abord son temps d'apprentissage (environ trois ans). Il effectue ensuite un Tour de France des cayennes (lieu de réunion et d'accueil des compagnons) d'une durée de cinq à sept ans, et poursuit ainsi sa formation avant de présenter son chef-d'œuvre, plus prosaïquement une œuvre qui prouve ses acquis et marque sa maîtrise.

Ce long parcours qui fait partie des sept fondamentaux du compagnonnage (accueil, voyage, métier, communauté, transmission, initiation, chef-d'œuvre) n'a qu'un objectif : former, dans un esprit de fraternité, des ouvriers dont l'idéal est de s'élever par le travail.

Gage de la qualité de leur travail, nombre de compagnons sont appelés à restaurer les plus beaux édifices du patrimoine français, reçoivent le prix du « Meilleur Ouvrier de France » ou travaillent dans les plus illustres maisons.

Les compagnons n'ont aucun lien avec la franc-maçonnerie, malgré une similitude dans certains symboles (notamment l'équerre et le compas) : les francs-maçons ont tout simplement repris et utilisé certains de ces symboles qui préexistaient chez les compagnons.

À Paris, quatre associations compagnonniques coexistent : l'Union des compagnons du Tour de France des devoirs unis (Iᵉʳ arrondissement), les Compagnons charpentiers des devoirs du Tour de France (voir ci-dessus), l'Association des compagnons du devoir (IVᵉ arrondissement) et les Compagnons du Tour de France (VIᵉ arrondissement).

Compagnonnage et franc-maçonnerie

Les Compagnons du Devoir sont une organisation de maîtres de métiers dont l'origine remonte avant le Moyen Âge, à l'époque des artisans de la Rome antique, sous l'empereur Numa Pompilius (715 av. J.-C. - 673 av. J.-C.). Celui-ci contribua au développement et à l'expansion dans l'Empire romain de 31 *collegia fabrorum* initiales, ces corporations de métiers constituées d'architectes et d'artisans imprégnés des religions et de philosophies antiques.

Du VIe au XIIe siècle, les *collegia fabrorum* influencèrent les ordres monastiques européens et les collèges byzantins par leur connaissance de l'hermétisme et du néopythagorisme. C'est à cette époque que de nombreux compagnons adoptèrent la religion chrétienne (et principalement la tradition bénédictine) afin d'échapper à l'Inquisition. Bon nombre d'entre eux finirent néanmoins par abandonner l'habit religieux, et ces moines qui furent à l'origine des plus importants chefs-d'œuvre européens (cathédrales, palais et châteaux) disparurent peu à peu avant de réapparaître au XVe siècle comme maîtres d'œuvre, sans filiation religieuse. Ils survécurent jusqu'au milieu du XVIIe siècle pour redisparaître puis resurgir au XVIIIe siècle (1717), mais uniquement sur le plan symbolique, au travers de la franc-maçonnerie spéculative qui prétendait être l'héritière traditionnelle de la maçonnerie opérative de jadis, raison pour laquelle les symboles et rituels du compagnonnage et de la franc-maçonnerie ont de nombreux éléments communs, malgré leur différence de fond.

Les légendes compagnonniques font référence à trois fondateurs mythiques des Compagnons du Devoir : le roi Salomon, maître Jacques et le père Soubise. La légende salomonienne est particulièrement importante dans les mythes des compagnons du « devoir de liberté ». Mais elle a une origine plus tardive que les autres et semble avoir été introduite à la fin du XVIIIe et début du XIXe siècle dans les ateliers de compagnons, à partir du mythe maçonnique de l'architecte phénicien Hiram Abiff au service du roi Salomon, avant de se répandre dans les rituels des diverses sociétés de compagnons. Pour celles-ci, les hommes que Dieu peut utiliser pour exécuter ses œuvres sont appelés dans l'Ancien Testament *les fils du carquois* (Psaumes, 127:5).

Selon la principale légende, maître Jacques avait appris à tailler la pierre encore enfant, avant de partir en voyage à l'âge de 15 ans pour arriver sur le chantier de la construction du temple de Salomon à Jérusalem à 36 ans. Il y devint maître d'œuvre des maçons et des menuisiers. Cette fonction était partagée, pour la charpente et menuiserie, avec son compagnon de voyage, Soubise, qui allait être connu en France sous le nom de père Soubise.

Les récits bibliques sur la construction à Jérusalem du temple du roi Salomon ne parlent cependant ni de Jacques ni de Soubise, même si les récits historiques médiévaux légendaires sur la construction de la cathédrale de la Sainte-Croix d'Orléans décrivent la présence sur place de deux maîtres d'œuvre, Jacques Moler et le bénédictin Soubise qui affrontèrent une grève des ouvriers dégénérant en une terrible bataille suivie d'une scission. Il semble que cette légende s'appuie sur des faits historiques tardifs, c'est-à-dire sur la scission entre les compagnons catholiques et protestants et sur la destruction par ces derniers de la flèche de la cathédrale d'Orléans, en 1568.

JARDIN PARTAGÉ DE LA BUTTE BERGEYRE

④

Une île au milieu de la ville

80, rue Georges Lardennois
Habituellement, le mercredi et le dimanche de 14 h 30 à 17 h 30
Métro Colonel Fabien

Urbanisée vers 1927 à la place d'un ancien parc d'attraction (« les Folles Buttes »), la butte Bergeyre est comme une île au milieu

de la ville : quasi invisible des rues en contrebas, elle est située dans un mouchoir de poche sur une colline entre les rues Simon Bolivar, Manin et Mathurin Moreau. Traversée par les rues Georges Lardennois, Remy de Gourmont, Edgar Poe, Philippe Hecht et Barrelet de Ricou, la butte est une colline artificielle qui fut construite à la fin du XIXe siècle avec les gravats de construction du parc des Buttes-Chaumont, tout proche.

En 1918, on y construisit le stade Bergeyre qui fut nommé d'après un joueur de rugby mort pendant la Première Guerre mondiale. Le stade, qui était d'une capacité de 15 000 places, hébergea le club de football de l'Olympique de Paris qui fut lui-même absorbé par le Red Star en 1926. C'est ici même que le CAP (Cercle Athlétique de Paris) et le Havre disputèrent la finale de la Coupe de France en 1920 (remportée 2-1 par les Parisiens). En 1924, le stade Bergeyre accueillit même des matchs de football des jeux Olympiques qui furent disputés à Paris cette année-là. Le stade fut démoli en 1926 et des logements furent bâtis sur la butte.

L'instabilité des sols empêchant une urbanisation dense (les habitants de la butte qui observent avec inquiétude les fissures de leurs maisons le savent bien), on y trouve de jolies maisons, quelques vignes et un jardin partagé par des habitants conscients de leur chance et soucieux de préserver leur tranquillité à 90 mètres au-dessus du chaos. Le jardin est ouvert deux fois par semaine au public qui pourra ainsi apprécier la tranquillité des lieux, les ruches et les différents arbres fruitiers. Il est probablement l'un des plus charmants de tous les jardins partagés de la capitale.

AUX ALENTOURS

Gymnase Jean Jaurès (5)

87, avenue Jean Jaurès - 01 42 08 57 11
Tous les jours de 7 h à 23 h

Prenez le temps de demander à l'accueil l'autorisation (accordée très souvent) de jeter un coup d'œil à ce très beau gymnase. Celui-ci a été construit en réutilisant une ancienne ferme métallique de la galerie des Machines de l'Exposition universelle de 1878, à l'instar du célèbre hangar Y de Meudon (voir le guide *Grand Paris insolite et secret* chez le même éditeur). Il fut ensuite agrandi en 1913 par l'architecte Gautier et prit le nom de gymnase d'Allemagne, qu'il perdit après la guerre tout comme la rue d'Allemagne qui devint avenue Jean Jaurès.

ÉGLISE SAINT-SERGE-DE-RADOGÈNE

6

Une extraordinaire église orthodoxe cachée au sommet d'une butte

93, rue de Crimée
09 51 32 01 66
Vêpres le samedi de 18 h à 20 h, liturgie le dimanche de 10 h à 12 h
Métro Laumière ou Ourcq

Cachée derrière la grille du 93, rue de Crimée, perchée au sommet d'une petite butte, retranchée derrière un rideau d'arbres au bout d'une allée, l'église Saint-Serge-de-Radogène est probablement l'une des églises parisiennes les plus charmantes.

Insolite et exotique, l'église a connu deux histoires et deux religions. Édifiée en 1861 dans le quartier sud des Buttes-Chaumont à l'initiative du pasteur luthérien de la communauté ouvrière allemande émigrée en France, elle resta dédiée au protestantisme jusqu'à la déclaration de la guerre en 1914 qui obligea les travailleurs allemands à regagner leur pays. Confisquée par le gouvernement français, elle sera désaffectée jusqu'en 1924, date de son rachat par l'Église orthodoxe russe et la communauté russe qui fuyait la révolution bolchevique. Ce changement d'affectation rendit nécessaire quelques transformations architecturales, le culte protestant n'étant pas particulièrement porté sur la décoration et les représentations religieuses... Un escalier en bois fut ainsi ajouté afin d'accéder de l'extérieur à l'étage où se trouve l'église. Il fut orné de fresques réalisées par Dimitri Stelletsky qui représentent les saints pères de la foi orthodoxe. Les portes du rez-de-chaussée ainsi que celles de l'étage furent, elles aussi, recouvertes de magnifiques scènes religieuses et le flanc nord du bâtiment doté d'un carillon avec des arcatures typiquement russes.

La plus grande surprise reste néanmoins la découverte de l'intérieur de l'église : submergé par les incontournables odeurs de cire et d'encens, on y trouve, dans la pénombre des murs entièrement recouverts de fresques, une remarquable iconostase comprenant plus d'une centaine d'icônes et les portes royales, authentiques œuvres du XVIe siècle de l'école de Moscou. Magique.

AUX ALENTOURS

Les ouvriers en bâtiment du 97 bis, rue de Crimée ⑦

Étonnante façade que celle du 97 bis, rue de Crimée où les habituels atlantes classiques ont laissé la place à des ouvriers en bâtiment en train d'œuvrer sur la façade.

LA MOUZAÏA

⑧

Les carrières d'Amérique

Quartier à l'intérieur de la boucle du métro n° 7 bis
Métro Danube

Si les amoureux de la Mouzaïa n'ont pas tous la même définition exacte du périmètre qu'occupe ce quartier si particulier du XIXe arrondissement, ils s'entendent tous sur le charme extraordinaire qui s'en dégage. Plus ou moins délimité par les stations Botzaris, Danube, Saint-Gervais et la place des Fêtes, le quartier de la Mouzaïa possède un nom exotique qui rappelle l'Algérie mais les senteurs et les images sont bien celles d'un village du fin fond de la province française.

Ce belvédère très séduisant, troué comme un gruyère, fut annexé par la Ville de Paris en 1860, et l'on y exploita des carrières de gypse jusqu'en 1872. Certains racontent que la Maison Blanche à Washington et la statue de la Liberté ont même utilisé le gypse de cette carrière (raison pour laquelle le quartier fut un temps appelé « Carrières d'Amérique » comme le rappelle une rue des alentours). Il semble finalement que cette histoire romantique ne soit pas véridique.

En revanche, la carrière explique certainement la fragilité du terrain qui empêcha la réalisation de projets immobiliers de trop grande envergure : après un projet d'installation d'un marché aux chevaux, on construisit finalement des pavillons individuels à l'architecture sommaire (rez-de-chaussée surmonté d'un étage). Dotés pour la plupart d'un petit jardin à l'avant et d'une cour à l'arrière, les pavillons sont répartis de part et d'autres d'une vingtaine d'allées... Le lent achèvement du projet (près de quatre décennies) a tout de même permis de diversifier un peu le style architectural de ces maisons qui, si elles étaient destinées au départ à loger des familles d'ouvriers, font aujourd'hui le bonheur de quelques privilégiés.

AUX ALENTOURS

13, rue des Fêtes ⑨

Fermé la plupart du temps par un digicode

À proximité du béton de la place des Fêtes, la rue des Fêtes cache, au nº 13, une cité-jardin paradisiaque édifiée au début du XXᵉ siècle sur le jardin de l'hôtel particulier qui existe encore au nº 11. On y accède par un étroit passage qui débouche sur de ravissants pavillons noyés dans la verdure. Pour profiter de la tonnelle, des terrasses fleuries, des arbres et de l'ambiance toute villageoise de cet îlot préservé, le mieux est encore d'attendre les journées « ateliers ouverts » de Belleville : l'endroit a été investi par de nombreux artistes et est désormais fermé en temps normal par un digicode.

Cité du Palais-Royal de Belleville ⑩

151, rue de Belleville

Cachée derrière deux cours successives, la cité du Palais-Royal de Belleville est un superbe ensemble de jolies maisons basses de part et d'autre d'une allée tranquille plantée d'arbres, typiques de l'habitat populaire très morcelé de Belleville. Le nom pompeux du lieu viendrait, selon les habitants de la cité, des décors du théâtre du Palais-Royal qui auraient été entreposés ici pendant un temps.

Non loin, au 13, rue de la Villette, la villa de l'Adour, ouverte en 1817 sous le nom de villa Barthélemy, est une autre charmante impasse.

Rues Émile Desvaux et Paul de Kock ⑪

La rue Paul de Kock est étroitement liée à la rue Émile Desvaux puisqu'elle débute au nº 4 de celle-ci et se termine en cul-de-sac sur une volée de marches au nº 30 de la même rue... Les deux forment un ensemble hétéroclite de maisons des années 1920 qui ne manque pas de charme.

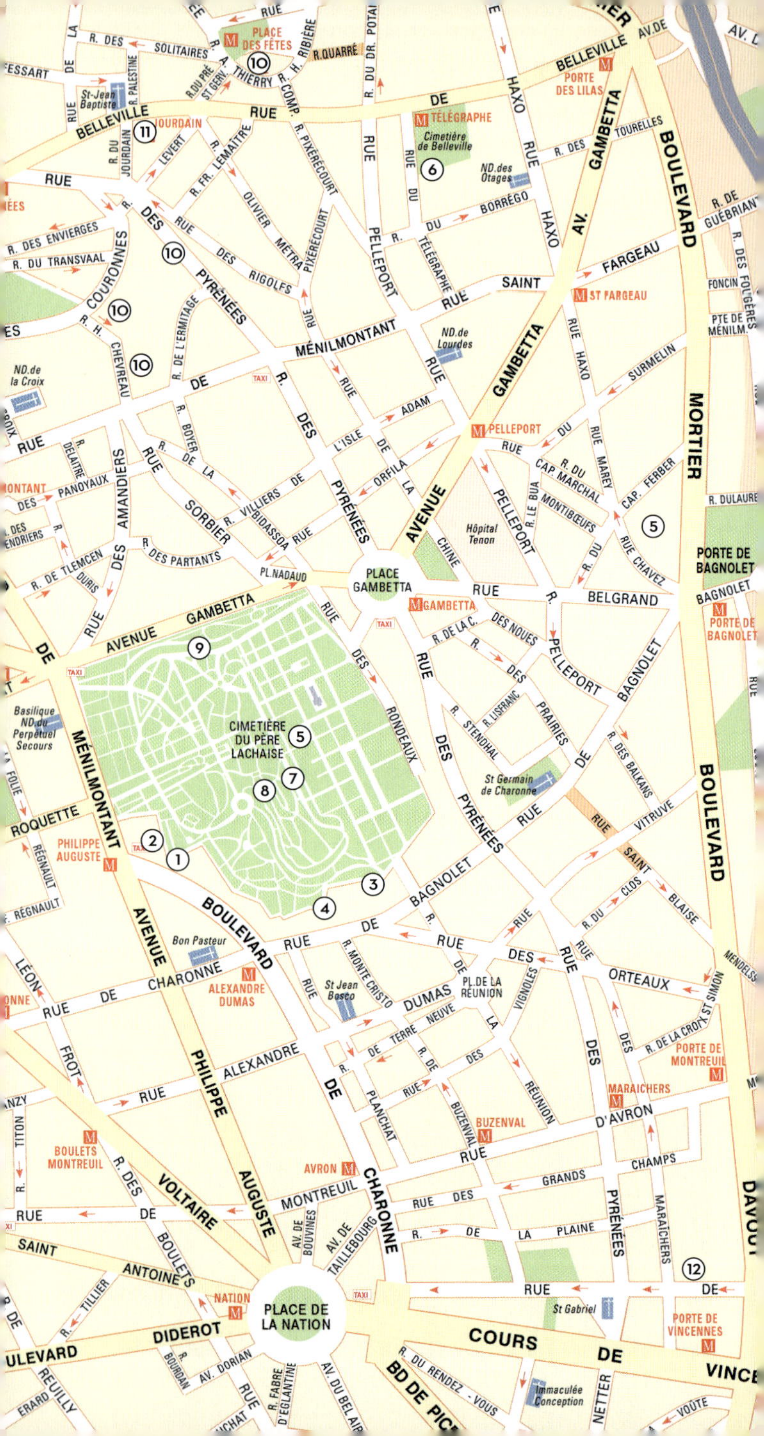

PLACE DES FÊTES
R. DES SOLITAIRES
R. A. THIERRY
R. H. RIBIÈRE
R. QUARRÉ
R. DU DR. POTAIN
R. COMP.
R. DU PRÉ ST GERV.
FESSART
R. PALESTINE
St-Jean Baptiste
BELLEVILLE
RUE DE BELLEVILLE
AV. DE BELLEVILLE
PORTE DES LILAS
JOURDAIN
R. DU JOURDAIN
LEVERT
R. FR. LEMAÎTRE
R. PIXÉRÉCOURT
TÉLÉGRAPHE
Cimetière de Belleville
RUE HAXO
R. DES TOURELLES
ND.des Otages
RUE DU TÉLÉGRAPHE
R. DU BORRÉGO
RUE PELLEPORT
OLIVIER MÉTRA
RUE DES RIGOLES
R. DES ENVIERGES
R. DU TRANSVAAL
COURONNES
R. DES PYRÉNÉES
R. DE GUÉBRIANT
R. DES FOLGÈRES
FONCIN
PTE DE MÉNILM.
RUE SAINT FARGEAU
ST FARGEAU
AV. GAMBETTA
BOULEVARD MORTIER
R. H. CHEVREAU
R. DE L'ERMITAGE
RUE DE MÉNILMONTANT
ND.de Lourdes
ND.de la Croix
TAXI
SURMELIN
R. ADAM
RUE DE L'ISLE
PELLEPORT
RUE DU CAP. MARCHAL
RUE MAREY
CAP. FERBER
R. DULAURE
R. BOYER
R. DE LA
R. DELAITRE
RUE DES AMANDIERS
PANOYAUX
RUE SORBIER
R. VILLIERS DE L'ISLE
ORFILA
R. LE BUA
MONTIBŒUFS
Hôpital Tenon
R. DES CENDRIERS
BIDASSOA
R. DE TLEMCEN
DURIS
R. DES PARTANTS
PL.NADAUD
PLACE GAMBETTA
RUE BELGRAND
RUE CHAVEZ
PORTE DE BAGNOLET
BAGNOLET
AVENUE GAMBETTA
GAMBETTA
R. DE LA C.
R. DES NOUES
R. PELLEPORT
RUE DES RONDEAUX
Basilique ND.du Perpétuel Secours
CIMETIÈRE DU PÈRE LACHAISE
R. STENDHAL
R. LISFRANC
R. DES PRAIRIES
R. DES BALKANS
St Germain de Charonne
RUE DE BAGNOLET
RUE VITRUVE
RUE SAINT BLAISE
R. DE LA FOLIE
ROQUETTE
PHILIPPE AUGUSTE
R. RÉGNAULT
BOULEVARD DE MÉNILMONTANT
R. DU CLOS
MENDELSSOHN
Bon Pasteur
RUE DE CHARONNE
ALEXANDRE DUMAS
R. MONTE CRISTO
St Jean Bosco
PL.DE LA RÉUNION
RUE DES VIGNOLES
RUE DES ORTEAUX
ST SIMON
R. DE LA CROIX
PORTE DE MONTREUIL
LÉON
FROT
RUE ALEXANDRE DUMAS
R. DE TERRE NEUVE
R. DE BUZENVAL
R. DES MARAÎCHERS
RUE DE LA RÉUNION
MARAICHERS
RUE D'AVRON
BUZENVAL
R. PLANCHAT
AVENUE PHILIPPE AUGUSTE
TITON
BOULETS MONTREUIL
R. DES BOULETS
AVRON
RUE DES GRANDS CHAMPS
RUE DE MONTREUIL
AV. DE BOUVINES
AV. DE TAILLEBOURG
RUE DE CHARONNE
VOLTAIRE
R. DE LA PLAINE
PYRÉNÉES
BOULEVARD DAVOUT
RUE SAINT ANTOINE
PLACE DE LA NATION
NATION
R. TILLIER
RUE DIDEROT
BOULEVARD DE REUILLY
ERARD
R. BOURDAN
AV. DORIAN
R. FABRE D'ÉGLANTINE
AV. DU BEL AIR
COURS DE VINCENNES
BD DE PICPUS
R. DU RENDEZ-VOUS
St Gabriel
Immaculée Conception
NETTER
R. DE LA VOÛTE
PORTE DE VINCENNES
RUE DE LAGNY

XXe Arrondissement

JARDINS POTAGERS

①

Un potager au repos

8, rue du Repos
Métro Philippe Auguste

Les habitants du 8, rue du Repos ont la chance inouïe de posséder l'un des espaces verts les plus surprenants de Paris. Après une première cour intérieure, une deuxième porte ouvre sur un couloir qui mène, au pied des murs du Père-Lachaise, sur un extraordinaire jardin potager composé d'une douzaine de parcelles privatives. Tout y est, les seaux pour l'arrosage, les râteaux, et même l'épouvantail pour effrayer les corbeaux du cimetière qui se trouve derrière le mur.

Attention : le lieu est privé et inaccessible au public. Le seul moyen d'y entrer est d'essayer d'en demander exceptionnellement l'autorisation à un habitant.

AUX ALENTOURS

Autres marques des recensements de 1724 ②

À l'angle de la rue du Repos et de la rue Pierre-Bayle, des lettres sont discrètement gravées sur la façade de l'immeuble. On y lit : Cte FF et Cte GG. Ces lettres sont d'autres vestiges (voir p. 337) du recensement des maisons parisiennes qui fut commandé par Louis XV en 1724 à Jean Bausire, maître des bâtiments de la ville, et son fils Jean-Baptiste, dans le but d'éviter que les particuliers ne construisent sans autorisation. Cte signifie Comité, et les lettres GG et FF sont des repères utilisés pour ces deux rues pendant le recensement.

Les vignes à Paris

La région parisienne a un passé vinicole ancien, qui déclina progressivement devant la poussée démographique, l'urbanisation, le phylloxéra et la concurrence de vins des autres régions. On en retrouve néanmoins certaines traces au fil des rues : rue du Pressoir, rue des Vignes, rue des Vignoles, rue Vineuse... Le quartier de la « Goutte d'or » doit également son nom à un vin du Moyen Âge et le « guinguet » de Belleville a donné son nom aux fameuses guinguettes des bords de Marne. Outre le célèbre clos Montmartre, on trouve aujourd'hui d'autres plants de vigne disséminés dans la capitale :

- Square Félix-Desruelles, 168 bis, boulevard Saint-Germain (église Saint-Germain-des-Prés). 12 ceps plantés en 1993
- Jardin du presbytère de l'église Saint-Francois-Xavier (voir p. 239)
- Dans la caserne des pompiers de la rue Blanche (IXe) (voir p. 293)
- Dans la cave du bar à vins Jacques Mélac (XIe)
- Au parc de Bercy (XIIe)
- Au parc Georges Brassens (XVe)
- Dans la mairie du XVIe arrondissement
- Jardins du Trocadéro, sous le musée de l'Homme (XVIe)
- Au parc de Bagatelle (XVIe)
- Rue Georges Lardennois (XIXe) (200 pieds de vigne)
- Au jardin de Belleville (XXe) (200 ceps)

LE JARDIN NATUREL

③

Herbes folles au cœur de Paris

120, rue de la Réunion
Renseignements et inscriptions 01 43 28 47 63
Du lundi au vendredi de 8 h jusqu'au coucher du soleil, samedi et dimanche de 9 h jusqu'au coucher du soleil
Métro Alexandre Dumas

Tout au bout de la rue de la Réunion, au pied du cimetière du Père-Lachaise, se trouve un petit jardin public pas comme les autres. On ne trouve ici ni savantes compositions florales ni pelouses soigneusement taillées : le jardin naturel (à l'instar du jardin Saint-Vincent à Montmartre) est un espace libre où les plantes s'installent spontanément, où la faune et la flore s'expriment en toute quiétude et où l'arrosage et la tonte sont prohibés. Depuis la création du jardin, les agents en charge de son entretien constatent ainsi les évolutions de la vie bien plus qu'ils ne les accompagnent artificiellement.

Un peu plus loin, la mare regorge de tritons et de petits têtards qui nagent paisiblement entre les iris et la menthe aquatique. Le sous-bois, les treillages et la pelouse sont également jalonnés de panneaux qui détaillent les espèces animales et végétales présentes dans chaque partie du jardin.

AUX ALENTOURS

Villa Riberolle, villa Godin et cité Aubry ④

À deux pas du jardin naturel d'autres espaces inspirent les âmes à la recherche d'ambiances campagnardes : la cité Aubry est un charmant petit passage en arc de cercle qui abrite un lieu culturel alternatif, le Goumen Bis. Un peu plus loin, au 35 de la rue de Bagnolet, la villa Riberolle est l'une des plus attachantes du quartier (accès aisé en semaine mais la grille est fermée le week-end). La rue de Lesseps mérite également un petit détour pour profiter du charme qui s'en dégage, sans oublier, juste à côté, la très agréable villa Godin avec ses maisonnettes et jardins de part et d'autre de l'allée dallée.

Reliefs parisiens

- Montmartre : 130 mètres (point culminant de Paris)
- Belleville : 128,5 mètres (point culminant de l'est parisien au 40, rue du Télégraphe)
- Ménilmontant : 108 mètres
- Buttes-Chaumont : 80 mètres
- Passy : 71 mètres
- Chaillot : 67 mètres
- Montparnasse : 66 mètres
- Butte-aux-Cailles : 62 mètres
- Montagne Sainte-Geneviève : 61 mètres

TOMBE DE CLAUDE CHAPPE

(5)

Un souvenir étonnant de l'invention du télégraphe

Cimetière du Père-Lachaise
29e division, 2e ligne (T, 30)
Métro Père-Lachaise

Située dans la 29e division, 2e ligne (T, 30), la tombe de Claude Chappe est l'une des plus étonnantes du Père-Lachaise : en forme de rocher, elle est surmontée d'un télégraphe à bras mobiles, dont Chappe fut l'inventeur.

Comment fonctionnait le télégraphe de Chappe ?

Lorsque survient la Révolution française, le transfert de l'information suit encore le rythme des chevaux. Claude Chappe, physicien (1763-1805), originaire de Brulon dans la Sarthe, invente alors un moyen de communication à l'aide de sémaphores optiques qui permet la transmission rapide et à grande distance d'un message. Grâce à son frère Ignace, membre de l'Assemblée législative, il réussit à imposer son invention aux hommes de la convention et il fut chargé de construire une première ligne de Paris à Lille. L'invention est baptisée tachygraphe, puis « télégraphe », du grec *thle grajein*, TELE (loin), et GRAPHEIN (écrire).

Les tours Chappe pouvaient êtres rondes, pyramidales mais aussi carrées et placées sur un monument déjà existant (château, tour Magne à Nîmes, clocher, etc.). Entièrement manuelles, elles fonctionnaient sur des centaines de kilomètres et se composaient d'un signal et d'une salle de travail à l'étage où le stationnaire observait les tours voisines à la lunette, actionnait le système de manœuvre du signal et consignait les signaux transmis dans un registre.

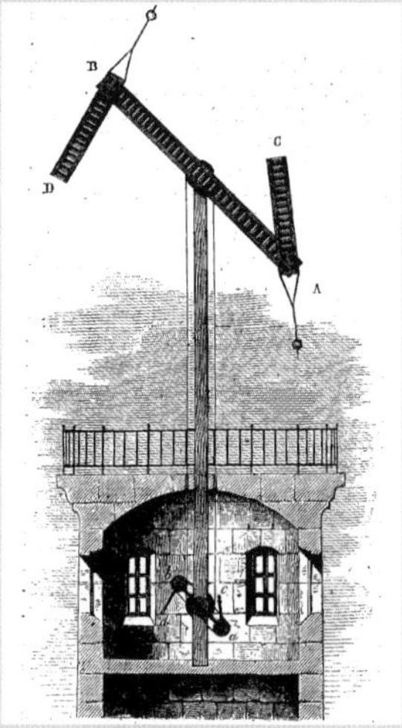

En 1844, 534 tours quadrillaient le territoire en reliant les plus importantes agglomérations françaises. En 1845, la première ligne de télégraphe électrique fut installée en France entre Paris et Rouen : les tours de Chappe allaient rapidement devenir obsolètes.

AUX ALENTOURS

Plaque du 40, rue du Télégraphe ⑥

Profitant de l'altitude de la colline de Belleville (au niveau de l'actuel 40, rue du Télégraphe – ancien parc Saint-Fargeau – Belleville est, avec ses 128,5 mètres d'altitude, le point culminant de l'Est parisien et le point culminant de Paris sur le domaine public), Claude Chappe a expérimenté ici même son système télégraphique en 1792-1793 (voir p. 247). En 1793, le télégraphe servit ainsi à annoncer la victoire des troupes républicaines.

Lors de ses premières expériences, les habitants du quartier crurent que ce dernier envoyait en fait des messages clandestins destinés à Louis XVI, qui était emprisonné à la prison du Temple. Chappe ne dut son salut qu'à une fuite rapide, après avoir, de rage, détruit toutes ses installations. Les noms de la rue et du métro tout proche rappellent aussi ces expériences.

Notons que six mois auparavant, avec ses frères, il avait déjà fait la même expérience sur l'un des pavillons de la barrière de l'Étoile : des voleurs de bois avaient alors détruit leur machine.

On peut encore voir à Paris une tour de Chappe au 103, rue de Grenelle, ainsi que la pierre tombale originale de Claude Chappe (voir p. 247).

LA TOMBE DE GEORGES RODENBACH

⑦

Quand la rose représente l'âme qui s'envole...

Division 15
Cimetière du Père-Lachaise
Métro Père-Lachaise

Ne demandez pas à l'accueil du cimetière où se trouve la tombe de Georges Rodenbach, on sera curieusement incapable de vous répondre et l'on vous fera même sentir que le personnel a autre chose à faire que de répondre aux questions saugrenues de certains visiteurs…

Dirigez-vous donc vers la division 15 (indiquée sur tout plan standard).

Totalement méconnue, la tombe de ce poète belge est particulièrement étonnante : on y voit un homme, les yeux clos, sortant de son cercueil, une rose à la main. Sur le devant du tombeau, une croix, à la forme non traditionnelle, est gravée sur la pierre à côté du nom du défunt.

Né à Tournai en Belgique dans une famille aisée, Georges Rodenbach (1855-1898) fut l'un des plus grands poètes belges du XIXe siècle. Venu habiter à Paris, il fit la connaissance de Mallarmé, Proust et Daudet et devint membre du mouvement ésotérique des Rose-Croix. En 1892, il publia ce qui reste aujourd'hui son chef-d'œuvre : *Bruges-la-Morte*. Son dernier ouvrage fut *Le Carillonneur* publié en 1897.

Son appartenance au mouvement Rose-Croix explique la symbolique de sa tombe : pour ce mouvement, qui croit en la réincarnation, la rose est le symbole de l'âme en voie d'évolution qui survit à la mort physique et s'échappe donc du corps après la mort.

Les Rose-Croix

Même si l'ordre tire ses origines de l'Égypte antique, c'est avec la parution de trois manifestes, la *Fama Fraternitatis* (1614), la *Confessio Fraternitatis* (1615) et les *Noces Chimiques de Christian Rosenkreutz* (1616), que les Rose-Croix se firent connaître au public. Des personnalités comme Descartes, Érik Satie ou Claude Debussy auraient appartenu au mouvement.

Le mouvement, qui se veut non religieux mais spirituel, a pour but la poursuite de la sagesse et se réfère notamment à l'inscription sur le temple de Delphes en Grèce : « Connais-toi toi-même, et tu connaîtras l'univers et les dieux ».

LES TOMBES MAÇONNIQUES DU PÈRE-LACHAISE

8

Quand les chevrons de Citroën ne sont autres qu'une équerre et un compas positionnés l'un au-dessus de l'autre...

Cimetière du Père-Lachaise

Si le cimetière du Père-Lachaise abrite des tombes de francs-maçons célèbres (Raspail, Arago, Cambacérès, Monge, Bartholdi, Oscar Wilde, André Citroën, dont les chevrons de sa célèbre marque de voiture ne sont autres qu'une équerre et un compas positionnés l'un au-dessus de l'autre, etc.), toutes n'exhibent pas forcément les symboles maçonniques. Celle de Raspail, par exemple, comprend une Isis voilée, mais cette référence n'est pas évidente : on remarque d'abord une femme en pleurs qui cache son visage derrière son voile de veuve.

La grande quantité de pyramides et d'obélisques sur les sépultures d'autres maçons vient de la mode égyptienne qui marqua Paris dans la première moitié du XIXe siècle. Ainsi, le monument pyramidal dédié à la mémoire du mathématicien et maçon Gaspard Monge (1762-1818) évoque sa participation à la campagne d'Égypte, sous les ordres de Napoléon Bonaparte.

Le visiteur pourra aussi chercher la sépulture du célèbre sculpteur et franc-maçon Bartholdi, ou celle de l'architecte Pierre-François Fontaine (1762-1853), un autre prétendu franc-maçon. Le monument qui lui fut dédié est de forme octogonale et, à chaque angle, y sont gravés un compas ouvert, un delta et un niveau entrecroisés.

Le maréchal Ney, fusillé en 1815, repose dans le quartier des grands serviteurs de l'Empire. Sa tombe est l'œuvre du sculpteur et maçon David d'Angers. La légende raconte que l'urne du maréchal serait vide (voir ci-dessous).

La rue Gasnier-Guy est la rue la plus pentue de Paris : le dénivelé est de 17,4 %.

Pourquoi la tombe du maréchal Ney est-elle vide ?

Officiellement fusillé le 16 septembre 1815, le maréchal Ney, qui se battit valeureusement sous Napoléon, était apparemment enterré dans la 29e division, jusqu'au jour où, en 1903, lors de travaux de restauration du mausolée, on se rendit compte que la tombe était vide. L'enquête mena assez rapidement à un certain Peter Stuart Ney, aux États-Unis, qui avait avoué tout simplement juste avant sa mort, en 1846, être le maréchal Ney, soi-disant fusillé quelques années auparavant ! Ainsi que le général Wellington, Ney était Chevalier rose-croix de l'Aigle noir : il fut sauvé par le général qui ne faisait ainsi que respecter le serment de fidélité qui liait les membres de la fraternité. Celui-ci, après la mort de Napoléon, intervint personnellement auprès de Louis XVIII et, grâce à des complicités, le maréchal Ney put embarquer discrètement à bord du *City of Philadelphia*, en direction des États-Unis. Ney serait finalement mort en Caroline du Sud, en Amérique du Nord, en 1846.

Records au Père-Lachaise

La tombe la plus photographiée : celle de Chopin
La plus fleurie : celle d'Allan Kardec (le fondateur du spiritisme)
La plus visitée : celle de Jim Morrison (chanteur des Doors)
La plus touchée : celle de Victor Noir (journaliste mort à 22 ans et devenu aujourd'hui une sorte de symbole de la fécondité)
La plus large : celle d'Adolphe Thiers
La plus haute : celle de Félix de Beaujour (en forme de cheminée et faisant plus de 20 mètres de hauteur, cette tombe est l'œuvre d'un dénommé Cendrier)
La plus ancienne : celle de Parmentier (l'homme qui introduisit la pomme de terre en France)

Raymond Roussel : un passionné d'échecs au Père-Lachaise

Passionné du jeu d'échecs, l'écrivain Raymond Roussel a eu une idée originale pour sa mort, en 1933. Afin de respecter sa passion jusqu'au bout, il a demandé à être inhumé seul, dans un caveau de 32 cases, c'est-à-dire la moitié du nombre de cases total d'un jeu d'échecs.

Rues en U, rues en T

La rue Ligner est la seule rue parisienne en forme de U : elle présente donc la particularité de posséder deux intersections avec la même rue, la rue de Bagnolet. Dans le XVIe arrondissement, la rue Agar est l'une des rares rues rue en T.

LE MUR DES FANTÔMES DES FÉDÉRÉS

⑨

Un mur fantomatique

Square Samuel-Champlain
Métro Gambetta

Le long du Père-Lachaise, le square Champlain abrite un mur étrange et saisissant de réalisme : sculptés dans la pierre, des visages fantomatiques peinent à en émerger. On y voit un ouvrier, un prêtre, un fédéré en uniforme ou encore une mère qui porte son enfant. Des traces de balles entourent les silhouettes.

Édifié en 1909 par Paul Moreau-Vautier (1871-1936), le mur est un monument dédié aux victimes des révolutions et fut construit avec les pierres originales de celui où furent fusillés les derniers communards.

Celui-ci se trouve dans l'enceinte du Père-Lachaise. Une plaque rappelle cet épisode sanglant pendant lequel près de 2000 communards furent fusillés.

La Commune de Paris définit une période révolutionnaire à Paris qui dura 72 jours entre mars et mai 1871. Comme ce fut le cas dans plusieurs autres villes de France (Marseille, Lyon, Saint-Étienne, Toulouse, Narbonne, Grenoble et Limoges), à la suite de la défaite contre la Prusse, des insurgés se révoltèrent contre le gouvernement de Thiers qui siégeait à Versailles. Ils tentèrent de fonder des communes ouvrières et des gouvernements prolétariens.

L'eau, source de plusieurs noms de rue

L'histoire de l'eau dans l'est parisien a également laissé de nombreuses traces dans la toponymie : les rues des Cascades, des Rigoles, de la Mare, de la Duée (une ancienne source), de Savies (une autre source) doivent directement leur nom à l'usage de l'eau.

Pourquoi l'eau du robinet parisienne a-t-elle un goût différent selon les quartiers ?

Aujourd'hui, l'eau de source représente encore la moitié des ressources en eau potable. Ces sources ayant une teneur en calcaire différente selon leur origine géographique, l'eau a inévitablement une qualité et un goût différents selon les quartiers.

Qu'est-ce qu'un regard ?

Afin de conserver la pureté de l'eau de la source à sa destination finale, on construisit des ouvrages en pierres sèches, enterrés, qui aboutissaient à des réservoirs. Ceux-ci étaient situés dans des bâtiments qui furent rapidement désignés sous le vocable de « regard » : ils permettaient en effet de surveiller l'état des conduites qui acheminaient l'eau.

Belleville : une particularité géographique presque unique

Dans ses grands mouvements d'urbanisme du XIXe siècle, le baron Haussmann coupa Belleville en deux. C'est pour cette raison que les Xe, XIe, XIXe et XXe arrondissements se touchent en un point, à l'instar des États américains du Nouveau-Mexique, de l'Arizona, du Colorado et de l'Utah, et des départements français des Alpes-de-Haute-Provence, du Vaucluse, des Bouches-du-Rhône et du Var (voir chez le même éditeur le guide *Provence insolite et secrète*).

REGARDS DE L'EST PARISIEN

⑩

Des regards anachroniques

17, rue des Cascades (regard des Messiers)
42, rue des Cascades (regard Saint-Martin)
36-38, rue de la Mare (regard de la Roquette)
213, rue de Belleville (regard de la Lanterne – XVIᵉ siècle)

Dès le XIIᵉ siècle, afin d'alimenter Paris en eau potable, on capta des sources sur le plateau de Belleville. Si aujourd'hui celles-ci sont taries, quatre regards parisiens (voir ci-contre), anachroniques vestiges d'une époque révolue, défient toujours le temps et la curiosité des Parisiens. Ils portent, pour certains, le nom des congrégations religieuses qui les avaient construits : le regard Saint-Martin alimentait l'abbaye Saint-Martin-des-Champs et le regard de la Roquette le couvent des religieuses de la Roquette ainsi que Saint-Antoine-des-Champs. Le regard de la Lanterne doit son nom au lanternon qui orne son sommet et le regard des Messiers au nom des gardes qui surveillaient les récoltes avant les moissons (voir carte). Un autre regard du même type existe au Pré-Saint-Gervais (voir chez le même éditeur le guide *Grand Paris insolite et secret*).

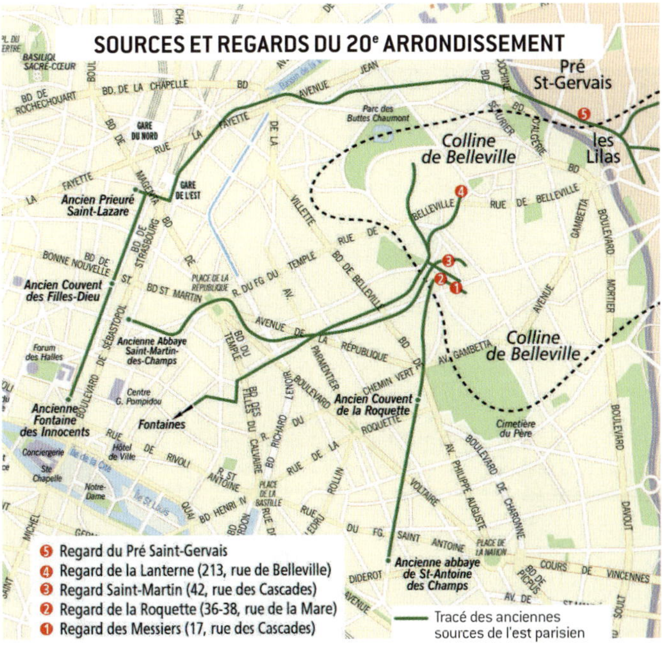

L'APPROVISIONNEMENT DE PARIS EN EAU POTABLE
la Seine
St-Cloud
PARIS
Les Lilas
Ménilmontant
la Marne
Montsouris
Joinville
Aqueduc de
la Dhuys
Dreux
Aqueduc
de l'Avre
Ivry
Verneuil-
sur-Avre
Orly
Aqueducs de la
Vanne et du Loing
la Seine
Provins
Longueville
Fontainebleau
Aqueduc de la
Voulzie
Aqueduc
du Lunain
Nemours
Aqueduc
de la Vanne
Sens
EAUX DES SOURCES
Source
Aqueduc
Réservoir
EAU DE PUITS ARTÉSIEN
Puits Artésien du square Lamartine
EAUX DES FLEUVES
Site de traitement des eaux des fleuves
Réservoir

Alimentation de Paris en eau : un réseau complexe et varié

La ville de Paris est aujourd'hui alimentée en eau potable de trois façons : les cours d'eau, la nappe phréatique (les puits artésiens, voir p. 448-449) et l'eau de source.

- **Les cours d'eau** (Seine et Marne). Cette eau est traitée aujourd'hui par trois usines (Orly, Ivry et Joinville). Avant l'existence de moyens modernes de filtrage, les cours d'eau étaient pour le Parisien le moyen le plus simple de trouver de l'eau potable. Cette eau, polluée entre autres par les tanneurs, les bouchers et les teinturiers, était pourtant loin d'être réellement potable. Sous Napoléon Ier, la construction du canal de l'Ourcq et du bassin de la Villette ouvrit une nouvelle source d'eau pour le nord de la ville. L'eau était ensuite acheminée vers l'ouest par un aqueduc de ceinture de la Villette jusqu'à Monceau.
- **Les puits** extrayant l'eau de la nappe phréatique furent un moyen de trouver une eau de meilleure qualité. On commença par forer à faible profondeur (4 à 5 mètres), mais les rues n'étant pas toujours pavées, les eaux polluées s'infiltraient facilement et rendaient cette eau également impropre à la consommation. Au XIXe siècle, les puits artésiens allèrent chercher l'eau à une profondeur avoisinant les 600 mètres résolvant ainsi le problème de la pollution par les eaux de surface. Pour des raisons de débit, seul le puits Lamartine fonctionne encore aujourd'hui.
- La troisième solution fut de puiser **les eaux de source** et de les acheminer à Paris au moyen de spectaculaires aqueducs. Les premiers furent des aqueducs gallo-romains : l'un captait les eaux des environs de Rungis (voir p. 403) et l'autre celles de Belleville. Entre les XIIe et XIVe siècles, les ordres religieux de la rive droite captèrent les sources de l'est parisien (voir carte) et construisirent des aqueducs souterrains ainsi que des regards qui sont toujours visibles (voir pages précédentes). Un peu plus tard, Marie de Médicis fit construire le célèbre aqueduc Médicis (voir p. 403) dans le sud de Paris. Aussi anachronique que cela puisse paraître, les aqueducs sont toujours utilisés au XXIe siècle : aujourd'hui, cinq aqueducs principaux acheminent les eaux de source vers Paris : aqueduc de la Vanne (construit sur l'ancien aqueduc Médicis qui passe par Arcueil), du Loing, du Lunain et de la Voulzie au sud et de l'Avre à l'ouest (600 km d'aqueducs au total). Au nord-est un sixième, celui de la Dhuis, achemine sur 131 km 20 000 mètres cubes d'eau par jour (environ 5 % de l'approvisionnement total). Le principe de l'aqueduc est tout simplement, par la différence de niveau du point de départ et du point d'arrivée, de faire arriver l'eau au point voulu.

Aujourd'hui, près de la moitié de l'eau parisienne est de l'eau de source. L'eau potable, qu'elle vienne des cours d'eau ou des sources, est stockée dans cinq réservoirs : Les Lilas, Ménilmontant, Montsouris, Ivry et Saint-Cloud. D'autres réservoirs existent à Paris, mais leur eau n'est pas potable.

Promenade dans le nord du XXe arrondissement

La partie nord du XXe arrondissement a su conserver une bonne partie de son habitat populaire et regorge de petits coins de campagne méconnus et de cours intérieures en enfilade qui pour la plupart sont totalement invisibles de la rue.

18, rue de Belleville : après une cour et un couloir, une rangée d'ateliers noyés dans la verdure.

23, rue Ramponeau : la **Forge de Belleville.** Ancienne usine de clefs squattée illégalement dans un premier temps par une association d'artistes (Arclefs), l'endroit a été rénové par l'association La Bellevilleuse et accueille désormais des artistes.

38, rue de Belleville : surprenante enfilade de quatre cours intérieures. Essayez de pénétrer à la suite d'un locataire.

Villa Castel, 16, rue du Transvaal : l'ambiance provinciale du lieu servit de cadre à quelques scènes du film mythique *Jules et Jim*, de François Truffaut.

Cité Leroy, villa de l'Ermitage et cité de l'Ermitage : charmantes ruelles bordées de jolies maisons.

17, rue du Retrait : sortir de la cité de l'Ermitage par le passage voûté qui débouche 113, rue de Ménilmontant et remonter légèrement celle-ci jusqu'au croisement avec la rue du Retrait.

Cité du Palais-Royal de Belleville : 151, rue de Belleville. Officiellement située dans le XIXe arrondissement (voir p. 511), à ne pas rater.

Villa Olivier Métra : 28, rue Olivier Métra. Jolie impasse privée ouverte aux promeneurs discrets et fermée à son extrémité par un énigmatique portail en fer.

Villa Georgina (du nom de la fille d'un propriétaire) : îlot charmant de pavillons anciens et de jardinets.

Villa du Borrégo : 33, rue du Borrégo. Jolies maisons biscornues noyées dans la verdure le long du réservoir de Belleville.

AUX ALENTOURS

Les plantes africaines du 10, rue du Jourdain (11)

Datant de 1885, quelques immeubles dominent une bande de verdure dont la particularité est d'être composée de plantes et d'herbes africaines qui ont été importées à Belleville par les tirailleurs sénégalais installés ici après la fin de la Première Guerre mondiale.

Le seul passage à niveau parisien (12)

Dans une rue un peu glauque du XXe arrondissement, la rue de Lagny, un passage à niveau, le seul à Paris, sert à laisser passer les métros de la ligne n° 2 qui vont en réparation ou qui sont parqués là.

NOTES

C'est en septembre 1995, à Peshawar, au Pakistan, à 20 kilomètres des zones tribales qu'il visitera quelques jours plus tard, que Thomas a l'idée de mettre sur le papier les coins secrets qu'il connaît à Paris. Lors de ce voyage de sept mois de Pékin à Paris, il traverse entre autres le Tibet (dans lequel il rentre en fraude, caché sous des couvertures dans un bus de nuit), l'Iran et le Kurdistan, mais sans jamais prendre l'avion : en bateau, en stop, à vélo, à cheval, à pied, en train ou en bus, il rejoint Paris juste à temps pour fêter Noël en famille.

À son retour dans sa ville natale, il passe deux ans fantastiques à se promener dans quasiment toutes les rues de Paris pour écrire, avec un ami, son premier guide sur les secrets de Paris. Il passe ensuite sept ans dans la sidérurgie avant d'être rappelé par la passion de la découverte. Il crée sa maison d'édition en 2005 et part habiter à Venise en 2006.

En 2013, en quête de nouvelles aventures, il part en famille, pendant six mois, de Venise au Brésil en passant par la Corée du Nord, la Micronésie, les Îles Salomon, l'Île de Pâques, le Pérou et la Bolivie. Après sept ans passés à Rio de Janeiro, il vit désormais à Berlin avec sa femme et ses trois enfants.

Les Éditions Jonglez publient des livres en neuf langues dans 40 pays.

REMERCIEMENTS :
Florence Amiel, Dan Assayag, Mathilde Bargibant, Émilie de Beaumont, Kees et Aude van Beek, Emmanuel Bérard, Florent Billioud, Antoine Blachez, Philippe Bonfils, Christine Bonneton, Ludovic Bonneton, Ghislaine Bouchet, Jean-Claude Boulliard, Louis-Marie Bourgeois, Jean-Baptiste Bourgeois, Marie et Brandino Brandolini, Geneviève Brasc-Bautier, Roger Wemyss Brooks, Jane Brooks, Elodie Buch, Catherine Buyse, Claude Carrau, Jean-Laurent Cassely, Dominique Charneau, Marie-Christine Chenet, Christian Chevalier, Jeannine Christophe, Marie-Véronique Clin, Céline Colombani, Philippe Darmayan, Jacques Dumay, Françoise Durand, Charles Eon, Agnès et Mikael Eon, Anne Esambert, Baptiste Essevaz-Roulet, Guillaume Fonkenell, Marguerite-Marie Formery, Vincent Formery, Servane et Giovanni Giol, Philippe Gloaguen, Amaël Gohier, Azmina Goulamaly, Romaine Guérin, Patrick Haas, Elvire Haberman, Eric Henry, Fabrice Hertel, Jean-Marc Héry, Aliette Jalenques, Antoine Jonglez, Aurélie Jonglez, Stéphanie et Guillaume Jonglez, Timothée Jonglez, Yann Josse, Stéphanie Kergall, Suzanne de Lacotte, Ghislain de La Hitte, Gilles Lajotte, Benoît de Larouzière, Hervé du Laurent, Julien Le Bigot, Jean-Michel Le Cléac'h, Olivier Lefranc, Xavier Lefranc, Odile Le Fur, Professeur Henry de Lumley, Bruno Marguerite, Jean-René Martin, Claire Merveilleux du Vignaux, Sophie Mestchersky, Karine Mourot, JG Nizet, Francis Oger, Adriana Panepinto, Pascal Payen-Appenzeller, Georges Peberel, Marianne et Fabrice Perreau-Saussine, Francois et Sally Picard, Régine Pierre-Chollet, Patricia de Pimodan, Nicole Priollaud, Michel Ravassard, Clarabelle Rebelle, Valérie Renaud, Stéphanie Rivoal, Dominique Roger, Béatrice et Pierre Rosenberg, Stéphane Samuel Rubin, Ewa Rutkowski, Bertrand Saint Guilhem, Dimitri Salmon, Guido Salsili, Pierre Santoul, Bernard Sevestre, Damien Seyrieix, André Silba-Loebnitz, Vadim Smith, Corinne Stampfli, Micheline Terquem, Ambroise Tézenas, Marie-Christine Valla, Delphine Valluet, Chantal Vanderavert, Amelie Vialet, Henri Villeroy, Raphaëlle et Matthieu Vincent, Karine Zacharias, l'association Paris historique, M. le responsable du manège Dodo du jardin des Plantes, Lieselotte Buehler, Jacques-Franck Degioanni, Don et Linda Levison et tous ceux qui nous ont ouvert leurs portes pour ce travail titanesque (!).

CONTRIBUTIONS ADDITIONNELLES :
Maud Ratton.

CRÉDITS PHOTOGRAPHIQUES :
Toutes les photographies sont de **Thomas Jonglez** à l'exception de :
Alexandre Théry : p40, 49, 56, 65, 66, 86, 94, 95, 96, 97, 104, 114, 117, 119, 124, 125, 128, 139, 147, 152, 164, 165, 166, 185, 186, 190, 201, 202, 209, 213, 219, 223, 233, 234, 235, 246, 258, 262, 264, 265, 271, 279, 284, 300, 305, 306, 321, 324/325, 337, 342/343, 350, 352, 358, 360/361, 381, 382, 385, 398, 404 (bd), 410, 446, 447, 452/453, 456, 470, 514(b) - Marion Barat : p.29, 31, 76, 192, 222, 255, 256, 259, 272, 273, 276, 281, 282, 283, 288, 298, 302, 384, 406, 407, 418, 454, 458, 459 - Stéphanie Rivoal : p.34, 42, 50, 59, 92, 120, 144, 184, 292, 296, 308, 316, 356, 359, 366, 373, 375, 383, 388, 424, 428, 462, 475, 478, 486, 488, 524, 527, 528 - Ludovic Bourgeois : p.43, 44, 116, 274, 278(d), 280, 379, 408, 420/421, 438 - CCIP : p60 - BnF / Philippe Couette : p55 - RATP / Marguerite Bruno : p84 - Chevaliers du Saint Sépulcre : p108 - Musées Adam-Mickiewicz, Chopin et Biegas SHLP/BPP : p118 - Pauline Le Goff : p326, 348, 349, 487 - Anne Esambert : p130 - INJS (Institut National des Jeunes Sourds) : p161 - Dominique Llorens : p27, 58, 68, 110, 134, 140, 160, 162/163, 169, 176, 178, 188, 198, 206, 208, 368, 377, 482, 506 - Oriane du Laurent : p150, 221, 304, 389, 422 - Azmina Goulamaly : p182 - Christian Chevalier : p216/217, 218 - UNESCO / Dominique Roger : p236 - Valentina Sapienza : p238 - Eric Henry : p244 - Maison de l'Amérique Latine : p253 - Bertrand Saint Guilhem : p76, 255, 320, 391, 440, 474, 508 - Galerie C.T. Loo & Cie : p278(g) - Delphine Valluet : p317 - Atelier Hoguet – Musée de l'éventail : p325 - Petit hôtel de Bourrienne : p328 - Fondation Eugène Napoléon : p351 - Alice d'Orgeval : p370 - Julien Le Bigot : p401 - Paris Historique : p402 - Jean Destrade : p416 - Vincent Formery : p434, 450(b) - Jean-Laurent Cassely : p498, 516 - Jean-Pierre Cassely : p35 - Clément Moulet : p507 - Hervé20000 : p99 - SHLP-BPP : p115 - FLLL : P123 - Guillaume Tostivint : p122 - LPLT : p170, 171 - Marie-Lan Nguyen : p214, 215 - Patrick Lavenas : p247, 248, 249 - Gédé : p227 - Rémi Jouan : p285 - Thomas Claveyrolle : p314 - JD : p315 - Siren comm : p399, 449 - Hertel 519 : p541 - Wp82 : p520 - Ralf.treinen : p415, Mbzt : p509, Joel Metreau : p511 - Banque de France : p46-47.

Cartographie : J.-B. Nény - **Conception de la maquette :** Coralie Cintrat - **Maquette :** Jérémie Dobiecki et Emmanuelle Willard Toulemonde - **Lecture-correction :** Jean-Pierre Marenghi, Muriel Mékiès, Marie-Odile Boitout et Bénédicte Dazy - **Édition :** Clémence Mathé.

ÉGALEMENT DISPONIBLES CHEZ LE MÊME ÉDITEUR

BEAUX LIVRES

Allemagne abandonnée
Baïkonour - Vestiges du programme spatial soviétique
Champignons - Alimentation, Médecine, Psychédéliques
Églises abandonnées - Lieux de culte en déshérence
Espagne abandonnée
Esprit Récup' - Idées de déco insolites
Forbidden Places (Vol. 1)
Forbidden Places (Vol. 2)
Forbidden Places (Vol. 3)
France oubliée
Hôtels insolites du monde
Italie abandonnée
Le crépuscule des cinémas
Liban abandonné
Patrimoine abandonné
URSS abandonnée
USA abandonnés
Venise déserte
Vins insolite

Uniquement en anglais
Abandoned Asylums
Abandoned Australia
Abandoned Japan
After the Final Curtain (Vol. 1)
After the Final Curtain (Vol. 2)
Chernobyl's Atomic Legacy
Forgotten Heritage

GUIDES INSOLITES ET SECRETS

Aix insolite et secrète
Amsterdam insolite et secrète
Bali insolite et secrète
Barcelone insolite et secrète
Bassin d'Arcachon méconnu
Berlin insolite et secret
Berry insolite et secret
Bordeaux méconnu
Bretagne Nord insolite et secrète
Bruxelles insolite et secrète
Buenos Aires insolite et secrète
Campanie insolite et secrète
Copenhague insolite et secrète
Corse insolite et secrète
Côte d'Azur insolite et secrète
Dublin insolite et secrète
Dolomites insolites et secrètes
Florence insolite et secrète
Genève insolite et secrète
Grand Paris insolite et secret
Grenade insolite et secrète
Istanbul insolite et secrète
Le Cap insolite et secret
Les Charentes insolites et secrètes
Lille méconnu
Lisbonne insolite et secrète
Londres Bars et restos secrets
Londres insolite et secrète
Lyon insolite et méconnu
Madrid insolite et secrète
Marseille insolite et secrète
Mexico City insolite et secrète
Milan insolite et secrète
Montréal insolite et secrète
Naples insolite et secrète
New York insolite et secrète
Normandie insolite et secrète
Nouvelle Orléans insolite et secrète
Paris bars & restos insolites
Paris nuits insolites
Pays Basque insolite et secret
Prague insolite et secrète
Provence insolite et secrète
Rio insolite et secrète
Rome insolite et secrète
Séville insolite et secrète
Tokyo insolite et secrète
Toscane insolite et secrète
Un soir insolite à Paris
Venise insolite et secrète
Vienne insolite et secrète
Washington D.C. insolite et secrète

Uniquement en anglais
New York Hidden bars & restaurants
Secret Belfast
Secret Brighton - An unusual guide
Secret Brooklyn
Secret Edinburgh - An unusual guide
Secret Glasgow
Secret Helsinki
Secret Johannesburg
Secret Liverpool - An unusual guide
Secret Los Angeles
Secret New York - Curious Activities
Secret Singapore
Secret Sussex
Secret York

GUIDES « SOUL » - GUIDES DES 30 MEILLEURES EXPÉRIENCES

Soul of Athènes
Soul of Barcelone
Soul of Berlin
Soul of Kyoto
Soul of Lisbon
Soul of Los Angeles
Soul of Marrakech
Soul of New York
Soul of Rome
Soul of Tokyo
Soul of Venise

Suivez-nous sur Facebook, Instagram et Twitter

Dépôt légal : Juillet 2022 – Édition : 05

ISBN : 978-2-36195-519-9

Imprimé en Bulgarie par Dedrax